2025

국제무역사 1급

빈출 1000제

김병수

2025

국제무역사 1급 빈출 1000제

인쇄일 2025년 1월 1일 2판 1쇄 인쇄
발행일 2025년 1월 5일 2판 1쇄 발행
등 록 제17-269호
판 권 시스컴2025

ISBN 979-11-6941-585-9 13320
정 가 18,000원

발행처 시스컴 출판사
발행인 송인식
지은이 김병수

주소 서울시 금천구 가산디지털1로 225, 514호(가산포휴) | 홈페이지 www.nadoogong.com
E-mail siscombooks@naver.com | 전화 02)866-9311 | Fax 02)866-9312

발간 이후 발견된 정오사항은 홈페이지 도서정오표에서 알려드립니다.(홈페이지 → 자격증 → 도서정오표)

머리말

무역이 어렵다는 말을 자주 듣습니다. 특히 요즘과 같은 FTA 시대에서는 협정별로 다른 조항 때문에 스파게티 접시 효과(spaghetti bowl effect)라고 하여 FTA 협정마다 다른 원산지 규정을 적용하고 수출업 기업에도 서로 다른 규정이 적용되는 등 복잡한 규정 때문에 생기는 애로사항을 마치 스파게티 국수처럼 얽히고설켜 있는 것에 비유하는 용어가 생겨날 정도로 무역이 어렵다는 말을 자주 듣고는 합니다.

그러나 무역이 어려운 이유는 여러 가지가 있겠지만, 무역에서 사용하는 많은 용어의 개념과 절차를 이해하지 못하는 이유가 가장 크다고 생각합니다. 그렇기 때문에 무역이론지식과 실무지식의 균형 잡힌 조화는 FTA 시대의 무역업무에 있어서는 필수적인 요건이라고 할 수 있겠습니다.

무역업계 종사자 및 예비 무역인의 객관적인 무역실무능력검증을 위해 한국무역협회가 1993년부터 시행해온 국제무역사 자격시험은, 지속적으로 변화하는 무역환경에서 무역인들이 반드시 숙지해야 하는 실무지식의 검증뿐만 아니라, 무역담당 인력들의 업무능력 강화를 위한 정보제공 수단으로서 가치와 중요성이 날로 확대되어 무역 분야의 가장 공신력 있는 국내 유일의 자격제도로 운영되고 있습니다.

그러나 오로지 시험기술만 익혀서 벼락치기로 획득하던 자격증은 이제 실제 업무현장에서는 쓸모가 없어졌습니다. 그러므로 국제무역사 자격시험의 준비과정은 합격 후에도 실제 업무현장에서 적용할 수 있는 공부가 되어야 바람직할 것입니다. 그런 점에서 국제무역사 1급 1000제는 문제를 풀면서 국제무역사의 개념과 이론을 이해할 수 있는 기초문제들로 구성하였고, 상세한 해설을 담아 기본서를 따로 참고하지 않고도 명쾌하게 이해할 수 있도록 하였습니다. 또한 무역관련 실무영어 지문이 탑재된 문제들도 수록하여 시험에 대응하도록 하였습니다.

끝으로 본서가 국제무역사 1급 자격시험을 준비하는 모든 수험생들이 시험에 합격하는데 조금이나마 도움이 될 수 있기를 기원합니다.

국제무역사 1급 자격시험 안내

국제무역사 가이드

국제무역사란?

국제무역사(International Trade Specialist)는 폭넓고 깊이 있는 무역실무 지식을 검증하기 위해 한국무역협회 무역아카데미가 1993년부터 시행해 온 자격시험이다. 이 시험은 무역업계 종사자 및 예비 무역인들의 객관적인 무역실무능력을 검증하는 국내 유일의 종합무역실무능력 인정시험으로, 무역업계 진출을 위한 자격시험이다.

국제무역사 자격시험의 위치

국제무역사 자격시험은 지속적으로 변화하는 무역환경에 무역인들이 필수적으로 숙지해야 하는 실무지식의 검증뿐만 아니라 무역담당 인력들의 업무능력 강화를 위한 정보제공 수단으로서 가치와 중요성이 날로 확대되어 무역 분야의 가장 공신력 있는 국내 유일의 자격제도이다. 이는 무역관리자로 자리매김할 수 있는 계기를 주며, 무역업 창업 시 경쟁력을 높일 수 있다. 시험내용으로 무역규범 및 무역결제, 무역계약 및 무역영어에 대한 내용이 출제되고 있다.

국제무역사의 업무 및 전망

대체로 무역업체 및 무역관계기관 실무자들이 자신의 능력을 배양하기 위해 이 시험을 준비하지만 몇 년 전부터 대학생들의 응시율도 큰 폭으로 증가하고 있다. 세계를 누비며 국제무역 업무에서 보람을 찾으려는 사람은 국제무역사 자격증에 관심을 가져볼 만하다. 우리나라의 국제 교역 규모가 해마다 늘고 있고 수출입국만이 우리나라가 생존할 수 있는 길이라고 천명되고 있는 만큼 무역전문가에 대한 수요도 지속적으로 늘어날 것으로 예상된다.

〈업무〉

- 급증하는 신용장 관련 사고 방지
- 외환 및 선물, 옵션업무로 환리스크 방지
- 수출입 업체 발굴
- 거래처 계약과 결제 대행

〈전망〉
- 사업장에서 무역업무를 수행할 수많은 무역전문인을 필요로 함
- 기업 내 무역업무 시 실질적인 전문가 부재로 많은 수요 예상
- 무역전문가가 아니면 기업 내의 전문관리자로 성장하기 어려움
- 국가공인 후 많은 무역 관련 프리랜서의 입지 상승 예상

자격증 특전

- 주요 무역상사, 금융기관 등에서 인사고과 가점부여 및 자격수당 수혜
- 한국무역협회 주관사업 모집, 선발 등에서 우대 가점 부여
- 한국직업능력개발원 민간자격 등록

국내 무역관계기관

한국무역협회(KITA), 대한무역투자진흥공사(KOTRA), 관세청, 대한상공회의소, 한국수출보험공사, 대한상사중재원, 한국수입업협회, 중소기업진흥공단, 한국관세사회, 한국국제물류협회 등

국제무역사 자격시험 안내

시험주관 및 원서접수처

- 시험주관 : 한국무역협회 무역아카데미(KITA)
- 원서접수처 : 한국무역협회 무역아카데미 홈페이지(http://newtradecampus.kita.net)

시험내용

국제무역사 1급 자격시험은 "무역인력의 폭넓고 깊이 있는 무역실무 지식 함양"을 위하여 시행하는 자격시험이다. 무역 전문 인력에게 요구될 수 있는 무역 업무에 다각도로 활용할 수 있는 심화된 무역 지식을 검증하는 자격시험이다.

- 대외무역법 · 통상, 전자무역 등 무역규범에 대한 폭넓은 이해
- 통관/환급 및 FTA에 대한 폭넓은 이해를 바탕으로 한 효율적 활용
- 각 유형별 대금결제에 대한 폭넓은 이해
- 각 유형별 무역계약에 대한 폭넓은 이해
- 환리스크 관리의 측면에서 유용하게 활용될 수 있는 외환실무의 이해
- 무역 서식 작성, 해석 및 활용에 대한 폭넓은 이해
- 운송 및 보험에 대한 폭넓은 이해
- 무역 업무에 필요한 중 · 고급 영어 실력

응시자격

학력 · 경력 · 연령 등 제한 없음

시험접수비(응시료)

55,000원(부가세 포함)

응시장소 및 응시방법

- 응시장소 : 인터넷 환경이 양호한 개인 독립 공간(인터넷 속도 50Mbps 이상 안정적으로 유지) → 인터넷 속도는 fast.com에서 측정 가능
- 응시방법 : 비대면 온라인 응시
- 준비물 : 신분증, 웹캠과 마이크가 탑재 또는 연결된 PC(노트북 또는 데스크톱), 스마트폰 및 스마트폰 거치대

• 준비절차 : 시험 접수 → 테스트 초대 메일 확인(시험 4일 전) → 사전 테스트 실시(시험 4일 전 ~ 시험 1일 전 18시까지) → 시험 응시

시험 과목

시험시간	시험과목	세부내용	출제형태
120분 (09:30~11:30)	무역규범(30)	대외무역법, 통관/관세환급, FTA	객관식 120문항 (4지선다형)
	무역결제(30)	대금결제, 외환실무	
	무역계약(30)	무역계약, 운송, 보험	
	무역영어(30)	무역영어, 무역 관련 국제규범, 무역서식	

합격 기준

• 과목별로 100점 만점으로 하여 과목별 과락(40점 미만) 없이 평균 60점 이상 획득 시 합격
• 문항당 점수는 3.33점(반올림 적용)으로, 과목당 12문항 이상 맞아야 과락 아님

특전

• 주요 무역상사, 금융기관 등에서 인사고과 가점부여(기업특성에 따라 활용)
• 한국무역협회 주관사업 모집, 선발 등 가점부여(사업특성에 따라 활용)

환불규정

• 접수기간 내 취소 시 응시료의 100% 환불
• 접수마감 다음날 ~ 시험일 6일 전까지 응시료의 50% 환불
• 시험일 5일 전부터는 취소 및 환불 불가

사전준비 체크리스트

체크리스트	체크사항	
규정 신분증을 준비했나요?	○	×
응시장소는 가이드에 적합한 장소인가요?	○	×
PC 및 핸드폰은 충전기/전원케이블과 연결하였나요?	○	×
웹캠과 핸드폰은 안내받은 각도로 연결되었나요?	○	×
PC와 핸드폰은 안내받은 브라우저/앱으로 접속하였나요?	○	×
책상 위에 시험응시에 허용된 기기 이외의 불필요한 물건은 없나요?	○	×

온라인 시험 진행 과정

모든 서비스는 반드시 크롬 을 통해 진행해 주시기 바랍니다. → 크롬 다운로드

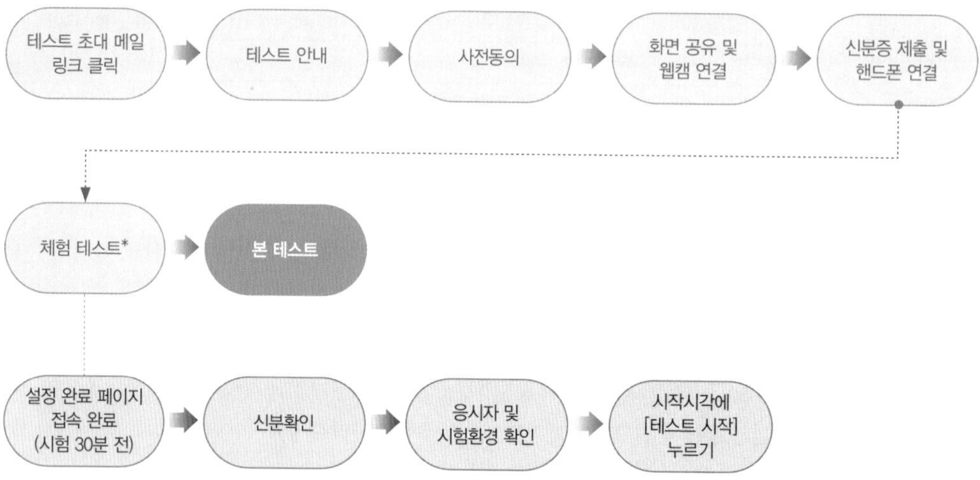

*당일 시험 환경과 동일한 환경으로 테스트 1일 전까지 데모 테스트 단계까지 체험 필수

온라인 시험 기준 안내사항

다음은 온라인 시험 기준 안내 사항으로 응시 전 반드시 숙지해야 합니다.
시험 응시 중 및 종료 후 녹화 영상 판독 시에도 해당 사항이 발견될 경우 부정행위로 판단될 수 있습니다.

※ 부정행위 적발 시 향후 2년간 응시 불가

기본 규정 항목	시험 응시 현장에 응시자 본인 외 타인 금지
	타인이 노출되는 장소 금지 (공공장소, 카페, 도서관, PC방 등)
	응시자는 공지 및 안내된 입실 마감 시각까지 화상감독 설정 완료 및 자리 착석 필수 (무단 자리이탈 불가)
	• 응시자는 시험 시작 전 10분 전까지는 자리 이석 및 교재 이용 가능(화장실 이용, 웹서핑 등) • 시험 시작 10분 전부터는 화장실 이용 등의 자리 이탈 불가능하고 이탈 할 경우 부정행위로 판단(미리 화장실 이용을 권장)
	금지 물품(소지 및 착용 금지) 및 허용 가능 물품 안내 • 금지 물품 : 전자계산기(전자계산기 사용 불가 시험의 경우만 해당), 화상기기 연결 용도 외 휴대전화, 스마트 기기(스마트 워치 등), 디지털 카메라, 전자사전, 라디오, MP3 플레이어, 카메라 펜, 휴대용 미디어 플레이어, 전자담배, 통신(블루투스) 기능이 있는 모든 전자기기, 통신 · 결제 기능(블루투스 등) 또는 전자식 화면표시기(LCD, LED 등)가 있는 시계 • 허용 가능 물품 : 마우스패드, 인공눈물
	TV 스크린 및 듀얼 모니터 등 허용된 물품 외 다른 물품 비치 금지(TV 스크린 및 듀얼 모니터가 있을 경우 미리 옷이나 이불 등으로 가릴 수 있도록 준비)
	A4 빈 종이 1장은 사용 가능(답안 기록 및 메모용)
	• 이어폰, 헤드셋 착용 금지 (시각장애인 등 예외상황 제외) • 시험 중에 반드시 두 귀를 보여야 하며, 시험 중에 모자, 목도리, 머리카락 등으로 가리지 않아야 함
	핸드폰 카메라는 응시자의 양 손, 얼굴 측면, 책상 위, 모니터 전체가 보이도록 각도 설정 필수
	응시자는 시험 중 신분 확인이 가능하도록 얼굴 전체를 노출하여야 하며, 모자와 마스크의 착용이 불가능
	시험 시작 이후 응시자가 원하는 시간에 조기 퇴실 가능
	응시자가 마킹한 답안은 별도로 제출 하지 않아도 자동으로 저장됨

온라인 시험 기준 안내사항

다음은 온라인 시험 기준 안내 사항으로 응시 전 반드시 숙지해야 합니다.
시험 응시 중 및 종료 후 녹화 영상 판독 시에도 해당 사항이 발견될 경우 부정행위로 판단될 수 있습니다.

※ 부정행위 적발 시 향후 2년간 응시 불가

구분	처리방법	부정행위
경고	감독관 채팅 경고 및 메모 → 3회 이상 반복 시 부정행위 공지	응시도중 물, 음료, 껌 등을 섭취하는 경우
		시선이 모니터 외에 다른 곳을 볼 경우
		화면 공유 등 온라인 연결이 끊길 경우
		타인과의 대화, 주변의 대화소리가 들리는 경우 (원칙적으로 불가)
		핸드폰 및 모니터 화면 이동
		한 손이라도 핸드폰 화면을 이탈할 경우
		마스크를 쓰고 있거나 얼굴을 제대로 노출하지 않은 상태에서 시험을 진행하는 경우
부정행위	감독관 채팅 경고 및 부정행위 공지	대리 응시나 한 장소에 모여서 응시하는 경우
		시험 중 자리를 이탈하는 경우(화장실 사용 포함)
		유선/무선 이어폰, 헤드폰, 귀마개 착용하는 경우
		다중 모니터를 사용 하는 경우
		허용된 물품(신분증, 시험 응시용 컴퓨터, 키보드 등) 외 물품을 소지할 경우
		전자기기를 사용하는 경우(*시험 규정의 그 외 금지 물품 내용 참고)
		허용된 웹페이지가 아닌 웹페이지에 접속 혹은 검색하는 경우
		외부 프로그램을 사용하는 경우(ide, 계산기, 카카오톡, 메신저 등)
		타인이 옆에서 풀이방법을 알려주거나, 응시자가 다른 응시자에게 풀이방법을 알려줄 경우
		문제 및 답안지를 복사/캡처/녹화/촬영하여 문제 및 답안을 유출할 경우
		그 외 문제를 유출하는 것이 명백한 경우
		필기된 종이 포스트잇 등이 응시자 주변에 확인되는 경우
		손바닥에 글자를 필기할 경우
		감독관 지시 불이행 3회 이상일 경우

(참고)온라인 시험 환경 권장 사양

PC와 모바일의 권장 사양을 반드시 참고하여 시험 기기 및 환경을 준비합니다.

〈주의!!〉 반드시 온라인 시험 권장 사양을 참고하여 준비하고, 시험1일 전까지 체험 테스트를 통해 테스트가 정상적으로 접속되는지 확인합니다.

PC	운영체제	Window 10(64bit)	MacOS 10(64bit)
	CPU	Quad Core	Quad Core
	RAM	8GB	4GB
	브라우저	Chrome (최신버전)	
Mobile	운영체제	Android	iOS
	브라우저	Chrome (최신버전)	Safari
Network	PC	UP & DOWN 50Mbps (유선환경을 권장 드립니다.)	
	Mobile		

핸드폰 필수 설정사항

다음 사항을 확인 후 설정해주시기 바랍니다.
알림 및 전화 등으로 인해 시험 중 연결이 끊길 경우 부정행위로 처리될 수 있습니다.

Android

구분	내용
방해금지모드 활성화	• 설정 → 알림 → 방해금지 → '지금 켜기' 설정 • 설정 → 알림 → 방해금지 → 알림 숨기기 → '모두 숨기기' 켜기 • 설정 → 알림 → 방해금지 → 예외 → 통화, 메세지, 대화 → 전화/메세지/대화 모두 '적용 안 함'으로 설정 • 설정 → 알림 → 방해금지 → 알람 및 소리 → 모든 항목 비활성화
알림(재난문자 등) 비활성화	• 메시지 → 우측의 더 보기 → 설정 → 긴급 알림 설정 → '사용 안 함' 설정 • 그 외 알림이 발생할 수 있는 어플리케이션(메신저 앱 등)은 비활성화
세로화면 고정모드 해제	• **제어센터를 열어서 새로고정모드 해제하여 핸드폰을 가로로 설치할 것**
시험 환경 설정	• 독립된 공간에서 와이파이 연결 권장 • 시험 페이지 외 다른 브라우저 페이지 종료 • 충전선을 연결하여, 시험 중 휴대폰 꺼짐을 방지

iOS

구분	내용
방해금지모드 활성화	〈IOS 15 미만 버전〉 • 설정 → 방해금지 모드 → '방해금지 모드' 켜기 • 설정 → 방해금지 모드 → 통화 허용 → '없음' 선택 • 설정 → 방해금지 모드 → '반복 통화' 끄기 〈IOS 15 이상 버전〉 • 설정 → 집중모드 → '방해금지 모드' 켜기 • 설정 → 집중모드 → 방해금지 모드 → 허용된 알림·사람 → 허용된 사람 없도록 설정 • 설정 → 집중모드 → 방해금지 모드 → 허용된 알림·사람 → 추가허용대상·전화 수신 허용 → '반복적으로 걸려온 전화 허용' 끄기
알림(재난문자 등) 비활성화	• 설정 → 알림 → 하단의 긴급재난문자/안전안내문자 → '사용 안 함' 설정 • 그 외 알림이 발생할 수 있는 어플리케이션(메신저 앱 등)은 비활성화
세로화면 고정모드 해제	• **제어센터를 열어서 새로고정모드 해제하여 핸드폰을 가로로 설치할 것**
시험 환경 설정	• 독립된 공간에서 와이파이 연결 권장 • 시험 페이지 외 다른 브라우저 페이지 종료 • 충전선을 연결하여, 시험 중 휴대폰 꺼짐을 방지

온라인 시험 응시 환경 준비

다음은 온라인 시험 응시 환경에 대한 설명입니다.

웹캠 설정 방법

- 웹캠을 사용하는 온라인 시험의 경우 주위 밝기를 조절하여 응시자 얼굴의 인식이 가능하도록 조정합니다.
- 웹캠은 응시자의 얼굴 전체가 나와야 하며, 얼굴의 일부분이 가려지지 않도록 조정합니다.

핸드폰 예시 화면

- 핸드폰은 응시자 오른쪽에 1m거리로 이격하여 적절한 높이로 거치 경사를 고려하여 설치합니다.
- 핸드폰은 가로로 거치하며, 사진과 같이 응시자의 얼굴(측면)과 두 손, PC화면, 책상 위가 모두 표시되어야 합니다.

- 응시자는 화면 공유 시, 모니터 전체 화면을 공유해야 합니다.
- 핸드폰 카메라는 응시자의 왼쪽 또는 오른쪽에 거치하며 시험 환경이 보여져야 합니다.

이 책의 구성과 특징

1과목

무역규범

정답 및 해설 220p

001~092 PART1 대외무역법

001 대외무역법의 특성에 관한 설명으로 적절하지 않은 것은?

① 대외무역법은 복잡하고 다양한 무역거래 현상을 포괄적인 규제대상으로 할 뿐 아니라, 유동적으로 변화하는 국제무역환경에 따라 신속히 적용될 수 있는 것이어야 하기 때문에, 그 규정내용은 탄력성이 많은 것이 보통이다. 다시 말하면 확정개념을 규제작용의 요건으로 한다거나, 일정한 사항에 관련되는 사항을 일괄하여 구체적으로 규제대상으로 정하는 경우가

제하는 것이 되기 때문에, 그 실효성의 확보를 위하여 국가의 무역관리 목적에 협력하는 개인의 사회, 경제윤리의 고양이 무엇보다도 중요한 의의를 가진다.

002 다음은 대외무역법령에 명시되어 있는 무역관련 용어에 대한 설명이다. 올바르지 못한 것은?

① 무역이라 함은 물품, 대통령령이 정한 용역 및 전자적 형태의 무체물의 국가 간 이동 즉 수출입을 말한다.

② 물품이라 함은 외국환거래법에서 정한 지급수단, 증권, 채권을 화체한 서류 이

실전문제

문제를 풀면서 개념과 이론을 이해할 수 있는 기초다지기 실전문제(1000제)를 수록하였고, 또한 무역관련 실무영어 문제들도 제공하여 시험에 대응하도록 하였다.

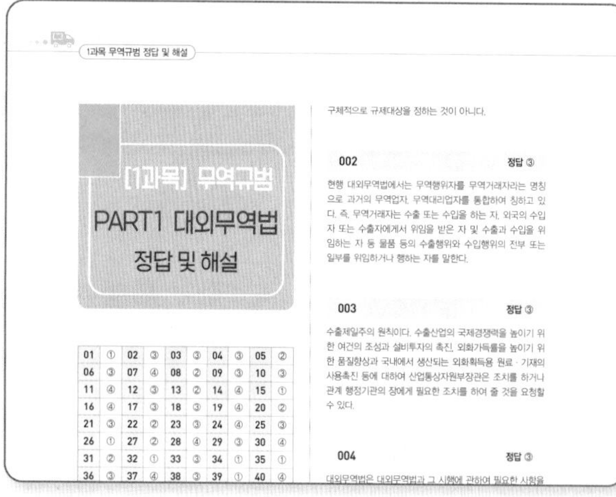

1과목 무역규범 정답 및 해설

[1과목] 무역규범
PART1 대외무역법
정답 및 해설

01	①	02	③	03	③	04	③	05	②
06	③	07	④	08	②	09	③	10	③
11	④	12	③	13	②	14	④	15	①
16	④	17	③	18	③	19	④	20	②
21	③	22	②	23	③	24	④	25	③
26	①	27	②	28	④	29	③	30	④
31	②	32	①	33	③	34	①	35	①
36	③	37	④	38	③	39	①	40	④

구체적으로 규제대상을 정하는 것이 아니다.

002 정답 ③

현행 대외무역법에서는 무역행위자를 무역거래자라는 명칭으로 과거의 무역업자, 무역대리업자를 통합하여 칭하고 있다. 즉, 무역거래자는 수출 또는 수입을 하는 자, 외국의 수입자 또는 수출자에게서 위임을 받은 자 및 수출과 수입을 위임하는 자 등 물품 등의 수출행위와 수입행위의 전부 또는 일부를 위임하거나 행하는 자를 말한다.

003 정답 ③

수출제일주의 원칙이다. 수출산업의 국제경쟁력을 높이기 위한 여건의 조성과 설비투자의 촉진, 외화가득률을 높이기 위한 품질향상과 국내에서 생산되는 외화획득용 원료 · 기재의 사용촉진 등에 대하여 산업통상자원부장관은 조치를 하거나 관계 행정기관의 장에게 필요한 조치를 하여 줄 것을 요청할 수 있다.

004 정답 ③

대외무역법은 대외무역법과 그 시행에 관하여 필요한 사항을

정답 및 해설

빠른 정답 찾기로 문제를 빠르게 채점할 수 있고, 각 문제의 해설을 상세하게 풀어내어 문제와 관련된 개념을 이해하기 쉽도록 하였습니다.

이 책의 목차

과목		문제	해설
1과목 무역규범	PART1 대외무역법	18	220
	PART2 관세법	39	230
2과목 무역결제	PART1 대금결제	54	237
	PART2 외환실무	88	251
3과목 무역계약	PART1 무역계약	112	263
	PART2 국제운송	147	280
	PART3 해상보험	173	295
4과목 무역영어	–	192	306

1급 ▼ Study Plan

과목		학습예상일	학습일	학습시간
제1과목 무역규범	PART1 대외무역법			
	PART2 관세법			
제2과목 무역결제	PART1 대금결제			
	PART2 외환실무			
3과목 무역계약	PART1 무역계약			
	PART2 국제운송			
	PART3 해상보험			
4과목 무역영어	–			

INTERNATIONAL TRADE SPECIALIST

1급

국제무역사 1000제

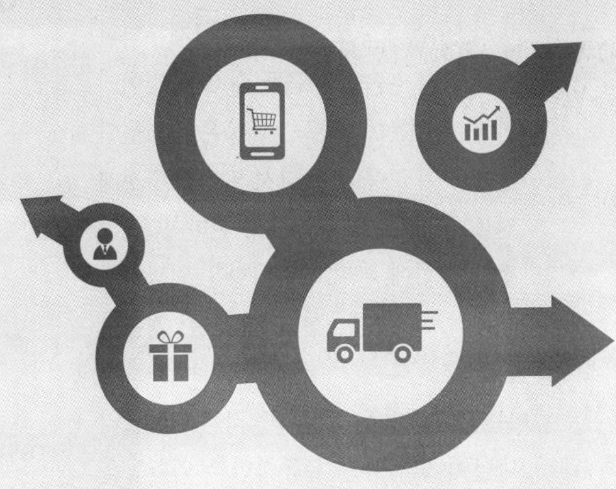

1과목 | 무역규범

PART1 대외무역법

PART2 관세법

1급
국제무역사

1과목

무역규범

정답 및 해설 220p

001~092 PART1 대외무역법

001 대외무역법의 특성에 관한 설명으로 적절하지 않은 것은?

① 대외무역법은 복잡하고 다양한 무역거래 현상을 포괄적인 규제대상으로 할 뿐 아니라, 유동적으로 변화하는 국제무역환경에 따라 신속히 적응될 수 있는 것이어야 하기 때문에, 그 규정내용은 탄력성이 많은 것이 보통이다. 다시 말하면 확정개념을 규제작용의 요건으로 한다거나, 일정한 사항에 관련되는 사항을 일괄하여 구체적으로 규제대상으로 정하는 경우가 많다.

② 무역관리작용은 다른 행정작용과는 달리 나날이 발전하는 유동적인 무역활동을 일정한 방향으로 규제, 조정하는 것이기 때문에 그 모든 내용을 일일이 형식적 법률로 규율하는 것이 매우 어렵다.

③ 대외무역법은 소극적으로 무역관리작용을 억제하기 위한 기능보다도 적극적으로 지향할 무역질서의 방향 등을 규정하는 것이기 때문에 일정한 목적을 실현시키기 위한 수단적 내지 기술적인 법으로서의 성격이 농후하다.

④ 규제법으로서의 대외무역법이 규제작용으로 달성하려는 목적은 개인의 영리심에 입각한 자발적인 경제활동을 일정한 방향으로 유도하기 위하여 조장 또는 억제하는 것이 되기 때문에, 그 실효성의 확보를 위하여 국가의 무역관리 목적에 협력하는 개인의 사회, 경제윤리의 고양이 무엇보다도 중요한 의의를 가진다.

002 다음은 대외무역법령에 명시되어 있는 무역관련 용어에 대한 설명이다. 올바르지 못한 것은?

① 무역이라 함은 물품, 대통령령이 정한 용역 및 전자적 형태의 무체물의 국가 간 이동 즉 수출입을 말한다.

② 물품이라 함은 외국환거래법에서 정한 지급수단, 증권, 채권을 화체한 서류 이외의 동산을 말한다.

③ 대외무역법은 무역행위자를 무역업자 및 무역대리업자로 구분하여 규정하고 있으며, 전자는 본인으로서 무역하는 자, 후자는 agent로서 무역하는 자를 말한다.

④ 대외무역법에서 국내라 함은 대한민국의 주권이 미치는 지역을 말한다.

003 다음 중 대외무역법의 제정원칙과 거리가 먼 것은?

① 자유롭고 공정한 무역의 원칙

② 무역제한의 최소화의 원칙

③ 수입제일주의 원칙

④ 품목별 수출입관리

004 대외무역법의 체계에 들지 않는 것은?

① 대외무역법
② 대외무역관리규정
③ 독점규제 및 공정거래에 관한 법률
④ 대외무역법 시행령

005 다음 보기의 내용에서 알 수 있는 대외무역법의 제정원칙은?

| 보기 |

대외무역법에 의한 수출입상품에 대한 관리는 수출입공고에 의하여 산업통상자원부장관이 별도의 관리가 필요하다고 인정하는 품목에 대하여 수출입의 요건을 갖추어 산업통상자원부장관이 정하는 기관에서 승인을 받도록 하거나 수출입금지 등의 제한을 행하고 있다.

① 거래형태별 관리
② 품목별 수출입관리
③ 국가별 수출입관리
④ 금액별 수출입관리

006 대외무역법의 목적으로 적합한 것은?

① 무역수지의 조정
② 국제법과 상호충돌 방지
③ 국민경제의 발전
④ 수출진흥, 수입조정으로 국제수지의 균형

007 다음 중 국제통화기금(IMF)의 목적이 아닌 것은?

① 국제무역의 확대와 균형을 꾀한다.
② 외국환의 안정과 가맹국 간의 외국환질서를 위하여 경쟁적인 평가절하를 방지한다.
③ 가맹국 간의 경상거래에 대한 다자간 결제제도를 확립하는 동시에 세계무역의 성장을 저해하는 외국환의 제한을 제거한다.
④ 회원국의 경제성장 도모 및 세계경제발전에 공헌하며 저개도국의 경제성장에 기여한다.

008 WTO의 기본원칙에 속하지 않는 것은?

① 최혜국대우의 원칙
② 관세율인하의 원칙
③ 투명성의 원칙
④ 시장접근보장의 원칙

009 대외무역법의 목적에 대한 설명으로 맞는 것은?

① 이 법은 수출을 진흥하며 수입을 조정하여 대외무역의 건전한 발전을 촉진함으로써 국제수지의 균형과 국민경제의 발전에 기여함을 목적으로 한다.
② 이 법은 수출을 진흥하며 수입을 조정하고 건전한 거래를 촉진함으로써 국제수지의 균형과 국민경제의 발전을 도모함을 목적으로 한다.

③ 이 법은 대외무역을 진흥하고 공정한 거래질서를 확립하여 국제수지의 균형과 통상의 확대를 도모함으로써 국민경제의 발전에 이바지함을 목적으로 한다.
④ 이 법은 수출을 촉진하여 수출구조를 고도화함으로써 국제수지의 향상과 국민경제의 발전에 기여함을 목적으로 한다.

010 대외무역법령에서 정하고 있는 무역의 범위에서 용역에 해당하지 않는 것은?

① 컴퓨터시스템 설계 및 자문업
② 엔지니어링 서비스업
③ 교육서비스업
④ 회계 및 세무 관련 서비스업

011 전문무역상사에 대한 설명으로 타당하지 않은 것은?

① 전년도 수출액이 100만 달러 이상이어야 한다.
② 타사가 제조한 제품의 수출대행 또는 완제품구매수출비중이 10%를 넘어야 한다.
③ 선정 후 2년간의 전문무역상사 지위 유지 후 재신청이 가능하나 기준 불충족 시에는 미선정된다.
④ 전문무역상사는 종합무역상사와 함께 현재 우리나라의 수출입에 큰 역할을 하고 있다.

012 다음 중 무역에 관한 특별조치의 대상이 아닌 것은?

① 헌법에 의하여 체결 · 공포된 무역에 관한 조약과 일반적으로 승인된 국제법규에서 정한 국제평화와 안전유지 등의 의무와 이행을 위하여 필요한 때
② 교역상대국이 조약과 일반적으로 승인된 국제법규에서 정한 우리나라의 권익을 부인할 때
③ 교역상대국의 무역거래자와 물품의 수출 · 수입과 관련하여 분쟁이 발생한 때에 정당한 사유 없이 그 분쟁의 해결을 지연시킬 때
④ 우리나라 또는 우리나라의 교역상대국에 전쟁, 사변 또는 천재지변이 있을 때

013 대외무역법상 산업통상자원부장관이 무역진흥을 위하여 대통령령으로 정하는 바에 의하여 필요한 지원을 받을 수 있는 해당자가 아닌 것은?

① 무역전시장을 설치 · 운영하는 자
② 보세장치장을 설치 · 운영하는 자
③ 무역연수원을 설치 · 운영하는 자
④ 무역진흥을 위한 연수를 업으로 하는 자

014 다음 중 무역의 진흥을 위한 조치에 해당하지 않는 것은?

① 수출산업의 국제경쟁력을 높이기 위한 여건의 조성과 설비투자의 촉진
② 지역별 무역균형을 달성하기 위한 수출 · 수입의 연계
③ 통상협력증진을 위한 수출 · 수입에 대한 조정
④ 무역업체에 대한 금융지원 또는 조세 등의 감면

015 대외무역법령상 무역의 진흥을 위한 조치가 아닌 것은?

① 대외산업협력 추진방안과 무역관련상 추진방안
② 민간의 통상활동 및 산업협력의 지원
③ 지역별 무역균형을 달성하기 위한 수출 · 수입의 연계
④ 통상협력증진을 위한 수출 · 수입에 대한 조정

016 무역진흥의 지원대상이 되는 무역관련시설이 아닌 것은?

① 무역전시장
② 무역연수원
③ 컨벤션센터
④ 컨테이너

017 대외무역법상 수출입에 해당하지 않는 것은?

① 국내의 기계설비를 중국에 무상으로 증여
② 국내업체의 직원이 중국에 파견되어 중국업체에 컨설팅을 유상으로 제공
③ 일본에서 내국인이 소유하고 있는 물품을 중국에 무상으로 증여
④ 국내기업이 중국업체로서부터 물품을 구매하여 일본업체에 판매

018 대외무역법상 수출실적에 해당하지 않는 것은?

① 입금액　　② 수출통관액
③ 내국수출액　　④ 가득액

019 대외무역법상 다음 설명 중 가장 옳은 것은?

① 통합공고의 수출입 요건확인의 내용과 수출입공고의 제한내용이 동시에 적용될 경우에는 둘 중 하나만 충족해도 수출입을 할 수 있다.
② 수입물품이라도 진열품인 경우에는 원산지 표시를 면제할 수 있다.
③ 외국인도수출의 경우 수출실적의 인정금액은 수입금액을 공제한 가득액이다.
④ 구매확인서에 의한 수출실적의 인정금액은 외국환은행의 결제액 또는 확인액이다.

020 대외무역법령에 의한 수출실적으로 인정되지 않는 것은?

① 외국인으로부터 외화를 영수하고 관세자유지역으로 반입 신고한 물품 등을 공급하는 경우
② 외국인으로부터 외화를 영수하고 공장건설에 필요한 물품을 국내에서 공급하는 경우
③ 외국인으로부터 외화를 영수하고 외화획득용 시설기재를 외국인과 임대차계약을 맺은 국내 업체에 인도하는 경우
④ 외국에서 개최되는 박람회에 출품하기 위하여 무상 반출한 물품을 외국현지에서 판매하고 그 매각대금을 외화로 연수한 경우

021 대외무역관리규정의 수출실적의 인정금액과 관련된 설명으로 부적절한 것은?

① 중계무역에 의한 수출은 수출금액(FOB 가격)에서 수입금액(CIF 가격)을 공제한 가득액
② 외국인도수출의 경우에는 외국환은행의 입금액
③ 외국에서 개최되는 박람회 등에 출품하기 위하여 무상으로 반출하는 물품 등의 수출로서 현지에서 매각된 것은 현지사용경비를 제외한 가득액
④ 원양어로에 의한 수출 중 현지경비 사용분은 외국환은행의 확인분

022 수출입실적의 인정금액 및 시점에 대한 설명으로 맞는 것은?

① 일반 유상거래 수출의 경우에 금액은 수출결제액 기준으로 인정되고, 실적 인정시점은 수출신고수리일 기준이다.
② 중계무역의 경우에는 수출금액에서 수입금액을 공제한 잔액이 수출실적으로 인정되고, 수출실적 인정시점은 수출신고수리일 기준이다.
③ 국내공급 중에서 내국신용장 및 구매확인서에 의한 공급은 세금계산서상 공급액을 기준으로 인정되고, 외국환은행을 통한 결제 시에는 그 결제일이 수출실적 인정시점이 된다.
④ 외국인에게 외화를 영수하고 외화획득용 시설기재를 외국인과 임대차계약을 맺은 국내업체에 인도 시에는 임대차계약금액이 수출실적 인정금액이 되고 그 입금일이 수출실적 인정시점이 된다.

023 다음 중 수출입실적과 관련한 대외무역법령의 내용 중에서 가장 거리가 먼 것은?

① 수출실적은 수출통관액 · 입금액, 가득액과 내국신용장, 그리고 구매확인서를 이용하여 수출에 제공하는 외화획득용 원료 · 기재의 국내공급액을 말한다.
② 수입실적의 인정시점은 수입신고 수리일이며, 외국인수수입과 용역 또는 전자적 형태의 무체물의 수입인 경우에는 지급일이다.

③ 내국신용장 또는 구매확인서에 의한 국내 물품공급 실적은 한국무역협회에서 발급한 수출입확인서에 의하여 수출실적으로 인정된다.
④ 중계무역에 의한 수출 인정금액은 수출금액(FOB 가격)에서 수입금액(CIF 가격)을 공제한 가득액이다.

024 수출입실적의 인정범위, 인정금액 및 인정시점 등에 관한 설명 중 잘못된 것은?

① 수출입실적 인정금액은 수출통관액(FOB 가격), 수입통관액(CIF 가격)이고 동 금액의 인정시점은 각각 수출신고 수리일 및 수입신고 수리일이다.
② 산업통상자원부장관이 지정하는 생산자의 수출물품 포장용 골판지 상자의 공급도 수출실적으로 인정된다.
③ 중계무역에 의한 수출의 경우 수출실적은 수출금액에서 수입금액을 공제한 가득액으로 인정한다.
④ 수출입 사실확인서의 발급은 전자적 무체물의 경우 한국소프트웨어산업협회에만 신청하고, 해운업 및 관광사업을 포함한 용역의 경우에는 한국무역협회장에게 신청하여야 한다.

025 대외무역법상 수출에 포함되지 않는 것은?

① 매매 · 교환 · 임대차 · 사용대차 · 증여 등을 원인으로 국내에서 외국으로 물품을 이동하는 것
② 우리나라의 선박에 의하여 외국에서 채취 또는 포획한 광물 또는 수산물을 외국에 매도하는 것
③ 유상으로 외국에서 외국으로 물품을 인수하는 것으로써 산업통상자원부장관이 정하여 고시하는 기준에 해당하는 것
④ 거주자가 비거주자에게 산업통상자원부장관이 정하여 고시하는 방법으로 용역을 제공하는 것

026 전자적 형태의 무체물에 대한 수출입 사실의 확인기관으로 옳은 것은?

① 한국무역협회장 또는 한국소프트웨어산업협회장
② 한국무역협회장 또는 한국전자무역진흥원장
③ 한국무역협회장 또는 세관장
④ 한국수출입은행장 또는 한국소프트웨어산업협회장

027 다음 대외무역관리규정의 수출실적 인정금액에 관한 설명으로 틀린 것은?

① 중계무역 – 가득액
② 해외 박람회 전시 중 현지에서 매각 – 외국환은행의 확인액
③ 내국신용장, 구매확인서에 의한 공급 – 외국환은행의 결제액 또는 확인액
④ 원양어로 수출 중 현지 경비사용분 – 외국환은행의 확인액

028 다음 중 수출실적 및 수입실적에 대한 설명으로 맞지 않는 것은?

① 전자적 형태의 무체물에 대한 수출의 경우 수출실적의 인정시점은 입금일로 한다.
② 수입실적이란 산업통상자원부장관이 정하여 고시하는 기준에 해당하는 수입통관액 및 지급액을 말한다.
③ 수입실적 인정금액은 수입통관액(CIF 가격)으로 한다.
④ 수입실적의 인정시점은 수입신고 수리일로 한다. 다만 외국인수수입의 경우에는 대금의 지급일로 하지 않아도 된다.

029 용역 및 전자적 형태의 무체물의 수출입에 대한 설명으로 잘못된 것은?

① 용역의 수출입사실을 확인받고자 하는 자는 한국무역협회장에게 신청하여야 한다.
② 전자적 형태의 무체물에 대한 수출입사실을 확인받고자 하는 자는 한국무역협회장 또는 한국소프트웨어산업협회장에게 신청하여야 한다.
③ 용역 및 전자적 형태의 무체물의 수입실적 인정금액은 수출입확인서에 의해 외국환은행이 확인한 금액으로 한다.
④ 한국무역협회장은 용역 및 전자적 형태의 무체물의 수출입확인 신청인에게 필요한 자료의 제출을 요구할 수 있다.

030 다음 중 대외무역법상 수출의 개념과 거리가 가장 먼 것은?

① 외국환거래법에 의한 거주자가 비거주자에게 전자적 형태의 무체물을 정보통신망을 통하여 전송하는 것
② 소유권의 이전이 없는 임대를 목적으로 국내에서 외국으로 물품을 이동하는 것
③ 원화를 대가로 지불 받고 외국에서 외국으로 물품을 인도하는 것
④ 증여를 원인으로 외국에서 외국으로 물품을 이동하는 것

031 구매확인서 및 내국신용장에 대한 설명으로 적절하지 않은 것은?

① 내국신용장이라 함은 한국은행 총재가 정하는 바에 의해 외국환은행의 장이 발급하여 국내에서 통용되는 신용장을 말하고, 구매확인서라 함은 외국환은행의 장이 내국신용장에 준하여 발급하는 증서를 말한다.
② 내국신용장 및 구매확인서 모두 외국환은행이 지급보증을 한다는 점에서 당사자 간에 유효한 대금결제수단으로 널리 이용된다.
③ 국내에서 외화획득용 원료 또는 물품을 구매하는 자가 외국환은행의 장에게 구매확인서 발급을 신청할 수 있고, 구매확인서 발급분에 대하여는 수출실적 인정, 관세환급, 부가가치세 영세율 적용 등의 지원제도가 존재한다.

④ 내국신용장 또는 구매확인서 등에 의해 국내 공급하는 경우에는 외국환은행의 결제액 또는 확인액이 수출실적 인정금액이 된다.

032 **대외무역법상 수출에 해당하는 "매매, 교환, 임대차, 사용대차, 증여 등을 원인으로 국내에서 외국으로 물품의 이동" 중 무상수출의 내용만으로 짝지어진 것은?**

① 사용대차 및 증여에 의한 수출
② 매매 및 사용대차에 의한 수출
③ 매매 및 증여에 의한 수출
④ 임대차 및 증여에 의한 수출

033 **수출실적의 인정시점으로 맞는 것은?**

① 유상거래 수출 – 수출신고일
② 중계무역 – 신고일
③ 외국인도 수출 – 입금일
④ 외화획득용 원료 등의 국내공급 – 원료공급일

034 **대외무역법상 수출입 제한제도에 관한 설명으로 바르지 못한 것은?**

① 수출입공고상 수출 또는 수입제한품목의 경우 관련 법령에 명시된 대로 요건을 구비하여 수출입통관 시 세관장의 확인만을 받으면 무역거래를 진행할 수 있다.
② 수출승인과 수입승인의 유효기간은 원칙적으로 1년으로 하고 있으며, 필요 시 20년 범위 내에서 단축 또는 연장을 할 수 있다.
③ 수출입공고는 대외무역법 수출입의 제한 규정에 의하여 물품 등의 수출 또는 수입의 제한 · 금지, 승인, 신고, 한정 및 그 절차 등에 관한 사항을 규정해 놓은 공고이다.
④ 하나의 품목이 통합공고 및 수출입공고의 제한 내용에 동시에 적용될 경우 두 공고의 내용 모두를 충족해야만 수출 또는 수입이 가능하다.

035 **다음 중 수출입을 제한할 수 있는 물품이 아닌 것은?**

① 외국환거래가 수반되지 아니하고 수입하는 물품으로서 산업통상자원부장관이 정하여 고시하는 기준에 해당하는 물품
② 생물자원을 보호하기 위하여 산업통상자원부장관이 지정 · 고시하는 물품
③ 교역상대국과의 경제협력을 증진하기 위하여 산업통상자원부장관이 지정 · 고시하는 물품
④ 헌법에 의하여 체결 · 공포된 조약이나 일반적으로 승인된 국제법규상의 의무이행을 위하여 산업통상자원부장관이 지정 · 고시하는 물품

036 수출입승인제도에 관한 설명으로 틀린 것은?

① 수출입승인의 유효기간은 경우에 따라 1년 이내 또는 20년의 범위 내에서 단축 또는 초과하여 설정할 수 있다.
② 수출입승인기관은 산업통상자원부장관이 지정하여 고시한다.
③ 하나의 수출입에 대하여 둘 이상의 승인을 얻어야 하는 경우 이 가운데 하나의 승인을 얻으면 다른 승인은 함께 이루어진 것으로 본다.
④ 수출입승인을 얻기 위해서는 자격 있는 자이어야 하는 인적요건과 당해 물품이 승인요건을 충족하여야 하는 물적요건임을 모두 충족하여야 한다.

037 수출입공고와 통합공고에 대한 설명으로 틀린 것은?

① 수출입공고와 통합공고상의 품목분류는 HS상품분류에 의한다.
② 통합공고의 대상물품은 40여 개 개별법 및 국제협약에서 관장하는 품목으로 한다.
③ 수출입공고와 통합공고의 관리체계는 네거티브 리스트 시스템을 채택하고 있다.
④ 통합공고에 고시된 품목이 수출입승인 면제사항에 해당되어도 다른 조건에 만족해야만 수출입 할 수 있다.

038 수출입승인을 얻은 사항 중 대통령령이 정하는 중요한 사항을 변경하고자 하는 자는 변경승인을 얻어야 한다. 여기서 대통령령이 정하는 중요한 사항이 아닌 것은?

① 물품 등의 수량 변경
② 물품 등의 가격 변경
③ 물품 등의 규격 변경
④ 수출 또는 수입 당사자 변경

039 수출입승인의 유효기간은?

① 1년 ② 2년
③ 3년 ④ 5년

040 다음 중 수입의 정의에서 비거주자가 거주자에게 산업통상자원부장관이 정하여 고시하는 방법으로 용역을 제공하는 것은?

① 거주자가 비거주자에게 전자적 형태의 무체물을 제공
② 비거주자의 국내에서의 소비에 의한 제공
③ 거주자의 상업적 해외주재에 의한 제공
④ 비거주자의 국내로 이동에 의한 제공

041 수출입승인에 관한 설명으로 맞는 것은?

① 수출입공고상의 품목을 외국인수수입하는 경우 수입승인을 얻어야 한다.

② 대외무역법에서는 수출승인신청 시 물품 매도확약서를 첨부하도록 규정하고 있다.
③ 수출입승인기관의 장은 수출입승인을 하고자 할 경우 수출입대금의 지급 · 영수가 외국환거래법에 합당한지 여부를 확인하여야 한다.
④ 산업통상자원부장관은 수급 조정을 위하여 1년 이내로 유효기간의 단축이 필요하다고 인정하는 경우에는 수출입승인의 유효기간을 단축하여 설정할 수 있다.

042 다음 중 수출승인 면제대상이 아닌 것은?

① 외국에서 개최되는 박람회에 출품하기 위하여 무상으로 반출하는 물품
② 수출된 물품의 하자보증 이행 등의 부득이한 사유로 대체 또는 반송을 위하여 반출하는 물품
③ 유상으로 반출하는 경우 미화 2만 달러 상당액 이하의 광고용 물품
④ 수출물품의 성능보장 기간 내에 당해 물품의 수리를 위하여 반출하는 물품

043 산업통상자원부장관이 정하여 고시하는 전자적 형태의 무체물이 아닌 것은?

① 영상물(영화, 게임, 애니메이션, 만화, 캐릭터 포함)
② 음향 · 음성물
③ 전자서적
④ 정보처리장치

044 대외무역법령에 의한 특정거래형태 수출입거래 중에서 산업통상자원부장관의 인정을 받아야 하는 거래는?

① 임대계약에 의하여 미화 1만 불 상당액 초과 물품을 무환으로 수출하여 일정 기간 후 당해 물품의 소유권을 이전하는 경우
② 미국에 있는 현지법인에게 미화 1만 불 상당액 초과 물품을 무환으로 수출하여 당해 물품이 판매된 범위 안에서 대금을 수취하는 경우
③ 가공임을 지급하는 조건으로 중국 소재 위탁가공공장에서 가공할 미화 1만 불 상당액 초과 물품을 거래 상대방에게 무환으로 수출하는 경우
④ 중국지사에 근무하는 현지 직원들의 연봉을 현물로 대지급하기 위하여 미화 1만 불 상당액 초과 물품을 중국지사로 무환으로 수출하는 경우

045 수출입승인을 하고자 하는 경우 확인하여야 할 승인의 요건이 아닌 것은?

① 수출입하는 물품의 대금결제방법이 적정한지 여부
② 수출 · 수입승인 신청인이 승인을 얻을 수 있는 자격이 있는 자일 것
③ 수출 · 수입하는 물품 등의 품목분류번호(HS)의 적용이 적정할 것
④ 수출 · 수입하고자 하는 물품이 수출입공고 등에서의 승인요건을 충족하는 물품일 것

046 다음 중 특정거래형태의 하나로 "수출할 것을 목적으로 물품 등을 수입하여 보세구역 및 보세구역 이외의 장치허가를 받은 장소 또는 자유무역지대에서 처리 후 수출하는 거래형태"에 대한 설명으로 올바르지 않은 것은?

① 대외무역법에서 정의하고 있는 특정거래형태 11가지 중에서 무환수출입과 함께 산업통상자원부장관으로부터 인정받아야 하는 거래형태이다.
② 대금의 지급과 영수를 하나의 외국환은행을 통하여 행하는 송금방식의 거래의 경우에는 산업통상자원부장관의 인정 없이 거래가 가능하다.
③ 하나의 외국환은행을 통해 결제가 이루어질 수 없는 경우에는 수입대금 지급은행이 수출대금 영수은행을 지정하고 수출대금 영수은행의 수출환어음 매입사실을 확인할 수 있는 경우에는 인정 없이 거래가 가능하다.
④ 수출과 수입이 함께 발생하기 때문에 수출실적은 통관기준 FOB 금액으로, 수입실적은 통관기준 CIF 금액으로 각각 수출입실적이 인정된다.

047 구매확인서에 대한 설명으로 틀린 것은?

① 국내에서 생산된 수출용 원자재 및 완제품뿐만 아니라 수출용 수입원자재와 완제품의 구매도 가능하다.
② 국내에서 생산된 수출용 원자재 및 완제품과 수출용 수입원자재에 한정하여 구매하는 경우에만 사용되며 수출용 수입완제품의 구매 시에는 사용할 수 없다.
③ 외국환은행의 지급보증이 없이 당사자간 대금결제가 가능하다.
④ 납품한 원자재 등이 추후에 외화획득용으로 공급될 경우 공급일이 속하는 분기 종료 후 20일 이내에 사후발급이 가능하다.

048 특정거래형태에 대한 설명으로 잘못된 것은?

① 물품 등을 무환으로 수출하여 해당 물품이 판매된 범위 안에서 대금을 결제하는 계약에 의한 수출을 위탁판매수출이라고 한다.
② 가공임을 지급하는 조건으로 외국에서 가공할 원료의 전부 또는 일부를 상대방에게 수출하거나 외국에서 조달하여 이를 가공한 후 가공물품 등을 수입하거나 외국으로 인도하는 수출입을 위탁가공무역이라고 한다.
③ 연계무역으로 물물교환, 구상무역, 대응구매, 제품환매 등의 형태가 있다.
④ 중개무역에서는 중개무역자는 무역거래의 주체로서 소유권 이전을 전제로 하여 매매차익을 취하여 분쟁발생 시 직접적인 분쟁의 당사자가 된다.

049 다음 중 연계무역의 형태가 아닌 것은?

① 임대구매　② 대응구매
③ 구상무역　④ 제품환매

050 가공임을 지급하는 조건으로 외국에서 가공할 원자재를 거래 상대방에게 수출하여 가공한 후 수입하는 특정거래형태의 수출입은?

① 수탁가공무역　② 위탁가공무역
③ 외국인수수입　④ 연계무역

051 다음 중 특정거래형태에 해당하지 않는 수출입거래형태는?

① 수탁판매수입　② 임차수입
③ 외국인수수입　④ 복합거래

052 다음 중 연계무역에 대한 설명으로 잘못된 것은?

① 물물교환은 환거래가 발생하지 않고 상품과 직접 교환하는 방식의 단순한 거래형태로서 수출에 대한 대가로 수출시장으로부터 동가치의 상품을 수입하는 방식의 수출입을 말한다.
② 플랜트, 장비, 기술 등의 수출에 대응하여 그 설비나 기술로 생산되는 제품을 판매의 대가로 수입하는 형태는 제품환매이다.
③ 연계무역에서 사용되는 토마스신용장은 수출입의 거래당사자 중 일방이 일정액의 수입신용장을 발행하는 경우에 거래상대방이 동액의 수입신용장을 동시에 발생할 경우에만 발행한 신용장이 유효하도록 하는 조건의 신용장이다.
④ 연계무역에서 사용되는 특수신용장으로는 동시개설신용장, 기탁신용장, 토마스신용장이 있다.

053 중계무역에 대한 설명으로 타당하지 않은 것은?

① 수출할 것을 목적으로 물품을 수입하여 제3국으로 수출하는 수출입을 말한다.
② 중계무역에 의한 거래방식은 수입한 물품을 가공하지 아니하고 원형 그대로 수출하는 점이 가공무역과 다르다.
③ 중계무역은 최종 수입국의 무역정책상 최초 수출국과의 직접거래를 억제하기 위하여 수입을 제한하는 경우 중계국의 개재로 인하여 최종 수입국의 대외무역관에 큰 문제가 된다.
④ 수출·수입 승인기관의 장은 중계무역에 의한 수출·수입의 경우에는 수출입공고에서 수출입이 제한된 품목에도 불구하고 수출·수입을 승인할 수 있다. 그러나 수출·수입 승인조건은 변경할 수 없다.

054 대외무역법령에서 정한 용어의 정의에 대한 설명으로 틀린 것은?

① 위탁판매수출은 물품 등을 무환으로 수출하여 당해 물품이 판매된 범위 안에서 대금을 결제하는 계약에 의한 수출을 말한다.
② 무환수출입은 외국환 거래가 수반되지 않는 물품 등의 수출·수입을 말한다.

③ 위탁가공무역은 가공임을 지급하는 조건으로 외국에서 가공할 원료의 전부 또는 일부를 거래상대방에게 수출하거나 외국에서 조달하여 이를 가공한 후 가공물품 등을 수입하거나 외국으로 인도하는 수출입을 말한다.

④ 중계무역은 물물교환, 구상무역, 대응구매, 제품환매 등의 형태에 의한 수출입을 말한다.

055 대외무역법령상의 무역업고유번호에 관한 설명으로 틀린 것은?

① 무역거래자는 관세법에 의한 수출입신고 시 무역업고유번호 기재는 생략할 수 있다.

② 산업통상자원부장관은 수출입전산관리체제의 개발 · 운영을 위하여 무역거래자별 무역업고유번호를 부여할 수 있다.

③ 무역업고유번호를 부여받고자 하는 자는 우편, 팩시밀리, 전자우편, 전자문서교환체제 등의 방법으로 한국무역협회장에게 신청하여야 한다.

④ 한국무역협회장은 무역고유번호신청서류의 접수 즉시 고유번호를 부여하여야 한다.

056 다음 중 무역업고유번호를 부여하는 기관은?

① 산업통상자원부장관

② 관세청장

③ 세관장

④ 한국무역협회장

057 구매확인서의 발급근거와 관련이 없는 것은?

① 수출신용장　　② 수출승인서

③ 수출계약서　　④ 내국신용장

058 구매확인서에 대한 설명으로 옳은 것은?

① 물품의 제조 과정이 여러 단계일 경우에는 각 단계별로 순차로 발급할 수 있다.

② 임가공비를 지급하기 위한 목적의 구매확인서 발급은 불가능하다.

③ 국내에서 외화획득용 원료 또는 물품 등을 공급하고자 하는 자는 외국환은행의 장에게 구매확인서의 발급을 신청할 수 있다.

④ 구매확인서의 발급기관은 외국환은행의 장이므로 대금결제는 은행이 보증하게 된다.

059 외화획득용 원료 또는 물품 등의 국내구매에 사용되는 내국신용장 및 구매확인서에 대한 설명으로 올바르지 못한 것은?

① 구매확인서는 외화획득용 원료 · 기재의 구매를 확인하는 서류로서 내국신용장과 마찬가지로 물품 공급 전에만 외국환은행장에게 신청할 수 있다.

② 내국신용장은 수출용 물품의 구매에 한정하나 구매확인서는 수출보다 광의의 개념인 외화획득용 물품을 구매하는 경우에도 발급된다.

③ 구매확인서는 발급 근거서류의 범위 내에서만 발급할 수 있으며, 제조 · 가공 · 유통 과정이 여러 단계인 경우 각 단계별로 순차적으로 차수 제한 없이 발급할 수 있다.

④ 내국신용장이나 구매확인서는 수출실적 인정, 관세환급, 부가가치세 영의 세율 적용 등의 지원제도 면에서 동일하다.

060 **대외무역관리규정상에 명시되어 있는 "외화획득의 범위"에 대한 설명으로 거리가 먼 것은?**

① 외국인으로부터 원화를 받고 국내의 보세지역에 필요한 물품, 공장건설에 필요한 물품을 국내에서 공급하는 경우

② 지방자치단체가 외국으로부터 받은 차관자금에 의한 국제경쟁입찰에 의하여 국내에서 원화를 받고 물품을 공급하는 경우

③ 외항선박 및 항공기에 외화를 받고 선용품 및 기용품을 공급하거나 급유하는 경우

④ 절충교역거래의 보완거래로서 외국으로부터 외화를 받고 국내에서 제조된 물품 등을 국가기관에 공급하는 경우

061 **외화획득용 원료 · 기재를 구매하고자 하는 자가 부가가치세법의 규정에 의한 "영의 세율"의 적용을 받기 위하여 확인을 신청하는 경우(구매확인서 발급신청) 발급하는 서류에 대한 설명으로 거리가 먼 것은?**

① 외화획득용 원료 · 기재의 구매를 확인하는 서류로서 물품 공급 전 또는 부가가치세 신고기간 내의 사후발급을 외국환은행장에게 신청할 수 있다.

② 수출용 물품의 구매뿐만 아니라 수출보다 광의의 개념인 외화획득용 물품을 구매하는 경우에도 발급된다.

③ 발급 근거 서류의 범위 내에서 발급할 수 있으며 제조 · 가공 · 유통 과정이 여러 단계인 경우 각 단계별로 순차적으로 차수 제한 없이 발급할 수 있다.

④ 외국환은행이 물품공급자에 대하여 물품대금에 대한 지급확약을 하는 서류로서 발급 근거로 한국은행 총액한도대출관련 무역금융 취급세칙을 별도로 두고 있다.

062 **국내에서 외화획득용 원료 또는 물품 등을 구매하려는 자가 개설 또는 발급을 신청할 수 있는 서류에 대한 설명으로 올바르지 못한 것은?**

① 내국신용장의 특징은 대금결제가 현금 또는 어음으로 이루어지며, 개설은행의 지급확약이 없고 부가가치세 신고기한 내에서 사후발급이 가능하다는 점이다.

② 구매확인서 발급신청에는 수출신용장, 수출계약서, 외화매입증명서, 내국신용

장, 구매확인서 등 외화획득용 원료 · 기재임을 입증하는 서류가 필요하다.

③ 구매확인서는 구매확인서에 의한 2차 구매확인서도 발급할 수 있으며, 제조 · 가공 · 유통 과정이 여러단계인 경우에는 각 단계별로 순차로 발급할 수 있다.

④ 내국신용장이나 구매확인서는 수출실적 인정, 관세환급, 부가가치세 영의 세율 적용 등의 지원제도 면에서 동일하다.

063 외화획득용 원료 등을 구매한 자의 외화획득 이행기간에 관한 설명으로 맞는 것은?

① 직수출인 경우에는 수입신고수리일로부터 1년이 경과한 날까지

② 외화획득용 물품의 선적기일이 2년을 초과하는 경우에는 2년 이내

③ 국내공급인 경우에는 수입신고수리일로부터 1년이 경과한 날까지

④ 수출이 완료된 기계류의 하자 및 유지보수용 원료는 수입통관일로부터 2년이 경과한 날

064 다음 중 외화획득용 원료의 범위와 가장 거리가 먼 것은?

① 수출실적으로 인정되는 수출물품을 생산하는 데 소요되는 원료

② 외화가득률이 30% 이상인 군납용 물품을 생산하는 데 소요되는 원료

③ 해외에서의 건설 및 용역사업용 원료

④ 외화표시 국내거래의 물품을 생산하는 데 소요되는 원료

065 외화획득용 원료 · 기재의 사용목적 변경 승인사유에 해당하지 않는 것은?

① 평균 손모량에 해당하는 외화획득용 원료 · 기재 또는 그 원료 · 기재로 생산한 물품 등을 당초의 목적 외의 용도로 사용하고자 하는 경우

② 기술혁신이나 유행의 경과로 새로운 제품이 개발되어 수입된 원료 등으로는 외화획득 이행물품 등의 생산에 사용할 수 없는 경우

③ 수입된 원료가 형질이 변화되어 외화획득 이행물품의 생산에 사용할 수 없게 된 경우

④ 외화획득 이행의무자에게 책임이 없는 사유로 외화획득의 이행을 할 수 없게 된 경우

066 다음 중 외화획득용 원료에 해당되지 않는 것은?

① 외화획득용 원자재

② 외화획득용 시설

③ 외화획득용 부자재

④ 외화획득용 부품

067 다음 중 외화획득용 제품에 해당하지 않는 것은?

① 군납업자가 수입하는 군납용 물품

② 주식회사 한국관광용품센터가 수입하는 식자재

③ 주류수입업자가 수입하는 외교관면세점용 주류제품

④ 항만운송사업법에 의하여 수입물품공급업의 등록을 하고 세관장에게 등록한 자가 수입하는 선용품

068 시 · 도지사가 1년의 범위 내에서 외화획득 이행기간을 연장할 수 있는 경우와 관련이 없는 것은?

① 생산에 장기간이 소요되는 경우
② 제품생산을 위탁한 경우 그 공장의 도산 등으로 인하여 제품생산이 지연되는 경우
③ 외화획득 이행의무자의 책임 있는 사유로 신용장 또는 수출계약이 취소된 경우
④ 외화획득이 완료된 물품의 하자보수용 원료 등으로 장기간 보관이 불가피한 경우

069 대외무역법령상 "소요량"에 관한 설명으로 옳지 않은 것은?

① 소요량은 외화획득용 물품 등의 전량을 생산하는 데 소요된 원자재의 실량과 손모량을 합한 양이다.
② 기준 소요량은 실물 및 카탈로그 조사의 방법으로 책정할 수 있다.
③ 자율소요량계산서는 단위자율소요량 또는 기준 소요량에 외화획득용 물품 등의 수량을 곱한 물량으로 표시한다.
④ 수출계약서에 소요원료의 품명 · 수량 등이 표시된 경우에도 기준 소요량이 고시되어 있으면 자율소요량계산서를 작성할 수 없다.

070 다음 중 대외무역법령에 의한 전략물자의 수출입과 거리가 먼 것은?

① 전략물자를 수출하려는 자는 다자간 전략물자 수출통제체제에서 수출통제대상으로 지정한 물품뿐만 아니라 대량파괴무기의 제조 · 개발 · 사용 및 보관 등의 용도로 사용될 가능성이 높은 민수용 물품도 산업통상자원부장관이나 관계 행정기관의 허가를 받아야 한다.
② 전략물자를 수입하는 자가 당해 전략물자를 국내로 수입하지 않고 외국으로 환적 · 전송 또는 재수출(무상 포함)할 때에는 전략물자 수출허가를 받지 않아도 된다.
③ 수출하려는 물품 등이 전략물자에 해당하는지에 대하여 사전판정을 받은 때 그 사전판정의 유효기간은 2년이다.
④ 제2종 전략물자 해당 여부에 대해 업체의 자율적 판단이 어려울 경우 전략물자 해당 여부에 대해 한국무역협회 전략물자무역정보센터에서 판정한다.

071 전략물자 통제 강화를 위한 대외무역법상 제도에 대한 설명으로 올바르지 못한 것은?

① 전략물자라 함은 국제평화와 안전을 위하여 다자간 국제수출통제체제의 원칙에 따라 허가 등 제한이 필요한 물품 또는 기술을 말한다.
② 전략물자를 수입하고자 하는 자는 매 수입 시마다 사전에 수입 허가기관의 허가를 받아야 한다.

③ 물품의 제조자나 무역거래자는 취급하는 물품이 전략물자에 해당하는지 여부를 산업통상자원부장관 또는 관계 행정기관의 장에게 판정을 신청해야 한다.

④ 전략물자 제조자 또는 수입자가 그 전략물자를 다른 사람에게 인도할 경우 상대방에게 서면으로 그 품목이 전략물자임을 통보해야 한다.

072 전략물자 수출입 관련 대외무역법상 제도에 대한 설명으로 올바르지 못한 것은?

① 물품 등의 제조자나 무역거래자는 그 물품 등이 전략물자에 해당하는지에 대해 산업통상자원부장관 또는 관계 행정기관 장의 허가를 받아야 한다.

② 전략물자를 제조하거나 수입하는 자는 전략물자의 출고일 또는 수입신고 수리일로부터 30일 이내에 관계 행정기관의 장에게 신고하여야 한다.

③ 다자간 국제수출통제체제의 원칙에 따라 허가 등 제한이 필요한 물품 등을 수출하려는 자는 산업통상자원부장관 또는 관계 행정기관의 장의 수출허가를 받아야 한다.

④ 대량파괴무기와 미사일의 제조 · 개발 · 사용 · 보관 등의 용도로 전환될 가능성이 높은 물품 등을 수출하고자 하는 자는 수출하려는 물품 등이 최종 사용자의 사업분야에 해당되지 않는 경우 산업통상자원부장관 또는 관계 행정기관의 장의 상황허가를 받아야 한다.

073 다음 중 외화획득용 원료의 자율관리기업 선정요건에 해당하지 않는 것은?

① 중견수출기업

② 과거 2년간 미화 5천 달러 이상 외화획득 미이행으로 보고된 사실이 없는 업체

③ 전년도 수출실적이 미화 5만 달러 상당액 이상인 업체

④ 수출유공으로 포상을 받은 업체

074 전략물자에 대한 대외무역법상 규제에 대한 설명으로 옳지 않은 것은?

① 전략물자란 국제평화 및 안전유지를 위하여 수출통제가 필요하다고 인정되는 것으로 주로 핵무기, 생화학 무기, 천연자원 및 희귀 동식물과 관련된 물품을 말한다.

② 전략물자를 수출하려는 경우에 관계 행정기관의 장에게 수출허가를 받아야 하며, 전략물자를 수입하고자 하는 자는 수입목적확인서의 발급을 신청하는 경우에 이를 발급받을 수 있다.

③ 전략물자를 수출입하는 무역업체의 부담을 최소화하기 위해 전략물자 해당 여부를 수출입 전에 신청하여 판정을 받을 수 있다.

④ 산업통상자원부장관과 관계 행정기관의 장은 전략물자 등이 허가를 받지 않고 불법수출되는 것을 막기 위하여 필요하면 전략물자 등의 이동중지명령을 할 수 있다.

075 전략물자의 수출입에 관련된 설명으로 잘못된 것은?

① 수출하고자 하는 물품 등이 전략물자에 해당하는지의 여부를 확인받고자 하는 자는 산업통상자원부장관 또는 관계 행정기관의 장에게 그 판정을 신청할 수 있다.
② 대량파괴무기 및 그 운반수단인 미사일의 제조 · 개발 · 사용 및 보관 등의 용도로 사용될 가능성이 높은 물품은 제1종 전략물자에 속한다.
③ 전략물자 사전 판정의 유효기간은 2년으로 한다.
④ 산업통상자원부장관은 전략물자를 수입하고자 하는 자가 그 수입목적확인서의 신청을 하는 경우에는 이를 발급할 수 있다.

076 플랜트 수출승인의 신청 및 변경승인신청과 관련된 설명으로 옳지 않은 것은?

① 일괄수주방식에 의한 수출의 경우 산업통상자원부장관에게 신청한다.
② 연불금융지원거래인 경우에는 한국수출입은행장에게 신청한다.
③ 기타의 경우에는 한국기계산업진흥회의 장에게 신청한다.
④ 승인기관의 장은 변경승인신청이나 승인신청이 있는 경우 접수일로부터 10일 이내에 이를 처리하여야 한다.

077 대외무역법상 산업통상자원부장관의 사업촉진과 관련하여 플랜트 수출을 하고자 하는 자가 추진할 수 있는 것이 아닌 것은?

① 외자도입　② 시장조사
③ 정보교환　④ 협동화 사업

078 산업통상자원부장관이 일괄수주방식에 의해 플랜트 수출을 승인하고자 할 때 동의를 얻어야 하는 기관의 장은?

① 고용노동부장관
② 보건복지부장관
③ 외교부장관
④ 관세청장

079 일괄수주방식의 수출에 관한 설명으로 옳은 것은?

① OEM 방식의 수출
② 위탁가공무역에 의한 수출
③ 해외건설공사
④ 산업설비 · 기술용역 및 시공을 포괄적으로 행하는 수출

080 플랜트 수출 중 연불금융지원거래인 경우와 일괄수주방식에 의한 경우의 승인기관이 옳게 짝지어진 것은?

① 산업통상자원부장관 – 무역협회장
② 한국수출입은행장 – 산업통상자원부장관

③ 한국기계산업진흥회의 장 – 산업통상자원부장관
④ 산업통상자원부장관 – 국토교통부장관

081 다음의 원산지제도에 관한 대외무역법 규정 중에서 올바르지 못한 것은?

① 수출입물품의 전부가 하나의 국가에서 채취 또는 생산된 완전생산물품인 경우 그 국가를 당해 물품의 원산지로 한다.
② 수입물품의 원산지 표시방법은 한글, 한자 또는 영문으로 국명을 표시하거나 제조자의 회사명을 표기하면 된다.
③ 소(HS 0102)의 원산지는 출생국을 원산지로 한다. 다만 6개월 이상 한국에서 사육된 경우에는 우리나라가 원산지가 된다.
④ 외화획득용 원료 및 시설기재로 수입되는 물품의 경우 원산지 표시가 면제된다.

082 다음 중 대외무역법에 의한 수입물품의 원산지 표시방법과 관련하여 틀린 것은?

① 최종구매자가 수입물품의 원산지를 오인할 우려가 없는 경우에는 통상적으로 널리 사용되고 있는 국가명의 약어를 사용하여 원산지를 표시할 수 있다.
② 품질경영 및 공산품안전관리법, 식품위생법 등 다른 법령에 의한 표시사항이 라벨, 스티커, 꼬리표의 방식으로 부착되는 경우에는 별도의 원산지 표시를 할 필요가 없다.
③ 수입물품의 원산지는 최종구매자가 식별하기 용이한 곳에 표시하여야 한다.
④ 수입물품의 원산지는 최종구매자가 당해 물품의 원산지를 용이하게 판독할 수 있는 크기의 활자체로 표시하여야 한다.

083 대외무역법령상 원산지 판정제도에 관한 설명으로 올바르지 못한 것은?

① 무역거래자 또는 물품 등의 판매업자 등은 수출 또는 수입물품 등의 원산지 판정을 당해 물품의 주무부처 장관에게 요청할 수 있고, 관계장관은 판정하여 요청인에게 통보하여야 한다.
② 수출입 물품의 전부가 하나의 국가에서 채취 또는 생산된 물품의 경우에는 그 국가를 당해 물품의 원산지로 한다.
③ 수출입 물품의 생산 · 제조 · 가공 과정에 둘 이상의 국가가 관련된 경우에는 최종적으로 실질적 변형을 행하여 그 물품의 본질적 특성을 부여하는 활동을 수행한 국가를 당해 물품의 원산지로 한다.
④ 실질적 변형이란 당해 국에서 제조 · 가공 과정을 통하여 원재료의 세 번과 상이한 세 번(HS 6 단위 기준)의 제품을 생산하는 것을 말한다.

084 대외무역법규상 수입물품 원산지 표시의 일반원칙에 대한 설명으로 올바르지 못한 것은?

① 수입물품의 원산지는 한글, 한자 또는 영어로만 표시해야 하며, 일본어 또는 프랑스어 등으로 표시할 수 없다.
② "원산지 : 국명", "국명산", "Made in 국명", "Product of 국명", "Made by 물품 제조자의회사명 · 주소 · 국명" 등으로 표기할 수 있다.
③ 수입물품의 크기가 작아 ②의 방식으로 표시할 수 없을 경우에는 원산지를 확인할 수 있는 국명 또는 도시명만을 표시할 수 있다.
④ 수입물품의 원산지는 최종구매자가 원산지 판독이 용이한 활자체로 식별하기 용이한 곳에 표시하여야 한다.

085 수입물품의 원산지증명서의 제출 면제대상이 아닌 것은?

① 보세운송 · 환적 등에 의하여 우리나라를 단순히 경유하는 통과화물
② 개인에게 무상 송부된 탁송품 · 별송품 또는 여행자 휴대품
③ 재수출조건부 면세대상물품 등 일시 수입물품
④ 과세가격이 15만 원 이상인 물품

086 수입물품의 원산지 판정기준에 대한 설명으로 맞지 않는 것은?

① 당해국 선박에 의하여 채취 · 포획한 어획물은 당해국을 원산지로 본다.
② 산업통상자원부장관이 별표 9에서 별도로 정하는 품목에 대하여는 부가가치, 주요 부품 또는 주요 공정 등에 의하여 해당 물품의 원산지를 판정할 수 있다.
③ 판매목적으로 물품의 포장 등과 관련된 활동 즉, 단순한 가공활동을 수행하는 국가에는 원산지를 부여하지 않는다.
④ HS 6단위가 변경되는 경우에는 단순한 가공활동을 한 경우라 언제나 가공국을 원산지로 본다.

087 다음 중 원산지 표시 면제대상 수입물품이 아닌 것은?

① 개인에게 무상 송부된 탁송품
② 진열 · 판매용 견본품
③ 우리나라에서 수출된 후 재수입되는 물품
④ 보세운송 · 환적 등에 의하여 우리나라를 단순히 경유하는 통과화물

088 다음 중 수입물품에 원산지 표시를 하지 않고 해당 물품의 포장 · 용기 등에 원산지를 표시하는 경우로 옳지 않은 것은?

① 실질적 변형을 일으키지 않는 제조공정에 투입되는 부품 및 원재료를 수입 후 실수요자에게 직접 공급하는 경우
② 원산지를 표시하기 위한 비용이 물품 값보다 더 많이 드는 경우
③ 원산지 표시로 인하여 해당 물품이 크게 훼손되는 경우
④ 상거래 관행상 최종구매자에게 포장 · 용기에 봉인되어 판매되는 물품

089 다음 중 대외무역법령상 수입물품의 원산지 표시방법이 아닌 것은?

① 수입물품의 원산지 표시는 날인, 라벨, 스티커, 꼬리표를 사용하는 것이 원칙이다.
② 물품의 특성상 전후면의 구별이 어렵거나 전면에 표시하기 어려운 경우 원산지 오인을 초래하는 표시와 가까운 곳에 표기하여야 한다.
③ 원산지가 오인될 우려가 있는 수입물품을 판매하는 자는 판매 또는 진열 시 소비자가 알아볼 수 있도록 상품에 표시된 원산지와는 별도로 스티커 등을 이용하여 원산지를 표시하여야 한다.
④ 대형포장 상태로 수입되어 낱개로 판매되는 경우 물품 또는 판매용기 등에 수입물품의 원산지를 표시하여야 한다.

090 대외무역법상 특정국 물품에 대한 특별수입수량제한조치에 관한 설명으로 옳지 않은 것은?

① 수입량 제한조치를 위한 조사는 한국무역협에가 담당하고 있다.
② 당해 물품의 수입증가로 인하여 동종 물품 또는 직접적인 경쟁관계에 있는 물품의 국내시장이 교란되거나 또는 교란될 우려가 있는 경우
③ 세계무역기구 회원국이 당해 물품의 수입증가에 대하여 자국의 시장교란을 구제하거나 방지하기 위하여 취한 조치로 인하여 중대한 무역전환이 발생하여 당해 물품이 우리나라로 수입되거나 수입될 우려가 있는 경우
④ 정부는 특별수입수량제한조치를 시행하고자 하는 때에는 이해당사국과 해결방안을 모색하기 위하여 사전협의를 할 수 있다.

091 대외무역법상 무역분쟁의 해결에 대한 설명으로 옳지 않은 것은?

① 산업통상자원부장관은 무역거래자에게 분쟁의 해결에 관한 의견을 진술하게 할 수 있다.
② 산업통상자원부장관은 무역분쟁에 관하여 사실조사를 할 수 있다.
③ 산업통상자원부장관은 중재계약의 해제를 권고할 수 있다.
④ 산업통상자원부장관은 무역거래자에게 관련서류의 제출을 요구할 수 있다.

092 대외무역법상 단순가공물품의 원산지 표시방법에 대한 설명으로 옳지 않은 것은?

① 수입 후 단순가공활동을 통해 원산지 표시를 손상하거나 변형된 경우 그 물품 등에 대하여 당초의 원산지를 표시하여야 한다.
② 대형포장으로 수입된 후 재포장 판매되는 경우에는 재포장 용기에 원산지를 표시한다.
③ 대형포장으로 수입된 후 낱개 또는 신품으로 판매되는 경우에는 푯말 등을 부착한다.
④ 다른 물품과 결합하여 판매되는 경우에는 해당 물품의 원산지를 "(다른 물품명)의 원산지 : 국명"의 형태로 표시하여야 한다.

001~060 PART2 관세법

001 관세의 납세의무자와 납세의무에 대한 설명으로 틀린 것은?

① 보세구역에 장치한 물품이 도난된 경우 그 납세의무자는 보세구역 운영인 또는 화물관리인이다.
② 보세운송 중 분실된 경우 그 납세의무자는 보세운송 신고를 하거나 승인을 얻은 자이다.
③ 관세징수권의 소멸시효가 완성된 경우 납세의무는 소멸된다.
④ 관세징수권의 소멸시효가 완성되더라도 납세의무자는 그 수입물품에 부과된 내국세인 부가가치세는 납부하여야 한다.

002 보세구역에 반입되어 장치기간이 경과된 수입물품에 대한 설명으로 틀린 것은?

① 장치기간이 경과된 때에는 세관장이 공고한 후 매각할 수 있다.
② 매각되지 않은 경우 화주에게 반출을 통고하고 통고일로부터 1월 이내에 반출하지 않으면 국고에 귀속시킬 수 있다.
③ 부패할 우려가 있는 경우에는 장치기간이 경과하기 전일지라도 세관장이 공고한 후 매각할 수 있다.
④ 매각하였을 때는 매각대금에서 매각비용 · 창고비용을 지급하고 잔금이 있는 경우 국고에 귀속된다.

003 관세법에 규정된 관세부담의 경감제도에 대한 설명으로 틀린 것은?

① 관세의 감면신청은 수입신고수리 전에 하여야 한다.

② 수입신고수리 후에 관세감면을 받고자 할 경우 보정신청 또는 수정신고를 한다.

③ 관세감면을 받은 경우 일정 기간 동안 용도 외 다른 용도로 사용하거나 양도를 제한하는 등 사후관리를 한다.

④ 시설기계류 · 건설용 재료 · 구조물 등을 수입하는 경우 관세부담을 완화하기 위해 관세를 분할납부할 수도 있다.

004 외국에 사는 친척으로부터 받은 선물의 수입통관과 관련된 설명으로 가장 올바른 것은?

① 선물로 받은 경우에는 무상이므로 세관에 수입신고할 필요가 없다.

② 선물로 받은 경우에는 무상이므로 관세 등이 무조건 면제된다.

③ 선물이 비타민 종류의 식품이라면 통관이 불가능하므로 반드시 돌려보내야 한다.

④ 당해 선물의 과세가격이 미화 150달러 이하로 본인이 사용할 목적이면 관세 등이 면제된다.

005 관세법에 의한 처분이 위법하다고 판단되어 불복청구를 할 때 이에 대한 설명으로 틀린 것은?

① 심사청구는 당해 처분이 있는 것을 안 날로부터 90일 이내에 하여야 한다.

② 이의신청은 당해 처분이 있는 것을 안 날로부터 90일 이내에 하여야 한다.

③ 이의신청인, 심사청구인은 대리인으로 관세사, 변호사, 공인회계사 중에서 선임할 수 있다.

④ 동일한 처분에 대하여 이의신청과 심사청구를 중복 제기하였을 경우에는 심사청구를 제기한 것으로 본다.

006 관세법의 보세구역에 대한 설명으로 옳은 것은?

① 보세구역에 장치된 물품이 부패 또는 변질된 경우 세관장은 화주에게 통고한 후 폐기할 수 있다. 이때 폐기 비용은 전액 세관장이 부담한다.

② 보세창고는 외국물품 또는 수출입 통관을 하고자 하는 물품을 장치할 수 있는 장소이다. 이때 창고보관 비용은 수입화주가 부담한다.

③ 보세구역에 장치된 외국물품의 일부를 견품으로 세관장의 허가를 받아 반출할 수 있다. 이때 견품에 대한 관세 등은 견품반출 시 별도로 납부하여야 한다.

④ 중계무역을 위하여 보세구역에 보관 중인 물품에 대하여 라벨표시 작업을 하는 경우 세관장의 승인을 받아야 한다. 이때 작업 비용은 세관장이 부담한다.

007 관세법의 외국무역선, 외국무역기, 국경출입차량에 대한 설명으로 맞는 것은?

① 외국에 운항하는 선박 또는 항공기를 외국무역선(기)이라 하며, 국적은 반드시 외국이어야 한다.
② 외국무역선(기)은 개항에 한하여 운항할 수 있으며, 내항선(기)의 전환은 승인하지 않고 있다.
③ 국경출입차량과 국내운행차량의 전환은 별도의 승인 절차 없이 신고만으로 가능하다.
④ 국경을 출입하는 차량은 관세통로를 경유하여야 하며 통관역 또는 통관장에 정차하여야 한다.

008 관세법에 규정된 원산지 및 상표권에 대한 설명으로 틀린 것은?

① 우리나라에서 소비되지 않고 환적하는 외국물품의 원산지를 우리나라로 표시하였더라도 관세법의 규제대상이 아니다.
② 위조상표를 부착한 것으로 인정되는 물품이 수입 신고되는 경우 세관장은 통관을 보류한다.
③ 원산지 표시가 되어 있지 않은 수입물품은 이를 보완한 후 세관장은 통관을 허용할 수 있다.
④ 수출입과 관련하여 관세법으로 보호되는 지식재산권은 상표권, 저작권, 저작인접권, 프로그램저작권 등이다.

009 무역거래 상품의 품목분류체계인 HS에 대한 설명으로 틀린 것은?

① 우리나라는 관세청장이 품목분류기준을 고시하고 있다.
② HS 코드란 수출입 물품에 대한 HS 협약에 의하여 부여된 상품분류 코드이다.
③ HS협약에 따라 국제 공통으로 사용하는 것은 6자리이고, 우리나라는 10자리까지 사용하며 이를 HSK라 한다.
④ HS 코드를 분류함에 있어 둘 이상 호에 분류되는 경우에는 수요자 중심의 논리에 따라 관세가 낮은 곳으로 분류한다.

010 간이세율에 대한 설명으로 옳지 않은 것은?

① 휴대반입한 수출용원재료에 대해 수출 후 관세환급을 받고자 할 때는 간이세율을 적용하지 않아야 한다.
② 여행자가 1백만 원 상당의 골프채 1 SET를 휴대 반입한 경우 간이세율을 적용할 수 있다.
③ 보석, 진주, 별갑 등에 대하여는 간이세율을 적용할 수 없다.
④ 40만 원 상당의 가죽 의류 한 벌이 우편으로 수입된 경우 간이세율을 적용할 수 있다.

011 수입물품에 부과되는 조세 중 세관장이 부과 · 징수하는 것이 아닌 것은?

① 개별소비세
② 부가가치세
③ 교통 · 에너지 · 환경세
④ 임시수입부가세

012 관세법에 규정된 학술연구용품의 감면세에 대한 설명으로 틀린 것은?

① 관세감면 대상기관은 주로 학교, 공공의료, 공공직업훈련원, 박물관 등이다.
② 관세감면 대상물품은 대상기관에서 사용하는 학술연구용, 교육용, 훈련용, 실험실습용, 과학기술연구용 등이다.
③ 기업부설연구소 또는 연구개발 전담부서를 설치하고 있는 기업도 관세감면 대상기관이다.
④ 학술연구용품 수입 시 납세의무자가 실수요자인 연구기관이 아니고 납품업자인 경우도 관세감면 대상이다.

013 외국으로부터 물품이 수입되는 경우 운송, 하역, 통관 등을 거치면서 물품이 손상될 수 있다. 손상된 수입물품에 대한 관세의 부과에 관한 설명으로 잘못된 것은?

① 수입신고를 하기 전에 수입물품이 손상되었는지를 불문하고 관세는 수입신고를 하는 때의 성질과 수량에 의하여 부과한다.
② 수입신고가 수리된 물품이 그 수리 후 계속 지정보세구역에 장치되어 있는 중에 손상되어 그 가치가 감소된 때에는 그 관세를 환급할 수 있다.
③ 수입신고한 물품이 수입신고가 수리되기 전에 손상된 때에는 관세액 확정 후 물품이 손상된 것이므로 관세액에 변동이 없다.
④ 손상된 물품의 과세가격 결정 시, 실제 지급하였거나 지급할 가격은 변질 또는 손상된 물품의 대가로 지급한 것이 아니므로 원칙적으로 실거래가격을 기초로 과세가격을 결정할 수 없다.

014 관세법의 규정에 의하여 적법하게 수입된 것으로 보고 관세 등을 따로 징수하지 않는 물품에 해당하지 않는 것은?

① 관세법에 의해 매각된 물품
② 법령에 의하여 국고에 귀속된 물품
③ 체신관서가 수취인에게 교부한 우편물
④ 보세구역에서 도난 · 분실된 물품

015 세관장이 보세구역에 반입한 외국물품의 장치기간이 경과된 때에는 공고한 후 당해 물품을 매각할 수 있다. 이에 대한 설명으로 적당하지 않은 것은?

① 세관장은 매각하려고 하였으나 매각되지 않는 물품에 대하여는 그 물품의 화주 등에 대하여 장치장소로부터 지체 없이 반

출할 것을 통고하여야 한다. 그러나 통고일로부터 당해 물품이 1월 내에 반출되지 않은 소유권을 포기한 것으로 이를 국고에 귀속시킬 수 있다.

② 장치기간 경과물품의 매각은 일반경쟁입찰 · 지명경쟁입찰 · 수의계약 · 경매 및 위탁매매에 의하여야 한다.

③ 세관장은 매각대금을 관세 > 제세 > 매각비용 순으로 충당하고 잔금이 있는 때에는 이를 화주에게 교부한다.

④ 세관장은 장치기간이 경과된 외국물품에 대하여는 공고 후 이를 매각할 수 있다. 다만 살아 있는 동식물, 부패하거나 부패할 우려가 있는 것 등에 대하여는 장치기간이 경과되기 전이라도 공고한 후 매각할 수 있다.

016 **보세구역반입명령제도의 적용대상으로 적당하지 않은 것은?**

① 원산지 표시가 수출입신고수리 당시와 다르게 표시되어 있는 경우

② 감면율을 잘못 적용하여 부족세액이 발생한 경우

③ 상표권, 저작권 등을 침해한 경우

④ 수입 후 세관장의 의무이행 요구에 불응한 경우

017 **다음은 재수입면세에 대한 설명이다. (   ) 안에 들어갈 알맞은 말은?**

> 우리나라에서 수출된 물품으로서 수출신고수리일로부터 (   ) 내에 다시 수입되는 물품에 대하여는 과세하지 않는다.

① 1년 ② 2년
③ 3년 ④ 5년

018 **수출신고가 수리된 물품에 대한 설명으로 올바르지 않은 것은?**

① 수출신고가 수리되는 시점부터 당해 물품은 관세법상 외국물품으로 간주된다.

② 수출신고가 수리된 물품을 선적 등을 위해 국내에서 이동할 때는 보세운송이 필요하다.

③ 수출신고가 수리된 날부터 30일 내에 우리나라와 외국 간을 왕래하는 운송수단에 적재함이 원칙이다.

④ 일정한 사유가 있을 때 세관장은 수출신고인의 동의 없이도 수출신고 수리를 취소할 수 있다.

019 **보세구역 중 항공을 이용하여 외국을 여행하는 여행자의 휴대품 검사와 가장 밀접한 관련이 있는 곳으로서 세관장이 지정하는 구역을 무엇이라고 하는가?**

① 지정장치장 ② 보세창고
③ 세관검사장 ④ 통관장

020 관세법에 규정된 품목분류사전심사제도에 대한 설명으로 올바르지 않은 것은?

① 물품을 수출하고자 하는 자도 품목분류사전심사를 받을 수 있다.
② 당해 물품에 대한 구성재료의 물리적·화학적 분석이 필요한 경우에는 품목분류사전심사를 신청할 때 품목당 3만 원의 분석수수료를 납부하여야 한다.
③ 일단 품목분류사전심사 신청을 받아 관세청장이 이를 심사한 후 신청인에게 통지한 후에는 관세청장 혹은 세관장은 당해 물품에 적용할 품목분류를 변경할 수 없다.
④ 품목분류사전심사물품으로서 관세청장이 고시하지 아니한 물품에 대한 품목분류의 유효기간은 1년이다.

021 우리나라가 운용하고 있는 편익관세에 대한 설명으로 올바르지 않은 것은?

① 편익관세는 교역상대국과 협정에 의해 적용 여부가 결정된다.
② 기획재정부장관은 필요한 경우 편익관세의 적용을 정지시킬 수 있다.
③ 특정국과의 교역확대를 목적으로 운용되는 것으로 통상 기본관세율보다 낮은 관세율로 정해진다.
④ 세계무역기구에 가입된 나라로부터 수입되는 물품에 관세상 특혜가 추가적으로 더 부여되는 것이 아니기 때문에 편익관세를 적용하지 않아도 된다.

022 세관장이 (주)고려상사에 (주)고려상사가 보유한 상표권을 침해하였다고 인정되는 물품의 수입신고 사실을 통보하였다. (주)고려상사는 수입신고된 물품의 통관 보류를 요청하고자 한다. 이때 (주)고려상사가 제공하여야 하는 담보금액은?

① 당해 물품 과세가격의 100분의 100 상당액
② 당해 물품 제세액의 100분의 120 상당액
③ 당해 물품의 관세액의 100분의 100 상당액
④ 당해 물품 과세가격의 100분의 120 상당액

023 수입물품에 대한 관세의 납세신고에 포함되어야 할 내용이 아닌 것은?

① 관세의 체납사실 유무
② 당해 물품의 관세율표상 품목분류와 세율
③ 품목분류마다 납부하여야 할 세액
④ 수입물품의 구매자와 판매자가 특수관계에 해당하는지 여부와 그 내용

024 관세법상 행정심판제도에 대한 설명으로 옳은 것은?

① 의의신청은 처분을 하였거나 하였어야 할 세관장에게, 처분이 있는 것을 안 날로부터 180일 이내에 하여야 한다.
② 통고처분에 불복한 자는 관세법상의 행정심판제도에 의한 불복청구를 할 수 있다.

③ 관세행정에 대한 불복을 청구하는 경우 행정심판을 필수적으로 거친 이후에 행정소송을 제기할 수 있다.

④ 관세청장에게 처분의 취소를 구하거나 필요한 처분을 청구하는 절차를 심판청구라 한다.

025 **관세의 분할납부 대상으로 적당한 것은?**

① 납세의무자가 사업에 현저한 손실을 입은 경우

② 관세의 감면을 받은 공사용 장비

③ 우리나라에서 수출되었다가 해외에서 수리 · 가공 후 반입된 물품

④ 중소기업이 판매목적으로 수입하는 원자재

026 **수입물품의 관세감면 가능 여부는 어느 시점의 법령을 기준으로 판단하는가?**

① 수입물품의 계약시점

② 수입물품의 보세구역 반입시점

③ 수입물품의 수입신고 시점

④ 수입물품의 보세구역 반출시점

027 **과세가격 결정 시 수입항까지의 운송관련 비용은 가산하며, 수입항 도착 후 운송관련 비용은 공제한다. 여기에서 "수입항까지" 또는 "수입항 도착"의 구체적인 시점과 장소는?**

① 수입물품이 수입항에 도착하여 본선하역 준비가 완료된 시점과 장소

② 수입물품이 보세구역에 도착하여 반입이 완료된 시점과 장소

③ 수입물품이 수입항 부두에 도착하여 하역이 완료된 시점과 장소

④ 수입물품이 보세운송을 완료하여 도착보고가 완료된 시점과 장소

028 **부산항으로 반입된 물품이 부산항 지정장치장에 장치되어 있으나 클레임 제기와 관련한 외국 수출자와 견해차이로 통관을 못하고 있다. 만일 이 상태에서 장치기간이 경과될 때 발생할 일에 대한 설명으로 <u>틀린</u> 것은?**

① 세관장은 화주에게 대가의 일부를 지급하고 해당 물품을 국고에 귀속시킬 수 있다.

② 세관장에 의해 폐기될 수 있고 이때 폐기비용은 세관장이 아니라 화주 등이 부담해야 한다.

③ 30일 내 수입신고 또는 반송신고를 하지 않을 경우 가산세가 부과될 수 있다.

④ 수입자 혹은 외국수출자의 의사와 관계없이 세관장에 의해 공매절차로 강제매각될 수 있다.

029 관세법 또는 관세법에 의한 명령에 위배되는 행위로 관세법에 의해 형사처벌 또는 통고처분되는 것을 관세범이라고 한다. 관세범에 대한 설명으로 옳지 않은 것은?

① 관세를 포탈한 자는 관세포탈죄로서 징역 또는 벌금 등의 처벌을 받는다.
② 사용인이 본인의 업무에 관하여 관세법에 규정한 벌칙에 위반되는 행위를 한 때에는 면책사유에 해당되지 않는 한 그 행위자 외에 본인도 처벌하는 양벌규정이 적용된다.
③ 현행법상 관세법을 위반하였다 하여 그 물품을 직접 몰수하는 경우는 없고 몰수에 갈음하여 추징하는 데 그친다.
④ 관세법 위반임을 알고 관세포탈 등의 행위를 교사하거나 방조한 자도 처벌대상이 된다.

030 다음 보기 내용의 경우 납세의무자가 우선적으로 조치하여야 할 사항은?

보기
납세의무자가 자신이 신고납부한 관세의 내용을 확인하던 중 세액계산에 오류가 있어 상당액을 과다 납부한 사실을 발견하여 세관장으로부터 과다 납부한 금액을 환급받고자 한다.

① 경정　　② 수정신고
③ 세액의 정정　　④ 경정청구

031 보세공장에서 제조된 물품을 수입하는 경우 사용신고 전에 미리 세관장에게 해당 물품의 원료인 외국물품에 대한 과세의 적용을 신청하였다면 이 경우 어느 시점의 성질 및 수량에 의하여 관세를 부과하는가?

① 반입신고를 하는 때
② 사용신고를 하는 때
③ 수입신고를 하는 때
④ 반출신고를 하는 때

032 관세법상 명시적인 보호규정을 두고 있는 지식재산권으로 짝지어진 것은?

① 특허권, 실용신안권
② 특허권, 저작인접권
③ 상표권, 프로그램저작권
④ 반도체직접회로재치설계권, 디자인권

033 선진국이 개발도상국의 수출 증대와 공업화를 촉진하기 위하여 특정 개발도상국에서 수입되는 물품에 대하여 낮은 세율을 적용하는 제도를 무엇이라 하는가?

① 편익관세
② 일반특혜관세
③ 조정관세
④ 특정국물품긴급관세

034 수출용 보세공장의 기능 및 효과에 대한 설명으로 거리가 먼 것은?

① 가공무역 진흥
② 국내 고용창출
③ 역관세 현상 시정
④ 수출물품의 가격경쟁력 제고

035 관세상 특혜 여부를 판단하기 위해 수입물품에 대한 원산지를 관세법의 규정에 따라 결정하고자 한다. 이때 당해 국가에서 제조·가공의 공정 중에 발생한 부스러기에 대해서는 어떤 기준을 적용하는가?

① 실질적 변형기준
② 완전생산기준
③ 세번변경기준
④ 가공공정기준

036 육로를 이용하여 국경을 오가며 반출입화물을 운송하는 트럭이 있다. 다음 중 이 차량이 관세통로를 경유함에 있어 반드시 정차하여야 하는 곳은?

① 보세구역
② 통관장
③ 세관관서
④ 보세구역 외 화물장치장

037 관세의 감면율은 감면대상에 따라 일부감세 혹은 완전면세로 차이가 난다. 다음 중 현행 관세법상 완전면세 대상이 아닌 것은?

① 세율 불균형물품 대상인 반도체 제조용 장비
② 장애인용 물품으로서 기획재정부령으로 감면대상으로 지정된 물품
③ 임대차계약으로 수입한 물품으로 재수출 감면대상인 물품
④ 수출물품 첨부용 증표로서 기획재정부령으로 감면대상을 정한 물품

038 수입물품에 대한 관세의 과세가격 결정방법에는 여러 가지가 있고 적용순위가 있다. 다음 관세의 과세가격 결정방법 중 그 적용순위가 가장 나중인 것은?

① 합리적 기준에 의한 과세가격의 결정
② 산정가격을 기초로 한 과세가격의 결정
③ 유사물품의 거래가격을 기초로 한 과세가격의 결정
④ 실거래가격을 기초로 한 과세가격의 결정

039 수입물품에 대한 통관절차를 이행하는 순서에서 수입자 또는 납세의무자에 의해 가장 나중에 세관에 제출될 수 있는 서류는?

① 가격신고서 ② 수정신고서
③ 수입신고서 ④ 감면신청서

040 보세구역 장치물품의 보수작업에 대한 설명으로 잘못된 것은?

① 보수작업을 하려는 자는 사전에 세관장의 승인을 얻어야 한다.
② 중계무역의 경우에는 상품의 원산지를 변경할 수 있다.
③ 외국물품은 수입될 물품의 보수작업의 재료로 사용할 수 없다.
④ 보세구역에 장치된 물품에 대하여 그 현상을 유지하거나 성질이 변하지 않는 범위 내에서만 할 수 있다.

041 해상으로 운송되는 물품의 물류원활화를 위하여 입항 전 수입신고를 하고자 할 때 언제 할 수 있는가?

① 수입하고자 하는 물품이 선적된 이후부터 우리나라에 입항할 때까지 언제든지 할 수 있다.
② 수입하고자 하는 물품을 적재한 선박이 출항한 다음 우리나라에 입항하기 5일 전부터 할 수 있다.
③ 수입하고자 하는 물품을 적재한 선박이 출항한 다음 3일이 경과된 후부터 우리나라에 입할 할 때까지 할 수 있다.
④ 수입하고자 하는 물품을 적재한 선박이 우리나라에 입항하기 1일 전부터 할 수 있다.

042 가산세는 관세법상 제반규정의 성실한 이행을 유도하는 목적으로 부과 · 징수한다. 다음 중 가산세가 부과되지 않는 것은?

① 납부세액이 부족하여 보정 신청을 한 경우
② 수입신고기한 내에 수입신고를 하지 아니하여 관세가 부과되는 경우
③ 재수출면세 받은 물품을 재수출 기간 내에 수출하지 않은 경우
④ 여행자가 과세대상 휴대품을 신고하지 아니한 경우

043 다음 중 관세법상 보세구역의 종류로 관세청장의 특허를 받아야 설치운영이 가능한 보세구역이 아닌 것은?

① 지정장치장　　② 보세판매장
③ 보세건설장　　④ 보세공장

044 관세의 납세의무자에 대한 설명으로 바르게 연결된 것은?

① 수입을 위탁받아 수입업체가 대행수입한 경우 : 그 물품의 수입을 위탁한 자
② 수입물품을 수입신고 전에 양도한 때 : 양도인
③ 원칙적 납세의무자 : 소비자
④ 수입을 위탁받아 수입업체가 대행수입한 물품이 아닌 경우 : 송하인

045 원산지를 판단할 때 생산 및 가공이 2개국 이상에 걸쳐 진행될 때 적용되는 기준 중 실질적 변형기준의 경우 관세통계 통합품목분류표상 HS 몇 단위변경이 최종적으로 수행된 국가를 원산지로 보는가?

① 2단위　② 4단위
③ 6단위　④ 10단위

046 수입통관 과정에서 납세의무자 甲의 관세 납부와 관련하여 과오납이 발생하였다. 이때 과오납의 환급에 관한 설명으로 틀린 것은?

① 甲이 과오납한 관세가 있음을 세관장이 인지로써 확인하였다면 甲의 청구가 없더라도 이를 환급하여야 한다.
② 가산세 과오납금에 관한 권리는 오로지 甲에게 전속되는 것이며 양도될 수 없다.
③ 세관장이 현금을 가진 것이 있다 하더라도 이 현금으로 甲에게 과오납금을 환급할 수는 없다.
④ 환급대상인 과오납금으로 甲이 세관에 납부하여야 하는 관세 및 제세 등에 충당할 수 있다.

047 관세법상 환급청구권의 소멸시효와 수출용원재료에 대한 관세 등 환급에 관한 특례법상의 환급신청기간이 순서대로 짝지어진 것은?

① 환급청구를 할 수 있는 날부터 2년, 수출신고수리일로부터 2년 이내
② 환급청구를 할 수 있는 날부터 2년, 수출신고수리일로부터 3년 이내
③ 환급청구를 할 수 있는 날부터 5년, 수출신고수리일로부터 2년 이내
④ 환급청구를 할 수 있는 날부터 5년, 수출신고수리일로부터 3년 이내

048 수출용원재료에 대한 관세 등 환급에 관한 특례법상 관세 환급대상 수출거래가 아닌 것은?

① 대체물품의 수출
② 수탁가공물품의 수출
③ 중계무역의 수출
④ 위탁가공물품의 수출

049 수입세액분할증명서와 기초원재료납세증명서의 공통점이 아닌 것은?

① 개별환급을 받을 때 필요한 서류
② 수입원재료의 국내거래가 있는 경우 환급에 필요한 서류
③ 제조업체가 가공하여 공급한 물품에 대한 납부세액 증명서류
④ 관세사 또는 공급자가 자율 발급할 수 있는 서류

050 간이정액환급제도의 특징으로 보기 어려운 것은?

① 간이정액환급률표에서 환급액이 기재된 품목에만 적용된다.
② 중소제조업체의 수출을 지원하는 효과가 있다.
③ 수출신고필증의 FOB 수출신고가격을 기준으로 관세를 환급한다.
④ 국산원재료보다 수입원재료의 사용률이 높은 업체일수록 유리하다.

051 수출용원재료에 대한 관세 등 환급에 관한 특례법에서 규정한 수출용원재료를 반입하더라도 관세 등의 환급과 무관한 보세구역은?

① 보세창고 ② 지정장치장
③ 보세판매장 ④ 종합보세구역

052 개별환급에 의한 관세 등의 환급에는 여러 가지 종류의 서류가 필요하다. 개별환급 시 제출되는 서류 가운데 그 용도가 나머지와 다른 하나는 어느 것인가?

① 수입신고필증
② 수입세액분할증명서
③ 평균세액증명서
④ 물품인도증명서

053 중소제조업체가 많이 활용하고 있는 간이정액환급율표에 대한 설명으로 가장 올바른 것은?

① 중소기업은 간이정액환급방법에 의해서만 환급받을 수 있다.
② 간이정액환급율표는 간이정액환급업체의 관할지 세관장이 해당 품목과 환급액을 정하여 고시한다.
③ 간이정액환급율표에 의해 관세 등을 환급받을 때는 수입신고필증, 기초원재료납세증명서 등은 필요하지 않다.
④ 수출되는 모든 물품이 간이정액환급율표에 게기되어 있다.

054 수출용원재료에 대한 관세 등 환급에 관한 특례법에 의하여 관세환급의 대상이 되는 거래가 아닌 것은?

① 북한으로의 유상반출
② 수입 후 사용하던 중고물품의 유상수출
③ 우리나라에 주둔하는 주한미군에 대한 물품의 판매 중 대가를 외화로 받는 판매
④ 유상수출이기는 하나 수출품의 대가가 수출용원재료의 수입가격에 미치지 못하는 적자수출

055 **관세법상 과오납환급에 대한 설명으로 틀린 것은?**

① 착오로 납부하여야 할 세액보다 과다 납부하였거나 이중 납부한 경우 등일 때 이를 되돌려주는 것을 말한다.

② 세관장이 직접 확인한 과오납금은 납세의무자의 청구가 없는 경우에도 환급하여 준다.

③ 과오납금의 환급 시에는 법정이자 상당액에 해당하는 환급가산금을 지급한다.

④ 납세의무자는 과오납금에 대한 권리를 제3자에게 양도할 수 없다.

056 **수출용원재료의 관세 등 환급에 관한 특례법에 의한 수출에 따른 관세 등의 환급에 대한 설명으로 옳지 않은 것은?**

① 수출용원재료를 수입할 때 30일 이내 수입신고의무의 불이행으로 가산세를 납부한 것이 있을 때 당해 물품을 수출하면 그 가산세도 환급받을 수 있다.

② 간이정액환급방법에 의해 관세를 환급받을 때는 당해 물품 생산에 사용된 수출용원재료의 수입시기는 별도로 확인하지 않는다.

③ 수입물품을 원상태 그대로 수출한 경우에도 수입 시 납부한 관세 등을 환급받을 수 있다.

④ 기초원재료납세증명서와 수입신고필증 모두 수출용원재료에 대해 납부한 세액의 확인 등에 사용되는 서류이다.

057 **수출용원재료의 관세환급에 있어서 관세환급대상 원재료가 아닌 것은?**

① LCD TV 제조 시 사용되는 LCD 패널

② 빙초산 제조 시 사용되는 메탄올

③ 최종제품에 체화(형성)하는 광택제, 첨가제

④ 반도체 생산에 장기간 사용되는 비소모성 포토마스크

058 **관세환급에서 사용되는 "소요량"의 개념을 올바르게 설명하고 있는 것은?**

① 수출물품에 체화되어 있는 원재료의 실량으로 수출물품을 분해하면 실제 확인이 가능한 수량을 의미한다.

② 수출물품을 생산하는 과정에서 발생되는 손모량을 의미한다.

③ 수출물품을 생산하는 과정에서 소요되는 원재료의 양으로서 생산과정에서 정상적으로 발생된 손모량도 포함된다.

④ 수출물품을 생산하는 과정에서 실제 소요되는 모든 원재료 또는 부분품의 양을 말하는 것으로, 관세청장이 그 품명 · 규격 및 소요량을 고시하고 있다.

059 다음 중 자유무역협정(FTA)에 대한 설명으로 틀린 것은?

① 한-싱가포르 FTA, 한-인도 CEPA의 원산지증명서는 기관발급이다.

② 원산지 요건을 충족하는 물품이라면 협정 대상국에서 국내로 직접 운송되지 않더라도 원산지 물품으로 인정된다.

③ 싱가포르와의 무역에 있어서는 한-싱가포르 FTA와 한-아세안 FTA 중 유리한 협정에 따라 원산지증명서를 선택적으로 발행이 가능하다.

④ 한-EU FTA에서 6,000유로 이하의 물품의 경우 원산지인증수출자가 아니더라도 원산지증명서를 발행할 수 있다.

060 다음 중 자유무역협정(FTA)관세법에 따른 관련서류의 보관기간으로 옳은 것은?

① 지식재산권의 거리에 관한 계약서는 해당 신고에 대한 수리일부터 3년 동안 보관한다.

② 적하목록에 관한 자료는 당해 신고에 대한 수리일부터 5년 동안 보관한다.

③ 체약상대국의 수입자에게 제공한 원산지증명서 사본은 원산지증명서의 작성일 또는 발급일부터 3년 동안 보관한다.

④ 협정관세 적용 수입물품의 국제운송 관련 서류는 협정관세의 적용을 신청한 날의 다음 날부터 5년 동안 보관한다.

INTERNATIONAL TRADE SPECIALIST

1급

국제무역사 1000제

2과목 | 무역결제

PART1 대금결제

PART2 외환실무

1급 국제무역사

2과목

무역결제

정답 및 해설 237p

001~169 PART1 대금결제

001 신용장에 관한 설명으로 틀린 것은?

① 신용장은 발행신청인의 신용을 은행의 신용으로 전환시킨 것이다.
② 신용장은 대금지급의 불안을 제거할 수 있다.
③ 신용장은 수익자의 요청에 따라 발행은행이 발행한다.
④ 신용장은 발행신청인에게 운송서류의 입수가 보장된다.

002 신용장이 수출업자에게 주는 효용이 아닌 것은?

① 수표나 어음에 의한 대금결제에 비하여 신속하게 수출대금을 회수할 수 있다.
② T/R을 이용할 수 있기 때문에 편리하다.
③ 일단 화환신용장을 입수하면 발행은행의 파산이나 불가항력의 경우를 제외하고는 계약물품을 선적하면 반드시 대금결제를 받을 수 있다고 확신할 수 있다.
④ 신용장을 담보로 하여 무역금융을 받을 수 있다.

003 신용장의 독립추상성에 관한 설명으로 옳지 않은 것은?

① 지급 · 인수 · 매입은행은 매매계약과 관계없이 단순히 발행은행의 확약만 믿고 업무를 행할 수 있다.
② 발행은행은 신청인에게는 신용장 내용에 한해 독립 · 추상적인 권리를 갖지만 수익자에 대해서도 같은 의무를 진다.
③ 신용장의 독립추상성 때문에 가장 불리한 입장에 놓이는 자는 발행신청인이라 할 수 있다.
④ 신용장의 독립추상성은 어디까지나 매매계약을 우선으로 한다는 것을 전제하고 있으므로 서류상에 약간의 하자가 있더라도 선적이 이루어졌다면 서류의 매입 시에 문제가 되지 않는다.

004 신용장에서 사기의 적용원칙과 독립 · 추상성과의 관계는?

① 보완의 관계이다.
② 표리의 관계이다.
③ 보완관계 겸 표리관계이다.
④ 아무런 관계도 없다.

005 신용장의 효력발생시기에 관한 적절한 설명은?

① 발행은행의 서명권자가 서명한 때
② 발행신청서가 발행은행에 접수될 때
③ 신용장이 수익자에게 발송될 때
④ 수익자가 신용장을 수령한 때

006 신용장조건변경의 효력이 발생되는 시기는?

① 발행신청인이 변경을 요청한 때
② 조건변경서가 발행신청인에게 발송된 경우
③ 조건변경서가 수익자에게 전달된 경우
④ 조건변경서가 수익자에게 발송된 경우

007 신용장과 관련하여 서류거래의 원칙이 아닌 것은?

① 신용장거래를 단순화시키는 것이다.
② 약정상품을 선적하였다 하여도 약정된 서류를 구비하지 못하면 지급을 받을 수 없다.
③ 관련은행의 참여를 촉진시키는 것이다.
④ 상품이나 기타 서비스의 거래이다.

008 신용장통일규칙의 제정 주체는?

① UN ② ICC
③ IMF ④ UNCTAD

009 매입은행이 조건불일치서류를 처리하는 방법으로 부적절한 것은?

① 발행은행에 추심 후 처리한다.
② 발행은행에 문의 후 처리한다.
③ 발행신청인에 문의 후 처리한다.
④ 확인은행에 문의 후 결정한다.

010 신용장거래에서 조건불일치서류라 할지라도 지급이 되는 경우는?

① 발행신청인이 불일치를 추인한 경우
② 지급은행이 불일치를 추인한 경우
③ 할인은행이 불일치를 추인한 경우
④ 매입은행이 불일치를 추인한 경우

011 서류의 점검에 있어서 문면상 형식조사를 한다는 뜻은?

① 서류에 명시된 내용만을 조사한다는 뜻이다.
② 아무런 조사도 하지 않고 형식상으로 한다는 뜻이다.
③ 서류발행자의 자격에 대하여만 조사한다는 뜻이다.
④ 서류의 법적 성질만을 조사한다는 뜻이다.

012 신용장거래에서 서류점검의 원칙에 해당되지 않는 것은?

① 은행은 상당한 주의를 기울여 서류를 점검하여야 한다.

② 은행은 문면상의 형식적인 조사를 하면 된다.

③ 은행은 서류의 법적성질 등 실질조사를 하여야 한다.

④ 은행은 신용장조건과 일치하는가를 엄격하게 조사하여야 한다.

013 신용장에서 지정을 해제할 수 있는 은행은?

① 발행은행　② 지정은행

③ 수익자　④ 통지은행

014 발행은행이 파산한 경우에 관한 설명으로 옳지 않은 것은?

① 수익자가 발행한 기한부어음이 발행은행에 의해 인수되고 어음만기일 전에 은행이 파산하면 발행신청인은 발행은행이 신용장개설약정서의 의무를 다 이행하지 못하였으므로 신용장거래계약에 의한 의무는 지지 않는다.

② 기한부어음이 만료되기 전에 수입업자가 결제자금을 선지급했을 경우에는 그 어음의 선의의 소지자는 일반 채권자와 달리 당해 선지급자금을 우선적으로 지급받을 수 있다.

③ 일반예금으로 개설담보금이 예치된 경우에는 일반 채권자와 같이 일정비율에 따라 청산을 받는다.

④ 특별히 당해 신용장을 결제하기 위하여 개설담보금이 예치되었을 경우에도 특별대우를 하지 않고 일반 채권자와 같이 일정비율에 의해 청산을 받는다.

015 발행신청인이 추인을 한 후 이를 번복할 수 없는 근거는?

① 인적항변 단절의 원칙

② 독립 · 추상성의 원칙

③ 서류거래의 원칙

④ 금반언의 원칙

016 신용장에서 확인을 추가하는 데 적절하지 않은 은행은?

① 발행은행의 지점

② 제3의 일류은행

③ 수익자 소재지의 타 은행

④ 통지은행

017 통지은행으로 가장 적합한 은행은?

① 환거래은행　② 중개은행

③ 할인은행　④ 매입은행

018 revolving L/C와 red clause L/C의 특성을 겸한 신용장은?

① cash credit
② extended credit
③ payment on receipt credit
④ cumulative revolving credit

019 동일한 거래처와 동일상품을 일정 기간에 걸쳐 계속적으로 거래하는 경우에 신용장 발행신청인의 시간, 노력 및 비용을 적게 들게 하는 신용장은?

① irrevocable L/C
② stand-by L/C
③ revolving L/C
④ back to back L/C

020 red clause credit이란 무슨 신용장인가?

① 전대신용장
② 전체가 붉은 글씨로 인쇄된 신용장
③ 경고문언이 명시된 신용장
④ 긴급을 요하는 신용장

021 여행자신용장(traveller's credit)에 관한 설명으로 <u>틀린</u> 것은?

① clean L/C의 형태를 취한다.
② general(open) credit의 형태이다.
③ 발행신청인과 수익자가 상이하다.
④ at sight L/C이다.

022 연지급약정서에 관한 설명으로 <u>틀린</u> 것은?

① 연지급은행이 발행한다.
② 지급확약서이다.
③ 금융시장에서 할인이 가능하다.
④ 지급위탁증권이다.

023 수량의 과부족을 허용할 수 있는 경우는?

① 수량의 포장단위가 명시된 경우에
② 신용장 금액을 초과하는 경우에
③ 수량의 금지조항이 없는 경우에
④ 과부족 금지조항이 명시된 경우에

024 발행신청인이 부담하는 수수료가 <u>아닌</u> 것은?

① 발행수수료
② 타 은행서비스 이용 시의 수수료
③ 확인수수료
④ 매입수수료

025 선적일자가 8월 10일, 유효일자가 8월 25일로 기재된 신용장이 조건변경되어 유효일자가 9월 25일로 연장된 경우는?

① 선적일자는 8월 10일이 된다.
② 선적일자는 9월 10일이 된다.
③ 선적일자는 9월 25일이 된다.
④ 선적일자는 8월 25일이 된다.

026 신용장금액이 10,000달러이고, 환율은 1달러당 720원, 환가료율은 연10%, 연체료율은 연 20%이다. 이때 수입상이 선적서류 도착일로부터 7일째 되는 날 대금을 결제할 경우의 금액은?

① 7,200,000원 ② 7,020,000원
③ 7,228,000원 ④ 7,208,000원

027 선하증권에 관한 설명으로 적합하지 않은 것은?

① 선하증권은 해상운송화물을 대표하는 유가증권이다.
② 선하증권은 본선의 선장 앞으로 발행되는 화물인도를 지시하는 서류이다.
③ 선하증권은 주요 선적서류로서 수령시 반드시 점유하여야 한다.
④ 선하증권은 화물대표증권으로서 자유로이 매매양도할 수 있다.

028 선하증권의 성질에 해당하지 않는 것은?

① 요인증권 ② 요식증권
③ 문언증권 ④ 무인증권

029 선하증권상의 법적 기재사항이 아닌 것은?

① 중량
② 선적항
③ 화물의 기호(marks & numbers)
④ 면책약관

030 무고장 선하증권에 해당되는 것은?

① 서명권자의 서명에 이상이 없는 선하증권
② 화물의 품질에 이상이 없는 선하증권
③ 화물의 외관에 이상이 없는 선하증권
④ 운송인의 자격에 이상이 없는 선하증권

031 full set B/L의 발행통수는?

① 2통 ② 3통
③ 4통 ④ 6통

032 선하증권의 consignee란에 "TO BEARER"라고 표시된 선하증권은?

① 지시식 선하증권
② 기명식 선하증권
③ 무기명식 선하증권
④ 선택무기명식 선하증권

033 부두수령증(D/R)을 발급하는 자는?

① 선박회사의 서명권자
② tally man
③ 본선의 1등 항해사
④ 터미널 운영업자

034 본선수령(수취)증의 비고란에 고장문언이 기재된 경우에 무고장선하증권(clean B/L)을 발급받기 위해서 제공하는 서류는?

① Letter of Indemnity
② Letter of Hypothecation
③ Letter of Indication
④ Letter of Guarantee

035 은행에서 수리하지 않는 선하증권에 관한 가장 정확한 표현은?

① 기간경과 선하증권
② 발행일로부터 21일이 경과한 선하증권
③ 약식선하증권
④ long form 선하증권

036 선하증권에 수익자가 배서하게 되는 경우는?

① 매수인이 수하인으로 표시된 경우에 배서한다.
② 발행은행이 수하인으로 표시된 경우에 배서한다.
③ 수익자가 수하인으로 표시된 경우에 배서한다.
④ 수하인란이 공란으로 표시된 경우에 배서한다.

037 백지식 배서의 설명으로 알맞은 것은?

① 양수인의 주소 · 성명이 기재된 배서를 말한다.
② 양수인의 성명만 기재된 배서를 말한다.
③ 양수인의 주소 · 성명이 전혀 기재되지 않은 배서를 말한다.
④ 권리자가 서명날인하지 않은 배서를 말한다.

038 선하증권의 consignee란에는 특정인(A)의 주소 · 성명이 기재되어 있고 특별한 지시문구나 배서금지문구가 없을 경우와 관련하여 올바르지 못한 것은?

① 기명식 선하증권으로서 A만이 수하인이 될 수 있다.
② A 또는 그의 지시인이 본 선하증권에 관련된 권리를 행사할 수 있다.
③ 지시문구가 없으므로 타인에게 배서로서 양도할 수는 없지만 다른 특별한 양도절차에 의하여 양도할 수 있다.
④ A가 수하인이므로 그는 선하증권이 없이도 화물의 인도를 청구할 수 있다.

039 선하증권(bill of lading)상의 착하통지처(notify party)와 관련된 설명으로 틀린 것은?

① notify party는 대개의 경우 수하인이지만 반드시 그런 것만은 아니다.
② straight B/L의 경우에는 반드시 notify party를 부기하지만 그 밖의 경우에는 일반적으로 이를 부기하지 않는다.
③ 개품운송의 경우에는 notify party를 명기하거나 착하의 통지의무가 없다.
④ notify party가 반드시 수하권리자를 의미하는 것은 아니라 할 것이다.

040 상업서류에 해당되지 않는 것은?

① 선하증권　② 보험증권
③ 상업송장　④ 환어음

041 항공화물운송장과 선하증권을 비교한 설명으로 맞지 않는 것은?

① 항공화물운송장은 양도성이 없지만, 선하증권은 양도성을 가진다.
② 항공화물운송장은 수취식인데 반하여, 선하증권은 선적식이다.
③ 항공화물운송장은 항상 기명식이지만, 선하증권은 기명식 · 지시식 · 기명지참인식 · 무기명식 중에서 한 가지 방식을 택한다.
④ 법률적으로 항공화물운송장은 항공회사가 작성하여 송하인에게 교부하는 형식이지만, 선하증권은 송하인이 작성하여 선박회사에게 교부한다.

042 환어음(bill of exchange)에 관한 설명으로 올바른 것은?

① 채무자가 발행한다.
② 송금거래 시에 주로 사용된다.
③ 일정한 금액을 지급해 줄 것을 위탁하는 증권이다.
④ 국내거래에서도 많이 사용된다.

043 환어음(bill of exchange)의 필수 기재사항에 해당되지 않는 것은?

① 지급인
② 지급기일
③ 선적항과 양륙항
④ 지급지

044 한국에서 발행된 어음을 미국은행이 배서하고, 일본은행이 인수를 한 경우의 인수에 적용되는 것은?

① 한국법　② 미국법
③ 일본법　④ 신용장통일규칙

045 한국에서 환어음의 수취인의 표시방법으로 사용되지 않는 것은?

① 기명식 ② 지시식
③ 선택지시식 ④ 소지인식

046 D/P의 결제시기나 어음조건으로 적합한 것은?

① D/A 60 D/S
② 60 days after arrival of the steamer
③ at sight on arrival of vessel
④ 60 days after B/L date

047 환어음에 관한 설명으로 타당하지 않은 것은?

① 일람출급어음(sight bill)은 D/P조건 거래의 경우에 발행되고, D/A조건의 경우는 일람출급어음이 발행될 수가 없다.
② 기한부어음(time bill)은 일람 후 정기출급, 일부 후 정기출급, 확정일불 등을 포함하여 말한다.
③ D/A, D/P의 표시가 없는 어음은 원칙적으로 D/A로 본다.
④ 조어음(set bill)을 발행할 경우 first, second 등의 표시가 없으면 각각 독립어음으로 간주한다.

048 대금결제와 관련된 설명으로 틀린 것은?

① after sight 어음은 after date 어음보다 언제나 그 결제기일이 늦게 된다.
② usance 어음은 유산스 신용장을 근거로 발행된다.
③ usance 어음의 종류에는 일람불어음과 기한부어음의 두 가지가 있다.
④ 신용장이 없는 추심어음의 경우에도 일람불어음과 기한부어음의 두 가지가 있다.

049 D/P조건에 관한 설명으로 적합하지 못한 것은?

① D/P조건거래는 추심결제방법에 의한다.
② D/P는 지급인도조건이다.
③ D/P조건거래의 경우에는 신용장을 발행하지 아니한다.
④ D/P조건거래의 경우에는 은행이 어음대금의 지급을 받지 않고 선적서류를 인도한다.

050 D/A조건에 관한 설명으로 적합하지 못한 것은?

① D/A조건에 의한 거래는 인수인도조건이다.
② D/A조건거래 시에 은행은 어음대금의 지급을 받고 선적서류를 인도한다.
③ D/A조건거래 시에는 신용장의 보증 없이 화물이 적송된다.
④ D/A조건거래는 추심결제방법의 하나이다.

051 T/R(Trust Receipt)에 관한 설명으로 가장 타당한 것은?

① 위탁판매무역(consignment trade)에서 수탁자(수입자)가 위탁자(수출자)에게 수출대금(판매대금)의 지급을 확약하는 증서이다.
② 특히 결제조건이 D/P인 경우 대금지급 없이 은행이 선적서류를 인도하고 수입상에게 수입물품의 점유권을 허용하는 화물의 신탁적 양도에서 수입상이 대금지급의 확약을 위해 은행에 차입하는 증서이다.
③ 선적서류의 정본을 추후에 제출하기로 하고 수입화물부터 먼저 인수하기 위하여 선박회사에 제출하는 서류이다.
④ 수출상이 수입상에게 지급계정이 있음을 통지하는 전표로서 선적서류의 일종이다.

052 다음 보기에서 설명하는 결제방법은?

| 보기 |

수입상이 계약상품의 선적 전에 수출상에게 무역대금 전액을 미리 송금하여 지급하고 수출상은 계약서의 약정기일 이내에 계약상품을 선적하는 방식으로서 수입업자에게 상대적으로 불리한 결제방식

① COD ② CAD
③ O/A ④ cash in advance

053 다음 결제방법 중 사후송금방식에 속하지 않는 것은?

① COD ② CAD
③ O/A ④ cash in advance

054 추심결제방식(D/P, D/A)의 관계당사자 은행이 아닌 것은?

① 통지은행 ② 제시은행
③ 추심은행 ④ 추심의뢰은행

055 송금결제방식의 특징으로 틀린 것은?

① 샘플대금과 같은 소액거래 또는 신용을 믿을 수 있는 거래선 사이에 사용되는 결제방식이다.
② 수출입결제방식 중에서 가장 낮은 은행 수수료를 부담한다.
③ 환어음을 사용하며 따라서 어음법을 적용받는다.
④ 서류 및 대금결제는 수출업자와 수입업자 간의 개인적 책임하에 직접 처리한다.

056 수입상이 수출상 앞으로 물품을 주문하면서 미리 대금을 송금하는 사전송금방식은?

① D/P ② D/A
③ CWO ④ sight L/C

057 다음 보기에서 설명하는 결제방식은?

| 보기 |

수출상이 상품을 선적하고 선적서류(상업송장, 선하증권, 보험서류 등)를 수입업자의 지사나 대리인에게 제시하거나 또는 해외의 수입상에게 직접 서류를 송부하여 당해 서류와 상환으로 대금결제가 이루어지도록 하는 사후송금결제방식으로 환어음을 발행하지 않는 방식

① CAD ② D/A
③ D/P ④ documentary L/C

058 송금결제방식에 대한 내용으로 적합하지 않은 것은?

① 수출입결제방식 중에서 가장 낮은 은행수수료를 부담한다.
② 환어음을 사용하지 않아 어음법이 적용되지 않는다.
③ 적용되는 국제규칙이 없다.
④ 선적서류는 안전을 위하여 반드시 은행을 통해서 수입자에게 송부하게 된다.

059 다음 보기에서 설명하는 결제방식은?

| 보기 |

수입상이 기한부 환어음을 인수하면서 서류를 인도받는 시점부터 수출상은 화물에 대한 소유권을 상실하기 때문에 수출상은 수입상의 어음의 만기일에 대금을 지급하기만을 기다리고 있어야 한다. 이러한 방식은 수입업자에게 매우 유리하고 수출상에게는 불리한 결제방식이다.

① D/P ② D/A
③ CWO ④ sight L/C

060 추심결제방식에 대한 설명으로 옳지 않은 내용은?

① 지급책임은 오로지 수입상에게 있다.
② 추심에 관한 통일규칙(URC 522)이 적용된다.
③ 추심방식은 은행의 지급확약이 없으며 수출입상 간의 신용에 의해서만 이루어지는 거래이다.
④ 추심은행은 서류의 내용이 수출입상 간에 체결한 계약내용과 일치하는지를 확인하여야 한다.

061 추심 또는 신용장방식에 의한 무역대금결제의 수단으로 사용되는 환어음(Bill of Exchange, Draft)에 관한 설명으로 옳은 것은?

① 채무자가 채권자에게 발행한다.
② 주로 송금방식으로의 거래에서 사용된다.
③ 발행인이 지급인에 대하여 어음금액을 지급할 것을 위탁하는 증권이다.
④ 물품대금을 청구하는 수단으로서 발행한다.

062 신용장조건변경에 대한 설명으로 옳지 않은 것은?

① 수익자에게 전달된 조건변경통지서는 수익자의 명시적인 의사표시가 없으면 효력이 없다.
② 여러 개의 조건변경이 포함된 하나의 조건변경통지서는 수익자가 선택적으로 수락할 수 있다.
③ 조건변경이 여러 차례 행하여질 때 선변해서 수락 또는 거절할 수 있다.
④ 원신용장을 확인받은 수익자는 조건변경서에도 확인은행의 추가확인을 받아야 조건변경서의 내용에 대해 확인은행의 책임이 부여된다.

063 CAD와 COD조건의 설명으로 부합되지 않는 것은?

① COD는 대금교환인도조건으로서 물품을 수입자에게 인도하면서 대금을 수취하는 결제방법으로 D/P의 유럽방식이라고 할 수 있다.
② CAD거래에서 서류가 수입자에게 직송되는 때에는 수입자가 대금 지급 없이 물품을 통관하는 경우도 발생할 수 있다.
③ COD방식은 수입상이 자신 앞에 도착한 상품의 품질검사를 완료한 후에 매입 여부를 결정할 수 있는 거래이므로 수출상에게 불리한 거래이다.
④ CAD방식의 거래에서 수출업자가 선적을 완료한 상태에서 수입업자가 자신의 해외지사 또는 대리인에게 지시하여 서류의 인수를 거절하게 되는 경우에는 수출업자는 곤란한 상황에 처하게 된다.

064 COD 방식과 CAD 방식에 대한 설명 중 적절하지 않은 것은?

① COD는 수입자가 물품의 품질을 확인하고 대금을 결제하는 방식이다.
② CAD는 선적서류와 상환하여 대금을 결제하는 방식이다.
③ CAD는 추심결제조건의 지급인도방식인 D/P의 유럽방식이라고도 부른다.
④ 환어음의 발행을 통하여 대금결제가 이루어진다.

065 다음 보기에서 설명하는 결제방식은?

보기
수출상이 상품을 선적하고 선적서류를 자신의 지사나 대리인 또는 거래은행에게 송부하여 현품이 목적지에 도착하면 그 지사나 대리인이 화물을 수입통관하여 수취하여 보관하였다가 수입상이 직접 현품을 검사한 후 일치 여부를 확인하여 상품을 인수하면서 대금을 결제하는 방식

① COD ② CAD
③ D/P ④ D/A

066 추심결제방식에 대한 내용으로 틀린 것은?

① 수출상이 환어음을 발행하는 어음부 거래이다.
② 수출상은 선적서류를 은행을 통해 수입상에게 송부하여야 한다.

③ 수입상은 은행을 통해 수출상에게 대금을 지급해야 한다.
④ 수출상 · 수입상은 대금결제절차와 경로를 임의로 변경할 수 있다.

067 다음 SWIFT의 장점과 거리가 먼 것은?

① 안정성 ② 신속성
③ 저렴한 비용 ④ 업무의 개별화

068 신용장의 통지의 내용과 부합되지 않는 것은?

① 개설은행은 별도의 명시가 없어도 신용장을 수익자에게 통지할 의무를 부담한다.
② 개설은행이 직접 수익자에게 신용장을 통지하게 되면 관계은행은 신용장의 진위성을 심사하기 어렵다.
③ 통지은행은 신용장의 외견상의 진위성을 심사하기 위하여 상당한 주의를 기울여야 하며 입증하기 위한 책임까지 부담하여야 한다.
④ 통지은행이 어떤 이유로 인하여 신용장의 진위성을 심사할 수 없는 경우, 그러한 사실을 개설은행에 지체 없이 통지하여야 한다.

069 신용장과 관련된 일자에 대한 설명으로 적절하지 않은 것은?

① 신용장의 선적기일의 최종일이 공휴일인 경우 이후 최초 영업일까지 연장된다.
② 신용장의 유효기일이 공휴일인 경우 유효기일은 이후 최초 영업일까지 연장된다.
③ 선적일 이후의 서류제시기간의 최종일이 공휴일인 경우 이후 최초 영업일까지 연장된다.
④ 환어음 만기일이 지급지의 공휴일인 경우에는 지급은 만기일 이후의 최초 영업일에 이행된다.

070 D/A거래의 특징으로 거리가 먼 것은?

① 만기일 계산은 반드시 calendar days로 결정해야 한다.
② 만기일에 수입상은 수출상의 구좌로 직접 수입대금을 입금할 수 있다.
③ 화환어음 추심에 관한 통일규칙에 따른 절차를 거쳐야 한다.
④ 추심은행은 수입상이 환어음을 인수하겠다는 의사표시를 하면 선적서류를 수입상에게 인도한다.

071 추심방식과 신용장방식의 차이점이 아닌 것은?

① D/P · D/A 거래는 신용장거래와는 달리 원칙적으로 수입상에 대한 은행의 신용공여 행위가 없다.

② D/P · D/A 거래에 있어 은행은 수출상의 추심의뢰서에 의거하여 대금 추심업무만을 취급할 뿐 신용장방식에서와 같이 개설은행 등이 수출상에 대한 지급채무를 부담하지 않는다.

③ D/P · D/A 거래는 선적서류 등이 신용장방식과 같은 경로로 작성되지만 환어음 지급인과 선하증권상의 수하인은 신용장방식과 같이 원칙적으로 수입상이 된다.

④ D/P · D/A 거래도 신용장방식과 같이 은행 간 중개에 의하여 대금이 결제되지만 신용장통일규칙이 적용되는 것이 아니라 "추심에 관한 통일규칙"이 적용된다.

072 신용장방식에 의한 선적서류 매입 시 서류심사에 대한 설명으로 옳지 않은 것은?

① 신용장에서 요구한 서류 상호 간 모순이 있는 경우는 하자사항이 된다.

② 신용장에서 제시하여야 할 서류의 명시가 없고 준수해야 할 조건만 기재하고 있다면 그러한 조건은 무시한다.

③ 수익자가 신용장에서 요구하지 않는 서류를 제시하였더라도 다른 서류와 일치 여부를 심사하여야 한다.

④ 신용장에서 수출상이 수입상에게 선적통지를 한 후 그 증빙을 제시하도록 한 경우 은행에서는 제시된 증빙의 사실 여부를 확인할 필요가 없다.

073 선적기일(shipping date)에 관한 신용장통일규칙의 규정에 적합하지 않은 것은?

① 선적기일의 표시에 사용되는 "to", "until", "till", "from" 및 이와 유사한 의미의 용어는 기재된 일자를 포함하며, "after"란 용어가 사용되면 기재된 일자는 제외한다.

② 선적기일의 기준은 선하증권의 일자 또는 선적이나 발송을 증명하는 수령인(reception stamp)이 찍힌 일자로 한다.

③ 선적해야 하는 최종일이 공휴일인 경우 선적기일은 공휴일이 종료된 다음 날까지 연장된다.

④ 선적기일에 "prompt", "immediately", "as soon as possible" 등을 사용할 경우 이를 무시하며, 그럼에도 불구하고 이러한 표현을 사용할 경우에는 선적기일이 명시되지 않은 것으로 간주한다.

074 신용장에서 항공운송장을 요구하는 경우에 대한 설명으로 틀린 것은?

① 신용장에서 원본 전 통을 요구하는 경우 수하인용 1부를 제시하면 수리할 수 있다.

② 항공운송장의 발행일자를 선적일자로 간주한다.

③ 운송인 또는 운송인의 대리인에 의하여 발행된 경우 수리할 수 있다.
④ 신용장에서 환적을 금지하더라도 전체 운송이 하나의 운송서류로 포괄되어 있으면 환적유보 문언에도 불구하고 은행은 수리한다.

075 통지은행(advising bank)과 관련된 설명으로 옳지 않은 것은?

① 통지은행은 신용장의 진위 여부와 관련한 제1차 책임을 진다.
② 통지은행은 개설은행의 의사를 신속 · 정확하게 수출상에게 전달해야 한다.
③ 개설은행은 신용장 업무수행 도중 통지은행을 교체할 수 있다.
④ L/C상에 불명확한 지시가 있을 경우 통지은행은 개설은행 앞으로 그 진의를 조회한 후 수출상에게 통지해야 한다.

076 신용장결제방식에서의 환어음에 대한 설명으로 적절하지 않은 것은?

① 환어음의 발행인은 수출상이 된다.
② 환어음의 수취인은 수입상이 된다.
③ 환어음을 은행에 제출할 때 통상 2통이 제시된다.
④ 환어음의 지급인은 개설은행 또는 상환은행이 될 수 있다.

077 개설은행 또는 확인은행의 책임과 부합하지 않는 것은?

① 확인은행이 조건변경서에 확인을 추가한 경우에 조건변경을 확인 통지한 때부터 효력이 발생하며, 확인은행은 추가확인을 임의로 취소할 수 있다.
② 개설은행이 신용장 조건변경을 할 때에는 개설하는 때로부터 효력이 발생하며, 확인은행은 조건변경에 확인을 추가할 수도 있고, 추가하지 않을 수도 있다.
③ 취소불능신용장의 지급확약은 수익자가 지정은행 또는 개설은행에 신용장조건에 일치하는 서류를 제시할 때 성립된다.
④ 일람지급신용장의 경우 원칙적으로 환어음이 발행되지 않는다. 그러나 신용장에서 발행을 요구할 경우에는 이에 따라야 한다.

078 추상성이 신용장제도의 기본원리가 되어야 하는 이유와 부합되지 않는 사항은?

① 신용장과 기본계약은 별개의 거래이기 때문이다.
② 은행은 상품에 대한 전문지식이 없는 자이기 때문이다.
③ 신용장은 서류의 거래이기 때문이다.
④ 품질불량은 신용장거래에서 클레임 사유가 될 수 없기 때문이다.

079 매입신용장(negotiation L/C)의 특징과 거리가 먼 것은?

① 수출상이 환어음 발행
② 신용장 원본 뒷면에 매입사실 기재
③ 매입은행은 개설은행의 예치환거래은행
④ 환어음상의 배서인에 대한 지급확약

080 매입제한신용장(restricted L/C)에 대한 설명으로 틀린 것은?

① 은행과 수출자의 거래은행이 다르면 재매입 절차를 거친다.
② 매입은행으로 지정된 은행은 통상 개설은행의 예치환거래은행이다.
③ 자유매입신용장에 비하여 환가료 적용기간이 길다.
④ 지급신용장(payment L/C)이 대표적인 매입제한신용장이다.

081 상환신용장(reimbursement L/C)과 관련된 내용으로 적당하지 않은 것은?

① 매입은행은 상환은행 앞으로 상환용 어음을 송부하여야 한다.
② 개설은행은 적절한 시기에 상환은행 앞으로 상환수권을 하여야 한다.
③ 수출상은 nego 시에 매입은행에 상환용 어음을 제출하여야 한다.
④ 개설은행은 상환은행 앞으로 서류검토를 지시하여야 한다.

082 신용장의 정의로 거리가 먼 것은?

① 신용장은 개설은행의 수입상에 대한 지급보증서가 아니다.
② 신용장은 개설은행의 수출상에 대한 지급확약서이다.
③ 신용장은 개설은행이 상품 품질의 하자를 이유로 수출상에게 클레임 처리를 할 수 없도록 규정한 서류이다.
④ 신용장은 기본계약을 근거로 수입상 거래은행이 수출상 앞으로 발급하는 제2의 계약서이다.

083 신용장(L/C)거래의 단점과 가장 거리가 먼 것은?

① 은행에 대한 수수료 부담 과다
② 신용장 개설 시나 매입 시에 은행이 담보 요구
③ 수입상 입장에서 상품의 품질이 보장되지 않음
④ 수출상에 대한 대금지급 여부를 서류 심사만으로 확정

084 신용장의 통지와 관련된 사항으로 옳지 않은 것은?

① short cable(약식전보)은 신용장이 아니다.
② full cable(정식전보)인 경우 mail confirmation은 신용장 원본으로 허용되지 않는다.

③ 신용장의 진위 확인에 대한 1차 책임은 통지은행에 있다.
④ 통지은행은 교체될 수 있다.

085 수입화물선취보증제도가 <u>없는</u> 경우에 개설의뢰인이 받게 되는 불편이나 손해가 <u>아닌</u> 것은?

① 통관지연에 따라 화물에 대한 화재보험료를 부담하여야 한다.
② 서류도착 시까지 화물을 보세창고에 보관하여야 하므로 창고료를 부담하여야 한다.
③ 서류의 도착을 기다리는 동안 수입화물을 적당한 시기에 판매할 기회를 잃어버릴 가능성이 있다.
④ 수출업자의 신용 저하로 인하여 자기가 원하는 상품을 수입할 수 없는 경우가 있다.

086 신용장 확인의 특성에 대한 설명으로 <u>틀린</u> 것은?

① 취소불능신용장에 대한 제3의 은행이 독립적으로 그 지급이나 인수 또는 매입을 확약하는 것이므로 취소불능신용장만이 확인의 대상이 된다.
② 개설은행이 지급불능에 빠졌을 경우에만 확인은행은 어음의 지급이나 인수 또는 매입대금의 지급의무를 이행하여야 한다.
③ 수입상은 신용장 개설 시에 개설은행에 개설담보금을 full margin으로 예치하였다면 확인은행의 구상권 행사를 거절할 수 있다.
④ 확인이란 제3의 은행에 책임과 의무를 부과하는 것이므로 이것은 개설은행의 요청에 의하여 이루어진다.

087 화환신용장거래에서 운임의 지급과 관련된 설명으로 <u>틀린</u> 것은?

① 신용장에 운임선지급의 조건을 규정하고 있을 때 운송서류가 "freight prepayable" 또는 "freight to be prepaid"라고 명시되어 제시된 경우에는 이는 운임지급이 완료된 것으로 볼 수 없다.
② 신용장에 "운임선지급"이 요구된 경우 운송서류상에 "운임미지급"으로 명시되어 있다면 별도의 운임지급필 영수증이 첨부되었더라도 이러한 제시는 운임이 선지급된 서류로 볼 수 없다.
③ 신용장이 운송서류로서 특사수령증을 명시하고 그 특사경비는 "선지급"하도록 개설된 경우, 은행은 수하인 이외의 당사자가 특사경비를 부담하였다고 증명된 서류의 수리를 거절하여야 한다.
④ 신용장이 운임에 관한 별도의 조건을 규정하지 않았거나 운송서류가 기타 제시된 어떤 서류와도 모순되지 않는 한 은행은 단지 운임미지급으로 명시된 운송서류를 거절해서는 안 된다.

088 확인은행(confirming bank)의 의무로서 옳지 않은 것은?

① 결제 또는 매입을 한 후 일치하는 서류를 제시한 다른 지정은행에 대한 상환의무
② 일람지급 신용장에 대해 다른 지정은행이 대금을 지급하지 않는 경우의 결제의무
③ 일치하는 서류가 제시된 인수신용장에 대한 만기 이전의 대금 상환의무
④ 매입신용장에 대한 상환청구권 없는 매입의무

089 우리나라 어음법상 인정되지 않는 L/C는?

① negotiation L/C
② unconfirmed L/C
③ restricted L/C
④ without recourse L/C

090 신용장의 기본원리인 추상성과 가장 관계가 먼 것은?

① 은행은 서류심사를 할 때 서류에 기재된 사실의 실존 여부를 조사하지 않는다.
② 신용장 당사자는 기본계약에 기재된 사항을 신용장에 원용할 수 없다.
③ 은행은 서류의 진정성, 위조성, 법적 효력 등에 대하여 책임지지 않는다.
④ 개설은행이 클레임 조건으로 삼을 수 있는 것은 서류상의 하자로 국한된다.

091 신용장 제도의 탄생과 관계가 없는 것은?

① 제3자의 개입
② 은행의 계약갱신권 요구
③ 수출상의 위험부담
④ 수입상을 지급인으로 표시한 환어음 발행

092 D/P 방식에 관한 설명으로 옳지 않은 것은?

① D/P 조건은 수입상이 추심은행에 대금결제를 하고 선적서류를 인수한다.
② D/P 결제방식과 가장 유사한 결제방법으로는 CAD 방식이 있다.
③ 추심의뢰서상에 D/P나 D/A의 표시가 없으면 D/P로 간주한다.
④ 은행의 지급확약이 없는 추심결제방식의 일종이며 인수인도조건이다.

093 다음 중 채권양도가 일어나지 않는 신용장을 고르면?

① acceptance L/C
② payment L/C
③ unconfirmed L/C
④ negotiation L/C

094 분할선적과 할부선적에 대한 설명으로 틀린 것은?

① 신용장에 별도의 명시가 없는 경우 분할선적은 허용된다.
② 동일항로 및 동일운송수단으로 이루어진 수회의 선적은 분할선적으로 간주되지 않는다.
③ 우편에 의한 여러 개의 소포인 경우로서 우편영수증이 신용장에서 물품이 발송되도록 규정한 장소에서 동일자로 접수인이 날인되어 있는 경우 분할선적으로 간주되지 않는다.
④ 할부선적을 지정 선적기간 내에 이행하지 못한 경우 당해 미선적분은 무효가 되나 이후 잔여분에 대하여는 선적가능하다.

095 다음 ( ) 안에 들어갈 말로 적당한 것은?

> 신용장에 기재된 내용대로 물품의 수량이 전량 선적되고 단가가 감액되지 않은 경우에는 분할선적이 허용되지 않더라도 신용장 금액의 ( )의 상하편차를 허용한다.

① 2% ② 3%
③ 5% ④ 10%

096 다음 중 확인은행의 권리에 속하지 않는 것은?

① 확인의 의사표시에 대한 철회권 행사
② 개설은행에 대한 구상권 행사
③ 수입상에 대한 구상권 행사
④ 신용장 조건변경 시의 합의권 행사

097 수출상이 운송회사와 직접 운송계약을 체결하지 않고 운송회사의 대리인과 체결한 운송계약에 따라 발급되는 운송서류는?

① post receipt
② shipped B/L
③ air waybill
④ courier's receipt

098 상환신용장에 대한 설명으로 옳지 않은 것은?

① 지급신용장도 상환신용을 겸할 수 있다.
② 수출상은 상환은행을 지급인으로 표시하는 상환용 어음을 발행하여야 한다.
③ 매입신용장은 대금결제의 편의를 위하여 상환신용장 또는 송금신용장을 겸한다.
④ 상환은행은 개설은행으로부터 상환수권을 받은 경우에만 개설은행 계좌에서 대금을 인출할 수 있다.

099 개설은행의 서류심사결과 하자사항이 발견되었다 하더라도 클레임 처리를 할 수 것과 가장 밀접한 경우는?

① 클레임 통보서에 서류의 행방을 밝힌 경우
② 수입화물의 대도(T/R) 약정이 체결된 경우
③ 수입화물 선취보증서(L/G)가 발급된 경우
④ 불일치 통보서에 하자사항을 명시한 경우

100 특수신용장에 대한 설명으로 옳지 않은 것은?

① stand by L/C는 금융의 담보 또는 채무보증의 목적으로 발행되는 신용장으로 무화환신용장이기 때문에 신용장통일규칙의 적용을 받지 않는다.
② advance payment L/C는 신용장금액의 전부 또는 일부를 일정한 조건하에서 수출상이 선지급 받을 수 있도록 수권하고 있는 신용장이다.
③ revolving L/C는 수수료부담 및 절차상의 번거로움을 피하기 위하여 일정 기간에 신용장금액이 자동적으로 되살아나 다시 사용할 수 있는 신용장이다.
④ back to back L/C는 수출입자 상호 간에 동액의 신용장이 개설되어야만 유효한 신용장이며, 연계무역에 주로 이용된다.

101 다음 신용장에서 명시하고 있지 않더라도 반드시 서명하여야 하는 서류가 아닌 것은?

① 환어음　② 확인서
③ 포장명세서　④ 보험서류

102 수출을 처음하는 중소기업이 가장 안전하게 거래할 수 있는 방식은?

① CAD거래　② D/P거래
③ L/C거래　④ factoring거래

103 은행이 매입한 외환을 완전한 외회자산으로 환가할 때까지 또는 선지급한 자금을 추후 상환 받을 때까지 은행 측에서 부담하는 자금에 대하여 이자보전조로 징수하는 수수료는?

① reimbursement charge
② exchange commission
③ less charge
④ in lieu of exchange commission

104 신용장거래에서 원산지증명서 발급과 관련한 설명으로 옳지 않은 것은?

① 원산지증명서는 신용장에서 명시하는 사람에 의하여 발행되어야 한다.
② 원산지증명서의 발행자를 명시하지 않은 경우에는 반드시 상공회의소가 발행한 원산지증명서를 제출하여야 한다.

③ 원산지증명서의 송하인 또는 수출상과 신용장의 수익자나 운송서류상의 선적인과 다른 당사자의 표기도 수리 가능하다.
④ 신용장의 수혜자 또는 운송서류의 송하인과 다른 당사자를 원산지증명서상의 송하인 또는 수출상으로 표시할 수 있다.

105 신용장과 관련된 설명 중 틀린 것은?

① 신용장 유효기일이 일요일 또는 국경일로 은행 휴무일인 경우에는 그 다음 영업일까지 유효기일이 연장된다.
② 신용장에 분할선적에 관한 명시규정이 없으면 분할선적이 허용되지 않는다.
③ 신용장에 양도가능이라고 명시되어 있지 않으면 신용장을 양도할 수 없다.
④ 신용장에 취소불능의 표시가 없으면 취소불능으로 간주한다.

106 신용장거래의 특성에 대한 내용으로 옳지 않은 것은?

① 수익자는 어떠한 경우에도 은행 상호 간 또는 개설의뢰인과 개설은행 간에 존재하는 계약관계를 원용할 수 없다.
② 개설의뢰인은 수익자가 매매계약서상의 의무를 불이행했다는 이유로 개설은행에 대한 대금지급을 거부할 수 없다.
③ 보증신용장의 경우 실제 계약의 위반 여부와 관계없이 채무불이행 또는 상환불이행의 확인서만 제출되면 개설은행은 지급을 하게 된다.
④ 은행은 서류가 신용장조건과 일치하여 지급 · 인수, 매입을 이행한 경우 실제 물품이 계약과 상이한 때에는 개설의뢰인에 대하여 책임을 부담하며 개설의뢰인은 대금지급을 거절할 수 있다.

107 결제방식에 관련된 설명으로 틀린 것은?

① 결제방식 중 수출자에게 가장 안전한 방식은 사전송금방식이다.
② 수입자의 입장에서 보면 사전송금방식보다 D/P방식이 유리하다.
③ 수출자의 입장에서 보면 사후송금방식보다 D/P방식이 안전하다.
④ COD방식은 수입자보다 수출자에게 유리하다.

108 화환신용장거래의 서류거절통고와 관련된 설명으로 틀린 것은?

① 거절은행은 서류를 거절한 경우 하자사항을 1회에 모두 명기하여야 하며, 추가적으로 하자사항의 후속통고를 할 수 없다.
② 개설은행이나 확인은행은 서류를 거절한 경우에는 그 송부은행에 이미 지급된 모든 보상금에 대하여 그 지급일로부터 환급일까지의 이자를 붙인 반환을 청구할 수 있다.
③ 서류를 거절하는 은행은 거절통고를 할

때 서류를 보유하고 있는지 아니면 반송하였는지를 명기하여야 한다.

④ 개설은행뿐만 아니라 확인은행 또는 지급 · 인수 또는 매입은행도 서류가 신용장조건에 일치하는지를 사실 여부에 기초하여 심사하여야 한다.

109 지급인도(D/P: Documents against Payment)방식에 관한 설명으로 옳지 않은 것은?

① 추심결제방식의 일종이다.
② 추심의뢰서상에 D/P나 D/A의 표시가 없으면 D/P로 간주한다.
③ 수입업자가 추심은행에 대금결제를 하고 선적서류를 인수해서 물건을 찾는 거래방식이다.
④ 수입업자가 대금결제를 하지 않으면 추심은행에서 대신 수출업자에게 대금결제를 한다.

110 신용장상에 별도의 명시가 없는 한 은행에서 수리하는 선하증권은?

① 제시기한이 경과된 stale B/L
② 비고란에 사고문언이 기재된 foul B/L
③ 용선계약서의 조건에 따르도록 한 charter-party B/L
④ 문면상 "송하인의 적재 및 계량에 따름" 또는 "송하인의 신고내용에 따름" 또는 이와 유사한 취지의 문언을 기재하고 있는 unknown clause B/L

111 확인은행에 대한 설명 중 옳지 않은 것은?

① 확인요청을 거부할 수 있다.
② 신용장거래의 기본 관계 당사자로서의 지위를 갖는다.
③ 개설은행 파산 시에 수입자에게 구상권을 행사할 수 있다.
④ 개설은행이 지급불능인 경우에 한해서 개설은행을 대신해서 신용장대금을 지급한다.

112 다음 중 수입화물선취보증서(L/G)의 발행요건이 아닌 것은?

① 수입자가 신용장개설은행에 발행을 신청할 것
② 수입화물이 도착되어 있을 것
③ 선적서류 원본이 신용장개설은행에 도착해 있을 것
④ 수입자가 선적서류 사본을 가지고 있을 것

113 다음 보기에서 설명하는 운송서류는?

| 보기 |

중계무역에서 주로 사용되는 B/L로서 중계업자가 원 수출자를 노출시키지 않기 위하여 화물을 실제 수출한 지역에 위치한 선사, 항공사 또는 포워더가 B/L을 발행하지 않고 제3의 장소에서 발행하는 것을 말한다.

① switch B/L
② stale B/L
③ short form B/L
④ surrender B/L

114 다음 중 은행이 수리 가능한 선하증권의 요건이 아닌 것은?

① 신용장이 환적을 금지한 경우에도 모든 선하증권을 수리한다.
② 선장 또는 선장을 대리하는 지정대리인의 명칭을 표시하고 있어야 한다.
③ 해상운송인의 경우 물품이 지정선박에 본선적재 또는 선적되었음을 명시하여야 한다.
④ 적재항과 다른 수탁지 또는 양륙항과 다른 최종 목적지를 표시한 경우에도 신용장에 명시된 적재항과 양륙항을 표시해야 한다.

115 화환신용장거래에서 제서류에 관한 내용으로 틀린 것은?

① 은행은 서류가 문면상 신용장의 기타 제조건에 불일치하거나 수익자가 발행한 서류상에서 수익자 자신을 불명확하게 밝힌 때에는 이를 수리하지 아니할 수도 있다.
② 신용장에 2통 이상의 복본서류가 요구된 경우에는 서류는 1통의 원본과 나머지를 사본으로 제시하여도 된다. 다만, 서류 자체에는 2통 이상의 원본으로 발행되었다는 등의 별도 명시가 없어야 한다.
③ 은행은 지정된 서류가 신용장이 개설되기 이전에 발행되었더라도 이를 수리하여야 한다. 다만, 모든 서류는 신용장의 유효기일과 지정된 제시기일 내에 은행에 제시되어야 한다.
④ 신용장거래에 있어서 은행은 서류가 원본이라는 표시가 되어 있는 한 이를 원본 서류로 수리하여야 한다.

116 다음 보기에서 ( ) 안에 들어갈 말로 적당한 것은?

보기
제시은행은 지급거절 또는 인수거절의 통지를 지체 없이 추심지시서를 송부한 은행으로 송부하여야 한다. 추심의뢰은행은 그러한 통지를 수령한 때에는 향후의 서류취급에 대한 적절한 지시를 하여야 한다. 만일 그러한 지시가 지급거절 또는 인수거절을 통지한 후 ( ) 내에 제시은행에 접수되지 않는 경우 서류는 제시은행 측에 더 이상의 책임 없이 추심지시서를 송부한 은행으로 반송될 수 있다.

① 15일 ② 30일
③ 60일 ④ 90일

2과목 무역결제

117 신용장거래에서의 선적서류의 수정과 변경에 따른 인증에 관한 설명으로 그 내용이 적절하지 않은 것은?

① 신용장에서 "certificate of origin should be legalized by arab consulate"와 같은 서류를 요구했을 경우, 인증받은 서류상에 고쳐진 부분에는 인증한 자의 인증이 있어야 한다.

② 위의 ①에서의 인증은 인증하는 자의 이름을 기재하고 서명이나 약식서명이 있어야 한다.

③ 환어음 및 공인이나 사증을 받은 서류를 제외하고는 수익자가 발행한 서류의 고친 부분에는 인증이 필요 없다.

④ 인증받은 서류의 고친 부분이 여러 군데 있을 경우에는 고친 부분 각각에 별도의 인증이 필요하며, 고친 부분들을 한꺼번에 인증하는 문언을 기재하고 한 번만 인증하는 것은 하자이다.

118 신용장에서 운송서류에 운임이 선지급되었음을 나타낼 것을 요구하는 경우의 표시방법으로 옳지 않은 것은?

① 운송서류 운임기재란의 prepaid(또는 paid)란에 운임 표시

② 운송서류 문면상 freight prepaid 또는 freight paid라고 표시

③ 운송서류 문면상 freight prepayable 또는 freight to be prepaid라고 표시

④ 특사배달회사가 발행한 운송서류에 특사배달요금이 수하인 이외의 다른 당사자 부담이라고 표시

119 신용장의 매입금액 계산 시 환위험에 대한 보상금 명목으로 적용하는 항목과 관계된 것은?

① 환가료의 선취

② 확인수수료의 공제

③ 상환수수료의 공제

④ 전신환 매입률의 적용

120 신용장이 어떤 서류에 서명을 요구한 경우 그 서류가 원본으로 인정받기 위한 서명방법이 아닌 것은?

① 기호, 즉 Chop Mark에 의한 서명

② 카본 서명

③ 인쇄기에 의해 미리 인쇄된 서명

④ 스탬프 서명

121 신용장거래에서 피지시행위에 대한 면책 내용으로 틀린 것은?

① 신용장의 개설은행이 개설의뢰인의 지시를 이행하기 위하여 타 은행의 서비스를 이용할 때 그 은행의 비용과 위험은 개설의뢰인의 부담으로 한다.

② 신용장거래의 모든 은행은 자신이 선택한 타 은행이 그 지시를 이행하지 아니한 경우 이에 대하여 책임을 부담한다.

③ 신용장거래에 있어서 다른 당사자에게 서비스를 지시한 당사자는 그 지시받은 당사자가 지출한 모든 경비를 부담하여야 한다.

④ 수익자의 환어음상으로는 지급은행의 경비를 공제할 수 없게 된 경우 신용장의 개설은행은 이러한 경비를 최종적으로 지급하여야 한다.

122 **신용장과 관련된 날짜 및 기한에 대한 설명으로 옳은 것은?**

① 신용장에서 명시된 서류제시기간이 신용장 유효기일을 초과하는 경우, 서류제시기간 이내에 제시되면 수리가 가능하다.
② 서류제시기간은 신용장 유효기일을 초과하는 경우가 있다.
③ 선적일 후 서류제시기간이 신용장 유효기일보다 빠른 경우에는 신용장 유효기일 이내에 제시되면 수리가 가능하다.
④ 운송서류를 요구하는 신용장에서 선적일 후 서류제시기간이 정해져 있지 않은 경우에는 유효기일까지 서류를 제시하면 수리가 가능하다.

123 **통지문의 전달과 관련하여 은행의 면책에 해당하지 않는 것은?**

① 전문용어의 번역상 오류
② 통지문의 진정성에 대한 확인
③ 통지, 서신 또는 서류 송부 중의 지연 또는 분실
④ 전신통신의 송신 중 발생하는 지연, 훼손 또는 기타 오류

124 **신용장거래에서 환어음에 대한 설명으로 적당하지 않은 것은?**

① 신용장에서 요구하는 서류의 하나로서 개설의뢰인을 지급인으로 하는 환어음을 요구할 수 있다.
② 환어음의 기한은 부득이한 경우 지급은행이 임의로 변경할 수 있다.
③ 만기일 산정과 관련하여 사용된 from과 after는 동일하게 해당일자나 다음날로부터 만기일을 산정한다.
④ 신용장이 90days from B/L date의 환어음을 요구하는 경우, 선적일자가 각각 다른 여러 통의 선하증권이 제시되면서 하나의 환어음이 제시되었다면 가장 늦은 선적일자가 만기일 계산에 사용된다.

125 **신용장의 개설과 관련된 설명으로 옳지 않은 것은?**

① 개설수수료는 3개월 단위로 징수하는 일종의 term charge로서 정률수수료이다.
② 신용장 개설 시 개설은행과 수입상 간에는 위임계약이 체결된 것으로 간주된다.
③ 개설은행이 신용장 개설 시 수입상에게 결제를 대비한 담보금을 요구하는 경우가 있는데 이를 수입보증금이라 한다.
④ 가격조건이 FOB, CFR, CIF일 경우 수입상은 신용장 개설 시 은행에게 보험서류를 제출하여야 한다.

126 상환수권서(R/A)에 대한 설명으로 틀린 것은?

① 신용장과는 독립된 별도의 지급지시이다.

② 상환수권서 발송 지연으로 인한 매입은행 등의 이자손실에 대해서는 상환은행이 지급하여야 한다.

③ 개설은행은 상환수권서에서 신용장의 제 조건과 일치한다는 증명서를 요구하여서는 안 된다.

④ 상환청구 선통지를 요구하는 경우 반드시 신용장상에 명시해야 한다.

127 신용장거래에서 서류의 일자에 관한 설명으로 옳지 않은 것은?

① 선적서류에 작성일자와 서명일자가 서로 다르게 기재되었다면 그 서류에 서명한 일자를 발행일자로 본다.

② 모든 서류의 발행일자는 신용장상의 제시일자보다 늦으면 안 된다.

③ 신용장에서 "shipment should be effected on or about November 10,2006"라는 조건이 있으면, 선적은 11월 5일에서 11월 15일 사이에 하면 된다.

④ 신용장이 별도로 요구하지 않아도 운송서류와 보험서류에는 일자를 기재하여야 하지만 환어음에는 기재하지 않아도 무방하다.

128 신용장거래 시 은행에 제시하는 서류의 원본과 부본에 대한 설명으로 옳지 않은 것은?

① 신용장상에서 "one invoice" 또는 "invoice in 1 copy"라고 요구하는 경우에는 원본 송장을 요구하는 것으로 해석한다.

② 신용장상에서 "one copy of invoice"라고 요구하는 경우에는 한 통의 송장 부본을 제시해야지 원본을 제시해서는 안 된다.

③ 신용장상에서 "signed commercial invoice in 4 copies"라고 요구하는 경우에는 최소한 원본 한 통에 나머지는 부본을 제시하면 충족된다.

④ 신용장상에서 "copy of certificate of origin issued by KCCI"라고 요구하는 경우에는 상공회의소가 발행한 copy본을 제시해야지 원본을 복사한 사본을 제시하면 안 된다.

129 상환은행에 대한 설명 중에서 옳지 않은 것은?

① 상환은행은 개설은행의 지점이 되거나 통지은행 또는 제3의 은행이 될 수 있으며, 개설은행의 지점이 다른 나라에 있을 때에는 이를 독립된 은행으로 간주한다.

② 상환은행이 신용장조건과의 일치성에 관한 증명을 제공받도록 지시되어 있는 경우에는 수익자에게 지급 · 인수 또는 매입을 행한 청구은행이 일치 증명을 제공하여야 한다.

③ 상환은행에는 반드시 개설은행의 계좌가 있어야 하며, 개설은행은 신용장 발행 후 적절한 기간 내에 상환수권전문을 발신하여야 한다.

④ 상환매입신용장방식에서 수익자의 환어음은 개설은행 앞으로 발행하고, 별도의 매입은행이 자신의 상환용 어음을 작성하고 이를 상환은행으로 송부하여 대금을 지급받는다.

130 신용장통일규칙의 법적 효력에 관련된 사항으로 틀린 것은?

① 신용장에 준거 문언이 표시된 경우에 한하여 구속력을 가진다.

② 신용장에 준거 문언이 없어도 신용장 업무에 관한 한 구속력을 가진다.

③ 신용장에 준거 문언을 기재할 때는 반드시 개정번호를 표시해야 한다.

④ 신용장에 준거 문언을 기재할 때는 통상적으로 제정기관의 명칭을 같이 표시한다.

131 다음 보기에서 설명하는 신용장은?

보기
개설의뢰인 또는 개설은행이 과거에 자신이 발행했던 신용장을 모델로 하여 달라지는 부분만 알려주고 나머지는 동일하다는 식으로 발행하는 방식의 신용장을 말한다.

① 유사신용장 ② 확인신용장
③ 보증신용장 ④ 선대신용장

132 신용장개설은행의 업무처리에 대한 설명으로 옳지 않은 것은?

① 개설은행은 신용장의 개설이나 조건 변경 시 과도한 명세를 삽입하려는 개설의뢰인의 시도를 억제시켜야 한다.

② 개설은행은 부도 통보 시 서류를 수익자의 처분을 기다리며 보관하고 있거나 반송하였음을 명시하여야 한다.

③ 개설은행은 서류 불일치 통보 시 서류수리를 거절하는 이유가 되는 모든 불일치 사항을 기재하여야 한다.

④ 부도 통보 이후에 개설의뢰인이 하자를 수리하는 경우에는 수익자의 별도의 지시 없이도 서류를 인도할 수 있다.

133 화환신용장거래에서 서류제시의 유효기일 및 장소에 대한 설명으로 적당하지 않은 것은?

① 모든 운송서류는 신용장에 규정된 유효기일뿐만 아니라 발행일로부터 지정된 제시기한 내에 반드시 제시하여야 한다.

② 신용장에 그 유효기일 및 장소가 명시되지 않았다면 이는 통일규칙에 따라서 불완전한 신용장으로 취급될 것이다.

③ 신용장의 유효기일은 지급 · 인수 또는 매입은행에 서류를 제시하여야 할 기한을 말한다.

④ 신용장의 유효기일을 "for one month" 또는 "for six months" 등으로만 정하고 그 기산일을 명시하지 않은 경우에는 그 유효기일은 신용장의 개설일로부터 기산되는 것으로 본다.

134 신용장의 양도에 관한 설명으로 틀린 것은?

① 신용장의 양도는 동일 국내는 물론 타국에의 양도도 가능하다.
② 양도비용은 원칙적으로 제2수익자 부담으로 한다.
③ 원 신용장조건 중에서 금액 및 단가는 감액할 수 있고, 유효기일 및 선적기일도 단축하여 양도할 수 있다.
④ 신용장이 분할선적을 금지하지 않고 있는 한, 원 수익자는 1인 또는 수명의 제3자에게 분할양도가 가능하되, 이는 단 1회의 양도로 간주된다.

135 다음 신용장 양도은행이 감액하거나 단축할 수 없는 항목은?

① 유효기일 ② 제시기간
③ 부보비율 ④ 신용장의 금액

136 forfaiting 거래의 특징으로 거리가 먼 것은?

① 고정금리
② 외상기간의 단기
③ 후진국의 경제개발
④ 비소구 조건(without recourse)

137 신용장의 통지와 관련된 내용으로 적당하지 않은 것은?

① 통지은행은 교체될 수 없다.
② 신용장의 진위확인에 대한 1차 책임은 통지은행에 있다.
③ 최근 신용장은 거의 대부분 SWIFT방식에 의해 개설되어 통지되고 있다.
④ short cable은 전신에 의한 신용장 개설로서 추후에 전신에 의한 신용장 원본이 별도로 통지된다.

138 다음 보기에서 설명하는 것은?

보기
수출거래에서 생성되는 환어음이나 채무증서인 약속어음 등의 청구권이 자유롭게 유통가능한 증서를 이전의 어음소지인에게 상환소구권을 청구함이 없이 어음의 만기일까지에 해당하는 이자를 고정이자율에 의해 할인 매입하는 방식

① forfaiting
② international factoring
③ trust of receipt
④ letter of guarantee

139 다음 보기의 거래방식은?

보기
수출상은 선적서류를 수출 factor에게 제출할 때 전도금을 수령하여 대금을 회수할 수 있으므로 sight L/C거래와 동일한 효과를 거둘 수 있다. 또한 수입상은 선적서류를 받을 때 대금을 지급하지 않고 외상기간을 향유하며, 상품의 하자가 있을 경우 이를 이유로 클레임 청구를 할 수 있으므로 외상거래 및 무신용거래를 한 것과 동일한 효과를 거둘 수 있다.

① 유럽형 D/P ② factoring
③ CAD ④ CWO

140 국제팩토링의 특성 및 장단점에 대한 설명으로 옳지 않은 것은?

① 수출상은 당해 매출채권을 수출팩터에게 양도함으로써 수출대금을 조기 현금화할 수 있다.
② 수입상의 입장에선 별도의 담보 없이 본인 신용만으로 기한의 이익을 향유하여 외상수입이 가능하다.
③ 수입팩터수수료 및 수출팩터수수료를 모두 수출상이 부담하나, 수출상은 외상수출로 인한 대금회수 불안을 제거할 수 있는 장점이 있다.
④ 수입상은 물품의 선적 전에 수입대금 결제를 하여야 하는 단점이 있으나, 신용장 개설에 따른 개설수수료 등의 부담이 없으므로 비용을 경감할 수 있는 장점이 있다.

141 신용장의 통지에 대한 설명으로 옳지 않은 것은?

① 통지은행은 수익자에게 신용장을 통지하게 위하여 다른 은행을 이용할 수 있다.
② 신용장의 조건변경 통지는 신용장개설 통지은행과 동일한 은행을 통해서만 가능하다.
③ 확인은행이 아닌 통지은행은 결제나 매입에 대한 어떠한 의무도 부담하지 않는다.
④ 통지를 요청받은 신용장이 외견상 진정성에 대한 요건을 충족시키지 못한다고 은행이 판단하는 경우, 해당 신용장의 진정성이 확인되기 이전에는 통지할 수 없다.

142 신용장통일규칙의 보험서류에 관한 설명 중 적합하지 않은 것은?

① 보험서류가 한 통 이상의 원본을 발행한 것으로 표시된 경우, 신용장에서 달리 허용하지 않는 한 원본 모두가 제시되어야 한다.
② 신용장에 별도로 약정되지 않는 한 은행은 보험회사나 보험업자 또는 대리인이 사전에 서명한 포괄예정보험의 보험증명서 또는 확정통지서를 수리하여야 한다.
③ 보험서류는 문면상 반드시 보험회사나 보험업자 또는 그 대리인이나 중개인에 의하여 발행하고 서명한 것으로 표시되어야 한다.
④ 신용장에 별도로 약정되지 않는 한 보험서류는 신용장에서의 통화와 동일한 통화로 표시되어야 한다.

143 다음 보기에서 설명하는 것은?

| 보기 |

개설은행이 수입화물에 대한 담보권과 소유권을 유지하면서 수입업자가 수입대금을 결제하기 전에 수입화물을 처분할 수 있도록 하는 제도

① 수입화물대도(trust of receipt)
② 수입화물선취보증서(letter of guarantee)
③ 양도가능신용장(transferable L/C)
④ 국제팩토링(international factoring)

144 다음 개설은행의 지급거절사유에 해당하지 않는 것은?

① 선하증권의 기재사항이 신용장 요구조건과 상이하다.
② 상업송장의 기재사항이 기본계약과 상이하다.
③ 보험서류의 기재상항이 신용장 통일규칙과 상이하다.
④ 포장명세서의 기재사항이 신용장 요구조건과 상이하다.

145 신용장 분할양도를 취급할 수 있는 은행은?

① 양도지정은행
② 통지은행
③ 확인은행
④ 양도신청인의 거래은행

146 신용장에서 요구하지 않아도 일자를 반드시 표시하여야 하는 서류가 것은?

① 환어음 ② 운송서류
③ 보험서류 ④ 포장명세서

147 다음 신용장 관련 서류 심사기준에 대한 내용으로 적당하지 않은 것은?

① 서류상에 표시된 물품 선적인 또는 송하인은 신용장의 수익자와 반드시 일치하여야 한다.
② 신용장에서 요구하지 않았으나 제시된 서류는 무시되고 제시인에게 반환할 수 있다.
③ 신용장이 제시되어야 하는 서류를 명기하지 않고 조건만을 포함하고 있는 경우에 은행은 그러한 조건은 명기되지 않은 것으로 간주하고 이를 무시한다.
④ 상업송장 이외의 기타 모든 서류의 물품, 용역 또는 이행의 명세는 신용장상의 명세와 상충되지 아니하는 일반용어로 기술될 수 있다.

148 양도가능신용장의 설명으로 틀린 것은?

① 신용장은 양도받은 제2수익자가 그 신용장을 다른 자에게 재양도할 필요가 생기는 경우에는 양도은행에 양도 취소절차를 하고 제1수익자가 다른 자에게 양도하여야 한다.
② 신용장에서 분할선적 또는 분할청구가 금지되어 있지 않다면 신용장금액을 초

과하지 않는 범위 내에서 복수의 제2수익자에게 분할양도할 수 있다.

③ 양도은행이란 L/C를 양도하는 지정은행 또는 어느 은행에서나 이용할 수 있는 L/C의 경우에는 개설은행으로부터 양도할 수 있는 권한을 특정 받아 L/C를 양도하는 은행을 말하며, 개설은행은 양도은행이 될 수 없다.

④ 양도된 신용장이 100% 양도되어 송장과 환어음을 대체할 필요가 없다면, 신용장에 확인을 추가하지 않은 양도은행은 통지은행에 제2수익자의 서류가 직접 개설은행으로 송부될 수 있다는 것을 표시하도록 지시할 수도 있다.

149 신용장의 조건변경에 대한 설명으로 옳지 않은 것은?

① 수익자가 일정한 시간 내에 조건변경을 거절하지 않으면 조건변경이 효력을 가지게 된다는 규정이 조건변경 내용에 있는 경우 이는 무시된다.

② 개설은행은 신용장에 대한 조건을 변경한 경우 그 시점으로부터 변경 내용에 대하여 취소 불가능하게 구속된다.

③ 확인은행이 아닌 통지은행은 결제나 매입에 대한 어떤 의무의 부담 없이 조건변경을 통지한다.

④ 신용장은 개설은행, 확인은행이 있는 경우에는 확인은행 그리고 개설의뢰인 및 수익자의 동의가 없이는 조건변경되거나 취소될 수 없다.

150 신용장거래에서 운송서류에 대한 설명으로 틀린 것은?

① 신용장의 조건이 용선계약의 제시를 요구하더라도 은행은 용선계약을 심사하지 않는다.

② 운송인이 환적할 권리를 갖고 있음을 기재한 선하증권의 조항은 무시된다.

③ 선하증권은 전 운송이 하나의 동일한 선하증권에 의하여 포괄된다면 물품이 환적될 것이라거나 환적될 수 있다는 것을 표시할 수 있다.

④ 신용장에서 하역항을 일정 범위의 항구들 또는 지리적 지역으로 표시한 경우 용선계약부 선하증권상의 하역항은 반드시 특정항구로 표시하여야 한다.

151 신용장의 조건변경에 대한 설명으로 틀린 것은?

① 다수에게 분할양도된 신용장의 조건변경은 제2수익자 전체의 동의가 있어야 유효하다.

② 조건변경 시에는 반드시 원 신용장을 통지한 은행을 통하여 조건변경을 통지하여야 한다.

③ 원 신용장의 조건은 수익자가 조건변경을 통지한 은행에 조건변경의 수락 여부를 통고할 때까지 수익자에 대해 계속 유효하다.

④ 하나의 조건변경서에 대한 조건변경은 전체적으로 동의 또는 거절되어야 한다.

152 다음 서류 중 원본서류에 해당하는 것은?

① 발행자의 서명이 있는 복사서류
② 실제 사본 또는 원본이 한 통만 발행된 서류의 원본이 아닌 서류
③ 사본서류에 원본이라고 표시가 있는 서류
④ 팩스기계로 송부된 서류

153 수출신용장에서 "signed commercial invoice in one original and two copies"라는 문언으로 상업송장의 제시를 요구하고 있다. 다음 중 신용장조건과 일치하는 내용의 상업송장을 컴퓨터로 작성한 서류에 서명하는 방법 중 수리될 수 없는 것은?

① 수익자 회사명이 표시되고, 담당직원이 자필로 서명한 상업송장
② 수익자 회사명과 대표이사 서명이 새겨진 스탬프를 찍은 상업송장
③ 수익자 회사명이 표시되고, 담당직원이 자필로 서명한 상업송장을 동일하게 복사한 상업송장
④ 수익자 회사명이 표시되고, 컴퓨터로 작성한 상업송장을 서명하지 않은 상태에서 똑같이 복사한 서류에 담당직원이 자필로 서명한 상업송장

154 다음 설명 중 틀린 것은?

① 작성자가 자필로 서명한 모든 서류는 원본으로 간주된다.
② 작성자가 스탬프로 서명을 찍은 서류도 원본으로 간주된다.
③ 이미 서명된 서류를 복사하여 서명까지 복사된 것으로 보이는 서류는 원본이 아니다.
④ 복사기로 작성한 서류를 작성자가 자필 서명을 하면 사본이 된다.

155 신용장의 조건변경에 대한 설명으로 옳지 않은 것은?

① 신용장개설은행은 신용장에 대한 조건을 변경한 경우 수익자의 동의가 있는 시점으로부터 변경내용에 대하여 취소 불가능하게 구속한다.
② 신용장 조건변경이 통지된 경우 수익자가 수락 또는 거절의 뜻을 알리지 않은 경우에는 조건변경이 수락된 것으로 본다.
③ 조건변경에 대하여 수익자가 일부만을 수락하는 것은 조건변경에 대한 거절의 의사표시로 본다.
④ 수익자가 일정한 시간 내에 조건변경을 거절하지 않으면 조건변경이 효력을 가지게 된다는 규정이 조건변경에 있는 경우 이는 무시된다.

156 신용장상의 부보금액과 관련된 설명으로 적당하지 않은 것은?

① 신용장에 부보금액이 물품의 가액, 송장 가액 또는 그와 유사한 가액에 대한 백분율로 표시 되어야 한다는 요건이 있는 경우 이는 요구되는 부보액의 최소한으로 본다.

② 신용장에 부보금액에 대한 명시가 없는 경우 부보금액은 최소한 물품의 CIF 또는 CIP가액의 110%가 되어야 한다.

③ 서류로부터 CIF 또는 CIP 가액을 결정할 수 없는 경우 부보금액의 범위는 요구된 결제 또는 매입금액 또는 송장에 나타난 물품에 대한 총가액 중 작은 금액을 기준으로 산출되어야 한다.

④ 보험증권은 보험증서나 포괄보험의 확인서를 대신하여 수리가 가능하다.

157 양도가능신용장에 대한 설명으로 옳지 않은 것은?

① 신용장 금액 중 일부금액도 양도할 수 있다.

② 1인 이상의 제2수익자에게 양도할 수 있다.

③ 국내에서는 물론 국외에 거주하고 있는 제2수익자에게도 양도할 수 있다.

④ 제2수익자의 요청에 의해서 다른 제3수익자에게 양도할 수 있다.

158 신용장의 양도에 대한 설명으로 옳지 않은 것은?

① 개설은행은 양도은행이 될 수 없다.

② 양도를 이행할 때에 별도의 합의가 없는 한 양도와 관련하여 부담된 모든 비용은 제1수익자가 지급하여야 한다.

③ 개설신청인의 명의가 송장 이외의 모든 서류에 표시되도록 신용장에서 특별히 요구하였다면 그러한 요구조건은 양도된 신용장에 반영되어야 한다.

④ 보험가입이 이행되어야 하는 비율은 신용장 또는 이 규칙에 따라 명시된 보험가입금액을 충족시킬 수 있도록 증가될 수 있다.

159 국제팩토링 거래와 관련하여 수입상의 이점과 거리가 먼 것은?

① 별도 담보가 없이 본인 신용만으로 기한의 이익을 향유하여 외상수입이 가능하다.

② 신용장개설에 따른 개설수수료 등의 부담이 없으므로 비용을 경감할 수 있다.

③ 물품수령 후 일정 기간 내에 수입대금을 결제하면 되므로 자금부담이 경감되고 수입결제자금의 부족 시 금융수혜가 가능하다.

④ 수입대금 결제 후 물품의 확인을 하게 되므로 수입업자, 은행, 수출업자 모두 이득이 된다.

160 국제팩토링 거래와 관련하여 수출상의 이점이 아닌 것은?

① 수입팩터로부터 수입상에 대한 신용승인이 이루어지면 수입상의 클레임이 제기되지 않는 한 수출상은 해당 신용승인 한도 내에서 그 대금지급을 보장받게 된다.
② 수출상은 수입상에게 신용장거래보다 유리한 조건으로 제시할 수도 있게 되어 대외경쟁력을 확보할 수 있으며, 신용장거래를 원하지 않는 수입상과의 거래도 가능하므로 새로운 시장개척이 용이하다.
③ 물품수령 후 일정 기간 내에 수입대금을 결제하면 되므로 자금부담이 경감되고 수입결제자금의 부족 시 금융수혜가 가능하다.
④ 신용장방식과는 달리 서류에 대한 과도한 부담 없이 간편하게 실무를 처리할 수 있으며, 추심방식과는 달리 외상채권을 양도할 때 별도의 담보를 제공할 필요가 없으므로 담보부족으로 인한 곤란을 겪지 않는다.

161 다음 보기에서 설명하는 선하증권은?

> 운송약관이 선하증권의 뒷면과 같은 선하증권 자체에 기재되어 있지 않고 별도의 약관이나 규약을 참조하도록 표시된 선하증권을 의미한다.

① 예정표시 선하증권
② 약식 선하증권
③ 제3자 발급 선하증권
④ 부지약관 부착부 선하증권

162 UCP 600에서 정의하고 있는 적격제시(일치하는 제시)의 요건을 충족시키기 위해서 일치시켜야 하는 요건에 해당하지 않는 것은?

① 신용장의 조건
② 신용장통일규칙
③ 국제표준은행관행
④ 매매계약서 조건

163 UCP 600에서 신용장이 이용되는 방법에 따른 신용장의 구분과 거리가 먼 것은?

① 매입(negotiation)
② 지급(payment)
③ 연지급(deferred payment)
④ 양도(transferable)

164 UCP 600에서의 결제(honour)의 개념에 포함되지 않는 것은?

① 매입(negotiation)
② 지급(payment)
③ 연지급(deferred payment)
④ 인수(acceptance)

165 다음 중 서류의 점검과 관련한 은행의 면책에 해당하지 않는 것은?

① 일치성의 확인
② 위조 여부의 확인
③ 법적효력의 확인
④ 진정성의 확인

166 UCP 600에서 신용장에서 요구하는 상업 송장이 수리되기 위한 요건이 아닌 것은?

① 수익자가 발행한 것으로 보일 것
② 개설신청인의 명의로 작성될 것
③ 신용장의 통화와 같은 통화로 작성될 것
④ 반드시 서명되어야 할 것

167 신용장통일규칙(UCP 600)상의 해석으로 옳지 않은 것은?

① 서로 다른 국가에 위치한 같은 은행의 지점들은 다른 은행으로 본다.
② 신용장은 취소불능의 표시가 없더라도 취소가 불가능하다.
③ 서류에 사용하도록 요구되지 않았다면 "immediately", "prompt"라는 단어들은 무시된다.
④ 서류의 발행자를 표현하기 위하여 사용되는 "first class", "well known", "independent" 등의 용어들은 수익자를 포함한 해당 서류를 발행하는 모든 서류 발행자가 사용 가능하다.

168 다음 중 상업송장(commercial invoice)의 의미와 거리가 먼 것은?

① 선적확인서
② 상품출하 안내서
③ 수입통관 시의 과세자료
④ 가격계산서 및 대금청구서

169 분할선적 및 제시기일에 관한 설명으로 적절하지 않은 것은?

① 신용장에 분할선적 허용에 대한 표시가 없으면 분할선적이 허용된다.
② 하나 이상의 선박에 선적된 경우 동일한 목적지로 동일일자에 출항하는 경우라도 분할선적으로 간주한다.
③ 한 세트 이상의 선하증권에 표시된 선적일자가 다른 경우에는 가장 빠른 선적일자가 제시기간의 계산에 사용된다.
④ 한 세트 이상의 선하증권이 발행되면서 선적항이 각각 다른 경우라도 동일 운송수단에 의해 동일항로에 대하여 선적되었음을 표시하고 있으면서 동일목적지를 나타내고 있으면 분할선적으로 간주하지 않는다.

001~122 PART2 외환실무

001 다음 중 경상수지에 포함되는 항목을 모두 고른다면?

ㄱ. 상품수지	ㄴ. 소득수지
ㄷ. 경상이전수지	ㄹ. 투자수지

① ㄱ, ㄴ, ㄷ　② ㄱ, ㄴ, ㄹ
③ ㄱ, ㄷ, ㄹ　④ ㄴ, ㄷ, ㄹ

002 외환시장에 대한 설명으로 옳은 것은?

① 우리나라 외환시장에서 투기적 목적의 외환거래는 불가능하다.
② 국제 외환시장은 장외시장만 존재한다.
③ 외환거래는 중개인을 통하거나 당사자간 직접 거래 모두 가능하다.
④ 달러와 엔화가 교환되는 외환거래는 미국이나 일본에서만 가능하다.

003 선물환율에 대한 설명으로 틀린 것은?

① 선물환율은 현물환율에 영향을 받는다.
② 선물환율은 환율의 전망치가 포함된다.
③ 선물환율은 은행의 수수료가 포함된다.
④ 선물환율은 해당 환율을 구성하는 두 통화의 이자율에 영향을 받는다.

004 우리나라 원화의 미국 달러화에 대한 환율이 1$=₩700에서 1$=₩720으로 변화하였다면?

① 원화가 평가절상되었으므로 수출이 증가한다.
② 원화가 평가절하되었으므로 수출이 증가한다.
③ 원화가 평가절상되었으므로 수출이 감소한다.
④ 원화가 평가절하되었으므로 수출이 감소한다.

005 환율인상이 가져올 수 있는 직접적 효과로 옳지 않은 것은?

① 수출경쟁력을 높인다.
② 수입수요를 억제한다.
③ 물가가 안정된다.
④ 외국관광객의 수가 증가한다.

006 다음 중 평가절상의 효과는?

① 수출의 감소
② 물가의 상승
③ 수입의 감소
④ 국제수지의 호전

007 통화선물거래와 관련이 없는 용어는?

① 환매수　② 행사가격
③ 매입포지션　④ 일일정산

008 구매력 평가설에서 환율의 결정요인은?

① 수입성향　② 이자율
③ 물가　④ 국민소득

009 달러/원 환율이 상승(평가절하)할 경우 국제수지가 곧바로 개선되지 않고 약화되었다가 시간이 지남에 따라 개선되는 효과를 무엇이라고 하는가?

① 마샬-러너 효과
② 오버슈팅 효과
③ J-Curve 효과
④ 랜덤워크 효과

010 원화의 지속적인 평가절상이 예상되는 경우 우리나라 수출입기업에서 찾아볼 수 있는 현상으로 옳은 것은?

① 수출을 앞당기고 수입은 늦추는 경향이 있다.
② 수입을 앞당기고 수출은 늦추는 경향이 있다.
③ 수출과 수입을 모두 앞당긴다.
④ 수출과 수입을 모두 늦춘다.

011 다음 보기에서 설명하는 것은?

| 보기 |

일정한 환율의 움직임에 대해 이익을 실현하려면 단순히 콜옵션이나 풋옵션을 매입하면 된다. 그러나 고객의 견해에 따라 한쪽 방향은 리스크헤지가 불필요하다고 느낄 수 있다. 행사환율의 범위를 고객에게 비용부담이 없게 조정한 계약이다.

① range forward
② option
③ correspondent agreement
④ duration

012 지난 1년간 우리나라의 인플레이션율은 15%, 미국의 인플레이션율은 5%였다고 하자. 이 경우 구매력 평가설에 의한 우리나라 원화의 대미달러 환율의 변동은? (단, 대미달러 환율은 미 달러당 원화로 표시한 것이다.)

① 5% 하락　② 5% 상승
③ 10% 하락　④ 10% 상승

013 변동환율제도하에서 여타 조건이 일정할 때 환율을 상승시키는 요인으로 틀린 것은?

① 우리나라 거주자의 해외부동산 매입
② 우리나라 거주자의 외국여행 지출비의 증가
③ 우리나라에 대한 외국투자자의 증권투자 감소
④ 우리나라 기업의 해외공장 매각

2과목 무역결제

014 환율결정이론인 구매력 평가설에 대한 서술 중 옳지 않은 것은?

① 일물일가의 법칙이 국제시장에도 적용된다.
② 어떤 통화 1단위의 실질가치가 모든 나라에서 동일하다.
③ A국이 통화공급을 증가시키면 A국의 물가수준이 상승하는 반면에 A국의 통화는 평가절상 된다.
④ 현실적으로 상당수의 상품이 비교역재이기 때문에 실제환율과 구매력 평가에 의한 환율은 차이가 날 수 있다.

015 다음 보기에서 10전 단위로 거래되는 것을 고른다면?

보기	
ㄱ. 선물환	ㄴ. 현물환
ㄷ. 스왑	ㄹ. 옵션

① ㄱ, ㄴ　　② ㄱ, ㄷ
③ ㄱ, ㄹ　　④ ㄷ, ㄹ

016 다음 중 자국통화가 평가절하되는 요인이 아닌 것은?

① 국내물가 상승
② 국민소득 증가
③ 국내이자율 상승
④ 해외경기 불황

017 우리나라는 변동환율제도를 채택하고 있는데 이때의 환율은 어떻게 결정되는가?

① 금값의 변화
② 유통되는 원화의 양
③ 외환의 수급상태
④ IMF의 결정

018 어느 국가에서는 대규모로 자본이 유입됨에 따라 환율의 안정을 위하여 외환시장에 개입함과 동시에 통화량 변동을 상쇄시킬 목적으로 공개시장조작 정책을 실시하였다. 이들 정책의 구체적 내용은?

① 외환의 매입과 국채의 매입
② 외환의 매입과 국채의 매출
③ 외환의 매출과 국채의 매입
④ 외환의 매출과 국채의 매출

019 자유변동환율제도의 대표적인 장점은?

① 정책적 개입 없이도 국제수지가 자동적으로 조정된다.
② 수출은 지속적으로 증가하나, 수입은 감소한다.
③ 수입물가가 안정된다.
④ 국제수지의 자율적 조정기능에 의하여 인플레가 진정된다.

020 자유변동환율제도하에서 국민소득의 증가는 어떤 영향을 주는가?

① 원화에 대한 수요를 증가시켜 외화에 대한 원화의 가치를 상승시킨다.
② 수입을 증가시키고 국제수지를 악화시켜 원화의 가치를 하락시킨다.
③ 국내생산재화와 수입재화에 대한 수요를 모두 감소시키기 때문에 국제수지가 개선된다.
④ 수출과 수입이 모두 증가하기 때문에 원화가치는 변동하지 않는다.

021 변동환율제를 채택하고 국가 간 자본이동이 완전히 자유로운 소규모 개방경제에서 총수요의 부족이 나타날 경우 정책 당국이 선택할 정책수단으로서 효과적인 것은?

① 통화량의 증가 ② 국채발행
③ 조세감면 ④ 정부지출 감소

022 환율변동에 관한 설명으로 적절하지 않은 것은?

① 환율이 1달러당 1,000원에서 1,200원으로 올랐다면 이것은 달러화에 비해 원화가치가 상대적으로 하락한 것을 의미한다.
② 구매력 평가설이란 국가 간 자본거래가 환율을 결정하는 중요한 요인이 된다는 것이다.
③ 금본위제도와 브레튼우즈 체제는 고정환율제도의 대표적인 예이다.
④ 투자자들의 기대심리 때문에 환율이 변동할 가능성이 있다.

023 다음 보기에서 설명하는 환위험은?

보기
환율의 변동으로 미래 제품의 판매량, 가격, 시장점유율 등 기업의 가치에 영향을 주는 환위험

① 환산환위험 ② 거래환위험
③ 영업환위험 ④ 교환환위험

024 우리나라에서 달러/원 환율이 상승(원화가치 하락)하는 원인으로 가장 거리가 먼 것은?

① 경상수지 적자
② 외국인 주식매도
③ 미국의 금리인하
④ 국제원자재가격의 상승

025 선물가격과 현물가격의 차이는?

① 스프레드(spread)
② 프리미엄(premium)
③ 베이시스(basis)
④ 아비트리지(arbitrage)

026 한국의 대학생이 미국으로 배낭여행을 하기 위하여 서울에 있는 은행에서 원화를 미 달러 현찰로 환전하고자 한다. 이 학생은 은행에서 어떤 환율을 적용하여 미 달러화를 살 수 있는가?

① 현찰 매입률 ② 현찰 매도율
③ 전신환 매입률 ④ 전신환 매도율

027 외환거래에 대한 설명으로 옳은 것은?

① 반드시 외환중개인을 통해서 거래하여야 한다.
② 국제 외환시장은 24시간 거래할 수 있다.
③ 내국환과 마찬가지로 외환거래도 중앙집중결제기구가 있다.
④ 국제 외환시장은 장내거래 및 장외거래 모두 존재하나 국내 외환시장은 장내거래만 할 수 있다.

028 무역거래 시 물건을 매매한 시점과 대금을 외화로 결제받아 환전하는 과정에서 환율변동으로 인하여 발생하는 리스크는?

① 상업리스크 ② 신용리스크
③ 운송리스크 ④ 환리스크

029 환율결정이론에 관한 설명으로 타당하지 않은 것은?

① 피셔효과가 성립하면 양국 간 명목이자율의 차이는 기대인플레이션율의 차이와 같게 된다.
② 구매력 평가이론에 따르면, 양국 통화 간 현물환율의 기대변동률은 양국 간 기대인플레이션율의 차이와 같게 된다.
③ 양국 통화 간 현물환율의 기대변동률이 양국 간 명목이자율의 차이와 같게 되는 현상을 국제피셔효과라고 한다.
④ 이자율 평가이론에 따르면 양국 간 실질이자율의 차이는 선도환율의 할증률(혹은 할인율)과 같게 된다.

030 환율과 환위험에 대한 설명으로 옳지 않은 것은?

① 국제외환거래에 있어서 두 나라 간의 환율을 교차환율이라고 한다.
② 국내에서만 거래활동을 하는 기업은 환위험이 발생하지 않는다.
③ 기대하지 않은 환율의 변동으로 기업의 미래 현금흐름이 변화할 수 있는 가능성을 경제적 환위험이라고 한다.
④ 두 나라 통화 간의 현물환율은 두 나라 간의 인플레이션율의 차이에 비례하여 변동한다는 이론이 구매력 평가설이다.

031 다음 중 선물환율과 현물환율의 차이를 의미하는 용어가 아닌 것은?

① swap rate
② forward exchange rate
③ forward margin
④ forward differential

032 환위험에 노출되어 있는 기업이 그 위험을 관리하기 위하여 고려할 수 있는 방법으로 부적절한 것은?

① 외국통화로 자금을 지급하거나 수령하는 시기를 조정한다.
② 국내외 금융시장에서 자금을 차입하는 통화수단을 조정한다.
③ 해외원자재를 장기적으로 구매하거나 해외로 공장을 이전한다.
④ 외국기업과 전략적 제휴관계를 맺는다.

033 현재 달러/원 환율이 1,000원이며, 3개월 달러 선물환율이 1,005원이다. 미국의 금리가 연 3%라면 우리나라 원화의 금리는 연 몇 %인가?

① 2% ② 3%
③ 4% ④ 5%

034 다음 중 베이시스 위험에 대한 가장 올바른 설명은?

① 선물을 이용하여 헤지를 한 경우 발생하는 손익변동의 위험
② 현물가격의 변동에 따른 투자와 부의 변동위험
③ 선물가격의 변동에 따른 투자와 부의 변동위험
④ 현물가격과 선물가격 간의 상관계수가 1인 경우의 위험

035 선물환율에 대한 설명으로 옳지 않은 것은?

① 선물환율은 양국 간 금리차이에 의해서 결정된다.
② 선물환율에는 양국 간 금리차이로 인해 환율전망치는 포함되지 않는다.
③ 선물환율은 현물환율에 비해 항상 높게 결정된다.
④ 선물환율은 이자율 평형이론에 의해서 결정된다.

036 환율결정이론에 관한 내용으로 올바르지 않은 것은?

① 두 국가의 인플레이션 차이가 환율변화율이 된다는 것이 구매력 평가설의 주장이다.
② 두 국가 사이에서 자본이동의 제한이 없는 경우 두 국가의 명목금리의 차이는 인플레이션 차이와 동일하다는 것이 피셔효과이다.
③ 두 국가 간의 명목금리 차이가 환율변화율이 된다는 것이 국제피셔효과의 내용이다.
④ 금리 평가설에 의하면 두 국가 간의 실질금리 차이와 선물환 할증 또는 할인율이 동일하다는 것이다.

037 스왑에 대한 설명으로 잘못된 것은?

① 스왑은 두 거래당사자 간 미래 현금흐름을 교환하는 계약으로 일련의 선도거래 또는 선물계약을 한 번에 체결하는 것과 유사한 효과를 갖는다.
② 스왑은 표준화된 상품인 선물, 옵션과 같이 거래소에서 거래되지 않고, 스왑딜러 및 브로커의 도움을 얻어 주로 장외에서 거래가 이루어진다.
③ 금리스왑은 미래 일정 기간 동안 거래당사자 간 명목원금에 대한 변동금리 이자와 고정금리 이자금액만을 교환하는 거래로서 원금교환은 이루어지지 않는다.
④ 통화스왑은 미래 일정 기간 동안 거래당사자 간 서로 다른 통화표시 채무 원금에 대한 이자금액만을 교환하는 거래로서 원금의 교환이 이루어지지 않는다.

038 스왑거래가 발생하는 이유로 타당하지 않은 것은?

① 각국의 금융규제 등을 회피하기 위하여
② 헤지기간을 단기로 축소하기 위하여
③ 환위험 또는 금리위험을 회피하기 위하여
④ 각국의 금리차를 이용하여 차익거래를 하기 위하여

039 다음 중 원화의 평가절상으로 생긴 효과로 옳은 것은?

① 수출감소
② 물가상승
③ 국제수지의 호전
④ 대외부채의 상환부담증가

040 선물환거래와 통화선물거래의 차이점을 설명한 것으로 적절하지 않은 것은?

① 선물환거래는 환위험 헤지목적, 통화선물거래는 투기적 목적에 의해 거래된다.
② 선물환거래는 증거금이 필요 없으나, 통화선물거래는 증거금이 필요하다.
③ 선물환거래는 손익의 일일정산을 하지 않으나, 통화선물거래는 일일정산을 실시한다.
④ 선물환거래는 거래당사자가 협의에 의해서 만기나 거래금액이 결정되나, 통화선물거래는 사전에 만기와 거래금액이 표준화되어 있다.

041 통화선물거래에 대한 설명으로 틀린 것은?

① 기래소에서 거래된다.
② 만기까지 보유할 수 있다.
③ 매일매일 손익이 정산된다.
④ 증거금은 시작 시점에 한 번만 납부하면 된다.

042 다음 중 선물거래와 옵션거래에 관한 내용으로 잘못된 것은?

① 옵션매입자의 경우 손실에 대한 위험은 제한적이나 큰 이익을 벌 수 있다.
② 옵션계약은 선물계약과 달리 권리와 의무를 분리하는 구조를 가진다.
③ 선물거래는 대칭적 손익구조를, 옵션거래는 비대칭적 손익구조를 갖는다.
④ 일일정산제도의 보장을 위하여 선물 및 옵션거래의 매입자, 매도자 모두에게 위탁증거금을 부과한다.

043 다음의 환율결정이론에 대한 설명으로 잘못된 것은?

① 구매력 평가설에 의하면 양국에서 동일 재화는 동일가격이어야 하므로 환율은 양국의 인플레이션 차이에 의하여 결정된다.
② 구매력 평가설은 두 나라의 명목이자율이 동일한 수준이라고 가정하고 있다.
③ 이자율 평가이론에 의하면 두 나라의 명목이자율 간의 차이가 선물환율의 할증(할인)률과 같아야 한다.

④ 이자율 평가이론은 무위험차익거래가 발생하지 않는 균형상황에 초점을 맞추고 있다.

044 선물환거래의 통화선물거래에 관한 설명으로 옳지 않은 것은?

① 역외선물환거래(NDF)는 타국에서 형성된 선물환시장으로 만기시점에 지정통화로 계약대금의 인수도가 발생한다.
② 선물환거래는 별도의 규제기관 없이 개별적으로 거래가 되나, 통화선물거래는 규제 · 감독기관이 존재한다.
③ 선물환거래는 대부분 만기에 결제되나, 통화선물거래는 반대매매로 청산된다.
④ 선물환거래는 일반적으로 장외에서 거래가 되나, 통화선물거래는 거래소에서 거래가 이루어진다.

045 옵션가격 결정요인에 관한 내용으로 옳은 것은?

① 기초자산의 변동성이 클수록 콜옵션과 풋옵션의 내재가치가 상승한다.
② 만기가 길수록 콜옵션의 가격은 상승하나, 풋옵션의 가격은 상승할 수도 하락할 수도 있다.
③ 배당이 커지면 콜옵션과 풋옵션의 가격은 모두 상승한다.
④ 이자율이 상승하는 경우 콜옵션의 가격은 하락하며, 풋옵션의 가격은 상승한다.

046 통화선물거래에서 계약 불이행에 따른 신용위험을 제거하기 위하여 채택하고 있는 제도는 무엇인가?

① 증거금
② 거래수수료
③ 만기표준화
④ 거래단위 표준화

047 은행 간 외환시장에 참가하는 참여자가 아닌 것은?

① 외국환은행　② 선물회사
③ 중앙은행　④ 외환브로커

048 현재 우리나라의 환율제도를 설명한 것으로 옳지 않은 것은?

① 우리나라에서 일본 엔화의 원화 간 환율은 재정환율이다.
② 대고객 전신환 매매율에 적용되는 거래마진(수수료)은 법으로 정해져 있다.
③ 은행 간 시장의 환율변동일 중 제한폭은 없다.
④ 대고객 환율의 중심이 되는 매매기준율은 은행이 자율적으로 정할 수 있다.

049 우리나라 환율제도에 대한 설명으로 <u>틀린</u> 것은?

① 우리나라는 고정환율제도를 시행한 적이 없다.
② 우리나라 환율제도에서 통화 Basket제도를 시행한 시기가 있었다.
③ 우리나라에서 시행한 시장평균환율제도에서 가격 상하한 거래 제한폭이 있었다.
④ 현재 우리나라는 자유변동환율제도를 시행하고 있다.

050 내국수입 usance란 무엇을 의미하는가?

① 정부가 수입업자에게 공여하는 금융을 말한다.
② 수입업자가 수출업자에게 공여하는 금융을 말한다.
③ 수출업자가 수입업자에게 공여하는 일종의 외상거래이다.
④ 국내 신용장 개설은행이 수입업자에게 공여하는 금융이다.

051 어떤 기업의 달러화 자산이 달러화 부채에 비하여 많다면 이 기업의 미 달러화 외환포지션은 어떤 상태인가?

① 달러 long position
② 달러 short position
③ 달러 square position
④ 달러 oversold position

052 통화선물거래와 선물환거래의 차이를 설명한 것으로 <u>틀린</u> 것은?

① 통화선물거래는 거래소 내에서의 장내거래이고, 선물환거래는 거래당사자 간 1:1로 합의하여 계약이 체결되는 장외거래이다.
② 통화선물거래는 거래소에서 거래하는 수많은 고객의 다양한 요구사항을 수용할 수 있도록 만기와 거래규모가 자유로운 맞춤형 방식의 거래이고, 선물환거래는 만기와 거래규모가 표준화되어 있는 거래이다.
③ 통화선물거래는 거래증거금을 예치하여야 거래할 수 있는 반면에 선물환거래는 거래증거금은 없어도 되지만, 은행이 각각 거래 상대별로 선물환거래를 위한 신용한도를 설정한다.
④ 통화선물거래는 손익을 일일정산하지만, 선물환거래는 그렇지 않다.

053 외환시장에서 환율을 표시하는 방법에 관한 설명으로 가장 적절하지 <u>않은</u> 것은?

① 우리나라에서 달러 대 원화의 환율을 1US$=950원으로 표시하는 것은 자국화 표시방법이다.
② 우리나라에서 엔화 대 원화의 환율을 원화 1원당 일본엔화 0.1엔으로 표시하는 것은 직접표시방법이다.
③ 영국, 호주 및 뉴질랜드는 외화표시방법을 사용하고 있다.
④ 세계 대부분 국가의 통화들은 US$를 기준통화로 환율을 표시하며, 이를 European Term이라고 부른다.

054 다음 중 장기간에 걸쳐 환율변동에 영향을 주는 기초적 요인이 아닌 것은?

① 금리수준
② 경제성장률
③ 인플레이션
④ 중앙은행의 외환시장 개입

055 은행의 대고객 환율 중에서 은행의 외환매매 마진이 가장 적은 환율은?

① 현찰 매도율
② 수표 매입률
③ 전신환 매입률
④ T/C 매도율

056 은행의 대고객 환율에 대한 설명으로 옳지 않은 것은?

① 은행의 대고객 환율은 외환거래금액이 클 경우 흥정이 가능하다.
② 대고객 환율은 하루에도 몇 번씩 변할 수 있다.
③ 일정시점에서 각 은행의 대고객 환율은 일치하지 않을 수 있다.
④ 매입률 또는 매도율은 고객의 입장에서 기준통화의 매입률, 매도율을 말한다.

057 환율결정의 전통적인 이론인 구매력 평가이론에서 각국의 물가상승률은 장기적인 환율 결정요인이 되고 있다. 구매력 평가이론에 의할 경우 다른 조건에 큰 변동이 없다면 자국의 물가 상승률이 다른 나라에 비하여 상대적으로 높은 오름세를 보이는 국가의 환율은 향후 장기적으로 어떻게 되리라 예상되는가?

① 변동 없다.
② 평가절하된다.
③ 평가절상된다.
④ 구매력과 환율은 독립적이다.

058 경상수지에 속하지 않는 거래는?

① 용역의 수출입
② 외자의 도입
③ 상품의 수출입
④ 외국으로부터의 증여

059 다음 중 선물계약에 대한 설명으로 틀린 것은?

① 선물거래소에서 거래된다.
② 결제소에 의해 일일정산되어 손익이 갱신된다.
③ 가격변동의 제한이 없다.
④ 불특정 다수와 거래를 한다.

060 환율의 매입률–매도율 간의 차이 즉, bid–offer spread에 대한 설명으로 옳지 않은 것은?

① 외환시장에서 거래가 활발한 통화일수록 스프레드가 작고, 거래가 활발하지 못한 통화일수록 스프레드가 크다.
② 외환시장의 변동성이 커질수록 스프레드는 커진다.
③ 선물환율의 스프레드는 현물환율의 스프레드보다 크다.
④ 외환시장이 안정적이면 외환거래 수익을 늘리기 위하여 은행들은 경쟁적으로 스프레드를 늘린다.

061 환율상승을 기대하고 USD를 매입하여 외화예금을 하고자 할 경우 어느 환율로 매입하는 것이 가장 유리한가?

① 현찰 매입률
② 현찰 매도율
③ T/C 매도율
④ 전신환 매도율

062 선물환율과 현물환율의 차이 즉, swap rate를 달리 표현하는 용어가 아닌 것은?

① swap point
② swap margin
③ forward differential
④ ask price

063 다음 중 역환이 아닌 경우는?

① 신용장의 수혜자가 거래은행을 통하여 개설은행에 대금을 청구하는 경우
② 수출자가 D/A(인수인도)방식으로 수출대금을 회수하는 경우
③ 외국의 수입자가 국내 수출자에게 송금하는 경우
④ 약속어음을 거래은행을 통하여 추심 의뢰하는 경우

064 다음 보기에서 설명하는 것은 무엇에 대한 내용인가?

| 보기 |

통화선물 거래에 있어서 매매거래나 가격변동으로 인하여 증거금은 변동하게 된다. 이때 변동된 증거금의 잔액이 최소한으로 필요한 증거금(유지증거금) 수준에 미치지 못하면 거래소는 고객에게 추가로 증거금의 납입을 요구하게 된다. 선물거래에서 계약이행을 보장하기 위하여 실시하는 제도로, 증거금의 추가납입이 요구된다.

① call money ② margin call
③ overnight call ④ call loan

065 환위험 관리수단으로 환율변동에 대비하여 외화자금의 흐름을 의도적으로 지연시키는 기법은 무엇인가?

① 리딩(leading) ② 래깅(lagging)
③ 매칭(matching) ④ 네팅(netting)

066 다음 중 대외적 환위험 관리수단이 아닌 것은?

① 리딩과 래깅 ② 선물환
③ 환변동보험 ④ 통화스왑

067 대내적 환리스크 관리기법 중에서 외화자금 흐름을 의도적으로 앞당기거나 혹은 늦추는 방법으로 환율변동에 따른 환차손을 극소화하거나 혹은 환차익을 극대화하려는 기법은 무엇인가?

① leading and lagging
② matching
③ coupling and decoupling
④ netting

068 다음 보기에서 설명하는 대내적 환리스크 관리기법은?

| 보기 |

주로 본 · 지사 간의 거래에서 사용되며, 일정 기간 동안의 채권 · 채무를 그때그때 결제하지 않고 누적하였다가 일정 기간이 경과한 이후 서로 상계하고 그 차액만을 결제하는 방법이다.

① 리딩 ② 커플링
③ 네팅 ④ 매칭

069 다음 보기가 설명하는 환리스크 관리기법은?

| 보기 |

외화자금의 수취와 지급을 통화별 및 기간별로 정확히 일치시키는 기법으로 외화자금 흐름의 불일치에서 발생할 수 있는 환차손 위험을 원천적으로 제거하는 기법

① decoupling ② lagging
③ matching ④ netting

070 다음 보기의 ( ) 안에 들어갈 말로 적당한 것은?

| 보기 |

( )은 서로 다른 통화 간의 현금흐름을 교환하는 거래이다. 최초 원금교환이 있고 만기 시 원금교환이 있다. 원금교환 시 기준환율은 거래 당시의 현물환율이 된다. ( )은 거래당사자 간 보유외화자산이나 부채를 서로 필요로 하는 통화로 매매하고 만기일에 계약 당시 환율로 다시 반대방향으로 매매하는 거래로서 계약기간 동안 수입이자 또는 지급이자에 대해서도 교환함으로써 이자에 따른 환위험을 회피하는 방식이다.

① 선물환 ② 통화선물
③ 통화스왑 ④ 통화옵션

071 다음 보기에서 설명하는 환리스크 관리기법은?

| 보기 |

기업이 환위험 관리를 위해 외화자금의 현금흐름을 만기별로 정리한 후 환율변경 추이가 유사한 기타 통화의 현금수지와 일치시키는 방법

① 평행적 매칭　② 자연적 매칭
③ 교차적 매칭　④ 수직적 매칭

072 어떤 기업이 외환거래 보유현황이 보기와 같을 때 이 기업의 외환포지션 상황을 바르게 설명한 것은?

| 보기 |

- 외화자산 : 외화예금 10만$, 수출계약 50만$
- 외화부채 : 외화차입금 50만$, usance 수입계약 30만$

① 이 기업은 20만$ 외화 long position 상태이다.
② 이 기업은 20만$ 외화 short position 상태이다.
③ 달러환율이 상승하면 이 기업은 환차익이 발생한다.
④ square position을 위해서 선물환 20만$를 매도하여야 한다.

073 다음 중 선물환거래를 통하여 환리스크를 회피하려는 계약내용에 관한 설명으로 가장 적절하지 않은 것은?

① 국내 조선업체의 경우 장기 선물환 외화매도 계약을 체결해야 한다.
② 수입업체의 경우 선물환 외화매입 계약을 체결해야 한다.
③ 엔화 차입금을 보유하고 있는 기업은 선물환 엔화매입 계약을 체결해야 한다.
④ 해외증권에 투자하고 있는 기관투자가의 경우 선물환 외화매입 계약을 체결해야 한다.

074 A기업이 B은행과 미 달러화 대 일본엔화의 1개월물 선물환거래를 2024년 6월 12일 실행하였다면 이 거래의 표준결제일은 언제가 적당한가? (단, 휴일은 고려하지 않는다.)

① 2024년 7월 12일
② 2024년 7월 13일
③ 2024년 7월 14일
④ 2024년 7월 16일

075 스프레드가 커지는 경우에 대한 설명으로 옳은 것은?

① 해당 통화의 유동성이 클수록 스프레드는 커진다.
② 거래규모가 클수록 스프레드는 커진다.
③ 현물환이 선물환보다 스프레드가 크다.
④ 선물환의 경우 만기가 길수록 스프레드가 커진다.

076 외환시장에서 사용되는 스프레드에 대한 설명으로 옳지 않은 것은?

① 거래통화에 따라 차이가 발생한다.
② 매입환율과 매도환율의 차이를 말한다.
③ 특정 통화의 현물환 스프레드는 항상 일정하다.
④ 선물환 거래의 스프레드는 현물환 거래의 스프레드보다 크다.

077 현재 달러당 원화 환율은 1$=₩1,000이고, 한국의 금리는 연 4.0%, 미국의 금리는 연 5.0%일 때 6개월 선물환율은 얼마인가? (단, 소수점 첫째자리에서 반올림한다.)

① 990원 ② 995원
③ 1,005원 ④ 1,010원

078 현재 1$=₩1,000이다. 원화의 금리는 5%이고, 달러화의 금리는 7%이다. 이 경우 1년 만기 달러 선물환의 환율은? (단, 이자율 평가이론에 의한다.)

① 980원 ② 990원
③ 1,000원 ④ 1,020원

079 다음 외환 포지션 중 나머지와 다른 하나는?

① overbought position
② long position
③ bull position
④ bear position

080 옵션에 대한 설명으로 옳지 않은 것은?

① 콜옵션과 풋옵션으로 구분할 수 있다.
② 옵션은 만기 시 행사되지 않을 수도 있다.
③ 콜옵션을 매수한 사람은 권리를 가지고, 풋옵션을 매수한 사람은 의무를 가지게 된다.
④ 옵션이 행사되지 않아도 옵션 매도자가 받은 프리미엄은 매입자에게 돌려주지 않는다.

081 대외적 환리스크 관리기법 중에서 두 거래 당사자가 계약일에 약정된 환율에 따라 해당 통화를 일정시점에서 상호 교환하는 외환거래는?

① 통화스왑 ② 통화선물
③ 통화옵션 ④ 팩토링

082 다음 보기에서 설명하는 대외적 환리스크 기법은?

| 보기 |

계약기간이나 만기일에 외국통화를 미리 정한 환율에 매입 또는 매도할 수 있는 권리로, 환율변동이 불확실한 외환시장에서 외환거래에 수반되는 환위험을 방어하거나 또는 차익거래를 통하여 추가이익을 실현할 수 있는 매매에 대한 선택권리가 부여되는 외환거래

① 통화선물 ② 통화옵션
③ 통화스왑 ④ 통화교환

083 甲은 행사가격 $25인 풋옵션을 처음에 $3에 매도하였다. 현재 그 풋옵션의 기초자산 가격이 $15이라면 이런 옵션을 무엇이라고 부르는가?

① 외가격 옵션
② 내가격 옵션
③ 등가격 옵션
④ 심외가격 옵션

084 다음 보기에서 설명하는 대외적 환리스크 관리기법은?

| 보기 |

외상매출채권을 상환 청구권 없이 매입하여 이 매입채권을 대가로 전대금융을 실행하며 채권만기일에 채무자로부터 직접 회수하는 단기금융의 한 형식이다. 이것은 수출업자가 수출대전 입금 전에 팩터(factor)로부터 단기금융을 이용함으로써 조기에 수출대전을 이용하고 환위험을 회피할 수 있는 이점이 있다.

① 통화옵션　② 팩토링
③ 통화선물　④ 통화스왑

085 대내적 환리스크 관리기법 중에서 대차대조표상 외화자산과 외화부채를 조정해서 위험을 관리하는 방법은?

① matching　② leading
③ ALM　④ netting

086 환리스크의 관리기법 중 대외적인 관리기법이 아닌 것은?

① 가격정책
② 통화스왑
③ 할인
④ 선물환시장 헤징

087 옵션의 특징을 설명한 것으로 틀린 것은?

① 옵션매수자에게 손실위험은 제한적이면서 큰 이익기회 제공
② 옵션매수자가 매도자에게 프리미엄 지급
③ 권리와 의무의 분리
④ 대칭적인 손익구조

088 다음 중 옵션프리미엄에 대한 설명으로 적절하지 않은 것은?

① 등가격 옵션의 프리미엄에는 시간가치만 있다.
② 외가격 옵션의 프리미엄에는 시간가치만 있다.
③ 외가격 옵션에서는 내재가치가 음의 값을 가진다.
④ 기초자산가격의 변동성이 커지면 시간가치가 커진다.

089 옵션가격에 영향을 주는 요인으로 보기 어려운 것은?

① 행사가격
② 기초자산가격
③ 기초자산의 변동성
④ 이론베이시스

090 옵션의 가격 중 시간가치가 차지하는 비중이 가장 큰 옵션은?

① 내가격 옵션
② 외가격 옵션
③ 등가격 옵션
④ 심내가격 옵션

091 선도거래와 선물거래의 차이점에 대한 설명으로 틀린 것은?

① 선물거래는 공개경쟁입찰방식이고, 선도거래는 거래당사자의 직접계약방식이다.
② 선물거래는 청산회사가 보증하나, 선도거래는 거래당사자의 신용도에 좌우된다.
③ 선도거래는 거래대상, 상품, 거래단위, 결제월 등이 정해져 있다.
④ 선도거래는 대부분 실물의 인도에 의해 이루어진다.

092 증거금에 대한 설명 중 틀린 것은?

① 거래소 회원들도 증거금을 납부해야 한다.
② 개시증거금은 청산회원이 선물계약의 매입 또는 매도주문을 낼 때에 계좌에 예치해야 하는 증거금을 말한다.
③ 고객이 선물계약을 체결한 후 자신의 구좌에 최소 한도로 유지해야 하는 금액을 유지증거금이라 한다.
④ 일일정산을 통해서 개시증거금이 유지증거금 수준을 하회할 경우에는 유지증거금 수준까지 추가증거금을 지불한다.

093 선물환거래와 통화선물거래의 차이에 대한 설명으로 틀린 것은?

① 선물환거래는 장외거래인 반면, 통화선물거래는 거래소거래이다.
② 선물환거래의 상대방 위험관리를 위해 보증금의 예치가 필요하고, 통화선물거래의 상대방 위험관리를 위해서는 증거금의 예치가 필요하다.
③ 선물환거래는 거래자의 필요에 맞추어서 거래조건을 결정할 수 있고 통화선물거래는 거래조건이 표준화되어 있다.
④ 선물환거래는 일일정산이 없지만 통화선물거래는 일일정산이 있다.

094 1년 미만의 금융시장을 단기금융시장이라고 한다. 다음 중 단기금융시장이 아닌 것은?

① 콜시장
② 환매조건부채권
③ 양도성예금증서
④ 회사채

095 외환시장에서 매도환율과 매입환율의 차이를 스프레드라고 한다. 이때 결정요인에 관한 설명으로 적합하지 않은 것은?

① 환율의 변동폭이 심할수록 스프레드가 커진다.
② 현물환보다는 선물환거래에서 스프레드가 커진다.
③ 거래규모가 커질수록 스프레드가 커진다.
④ 통화의 유동성이 낮을수록 스프레드가 커진다.

096 환율의 직접표시법을 바르게 설명한 것은?

① 외국통화표시법이라고도 한다.
② 영국, 뉴질랜드, 오스트리아 등의 국가와 통화선물시장에서 사용된다.
③ 특정 외국통화 한 단위에 대한 미 달러화의 가격을 나타내는 방법이다.
④ 외국통화 한 단위와 교환될 수 있는 자국통화 단위 수로 환율을 표시하는 방법이다.

097 외환포지션에 대한 설명으로 옳은 것은?

① 포지션의 형태는 크게 오픈 포지션과 스퀘어 포지션으로 구분할 수 있나.
② 매입초과 포지션의 경우 환율이 상승하면 환차손이 발생한다.
③ 스퀘어 포지션은 환율이 하락하는 경우 매도초과 포지션보다 유리하다.
④ 스퀘어 포지션은 어떤 경우에서든지 우월한 포지션이다.

098 선물환거래에 대한 설명으로 틀린 것은?

① 외환거래에서 거래 쌍방이 장래의 일정한 시점 또는 특정기간 이내에 외환을 일정한 환율로 고정시켜 놓고 주고 받기로 약정하는 거래로서 제3영업일로부터 시작된다.
② 거래환율은 현재시점에서 결정되지만 자금의 결제는 장래 일정한 시점에서 이루어짐으로써 계약일에서 결제일까지의 환율변동으로 인한 위험을 회피할 수 있다.
③ outright forward는 현물환거래와 선물환거래의 한 쌍으로 이루어지는 스왑(swap)거래에서의 선물환계약이다.
④ 기초거래 없이 시세차익을 목표로 실행되는 선물환거래를 투기라 한다.

099 미국과 우리나라 간의 현재 환율이 1,230원/$이라면 미국의 현재 무위험이자율이 2%이고 우리나라의 현재 무위험이자율이 5%라고 할 때 차익거래 기회가 없기 위해서는 1년 선도환율이 얼마가 되어야 하는가? (단, 소수점 첫째자리에서 반올림한다.)

① 1,195원/$ ② 1,214원/$
③ 1,266원/$ ④ 1,278원/$

100 다음 중 통화선물과 선물환의 다른 점을 잘못 설명하고 있는 것은?

① 통화선물은 만기가 표준화된 계약이다.
② 통화선물은 일일정산이 따른다.
③ 통화선물은 계약의 단위가 표준화되어 있다.
④ 통화선물은 장외에서 거래된다.

101 다음 보기에서 ( ) 안에 들어갈 말로 옳은 것은?

| 보기 |

환율변화로부터 이익을 보고자 어느 한 시장에만 참여하는 거래는 ( )이고, 서로 다른 두 시장에서 환율의 차이로부터 이익을 보려고 하는 거래는 ( )이다.

① 헤지거래, 투기거래
② 투기거래, 차익거래
③ 차익거래, 헤지거래
④ 투기거래, 헤지거래

102 NDF(역외선물환)에 대한 설명으로 틀린 것은?

① NDF거래는 역내거래에 비하여 엄격한 외환규제를 받지 않는다.
② 결제위험이 적다.
③ 만기결제일에 계약금액에 대하여 실물인수도가 이루어진다.
④ 역외시장에서 거래된다.

103 우리나라의 미 달러 옵션에 관한 설명으로 틀린 것은?

① 유럽형 옵션이다.
② 권리행사에 따른 실물인수도가 이루어진다.
③ 최소가격변동폭은 10전이다.
④ 콜매수자는 달러를 지불하고 원화를 대가로 수취한다.

104 통화옵션 가격결정요인이 아닌 것은?

① 현물환율
② 배당률
③ 국내이자율
④ 외국통화이자율

105 헤지거래를 하기 위하여 가장 먼저 검토하거나 조치해야 할 사항은?

① 위험회피의 필요성 검토
② 헤지수단의 결정
③ 헤지비율의 결정
④ 헤지거래에 따른 효과분석

106 선물가격에서 현물가격을 차감한 수치를 베이시스로 정의할 때 다음의 내용 중 가장 올바르지 못한 것은?

① 정상시장에서는 베이시스가 0보다 크다.
② 역조시장에서는 베이시스가 0보다 작다.
③ 만기일이 다가올수록 베이시스는 0에 수렴한다.
④ 베이시스가 상승할 것으로 예상되는 경우 선물을 매도하고 현물을 매입하는 투기전략을 사용할 수 있다.

107 외환시장의 특징에 대한 설명으로 바르지 않은 것은?

① 외환의 수요와 공급이 일치하는 추상적 환매매시장의 총칭
② 지급수단의 교환시장
③ 제한된 거래시간과 표준화된 거래조건을 갖는 시장
④ 범세계적인 도매시장

108 국내 수출입 기업의 US$에 대한 외환포지션에 대한 설명이다. 바르게 설명한 것은?

① 수출입 기업이 매도초과 포지션을 취하고 있다면 향후 원달러 환율이 하락 시 환차손이 발생할 것이다.
② 수출입 기업이 롱 포지션을 취하고 있다면 향후 US$에 대한 원화 평가절하 시 환차손이 발생할 것이다.
③ 수출입 기업이 숏 포지션을 취하고 있다면 향후 원달러 환율이 상승하면 환차손이 발생할 것이다.
④ 수출입 기업이 스퀘어 포지션을 취하고 있다면 향후 US$에 대한 원화 평가절상 시 환차익이 발생할 것이다.

109 우리나라 원/달러 환율변동요인에 대한 설명 중 잘못된 것은?

① 엔화가 약세가 되면 우리 상품의 수출경쟁력이 떨어지므로 원화약세 요인이 된다.
② 국내 증시하락으로 외국인 투자자금이 빠져나가면 달러강세, 원화약세 요인이 된다.
③ 일반 기업들의 원화자금 수요가 많아지면 달러매각이 늘어나 달러약세, 원화강세 요인이 된다.
④ 국내 증시가 활황을 보이면 외국인 투자자금의 유입이 늘어나 달러강세, 원화약세 요인이 된다.

110 달러 현물시장에서 1$ = 1,200원이고, 1M 선물환율이 1,207원으로 거래되고 있다. 다음 설명 중 잘못된 것은?

① 달러 negative carry market이다.
② 원화 이자율이 달러 이자율보다 높다.
③ 달러 선물 매입헤징을 할 경우 헤징이익이 발생한다.
④ 달러 선물 매도헤징을 할 경우 헤징이익이 발생한다.

111 미 달러화/원화 간 선물환거래의 시장가격에 관한 설명이다. 현재 미 달러화의 기준금리가 원화의 기준금리보다 높은 상황에서 다음 중 가장 적절하지 않은 것은?

① 만기 1년 이하 선물환의 경우 선물환율이 현물환율보다 디스카운트된다.
② 내외금리차에 따른 이론적 가격 중심으로 실제 수급이 반영되어 선물환가격이 결정된다.
③ 미국 금리가 현재보다 인상되면 국내 수출기업의 선물환 거래가격은 더 유리해진다.
④ 어느 특정만기의 선물환율이 "150/100"으로 고시되었다면 원화가 미 달러화에 프리미엄 상태임을 의미한다.

112 다음 설명 중 틀린 것은?

① 기준통화의 금리가 비교통화의 금리보다 높을 경우 통화선물은 프리미엄 상태에 있다.
② US$/KRW 시장에서 미국금리가 원화금리보다 낮으면 달러 negative carry market이다.
③ YEN/US$ 통화선물 시장에서 베이시스가 축소될 경우 매입헤지는 이익이 발생한다.
④ YEN/US$ 통화선물 시장에서 베이시스가 축소될 경우 엔금리보다 미국달러 금리가 높으면 negative carry market이다.

113 다음 중 주가지수선물의 가격에 영향을 가장 적게 미치는 요인은?

① 배당수익률
② 선물의 만기
③ 현물 주가지수
④ 장기 국채수익률

114 다음 중 스왑거래에 대한 내용으로 옳지 않은 것은?

① 스왑거래는 두 개의 서로 다른 자금흐름을 일정 기간 동안 서로 교환하기로 계약하는 거래이다.
② 스왑거래가 발생하게 되는 이유는 차입상의 비교우위 때문이다.
③ 스왑거래가 활성화되면서 전 세계적으로 시장이 통합되는 효과가 있다.
④ 스왑거래는 대차대조표상의 거래로 인식되므로 부채를 장기화하는 데 유용하다.

115 스왑거래에 참여하는 동기가 아닌 것은?

① 비교우위를 이용하여 차입비용을 절감할 수 있다.
② 금리 및 환율변동 위험을 장기간 헤지할 수 있다.
③ 각국의 조세, 금융, 외환규제를 극복하고 유리한 지원제도 등을 이용할 수 있다.
④ 기업이익의 이연효과를 위하여 이용한다.

116 원/달러 환율에서 원화 약세 요인과 가장 거리가 먼 것은?

① 외국인 주식매도
② 달러 금리인상
③ 우리나라의 무역수지 적자
④ 일본과 중국 통화의 강세

117 어느 금융기관이 달러 고정금리를 영수하는 거래를 하고 있다. 금융기관의 리스크관리로 적절한 것을 고른다면?

① 유로달러선물을 매도헤지한다.
② 유로달러선물을 매입헤지한다.
③ treasury 선물을 매도헤지한다.
④ 변동금리로 유로본드를 발행한다.

118 선물시장의 경제적 기능에 대한 설명으로 옳지 않은 것은?

① 현물시장의 비체계적 위험은 관리가 가능하나 체계적 위험은 관리할 수 없다.
② 차익거래를 통하여 현물시장과 선물시장의 유동성을 높인다.
③ 헤저는 투기자에게 그 위험을 전가할 수 있다.
④ 신뢰성 있는 현물의 미래 예상가를 확인할 수 있다.

119 다음 중 베이시스 위험에 대한 가장 올바른 설명은?

① 선물을 이용하여 헤지를 한 경우 발생하는 손익변동의 위험
② 현물가격의 변동에 따른 투자자 부의 변동위험
③ 선물가격의 변동에 따른 투자자 부의 변동위험
④ 현물가격과 선물가격 간의 상관계수가 1인 경우의 위험

120 매입가격과 매도가격의 차이를 무엇이라고 하는가?

① 스프레드 ② 베이시스
③ 네팅 ④ 리딩과 래깅

121 통화스왑에 대한 설명으로 틀린 것은?

① 통화스왑은 두 종류 이상의 통화에 관하여 원금 및 이자를 교환하는 것이다.
② 교환하는 금리에 따라 고정금리–고정금리, 고정금리–변동금리, 변동금리–변동금리로 분류할 수 있다.
③ 통화 간 고정금리 스왑은 적절한 시장유동성의 확보로 활발히 거래되고 있다.
④ 통화스왑에는 만기일에 원금이 교환되며 계약초기에 원금이 교환되는 경우도 있다.

122 **선도거래와 선물거래에 관한 설명으로 옳지 않은 것은?**

① 선도거래는 대부분 만기에 결제되나, 선물거래는 반대매매로 청산된다.

② 선도거래는 일반적으로 장외에서 거래되나, 선물거래는 거래소에서 거래가 이루어진다.

③ 선도거래는 어떠한 자산에 대해서도 계약할 수 있으나, 선물거래는 표준화된 자산에 대한 계약으로 한정된다.

④ 실물거래는 신용위험을 제거하기 위하여 청산소에서 일일정산하는 등 선도거래와 실질적인 차이가 존재하므로, 미래 이자율 예측이 가능한 경우를 포함하여 선물가격과 선도가격은 이론적으로 차이가 존재한다.

INTERNATIONAL TRADE SPECIALIST

1급

국제무역사 1000제

3과목 | 무역계약

PART1 무역계약

PART2 국제운송

PART3 해상보험

1급 국제무역사

3과목

무역계약

정답 및 해설 263p

001~183 PART1 무역계약

001 무역계약에 관한 설명 중에서 올바르지 못한 것은?

① 무역계약(trade contract)의 당사자는 행위능력이 있어야 한다. 계약당시에 일방의 당사자가 파산자이면 그 계약은 무효가 된다. 다만, 그 무효를 이유로 하여 선의의 제3자에게는 대항할 수 없다.
② 무역계약은 허위의 계약(false contract)이 아니어야 한다. 따라서 음모 등에 의하여 제3자를 기만할 목적으로 양 당사자 간에 합의한 계약은 무효가 된다.
③ 무역계약의 중요요소를 형성하는 주요 내용은 확정된 것이어야 한다. 다만, 무역계약은 매매 양 당사자 간의 완전한 의사의 합치에 의하여 이루어지므로 불확정된 계약도 무효가 되지는 않는다.
④ 무역계약의 내용은 위법한 계약(illegal contract)이 아니어야 한다. 따라서 밀수품에 대한 무역계약은 무효이다.

002 무역계약에 관한 설명 중에서 올바르지 못한 것은?

① 낙성계약이며, 불요식계약이다.
② 청약은 상대방에 도달됨으로써 그 효력이 발생한다.
③ 우편이나 전보에 의한 승낙통지는 원칙적으로 그 발신 시에 승낙의 효력이 발생한다.
④ 카운터 오퍼(counter offer)는 청약이 될 수 없다.

003 무역계약의 성격에 관한 설명 중에서 잘못된 것은?

① 무역계약은 불요식계약이므로 구두, 서면 또는 일부구두, 일부서면으로 행해져도 무방하다.
② 무역계약은 당사자 쌍방이 서로 채무를 부담하는 쌍무계약이다.
③ 무역계약은 표준화된 계약서식을 사용하는 유상계약의 한 종류이다.
④ 무역계약은 일방의 청약과 상대방의 승낙에 의해 성립되는 낙성계약이다.

004 매매계약의 법적 성질에 속하지 않는 것은?

① 낙성계약　② 청부계약
③ 쌍무계약　④ 유상계약

005 계약의 성립과 관련한 다음의 설명 중 옳은 것은?

① 수출업자가 발송한 pro-forma invoice는 청약이 될 수 없다.
② 청약서 비고란에 "subject to our final confirmation"이 기재되어 있는 경우, 승낙으로 바로 계약이 성립되지 않는다.
③ 청약의 내용 중 일부만을 변경하여 승낙한다면 계약은 성립된다.
④ 민법에 의하면 교차청약으로는 계약이 성립되지 않는다.

006 exclusive contract에서 매도인의 의무에 해당하지 않는 것은?

① 동일한 품목을 구매자가 소재하는 시장의 다른 업자에게 offer 하지 않아야 한다.
② 해당품목의 품질보장을 해주어야 한다.
③ 재고는 항상 갖고 있어야 한다.
④ 제3자를 통해서 구매자 소재지의 시장에 침투하지 않아야 한다.

007 어떤 의무를 면제시키는 면책조항으로서 각종 사법체계에서 뿐만 아니라 공법체계에서도 흔히 설정되는 조항은?

① non-waiver clause
② severability clause
③ hardship clause
④ escape clause

008 다음 보기가 설명하는 계약조항은?

보기
품질보증조항으로서 물품의 품질보증 또는 하자담보에 대한 내용이 포함되는데 품질의 보증내용, 하자담보에 대한 위반 시 구제조치 등을 규정하고 있는 조항

① warranty clause
② default clause
③ entire agreement clause
④ non-waiver clause

009 다음 보기가 설명하는 계약조항은?

보기
손해배상액의 예정조항으로서 손해배상 청구 시 그 청구액만큼 손해를 입증하기 곤란하므로 손해배상액을 미리 정하여 계약서에 기재하는 계약조항

① hardship clause
② escalation clause
③ infringement clause
④ liquidated damages clause

010 다음 보기의 내용이 설명하는 계약조항은?

| 보기 |

계약위반 내지 계약불이행에 대한 손해배상을 다루는 조항

① warranty clause
② consideration article clause
③ entire agreement clause
④ indemnity article clause

011 다음 보기가 설명하는 무역계약의 조항은?

| 보기 |

계약내용의 일부가 어떠한 사유로 실효 또는 무효와 하더라도 그 계약 전체가 실효 또는 무효로 되는 것은 아니라는 조항

① severability clause
② infringement clause
③ non-waiver clause
④ non-disclosure clause

012 다음 보기가 설명하는 무역계약의 조항은?

| 보기 |

제3자의 산업재산권 내지 지적재산권을 침해했을 때 누가 책임을 질 것인가를 규정하는 조항

① product liability clause
② liquidated damages clause
③ infringement clause
④ default clause

013 채무자의 계약불이행의 형태가 <u>아닌</u> 것은?

① 이행지체 ② 이행불능
③ 수령지체 ④ 불완전이행

014 frustration의 효과에 관한 설명으로 적합한 것은?

① 본래의 급부에 대한 이행강제가 가능하여야 한다.
② 채권자가 계약을 해제할 수 있어야 한다.
③ 채권자는 손해배상을 청구할 수 없어야 한다.
④ 이상의 모든 항목에 해당된다.

015 무역계약체결의 확정적 의사표시를 하는 데 사용되는 것은?

① circular letter
② enquiry
③ offer sheet
④ invoice

016 Offer에 "subject to prior sale"이라는 단서가 있는 오퍼는?

① firm offer
② free offer
③ counter offer
④ conditional offer

017 서적을 판매하고자 할 경우에 적합한 offer는?

① offer on approval
② offer on sale or return
③ conditional offer
④ free offer

018 선하증권상에 "Freight Collect"로 표시되어 있을 경우에 해당되는 계약조건은?

① FAS ② CFR
③ DES ④ FOB

019 선하증권상에 "freight prepaid"로 표시되어 사용되는 가격조건은?

① FOB ② EXW
③ FAS ④ CFR

020 우리나라 기준으로 가격조건을 표시한 것으로서 틀린 것은?

① CFR Busan ② CIF New York
③ FOB Busan ④ CFR London

021 무역에서 가격조건에 관한 설명으로 옳지 않은 것은?

① 표시통화가 매수인 국가의 통화일 경우에는 매수인이 환위험을 부담한다.
② 표시통화를 선택할 때에는 안정성, 유통성 및 교환성 등을 고려하여야 한다.
③ 일반적으로 표시통화를 선택할 때에는 환시세의 변동에 따른 환위험이 적은 안정된 통화를 선택하는 것이 바람직하다.
④ 매도인은 무역계약을 체결한 후 시장가격의 상승, 매수인은 그 이후의 가격하락에 따른 위험을 부담한다.

022 보험계약자(policy holder)와 피보험자(insured)가 상이한 계약조건은?

① CFR ② CIF
③ DES ④ DEQ

023 매매계약이 체결되기 전에 상대방에게 제공되는 견본이 아닌 것은?

① seller's sample
② buyer's sample
③ outturn sample
④ counter sample

024 기계류나 선박 또는 의료기구 등의 매매에 주로 사용되는 방식은?

① sale by sample(견본매매)
② sale by specification(명세서매매)
③ sale by trade mark(상표매매)
④ sale by type or grade(규격매매)

025 거래대상 물품이 선박, 중장비, 의료기기 등과 같이 견본의 제공이 의미가 없는 경우에 적절한 품질결정방법은?

① 상표매매
② 표준품매매
③ 명세서매매
④ 규격(등급)매매

026 평균중등품질(F.A.Q.: fair average quality)조건의 매매에 사용되는 것은?

① 곡물, 기타 천연물의 선물거래
② 목재류
③ 섬유류
④ 광석류

027 판매적격품질(G.M.Q.: good merchantable quality)조건의 매매에 사용되는 것은?

① 목재 ② 철강석
③ 선박 ④ 양곡

028 선적품질조건에 해당되는 가격조건은?

① F.A.Q. ② R.T.
③ T.Q. ④ S.D.

029 농산물의 거래 시에만 사용되는 양륙품질조건(landed quality terms)은?

① T.Q. ② R.T.
③ S.D. ④ F.A.Q.

030 과부족용인조건에서 특약이 없는 한 과부족수량의 대금조절가격은?

① contract price
② the day of shipment price
③ the day of arrival price
④ whole sale price

031 총중량에서 포장재료의 중량을 감한 중량계량의 방법은?

① net weight
② legal net weight
③ gross weight
④ Net net weight

032 용적의 단위가 아닌 것은?

① superfoot
② cubic foot
③ cubic meter
④ square foot

033 중량단위 중에서 가장 무거운 것은?

① American ton
② metric ton
③ long ton
④ kilo ton

034 무역계약의 수량조건에 관한 설명으로 적당하지 않은 것은?

① L/C 결제방식에서 과부족용인조항이 없는 경우 8%의 과부족이 모든 물품의 거래에서 항상 허용된다.
② L/C 결제방식에서 살화물(bulk cargo)의 수량 앞에 'about' 등이 기재된 경우, 10%의 과부족이 허용된다.
③ D/P 결제방식의 경우 살화물(bulk cargo)은 과부족용인조항(M/L 조항)만을 활용해야 한다.
④ Short Ton은 약 907kg이다.

035 1 measurement ton(1 용적톤)이란?

① 1,000kg ② 2,240lbs
③ 2,204lbs ④ 40cft

036 무역계약의 수량조건과 관련된 설명으로 옳지 않은 것은?

① 1 great gross는 12 gross이다.
② 신용장상 중량에 아무런 표시가 없는 경우 모든 물품의 거래에 5%의 감량이 허용된다.
③ 계약서상 중량에 M/L 5%가 기재된 경우 5%의 감량이 발생되어도 수입업자는 클레임을 제기할 수 없다.
④ 신용장상 중량에 'about'이 기재된 경우 10%의 감량이 발생되어도 수입업자는 클레임을 제기할 수 없다.

037 수량단위 중의 gross에 해당되는 것은?

① 12 ② 12×12
③ 12×12×12 ④ 12×12×10

038 무역계약의 조건과 관련한 설명으로 옳지 않은 것은?

① 신용장에 분할선적에 대한 지시가 없는 경우 분할선적이 허용되는 것으로 해석한다.
② 신용장을 이용한 자동차거래에서 수량에 'about' 등의 표현이 사용되지 않은 경우 과부족은 허용되지 않는다.
③ 견본매매의 경우 매도인은 이후의 조회나 분쟁발생 시에 입증용으로 사용할 수 있도록 keep sample을 준비하고 'equal to the sample'과 같은 표현은 사용하지 않아야 한다.
④ UCP 600에 의하면 'shipment should be made as soon as possible'과 같은 표현은 30일 내의 선적을 허용하는 것으로 해석한다.

039 과부족허용조건과 개산수량조건에 관한 설명으로 옳지 않은 것은?

① 계약서상에 특약으로 일정범위의 과부족을 정하면 그 허용과부족을 충족시켜야 한다.

② 'about' 등의 표시가 신용장의 금액, 단가, 수량과 관련되어 신용장에서 사용된 경우에만 10%의 상하편차를 허용한다.

③ 신용장거래 시 'about' 등의 표시가 없을지라도 상품의 수량에는 5%의 상하편차를 허용하지만 물량으로 계량하는 경우에만 허용된다.

④ 신용장방식이 아닌 계약서방식에서는 'about' 등의 표시가 없을지라도 물량으로 계량하는 상품의 수량에는 3%의 상하편차를 허용하는 것이 국제관행이다.

040 표준품매매에 관한 설명으로 옳지 않은 것은?

① FAQ조건은 곡물류나 과일류 매매에 이용되며, 특히 선물거래에 많이 사용된다.

② GMQ조건은 원목, 목재류, 냉동어류 등의 거래에 이용되며 주로 선적지품질인도조건으로 사용된다.

③ USQ조건은 당해 생산물을 관장하는 공인기관의 판정에 의해 품질이 결정되며, 인삼, 원면 등의 거래에 주로 사용된다.

④ 농산물처럼 수확이 예상되거나, 생선이나 목재 등과 같이 정확한 견품을 제공하기가 곤란한 경우 그와 유사한 수준에 해당하는 품질의 물품을 인도하는 품질결정방법을 말한다.

041 무역계약의 품질 및 수량조건에 대한 설명으로 틀린 것은?

① 1 Long Ton은 약 1,016kg이다.

② 1 Metric Ton은 약 1,000kg이다.

③ 목재, 육류 등의 매매에 활용되는 것으로 선적지에서 중간등급의 물품을 발송하는 조건은 GMQ조건이다.

④ 곡물류의 거래에서 활용되는 것으로 수확지에서 중간등급의 물품을 발송하는 조건은 FAQ조건이다.

042 품질조건에 관한 설명으로 옳지 않은 것은?

① 세계적으로 알려진 상품의 경우에는 브랜드로 규격이나 품질을 약정한다.

② 농산물, 수산물, 광산물과 같은 1차 상품의 경우에는 표준품매매방식을 사용한다.

③ 대부분의 일반 공산품은 상품 전체를 대표할 수 있는 견본에 의해 당해 상품의 품질을 약정한다.

④ 선박이나 대형기계류처럼 견본을 제공할 수 없는 상품은 주로 사진이나 동영상으로 품질을 결정한다.

043 다음 설명 중 옳은 것은?

① 민법에 의하면 승낙의 철회는 현실적으로 가능하다.

② 무조건적 승낙이라도 지연되었다면 계약이 성립되지 않는다.

③ 수출상의 청약을 거절했다가 다시 승낙한 경우 수출상이 물품을 반송할 것이라고 기대하는 것은 합리적이다.

④ 'We offer you subject to prior sale'이라는 문장이 있는 청약에 대한 무조건적 승낙으로 계약이 성립될 것으로 기대하는 것은 합리적이다.

044 다음 중 표준품매매와 관련이 없고 검품의 시기에 관련된 용어는?

① TQ　② FAQ
③ USQ　④ GMQ

045 다음 보기의 내용이 설명하는 품질조건은?

| 보기 |

영국 런던 곡물시장에서 정립되어 곡물류 거래에 이용되고 있는 특수조건으로 선적지에서 양호한 상태 즉, 계약조건과 일치한 물품을 선적하여야 하지만 도착지에서는 도착한 물품 상태 그대로 인도하는 품질조건

① RT　② TQ
③ FAQ　④ USQ

046 국제물품매매계약과 관련된 국제법규를 설명한 것으로 옳지 않은 것은?

① Incoterms: 무역거래에 사용되는 정형거래조건으로 거래당사자의 권리와 의무를 국제적으로 통일시킨 일반화된 강행규범이다.

② Warsaw-Oxford Rules: 국제법협회가 1929년에 제정한 것으로 CIF 계약의 권리와 의무 및 이행방법을 규정하고 있으며, 상품의 소유권 이전은 매도인이 매수인에게 서류를 인도한 때로 규정하고 있다.

③ RAFTD: 무역계약에 관한 정형조건으로 미국관습이다. 여기에는 대미무역거래에서 적용되는 6가지의 FOB조건을 규정하고 있다.

④ Vienna Convention: UN국제무역법회의가 1980년에 제정한 국제규범으로 여기에서는 계약의 성립, 물품매매, 매도인 및 매수인의 의무, 위험의 이전 등 국제물품 매매관련조항으로 구성되어 있다.

047 무역계약의 품질 및 수량조건에 대한 설명으로 옳지 않은 것은?

① 계약서상 중량에 M/L 5%가 기재된 경우 5%의 감량이 발생되어도 수입업자는 클레임을 제기할 수 없다.

② 신용장베이스의 경우 아무런 기재가 없어도 5%의 수량의 과부족이 허용된다고 규정하고 있는데 이는 단지 살화물(bulk cargo)의 경우에 국한된다.

③ 목재나 냉동어류 등의 매매에 활용되는 것은 GMQ조건이다.

④ 중량의 단위로 1 Metric Ton은 907kg을 의미한다.

048 무역계약의 법적 특성을 설명한 것으로 틀린 것은?

① 무역계약은 청약자의 요청에 대한 피청약자의 승낙이 있으면 계약이 성립되는 낙성계약 또는 합의계약이다.
② 무역계약은 문서나 구두에 의해서 명시적 또는 묵시적인 방식으로 계약을 성립시키는 요식계약이다.
③ 매도인의 물품인도에 대한 반대급부로 매수인의 대금지급이 이루어지는 유상계약이다.
④ 계약이 성립되면 매도인은 계약에서 약정한 물품을 정해진 기간 내에 선적을 이행할 의무를 지게 되며, 매수인은 약정된 결제조건을 이행해야 되는 의무를 갖게 되는 쌍무계약이다.

049 Incoterms 2020 규칙에 관한 설명으로 옳지 않은 것은?

① FAS 규칙상 수출통관은 매도인이 이행하여야 하며, DDP 규칙에서 수입통관은 매도인이 이행해야 함을 원칙으로 한다.
② FOB 규칙은 항공운송이 예외로 사용할 수 있으나, CIF 규칙은 해상운송에서만 사용해야 한다.
③ DAP 규칙에서는 매도인이 수입통관을 이행할 의무를 지지 않은 채 수입국 내의 지정도착지까지 물품을 반입하여 매수인에게 인도함으로써 인도책임을 완료한다.
④ 항공운송에서 항공운임을 매수인이 부담해야 할 경우에는 FCA 규칙을 사용해야 한다.

050 Incoterms 2020에 대한 설명으로 옳은 것은?

① FCA, FOB, CIF: 해상운송전용규칙이다.
② FOB, CFR, CIP: 선적항을 합의하는 규칙이다.
③ CIF, CFR, CIP: 보험계약체결의무가 매도인에게 있다.
④ FOB, CFR, CIF: 인도장소가 동일하다.

051 Incoterms 2020 규칙에 있어서 이용 가능한 운송수단을 연결해 놓은 것으로 잘못된 것은?

① 해상운송에만 이용: FAS, FOB, CFR, CIF
② 항공운송에 이용: FOB, FCA, CPT, CIP
③ 복합운송에 이용: FCA, CPT, CIP, DDP
④ 육로운송에 이용: EXW, FCA, DPU, DDP

052 다음 Incoterms 2020의 규칙이 잘못 연결된 것은?

① 해상운송전용규칙: FAS, FOB, CFR, CIF
② 매도인이 보험계약을 체결하는 규칙: CIF, CIP
③ 매수인이 운송계약을 체결하는 규칙: FCA, CIP, CPT
④ 매도인이 수출통관을 하는 규칙: DPU, DAP, DDP

053 Incoterms 2020의 CIP(운송비보험료지급인도) 규칙에 대한 설명으로 적절하지 않은 것은?

① 매도인이 스스로 지정한 운송인에게 물품을 인도하되 다만 지정된 목적지까지 물품을 운반하는 데 필요한 운송비를 추가로 지급하여야 한다는 것을 의미한다.
② 물품이 인도된 이후에 발생하는 모든 위험과 모든 추가적인 비용을 매도인이 부담한다는 것을 의미한다.
③ CIP 규칙에서 매도인은 운송 중 매수인이 부담하는 물품의 멸실 또는 손상의 위험에 대한 보험도 수배하여야 한다.
④ 매도인은 보험계약을 체결하고 보험료를 지급한다.

054 다음 보기에서 설명하는 무역정형거래조건은?

| 보기 |

당해 연도, 당해 지역에서 생산되는 동종 생산물 중 대체로 중간등급의 품질에 해당하는 것을 인도하기로 약정하는 방법으로 곡물류 거래에서 활용된다.

① FAQ ② USQ
③ GMQ ④ DAQ

055 국제물품매매계약에 관한 UN협약(CISG)이 정하고 있는 계약위반에 대한 상대방의 구제수단 중 매도인과 매수인이 취할 수 있는 공통 수단으로서 적절하지 않은 것은?

① 계약의 해제
② 하자보완의 청구
③ 손해배상의 청구
④ 특정이행의 청구

056 다음 청약의 형태 중 보기와 같은 경우는?

| 보기 |

주로 새로운 개발품이나 기계류와 같은 복잡한 상품에 사용되며, 물품을 점검 후 구매의사가 있으면 그 대금을 지급하고 그렇지 않으면 반품해도 좋다는 조건부청약

① offer without engagement
② offer on sale or return
③ offer on approval
④ offer subject to being

057 Incoterms 2020에 대한 설명으로 적절하지 않은 것은?

① 물품의 인도 및 인도에 따르는 위험의 이전을 다루고 있다.
② 수출상과 수입상의 의무를 중심으로 규정하고 있다.
③ 소유권의 이전시기를 규정하고 있다.
④ 운송계약과 보험계약을 체결할 자를 확인할 수 있다.

058 다음은 Incoterms 2020 규칙 중 하나에 대한 설명이다. 보기의 내용이 설명하는 규칙은?

| 보기 |

물품이 지정목적지에서 도착운송수단에 실린 채 양하 준비된 상태로 매수인의 처분하에 놓이는 때에 매도인이 인도한 것으로 되는 것을 말한다. 매도인은 그러한 지정장소까지 물품을 운송하는데 수반하는 모든 위험을 부담한다.

① DAP(도착장소인도)
② CIF(운임보험료포함인도)
③ DDP(관세지급인도)
④ CIP(운송비보험료지급인도)

059 Incoterms 2020에 따른 CIF와 DAP에 대한 비교설명으로 옳지 않은 것은?

① 보험계약자와 피보험자가 동일인이라는 점에서는 유사하다.
② 비용부담의 귀속 즉, 매도인의 부담으로 귀속되는 비용의 내용에 있어서 서로 유사하다.
③ 매도인이 적하보험에 부보한다 하더라도 그 부보가 의무보험인지 임의보험인지 부보의 의무성 여하에 있어서는 서로 다르다.
④ 이용될 수 있는 운송수단의 종류가 상이하며, 물품에 대한 위험부담의 분기점은 다르다.

060 선적조건에 관한 설명으로 옳은 것은?

① 신용장거래에서는 선적일의 증명은 선적선하증권인 경우 B/L date를 선적일로 추정한다.
② 약정품을 약정된 기간 안에 여러 번 분할하여 선적하는 것을 분할선적이라 하는데, 계약서나 신용장상에 분할선적을 허용하는 문언이 없으면 UCP에서 금지하는 것으로 규정하고 있다.
③ UCP를 적용하는 신용장거래의 경우에는 환적의 허용 여부에 관한 명시가 없으면 환적은 자유로이 허용된다.
④ 'Shipment : as soon as possible'과 같은 선적조건을 즉시선적조건이라 하는데, 신용장거래 시 UCP에서는 이를 신용장통지일로부터 30일 이내 선적하는 것으로 규정하고 있다.

061 다음 중 가격변경을 허용하는 무확약청약은?

① offer subject to prior sale
② offer on approval
③ offer on sale or return
④ offer without engagement

062 Incoterms 2020의 주요특징에 관한 설명으로 옳지 않은 것은?

① Incoterms 2020에서는 물품인도시점과 위험부담의 분기점을 원칙적으로 동일하

게 규정하고 있다.

② Incoterms 2020에서는 비용부담의 분기점이 C-terms를 제외하고는 모두 물품인도시점 즉, 위험부담의 분기점과 동일하게 규정되어 있다.

③ Incoterms는 강제규정이 아니므로 당사자가 합의하여 특정한 거래조건 중 권리와 의무관계를 수정하여 사용할 수 있으며, 이때는 당사자 간의 합의사항이 Incoterms보다 우선 적용된다.

④ 수출통관은 EXW과 FAS 규칙을 제외하고는 모두 매도인의 의무이고, 수입통관은 DAP와 DDP 규칙을 제외하고는 모두 매수인의 의무로 규정되어 있다.

063 다음 설명으로 옳지 않은 것은?

① 인도장소가 매도인의 영업장 구내인 경우 EXW 규칙과 FCA 규칙의 차이점은 집하용 차량에의 적재의무의 귀속에 있다.

② CFR 규칙에서 기명식 선하증권은 부적절한 운송서류이다.

③ FOB 규칙에서 보험계약 체결의무자는 매수인이므로 매수인이 보험계약을 체결해야 한다.

④ 매수인과 별도의 약정이 없으면 CIF 규칙에서 매도인은 송장금액의 110%를 보험금액으로 하여 보험계약을 체결해야 한다.

064 Incoterms 2020에서 규정한 내용이 아닌 것은?

① 위험의 이전

② 비용의 부담

③ 계약위반 시 구제방법

④ 운송 및 보험계약의 의무

065 B/L상에 'Freight Collect'라고 표시되어 있다면 Incoterms 2020상에서 어느 정형거래규칙으로 계약되었다고 해석할 수 있는가?

① FCA ② CFR

③ CIF ④ DDP

066 다음 중 옳지 않은 것은?

① 청약의 효력발생시기는 통신수단에 관계없이 도달한 때이다.

② 비엔나협약에 의하면 우편에 의한 승낙은 발신주의를 택하고 있다.

③ 민법에 따르면 현실적으로 승낙의 철회가 불가능하다.

④ 무조건적 승낙이라도 그것이 자연승낙이라면 계약이 성립되지 않는다.

067 포장화물의 겉면에는 여러 가지의 화인(mark)을 표시하는데 다음 중 화인에 대한 설명으로 옳지 않은 것은?

① main mark: 주화인의 표시
② counter mark: 거래 상대방의 표시
③ origin mark: 원산지의 표시
④ side mark: 화물취급주의의 표시

068 Incoterms 2020과 관련된 설명으로 옳지 않은 것은?

① 물품의 인도 및 인도에 따르는 위험의 이전에 대해 규정하고 있다.
② 소유권의 이전시기에 대하여는 규정하고 있지 않다.
③ 모든 조건에서 공통적으로 수출통관의무자는 매도인으로 하고 있다.
④ EXW와 DDP를 포함하여 모두 11종의 정형무역거래규칙에 대하여 규정하고 있다.

069 Incoterms 2020에 대한 설명으로 옳은 것은?

① UN에서 제정한 국제협약이다.
② 당사자가 이의 내용과 다른 특약을 정할 수 없다.
③ 매도인과 매수인 간의 소유권 이전에 대해서 규정하고 있다.
④ ICC rules for the use of domestic and international trade terms의 약어이다.

070 물품인도가 선박의 본선적재가 아닌 내륙의 어떠한 장소에서 이루어질 경우에 권장하고 있는 인도규칙을 열거한 것은?

① FOB, CFR, CIF
② FCA, CPT, CIP
③ FCA, CFR, CIF
④ DPU, DAP, DDP

071 위험부담의 분기점이 '선적항에서 본선에 적재할 때'가 아닌 정형무역거래규칙은?

① FCA ② FOB
③ CFR ④ CIF

072 Incoterms 2020상의 FCA 규칙의 매도인의 물품인도에 관한 설명으로 잘못된 것은?

① 매도인은 매수인으로부터 정확한 인도방법 등에 관한 지시가 없는 경우에는 물품의 운송수단 및 수량 또는 성질상 요구되는 방법 등을 고려하여 적절하게 물품을 인도할 수 있다.
② 구체적인 인도장소가 약정되어 있지 않은 경우 또는 인도장소가 여러 곳이 있는 경우에는 매도인이 인도장소를 선정한다.
③ 지정된 장소가 매도인의 영업장 구내인 경우에는 물품이 매수인이 제공한 운송수단에 적재되는 때 인도시점이 완료된다.
④ 지정된 장소가 매도인의 영업장 구내가 아닌 기타 장소일 경우에는 매도인의 운

송수단에 실린 채 양하된 상태로 매수인이 지정한 운송인이나 제3자의 처분하에 놓인 때에 인도시점이 완료된다.

073 Incoterms 2020의 규정내용에 포함되지 않는 것은?

① 비용부담의무
② 물품에 대한 위험부담의 분기점
③ 수출입 통관의무
④ 매수인의 적하보험의 부보의무

074 Incoterms 2020에서 규정한 매도인의 비용부담에 관한 설명으로 적절하지 않은 것은?

① DDP 규칙에서 매도인은 수입국에서 부과되는 세금 중 관세만 부담한다.
② EXW 규칙에서 매도인은 일체의 운송비를 부담하지 않는다.
③ CPT 규칙에서 매도인은 수입국 내의 지정된 장소까지 물품을 운반하는 데 소요되는 내륙운송비를 부담한다.
④ FOB 규칙에서 매도인은 수출국의 항구까지 물품을 운반하는 데 소요되는 내륙운송비를 부담한다.

075 Incoterms 2020상의 CIF 규칙으로 계약을 체결한 경우에 매도인의 보험계약 체결에 대한 의무를 설명한 것으로 그 내용이 옳지 않은 것은?

① 보험계약체결에 사용되는 통화는 수입상이 지정한 수입국의 통화로 표시하여야 한다.
② 별도의 합의가 없는 경우에 보험금액은 최소한 매매대금의 110%까지 부보하여야 한다.
③ 보험약관에 대한 별도의 합의가 없는 경우는 협회적하약관의 C약관이나 그와 유사한 약관에서 제공하는 최소담보조건으로 부보하면 된다.
④ 보험기간은 선적항에서 물품이 본선에 적재된 때부터 수하인(매수인)이 목적항에서 물품을 수령할 때까지로 한다.

076 Incoterms 2020에서 위험의 분기점이 동일한 규칙이 아닌 것은?

① FOB ② CFR
③ CIF ④ FAS

077 다음 품질조건에 관한 설명으로 적절하지 않은 것은?

① 무역계약체결 시 정확한 견품 제공이 어렵거나 잠재하자가 있을 수 있는 목재나 냉동수산물 등과 같은 상품은 GMQ조건이 적당하다.

② 전기 · 전자제품 등과 같은 상품의 품질 결정방법은 규격서 매매를 사용하는 것이 바람직하다.
③ TQ조건은 선적품질조건으로 수출상은 운송 중 손실에 대해서는 아무런 책임을 지지 않으며, 곡물류 거래에 사용된다.
④ CIP 규칙은 DAP 규칙과 같이 수출상이 적하보험계약을 체결해야 하며, 원칙적으로 양륙품질규칙이다.

078 Incoterms 2020상의 EXW 규칙과 DDP 규칙에 대한 설명으로 잘못된 것은?

① EXW 규칙에서 수출허가와 수출통관은 매수인의 의무이다.
② DDP 규칙에서는 수출통관뿐만 아니라 수입통관도 매도인의 의무로 귀속된다.
③ EXW 규칙에서 매도인의 화물인도시점은 매도인의 작업장 구내에서 매수인의 집화용 차량에 적재하지 아니한 상태로 인도하는 때이다.
④ DDP 규칙에서 매도인의 화물인도시점은 수입통관된 물품을 약정된 목적지에 도착된 운송수단으로부터 양하된 상태로 수입상에게 인도하는 때이다.

079 다음 무역계약에서 결제조건에 관한 설명으로 틀린 것은?

① 결제조건에는 결제시기, 결제방법 및 결제통화 등을 규정한다.
② 결제통화를 수출국 통화로 정하였다면 환위험을 수입업자가 부담하겠다는 의미이다.
③ CAD는 당사자 간의 거래방식으로 동시지급방식에 해당된다.
④ 환어음은 수입업자가 수출업자에 대하여 일정기일에 일정금액을 일정장소에서 무조건 지급할 것을 약속하는 요식 · 유통증권이다.

080 청약과 승낙에 관한 설명으로 가장 적합한 것은?

① 청약의 유인에 대해 거래상대방에게 승낙하면 계약이 성립된다.
② 매도인의 청약에 대한 매수인이 지정된 승낙기간 이내 물품대금을 임의로 송금하였다면 계약이 성립된다.
③ 거래 쌍방이 동일한 내용을 동시에 청약한 경우를 교차청약이라고 하며, 동일한 조건 내용의 동시청약이기 때문에 국제거래에서 통상 계약의 성립을 인정한다.
④ 청약서에 승낙방법이 지정되어 있지 않으면 반드시 청약이 행해진 방법에 따른다.

081 국제물품매매계약에 관한 UN협약(CISG)의 청약 승낙기간 계산에 관한 규정내용으로 틀린 것은?

① 일요일과 공휴일 등 휴무일도 날수 계산에서 제외하지 않고 산입하는 것을 원칙으로 한다.
② 우편에 의한 mail offer의 경우에는 그 청약에 기재된 날 또는 기재일이 없는 때에는 봉투에 표시된 날로부터 기산한다.
③ 전본에 의한 cable offer의 경우에는 전보문을 발신 담당자에게 넘겨준 때로부터 기산한다.
④ 기산일이나 또는 계산된 유효기간의 말일이 휴무일에 해당되는 경우에는 그 날은 유효기간 계산에서 제외된다.

082 국제물품매매계약에 관한 UN협약(CISG)에 의한 청약의 철회와 취소에 관한 규정내용으로 옳지 않은 것은?

① 청약보다 먼저 그 취소의사가 피청약자에게 도달한 경우 그 청약은 취소된다.
② 승낙기간이 설정된 청약은 취소불능이다.
③ 청약과 동시에 그 철회 의사가 피청약자에게 도달한 경우 그 청약은 철회된다.
④ 청약의 취소불능에 해당하지 않는 경우로서 피청약자가 승낙의사를 발송하기 전에 청약자의 청약취소 의사가 먼저 피청약자에게 도달한 경우 그 청약은 취소된다.

083 국제물품매매계약에 관한 UN협약(CISG)에서 매수인이 매도인에게 행사할 수 있는 구제방법 중 중대한 계약위반을 요건으로 하는 구제수단은?

① 대금감액 청구권
② 하자보완 청구권
③ 대체품인도 청구권
④ 추가이행기간 설정권

084 국제물품매매계약에 관한 UN협약(비엔나협약)의 승낙에 관한 설명으로 옳지 않은 것은?

① 당사자 간에 이미 확립되어 있는 관행에 의하여 청약자에게 아무런 통지 없이 물품의 발송이나 대금을 지급하는 것도 승낙으로 간주된다.
② 조건부 승낙은 청약의 거절로 간주됨과 동시에 새로운 청약으로 추정한다.
③ 승낙기간이 정해져 있는 경우의 승낙은 지정된 기간 내에 청약자에게 발송할 때 그 효력이 발생한다.
④ 승낙기간이 정해져 있지 않는 경우에는 합리적인 기간 내에 승낙이 도달하지 못하면 승낙의 효력이 상실된다.

085 계약 해제권을 행사하는 경우에도 병행해서 행사할 수 있는 권리는?

① 추가이행기간 설정권
② 대금감액 청구권
③ 손해배상 청구권
④ 대체품인도 청구권

086 국제물품매매계약에 관한 UN협약(CISG)에서 청약의 효력발생과 상실에 관한 설명으로 옳지 않은 것은?

① 확정청약이라도 청약에 대한 거절통지가 청약자에게 도달된 때에는 효력을 상실한다.
② 청약은 상대방인 피청약자에게 도달한 때로부터 효력이 발생한다.
③ 승낙기간 내에 승낙통지를 받지 못하더라도 청약의 효력은 상실되지 않는다.
④ 구두청약은 별도의 사정이 없는 한 즉시 승낙되지 아니하면 그 효력을 상실한다.

087 국제물품매매계약에 관한 UN협약(CISG)에서 매수인의 계약 해제권이 상실되는 경우는?

① 물품의 반환불능 또는 인수 당시와의 실질적 동등상태로의 반환불가능이 매수인의 작위 또는 부작위에 기인한 것이 아닌 경우
② 물품의 전부 또는 일부가 인수 후 실행가능한 단기간 내 검사결과 이미 멸실되거나 또는 변질되었음이 판명된 경우
③ 매수인이 계약불일치성을 발견하였거나 또는 발견했어야 하는 시기 전에 물품의 전부 또는 일부가 정상적인 영업경로를 통하여 매수인에 의하여 매각되었거나 또는 정상적인 과정으로 소비 또는 변형된 경우
④ 매수인이 물품의 하자를 확인하기 위하여 물품의 전부 또는 일부를 제3의 검사기관으로 하여금 검사하도록 한 경우

088 다음 중 국제물품매매계약에 관한 UN협약(CISG)에 대한 설명으로 옳지 않은 것은?

① 선박, 부선, 항공기 등의 매매에는 적용되지 않는다.
② 계약의 유효성 및 소유권 이전 등에 대해서는 규정하지 않고 있다.
③ 계약의 자동해제를 인정함으로써 당사자들이 손쉽게 계약의 구속으로부터 벗어날 수 있도록 하고 있다.
④ 국제물품매매계약에 관한 UN협약(CISG)의 규정과 당사자 간 합의가 충돌되는 경우 당사자 간 합의가 우선된다.

089 국제물품매매계약에 관한 UN협약(CISG)의 적용에 대한 설명으로 옳지 않은 것은?

① 매수인이 소비자인 경우 적용되지 않는다.
② 체약국 간의 거래인 경우에 적용되는 것이 원칙이나 예외적으로 간접적용도 허용된다.
③ 서로 다른 국가에 영업소를 두고 있는 자들 간의 거래일지라도 당사자들이 적용배제를 합의한 경우 적용되지 않는다.
④ 주식, 투자증권, 유통증권 등의 거래에는 적용되지 않으므로 유통증권인 선하증권이 활용되는 CIF 조건에 의한 수출입의 경우에는 역시 적용되지 않는다.

090 **국제물품매매계약에 관한 UN협약(CISG)에 의하면 청약이 성립되기 위해서는 그 내용이 충분히 확정적이어야 한다. 여기에서 '충분히 확정적'이 되기 위해 청약내용에 제시되어야 하는 최소한의 조건에 해당하지 않는 것은?**

① 물품의 가격 ② 물품의 수량
③ 거래목적물 ④ 대금결제의 방법

091 **국제물품매매계약에 관한 UN협약(CISG)에 대한 설명으로 옳지 않은 것은?**

① 거래목적물, 수량, 가격이 기재된 경우 청약은 충분히 확정적이다.
② 유효기간이 명시된 청약의 경우 철회가 가능하다.
③ 매도인이 인도한 물품의 잠재하자에 대한 클레임 제기기한은 2년이다.
④ 물품의 인도장소에 대한 별도의 합의가 없는 경우 매도인은 자신의 영업소에서 물품을 인도해야 한다.

092 **국제물품매매계약에 관한 UN협약(CISG)의 적용요건에 해당하지 않는 것은?**

① 계약관계의 법률성이 명시적일 것
② 당사자의 본거지가 있는 국가가 체약국일 것
③ 협약의 적용배제에 관한 당사자 간의 합의가 없을 것
④ 당사자가 상이한 국가에 영업소 내지 일상의 거주지를 가지고 있을 것

093 **국제물품매매계약에 관한 UN협약(CISG)의 매매당사자 간 약정품 인도조건에 관한 설명으로 가장 부적절한 것은?**

① 약정품의 인도장소에 있어서 국제물품매매계약에 관한 UN협약(CISG)과 Incoterms 2020이 서로 충돌하거나 배치될 경우에는 비엔나협약의 규정이 우선 적용된다.
② 특정장소를 약정하지 아니한 경우, 운송을 수반할 때에는 최초의 운송인에게 약정품을 인도하면 그 인도의무가 완료된다.
③ 특정장소를 약정하지 않고 운송을 수반하지 않을 때에는 계약체결 당시에 매도인의 영업소가 있는 장소에서 약정품을 인도하면 그 인도의무가 완료된다.
④ 특정장소를 약정하였을 경우 매도인은 계약에서 요구하는 장소에서 약정품을 인도하면 그 인도의무가 완료된다.

094 **국제물품매매계약에 관한 UN협약(CISG)이 적용되지 않는 경우는?**

① 양 당사자 영업소 소재지가 모두 체약국이고 이 협약을 적용한다는 별도의 합의가 없는 경우
② 양 당사자 영업소 소재지가 모두 체약국이지만 이 협약의 적용을 배제하기로 합의한 경우
③ 양 당사자 중 한쪽이 체약국이지만 양 당사자 간에 이 협약을 적용하기로 합의한 경우

④ 양 당사자 영업소의 소재지가 모두 체약국은 아니지만 양 당사자 간에 이 협약을 적용하기로 합의한 경우

095 국제물품매매계약에 관한 UN협약(CISG)에서 청약의 조건을 실질적으로 변경하는 승낙에 해당하지 않은 것은?

① 물품인도장소의 변경
② 분쟁해결방법에 관한 변경
③ 포장 및 주요 화인의 변경
④ 상대방에 대한 일방 당사자의 책임의 범위에 대한 변경

096 국제물품매매계약에 관한 UN협약(CISG)의 적용범위에 대한 설명으로 적당하지 않은 것은?

① 체약국 간의 매매인 경우에 적용됨을 원칙으로 하되, 예외적으로 국제사법에 의한 간접적용도 허용된다.
② 매매 당사자가 속한 국가가 모두 체약국인 경우에는 당사자가 이 협약을 적용하지 않기로 합의하더라도 이 협약은 그대로 적용된다.
③ 서로 다른 국가 내에 영업소를 둔 동일국적의 당사자 간의 민사적 매매계약에도 적용된다.
④ 양 당사자의 영업소 소재지가 비체약국이라도 양 당사자가 이 협약을 적용하기로 준거법 합의를 한 경우에는 이 협약이 적용된다.

097 국제물품매매계약에 관한 UN협약(CISG)에 관한 설명으로 옳지 않은 것은?

① 우리나라는 2005년 3월 1일부터 정식 체약국이 되었다.
② UN에서 제정한 국제물품매매계약에 관한 기본법이다.
③ 정형거래조건별로 매도인과 매수인의 의무에 관해 규정하고 있다.
④ 계약의 성립, 매도인과 매수인의 기본적 의무 및 계약위반 시 구제수단에 대해 규정하고 있다.

098 국제물품매매계약에 관한 UN협약(CISG)에서 인정되는 매수인의 계약해제권에 대한 설명으로 옳지 않은 것은?

① 계약해제는 소급효가 없으므로 당사자는 계약체결 시 상태로의 원상회복의무를 부담하지 않는다.
② 중대한 계약위반이란 그 계약을 통하여 상대방이 향유하리라고 기대되는 권리를 실질적으로 박탈할 정도로 손해를 끼치게 될 만한 계약위반을 말한다.
③ 매도인의 어떠한 의무의 불이행이 중대한 계약위반에 해당하는 경우에 한하여 매수인의 계약해제권을 인정한다.
④ 인도불이행의 경우 매수인에 의하여 설정된 추가기간이 도래하기 전에 매도인이 그 지정된 추가기간 내에 물품을 인도하지 않겠다는 뜻을 미리 선언한 경우에 매수인의 계약해제권은 인정된다.

099 다음 중 국제물품매매계약에 관한 UN협약(CISG)에 대한 설명으로 옳지 않은 것은?

① 매수인이 소비자인 경우 적용되지 않는다.
② 계약의 유효성 및 소유권 이전 등에 대해서는 규정하지 않고 있다.
③ 물품을 공급하지만 그 중점이 노무나 서비스의 제공에 있는 계약에는 적용되지 않는다.
④ 국제물품매매계약에 관한 UN협약(CISG)의 규정과 Incoterms 2020의 규정이 상호 충돌하는 경우 법률인 비엔나협약의 규정이 우선한다.

100 다음 중 국제물품매매계약에 관한 UN협약(CISG)에서 계약의 해제가 인정되는 경우가 아닌 것은?

① 매도인이 설정한 추가이행기간 내에 매수인이 대금지급을 하지 않았거나 또는 이 기간 내에 대금지급을 하지 않을 것임을 표명한 경우
② 매도인이 이 협약의 규정에 의한 매도인의 의무를 이행하지 않음으로써 본질적인 계약위반이 되는 경우
③ 매수인이 이행기간이 경과한 후에 대금지급의 의무를 이행한 것을 매도인이 알게 된 경우
④ 매수인이 설정한 추가이행기간 내에 매도인이 물품을 인도하지 않았거나 또는 이 기간 내에 인도하지 않을 것임을 표명한 경우

101 국제물품매매계약에 관한 UN협약(CISG)에서 승낙에 대한 설명으로 옳지 않은 것은?

① 우편에 의한 승낙의 경우 도달 시에 효력이 발생한다.
② 침묵은 그 자체만으로는 승낙이 되지 못하나, 거래관행 등이 있는 경우에는 승낙으로 취급될 수도 있다.
③ 경상의 법칙을 채택하고 있으므로 사소한 사항이 변경된 승낙도 계약을 성립시키지 못한다.
④ 청약자가 연착된 승낙도 유효하다고 통지한 경우, 연착된 승낙으로도 계약은 성립한다.

102 국제물품매매계약에 관한 UN협약(CISG)상 계약의 해제권에 대한 설명으로 옳지 않은 것은?

① 매도인과 매수인은 상대방의 계약위반에 대해서 계약해제권을 가진다.
② 상대방이 사소한 계약위반을 한 경우에도 추가이행기간 내의 미이행 시 계약을 해제할 수 있다.
③ 분할인도에 있어서 기 인도분과 장래 인도분 사이에 상호의존성이 있는 경우 특정 분할분에 대한 계약위반이 있을 때 기 인도분과 미 인도분에 대해 모두 계약을 해제할 수 있다.
④ 매수인이 물품을 인수한 당시와 실질적으로 동등한 상태로 반환할 수 없게 되는 경우 매수인은 계약 해제권을 상실하나 대체품인도 청구권을 포함한 기타의 청구권은 행사 가능하다.

103 청약에 대한 내용으로 옳지 않은 것은?

① 청약이란 매매거래의 조건을 구체적으로 상대방에게 제시하면서 상대방의 승낙이 있으면 계약을 체결하겠다는 의사표시이다.
② 반대청약이란 피청약자가 청약 내용의 일부를 변경해서 원래의 청약자에게 거꾸로 청약하는 것이다.
③ 우리나라나 일본과는 달리 영미법계에서는 확정청약의 경우 유효기간 내에 철회가 불가하다고 보고 있다.
④ 불확정청약이란 청약자가 피청약자의 동의 없이도 언제든지 임의로 그 내용을 변경하거나 취소할 수 있는 청약이다.

104 국제물품매매계약에 관한 UN협약(CISG)에서 정한 청약과 승낙에 관한 내용으로 옳지 않은 것은?

① 청약은 피청약자에게 도달한 때에 효력이 발생한다.
② 청약에 대한 승낙은 동의의 의사표시가 청약자에게 도달한 때에 그 효력이 발생한다.
③ 구두에 의한 청약은 일정 기간 경과 후 승낙되어야 한다.
④ 계약이 체결되기까지는 청약은 취소될 수 있다.

105 국제물품매매계약에 관한 UN협약(CISG)의 승낙에 대한 설명으로 틀린 것은?

① 구두에 의한 청약은 별도의 사정이 없는 한 즉시 승낙하여야 한다.
② 승낙기간 중에 들어 있는 공휴일 또는 휴업일은 승낙기간에 산입된다.
③ 승낙기간이 명시되지 않은 청약에 대한 승낙은 상당기간 내에 청약자에게 도달한 때에는 그 효력이 발생한다.
④ 지연된 승낙의 경우에는 청약자가 그 승낙이 유효하다는 취지를 지체 없이 피청약자에게 구두로 송부한다고 해도 승낙으로서 효력이 없다.

106 승낙에 관한 설명으로 옳지 않은 것은?

① 조건부청약이라 하더라도 피청약자의 승낙만 있으면 계약이 성립된다.
② 조건부승낙으로는 계약이 성립되지 않는다.
③ 확정청약의 경우 피청약자가 청약의 유효기간 이내에 승낙하면 계약이 성립된다.
④ 승낙기간 중에 포함된 법정공휴일 또는 비영업일도 승낙기간에 산입된다.

107 청약에 대한 승낙의 설명으로 옳지 않은 것은?

① 청약조건의 일부만을 승낙하는 일부승낙으로는 계약이 성립되지 않는다.
② 확인조건부청약의 경우에는 청약자의 최종 확인이 있어야 계약이 성립하므로 승낙 그것만으로는 계약이 성립될 수 없다.
③ 청약내용에 대한 추가적 또는 상이한 조건을 제시한 승낙이라도 그것이 청약내용을 실질적으로 변경하는 정도의 것이 아니라면 계약을 성립시킬 수 있다.
④ 지연된 승낙에 대하여 청약자가 유효기간 이내에 유효하다는 취지를 통지하는 경우 이는 새로운 청약으로 본다.

108 국제물품매매계약에 관한 UN협약(CISG)에 의거할 때 계약이 성립되는 경우는?

① 청약조건의 일부만을 승낙하는 경우
② 청약에 대한 회신으로 피청약자가 조건부로 승낙하는 경우
③ 승낙을 의도하고 있으나 상대방의 청약서에 추가, 제한 그 밖의 변경을 포함하여 응답하는 경우
④ 승낙이 지연되었으나 청약자가 지체 없이 유효하다는 취지를 구두로 표시하거나 또는 통지를 발송하는 경우

109 국제물품매매계약에 관한 UN협약(CISG)에서 매도인의 계약위반에 대한 매수인의 구제수단 중 중대한 계약위반이 될 경우에만 인정되는 것은?

① 하자보완의 청구
② 대금감액의 청구
③ 특정이행의 청구
④ 대체품인도의 청구

110 국제물품매매계약에 관한 UN협약(비엔나협약)에서는 청약의 성립요건 중에서 "청약의 내용은 충분히 확정적이어야 한다."라고 규정하고 있다. 여기에서 규정하고 있는 '충분히 확정적'이라는 최소한의 계약조건에 속하지 않는 것은?

① 거래의 물품 ② 가격조건
③ 수량조건 ④ 인도조건

111 국제물품매매계약에 관한 UN협약(CISG)의 규정에 의한 계약의 성립과 관련된 내용으로 적절하지 않은 것은?

① 매도인의 확정청약에 대하여 매수인이 조건을 부가하여 승낙한 경우에는 계약이 성립되지 아니한다.
② 청약에 대한 침묵으로는 그 자체가 승낙이 되지 않으므로 계약은 성립되지 아니한다.
③ 매도인의 청약에 대하여 매수인이 승낙의 통지 없이 대금의 지급 행위만을 하였더라도 계약은 성립되지 아니한다.
④ 당사자 간에 동일한 내용의 청약이 동일한 시기에 오가는 교차청약의 경우에도 계약은 성립된다.

112 다음 보기가 설명하는 정형무역거래규칙은?

| 보기 |

물품이 목적지에서 인도가 이루어지는 양륙지 인도조건으로서 운송 중의 위험과 비용을 모두 매도인이 부담하며, 매도인이 목적지에서 물품을 양하하도록 하는 유일한 Incoterms 규칙이다.

① DPU ② DDP
③ FOB ④ DAP

113 다음 보기가 설명하는 정형무역거래규칙은?

| 보기 |

매도인이 스스로 지정한 운송인에게 물품을 인도하되 다만 지정된 목적지까지 물품을 운반하는데 필요한 운송비를 추가로 지급하여야 한다는 것으로 이는 물품이 그렇게 인도된 이후에 발생하는 모든 위험과 기타 모든 비용을 매수인이 부담한다는 것을 의미한다.

① CIF ② CIP
③ CFR ④ CPT

114 Incoterms 2020 규칙 중에서 유일하게 매도인이 물품을 양하해서 인도해야 하는 규칙은?

① DPU ② DAP
③ CPT ④ CFR

115 다음 보기에서 설명하는 표준품 매매조건은?

| 보기 |

곡물이나 과실 등의 농산물에 사용되는 품질조건으로 인도(선적)의 시기 및 장소에 있어서 그 계절 출하품의 평균중등품질로 하는 조건

① FAQ ② USQ
③ GMQ ④ SBQ

116 다음 중 Incoterms 2020의 연속매매(String Sale)규정이 적용될 수 있는 규칙은?

① FCA ② FOB
③ CPT ④ CIP

117 국제물품매매계약에 관한 UN협약(CISG)상 매수인의 계약위반에 대한 매도인의 구제방법이 아닌 것은?

① 계약 해제권
② 매도물품 대체권
③ 물품명세 확정권
④ 추가이행기간 설정권

118 국제물품매매계약에 관한 UN협약(비엔나 협약)에 대한 설명으로 적절하지 <u>않은</u> 것은?

① 비엔나협약은 국제물품매매계약을 규율한다. 그러므로 가공무역과 같은 용역의 거래에는 적용되지 않는다.

② Incoterms와 마찬가지로 소유권 문제를 다루고 있지 않다.

③ 계약위반에 대한 추가이행기간 설정과 함께 구제수단을 신청한 경우 당해 추가기간 내에도 다른 구제수단을 이용할 수 있다.

④ 비엔나협약과 Incoterms의 내용이 충돌되는 경우 Incoterms의 내용이 우선한다.

119 국제물품매매계약에 관한 UN협약(CISG)에서 매수인의 계약위반에 대한 매도인의 구제방법을 설명한 내용으로 옳지 <u>않은</u> 것은?

① 매도인은 계약위반에 대하여 계약대로의 대금지급이나 인도수령을 청구하면서 이행기간 연장을 할 수 있다.

② 매도인이 이행기간 연장을 한 경우에는 매수인으로부터 지정된 추가 이행기간 내에 이행하지 않겠다는 의사의 통지를 받지 않는 한 그 기간 중에는 계약위반에 대한 다른 구제방법을 사용할 수 없다.

③ 계약내용에 대한 매수인의 본질적 계약위반에 대해서는 계약해제와 손해배상청구가 동시에 가능하다.

④ 매수인은 매도인에게 물품명세를 확정해 주어야 하지만, 매수인이 물품명세를 제시하지 않는다 해도 매도인이 이를 임의대로 확정할 권리는 없다.

120 BWT 거래와 관련하여 <u>틀린</u> 설명은?

① 수입자는 시차에 따른 예상이익의 손실을 줄일 수 있다.

② 수출자는 은행에 수수료지급의 부담을 안게 된다.

③ 수출자는 대금회수지연의 불이익을 받을 수 있다.

④ 수입자는 제품의 질을 직접 확인하고 구입할 수 있는 이익이 있다.

121 BWT 조건에 관한 설명 중에서 <u>틀린</u> 것은?

① 수출신용장을 수령한 후 BWT 방식에 의한 수출승인을 신청해야 한다.

② BWT 조건수출은 수출계약을 체결하지 않고도 수입항에 있는 보세창고까지 수출품을 운송하여 입고시킬 수 있다.

③ BWT 조건수출은 수입지의 보세창고에서 외국의 구매자와 수출계약을 체결한다.

④ BWT 조건수출은 수입지의 보세창고에 입고시킬 때까지의 모든 비용과 위험을 매도인이 부담한다.

122 일반적으로 포장이라고 할 때 가리키는 것은?

① Unitary Packing
② Interior Packing
③ Outer Packing
④ Shipment Packing

123 다른 상품과의 식별을 쉽게 하기 위한 화인은?

① counter mark
② case number
③ caution mark
④ main mark

124 클레임에 관한 설명으로 올바른 것은?

① 클레임을 예방하기 위해 오퍼(offer)의 유효기일을 명시하여야 한다.
② 마켓 클레임과 의도적 클레임은 같은 것이다.
③ 클레임의 예방을 위한 신용조사는 처음의 거래시에만 필요하다.
④ 감정서는 매수인 이외의 제3자가 작성하면 효력을 갖는다.

125 무역클레임의 해결방법에 관한 설명으로서 잘못된 것은?

① 조정은 당사자 간에 구속력이 없으므로 당사자 쌍방이 그 결과를 수락하지 않는 한 문제해결에 이르지 못한다.
② 화해는 당사자 간의 직접적인 클레임의 해결수단이다.
③ 중재는 제기자의 일방적인 제소에 의해 절차가 진행되는 재판과는 달리 피제기자의 동의가 있어야 한다.
④ 우리나라 대한상사중재원의 중재판정은 국제적으로 효력을 미칠 수 없다.

126 클레임에 관한 설명으로서 틀린 것은?

① 품질불량 클레임은 일반적으로 매도인이 제기한 클레임에 속한다고 볼 수 없다.
② 클레임은 일반적으로 매수인이 제기하는 클레임만을 의미한다.
③ 클레임은 거래당사자의 상관습의 상위에 의해서도 발생할 수 있다.
④ 일반적으로 클레임이란 무역거래상의 클레임을 말한다.

127 무역클레임의 해결방법으로 나머지 셋과 다른 것은?

① 화해 ② 조정
③ 알선 ④ 중재

128 무역클레임을 해결하는 방법에 관한 설명으로서 잘못된 것은?

① 조정은 당사자 간에 구속력이 없으므로 당사자 쌍방이 그 결과를 수락하지 않는 한 문제해결에 이르지 못한다.
② 화해는 재판관(법관)의 권고 또는 개입에 의하여 이루어지는 당사자 간의 직접적인 클레임의 해결수단으로서 법률적 수단의 하나라고 할 수 있다.
③ 클레임의 일방적인 제소에 의해 절차가 진행되는 재판과는 달리 중재는 피제기자의 동의가 있어야 중재절차가 유효하게 진행될 수 있다.
④ 대한상사중재원의 중재결과는 해외에서는 확정력 내지 구속력을 지닐 수 있는 것이 현행의 체제이다.

129 클레임을 예방할 수 있는 방법으로 적합하지 않은 것은?

① 공산품의 경우에는 가급적 샘플을 교환한다.
② 선적일 또는 기간을 약정할 때에는 'as soon as possible'이나 'promptly'와 같은 표현을 사용한다.
③ 수량을 중량톤으로 표시할 때에는 long ton, short ton, metric ton을 구분하여 표시한다.
④ bulk cargo의 경우에는 과부족 허용조항을 명시한다.

130 다음 조항 중 무역계약에서의 분쟁해결에 관한 조항이 아닌 것은?

① applicable law
② jurisdiction
③ force majeure
④ arbitration

131 다음 설명 중 옳지 않은 것은?

① 뉴욕협약에 따라 국내에서 내려진 중재판정도 외국에서 승인 및 집행이 보장된다.
② 중재합의는 반드시 서면에 의해야 하며, 중재합의가 있는 경우 직소금지의 효력이 인정된다.
③ 중재는 단심제이므로 소송에 비해 분쟁해결기간이 짧다고 할 수 있다.
④ 당사자 쌍방의 합의에 따라 공정한 제3자를 조정인으로 선임하고, 그가 제시하는 조정안에 무조건 승복함으로써 클레임을 해결하는 방법은 알선이다.

132 무역클레임의 해결방법에 관한 설명으로 잘못된 것은?

① 분쟁당사자는 반드시 조정안에 따라야 한다.
② 중재에 의해 클레임을 해결하기 위해서는 반드시 양 당사자 간의 중재계약이 있어야 한다.
③ 무역클레임의 해결방법 중에서 가장 바람직한 것은 화해이다.
④ 중재계약이 있으면 분쟁당사자는 법원의 재판을 받을 권리를 상실하게 된다.

133 클레임의 해결방법으로써 가장 좋은 것은?

① 소송 ② 중재
③ 알선 ④ 화해

134 클레임의 제기원칙이라고 볼 수 없는 것은?

① 지체 없이 제기해야 한다.
② 서류심사에 상당한 시간을 향유할 수 있다.
③ 클레임제기의 여부를 결정하기 위해 상당한 시간을 향유할 수 있다.
④ 서류를 접수한 후 21일 이내에 하면 된다.

135 무역클레임의 직접적인 원인이라고 할 수 없는 것은?

① 상관습과 법률의 상위
② 신용조사의 미비
③ 운송 중의 위험
④ 계약서내용의 불명료

136 클레임 제기기한에 관한 설명으로서 올바른 것은?

① 당사자 간에 클레임의 제기기한에 대한 약정이 있는 경우에는 그 약정에 따라야 한다.
② 당사자 간의 별도약정이 있을 경우에도 물품수령 후 3개월 내에 제기하면 클레임에 대한 권한을 갖는다.
③ 어떤 경우에도 클레임 제기자는 하자내용을 안 날로부터 6개월 내에 제기해야 한다.
④ 당사자 간에 클레임의 제기기한에 대한 약정이 없는 경우에도 클레임 제기사유가 존재하면 언제든지 클레임을 제기할 권한을 갖는다.

137 클레임을 제기할 경우에 먼저 고려하여야 할 사항은?

① 클레임의 청구내용
② 당사자의 확정
③ 거래의 경위
④ 클레임의 제기사유

138 클레임 제기의 방법으로서 가장 올바른 것은?

① 서신으로 가능하다.
② 전보로 제기해야 한다.
③ 서신이나 전보 모두 가능하다.
④ 가장 신속한 방법으로 제기해야 한다.

139 클레임의 제기권이 박탈되는 경우는?

① 운송서류가 반송 중인 경우
② 운송서류를 발행은행이 보관 중인 경우
③ 운송서류가 사용된 경우
④ 운송서류가 훼손된 경우

140 분쟁의 해결방법을 유용한 순서에 따라 적절하게 열거한 것은?

① 화해 – 조정 – 알선 – 중재
② 화해 – 알선 – 조정 – 중재
③ 화해 – 중재 – 조정 – 알선
④ 화해 – 중재 – 알선 – 조정

141 분쟁해결방법과 관련한 설명으로 옳은 것은?

① 중재합의가 있는 경우라 하여도 소송이 유리하다고 판단된다면 바로 소송을 제기할 수 있다.
② 중재란 중재합의가 있을 경우에 한하여 가능하며, 이 합의는 반드시 문서에 의하여야 한다.
③ 조정이란 당사자 쌍방의 조정 합의에 따라 공정한 제3자를 조정인으로 선임하고 그가 제시하는 조정안에 무조건 승복함으로써 클레임을 해결하는 방법이다.
④ 중재는 2심제이므로 3심제인 소송보다 분쟁해결기간이 짧다.

142 분쟁해결방법 중 중재에 관한 설명으로 옳은 것은?

① 중재는 단심제로 운영된다.
② 중재합의를 한 경우라도 중재결과에 승복할 수 없다면 소송을 제기할 수 있다.
③ 중재에 의해서 분쟁을 해결하기 위해서는 반드시 사전에 중재합의가 있어야 한다.
④ 대한상사중재원의 중재판정은 국내에서만 효력이 있다.

143 중재에 관한 설명으로 틀린 것은?

① 중재인을 실정에 맞게 선정할 수 있다.
② 중재는 비공개로 진행된다.
③ 중재는 소송보다 비용이 적게 든다.
④ 중재는 2심제이므로 3심제인 법원보다 신속히 해결할 수 있다.

144 상사중재제도에 관한 설명으로 그 내용이 옳지 않은 것은?

① 중재판정은 당사자 간에 있어서 법원의 확정판결과 동일한 효력을 지니고, 단심제이므로 중재판정이 일단 내려지면 불복절차인 항소나 상고제도가 허용되지 않는다.
② 우리나라 중재규칙에서 중재신청을 위한 중재합의는 이를 증명할 수 있는 서면으로 제출하거나 또는 구두나 기타 방법으로 제출할 수 있다.
③ 우리나라 중재법은 별도의 중재합의서가 없어도 계약서상에 중재조항을 그 계약의 일부로 하고 있는 경우에는 중재합의가 있는 것으로 간주한다.
④ 중재합의의 대상인 분쟁에 관하여 소송이 제기된 경우에는 직소금지의 효력에 따라 그 소송은 각하된다.

145 다음 중 중재제도의 장점이 아닌 것은?

① 중재인의 타협력에 절대적으로 의존한다.

② 단심제이기 때문에 분쟁을 신속히 해결한다.

③ 무역전문가에 의해 소송보다 합리적인 해결이 이루어진다.

④ 중재심리가 비공개적으로 진행되기 때문에 당사자의 비밀이 보장된다.

146 중재판정부의 구성에 관한 설명으로 옳지 않은 것은?

① 중재인의 수는 당사자 간의 합의로 정하며, 합의가 없는 경우에는 중재인의 수는 5인을 초과하지 않는 범위 내에서 정한다.

② 중재인은 당사자의 합의에 의하여 선정함을 원칙으로 하되, 당사자의 합의에 의하여 선정될 수 없는 경우에는 대한상사중재원 사무국 또는 법원에 의하여 선정될 수 있다.

③ 중재인은 당사자 간에 다른 합의가 없는 경우에 국적에 관계없이 선정될 수 있다.

④ 중재판정부라 함은 중재절차를 진행하고 중재판정을 내리는 단독중재인 또는 다수의 중재인으로 구성되는 중재인단을 말한다.

147 중재판정의 강제집행을 보장하고 있는 협약은?

① 비엔나협약

② Incoterms

③ 뉴욕협약

④ 국제물품매매계약에 관한 협정

148 다음 설명 중 옳은 것은?

① 당사자 쌍방의 조정합의에 따라 공정한 제3자를 조정인으로 선임하고 그가 제시하는 조정안에 무조건 승복함으로써 클레임을 해결하는 방법은 조정이다.

② 중재는 중재합의가 있을 경우에 한하여 가능하며 이 합의는 반드시 문서에 의하여야 한다.

③ 중재합의가 있는 경우라 하여도 소송이 유리하다고 판단된다면 바로 소송을 제기할 수 있다.

④ 중재는 자국 내에서는 단심제이지만, 상대국을 포함한 외국에서는 다시 중재할 수 있다.

149 중재에 관한 설명으로 타당하지 못한 것은?

① 중재판정결과를 강제집행하려면 법원의 집행판결을 받아야 한다.

② 외국중재판정의 승인 및 집행에 관한 UN협약을 보통 제네바협약이라 하는데, 우리나라도 이 협약에 가입하고 있다.

③ 중재는 단심제를 채택하고 있어 3심제인 재판보다 신속하게 분쟁을 해결할 수 있다.
④ 중재심리는 비공개로 진행된다.

150 상사중재에 관한 설명으로서 잘못된 것은?

① 중재규칙을 제정하거나 변경할 경우 대법원의 승인을 얻도록 규정되어 있다.
② 우리나라 중재법은 대륙법계의 중재이론을 바탕으로 하고 있다.
③ 우리나라의 중재는 상사중재와 비상사중재를 법에서 구별하고 있다.
④ 상사중재는 별도의 합의가 없는 한 임시기관중재에 의한 중재절차가 적용된다.

151 중재에 관한 설명으로서 맞는 것은?

① 중재는 상소가 가능하다.
② 중재는 분쟁의 자치적 해결방식이다.
③ 중재는 인권을 전제로 한 최선의 신중과 공정을 추구한다.
④ 중재절차의 진행 중 화해는 중재판정으로서의 효력이 인정될 수 없다.

152 다음 설명 중 옳지 않은 것은?

① 중재의 3요소는 중재지, 중재기관, 준거법이다.
② 불가항력으로 인한 선적지연에 대비하여 불가항력조항과 지연선적조항을 약정할 필요가 있다.
③ 클레임에 대비하여 클레임조항, 중재조항, 재판관할조항, 준거법조항을 약정할 필요가 있다.
④ 중재판정은 사안에 따라 단심제 또는 이심제로 재판이 이루어지며, 중재판정의 내용은 그대로 강제집행된다.

153 상사중재에 관한 설명으로 틀린 것은?

① 유효한 중재계약이 되기 위해서는 계약서의 중재조항에 중재지, 중재기관 그리고 준거법이 명시되어 있어야 한다.
② 중재판정은 법원의 확정판결과 동일한 효과를 가지며 중재판정의 결과는 외국에서도 유효하다.
③ 중재는 상소를 통해 법적 안정성 확보가 가능하며 공정성 도모를 위해 중재절차는 공개를 원칙으로 한다.
④ 중재계약은 무효, 효력상실, 이행이 불가능한 경우를 제외하고는 직접소송이 금지되는 효력이 있다.

154 무역당사자 간 분쟁해결에 관한 설명으로 적절하지 않은 것은?

① 당사자의 일방 또는 쌍방의 의뢰에 따라 상공회의소 등 제3의 기관이 해결방안을 제시하거나 조언함으로써 클레임을 해결하는 방법은 알선이다.

② 조정이란 당사자 쌍방의 합의에 따라 조정인을 선임하여 클레임을 해결하는 방법이며, 그 조정인의 조정안을 무조건 수락하여야 한다.
③ 중재는 민간인인 중재인에 의하여 사법상의 법률관계에 관한 분쟁을 해결하는 것이지만, 법원의 확정판결과 동일하게 구속력을 갖는다.
④ 중재합의의 기본요소로는 중재장소, 중재기관, 준거법을 들 수 있다.

155 제도적 중재에 관한 설명으로서 잘못된 것은?

① 상설중재기관은 독자적 중재규칙을 가지고 있다.
② 상설중재기관은 당사자들에게 시설이용의 편의를 제공하고 있다.
③ 제도적 중재는 임시적 중재보다 다소 비용이 더 든다.
④ 우리나라에서의 모든 중재는 제도적 중재로만 할 수 있다.

156 다음 중재(arbitration)에 관한 설명으로 옳지 않은 것은?

① 당사자 간의 분쟁을 중재인에게 의뢰하여 중재인이 내린 판정에 복종함으로써 최종적으로 해결한다.
② 중재는 반드시 양 당사자의 합의가 있어야 하며, 중재판정에는 절대적으로 복종하여야 한다.
③ 중재판정은 뉴욕협약에 따라 모든 국가에서 외국중재판정에 대한 승인과 집행을 보장받게 된다.
④ 중재판정은 법원의 확정판결과 동일한 효력이 있으므로 그 절차가 적법한 법원에 재심청구를 할 수 없다.

157 중재의 요건에 해당되지 않는 것은?

① 중재는 당사자의 계약에 의하여 성립된다.
② 재판을 받을 수 있는 권리를 포기해야 한다.
③ 중재 당사자는 그 판정에 반드시 복종해야 한다.
④ 판정에 불만이 있는 경우에는 대법원에만 항소할 수 있다.

158 현행 우리나라 중재법상 중재판정 취소의 소를 제기하여 구제를 요청할 수 있는 경우가 아닌 것은?

① 중재판정이 중재합의의 대상이 아닌 분쟁을 다루었거나, 중재합의의 범위를 벗어난 사항을 다룬 경우
② 중재판정이 합리적인 기준에 근거하지 않고 편파적으로 내려졌다며 중재판정의 내용에 불복해서 소를 제기하는 경우
③ 중재합의가 당사자들이 지정한 법 또는 대한민국 법에 의하여 무효인 경우

④ 중재판정의 승인 또는 집행이 대한민국의 선량한 풍속 기타 사회질서에 위배되는 경우

159 다음 중 클레임에 대한 설명으로 잘못된 것은?

① 해상운송의 원인에 의해 제기되는 운송 클레임은 선박회사에 제기해야 한다.
② 물품운송의 원인이 아닌 매매계약상의 위반으로 인해 생기는 구제를 위해 매매계약 당사자 간에 무역클레임을 제시할 수 있다.
③ 금전의 청구를 하는 클레임은 손해배상청구, 대금지급거절, 대금감액요청 등이 있다.
④ 당사자 간의 클레임 해결방법으로는 청구권 포기와 조정이 있다.

160 알선과 중재의 차이점에 관한 설명으로 틀린 것은?

① 알선은 권고의 성격이고 중재는 사법적 성격이다.
② 알선은 권고이지만 중재는 결정하는 것이다.
③ 알선은 비형식적이고 중재는 형식적이다.
④ 알선은 위임사항이고 중재는 기능적이다.

161 조정에 관한 설명으로 옳은 것은?

① 조정합의가 없어도 조정이 가능하다.
② 공정한 제3자를 중재인으로 선임한다.
③ 조정안을 수락할 경우 조정의 효력은 당사자에게 구속력을 갖는다.
④ 당사자는 조정안을 수락할 의무가 부과된다.

162 알선과 조정에 관한 설명으로 맞는 것은?

① 알선과 조정 모두 어떠한 법적 구속력이 없다.
② 알선과 조정 모두 일방의 당사자에 의해 제3자에게 클레임의 해결을 의뢰할 수 있다.
③ 알선은 중재보다 좋은 클레임 해결방법이지만 조정은 그 반대이다.
④ 알선은 법적 구속력이 없으나 조정은 양 당사자가 조정안에 동의할 경우에 법적 구속력을 갖는다.

163 중재와 조정에 관한 설명으로 잘못된 것은?

① 조정은 중재절차 중에 당사자의 요청에 의하여 진행될 수 있다.
② 중재와 조정 모두 제3자의 해결안에 반드시 따라야 한다.
③ 조정은 중재보다 분쟁해결에 보다 나은 제도이다.
④ 중재와 조정 모두 당사자의 합의가 반드시 전제가 되어야 한다.

164 중재제도가 소송에 비하여 효율적인 이유는?

① 인권을 전제로 한다.
② 중재는 신중과 공정을 추구한다.
③ 중재는 절차와 시간의 소요가 불가피하다.
④ 중재는 신속성과 절차의 간결성을 추구한다.

165 중재계약에 관한 설명으로 잘못된 것은?

① 중재계약은 당사자 간 자발적 의사로서 소송이 아닌 중재로써 분쟁을 해결하겠다는 의사표시이다.
② 장래에 발생할지도 모르는 분쟁에 대한 합의도 중재계약이라 할 수 있다.
③ 중재계약의 형식적 요건은 반드시 서면에 의한 합의가 있어야 한다.
④ 중재계약은 모든 사법상의 분쟁을 합의할 수 있다.

166 중재계약이라 할 수 없는 것은?

① 교환된 전신에 의한 중재합의
② 중재조항
③ 중재부탁계약
④ 중재부탁에 대한 구두합의

167 자발적 중재계약에 관한 설명으로 적합한 것은?

① 분쟁발생 전에 합의한 경우
② 분쟁발생 후에 합의한 경우
③ 계약서상에 중재계약에 관하여 아무런 규정이 없는 경우
④ 분쟁의 발생 전과 발생 후를 구분하지 않고 당사자 간에 합의한 경우

168 중재판정에 관한 설명으로 틀린 것은?

① 중재판정부는 중재비용을 반드시 양 당사자에게 동일하게 부담시켜야 한다.
② 중재판정의 범위는 중재인의 관할권한에 속한다.
③ 중재판정부는 중재계약의 범위 내에서 계약의 현실이행과 공정하고 정당한 보상이나 기타의 구제를 명할 수 있다.
④ 중재판정은 형식적 요건으로서 서면을 요구하고 있다.

169 중재계약의 효력이라고 할 수 없는 것은?

① 직소금지의 효력
② 최종해결의 효력
③ 국제적 집행효력
④ 중재판정취소의 효력

170 중재부탁의 기본적 조건에 해당되지 않는 것은?

① 이용하는 중재기관
② 중재인의 지정
③ 적용하는 중재규칙 또는 준거법
④ 중재가 행해지는 장소

171 우리나라 중재제도의 특성에 해당하지 않는 것은?

① 상사중재는 제도적 중재를 원칙으로 하고 있다.
② 중재법은 대륙법계의 중재이론을 바탕으로 하되 상사중재와 비상사중재로 구분하고 있다.
③ 법적중재가 아닌 우의적 중재에 해당된다.
④ 중재인의 절차운영에 대하여는 전혀 규제를 하고 있지 않다.

172 대한상사중재원의 신속절차에 관한 설명으로 옳지 않은 것은?

① 1천만 원 이하의 국내사건 또는 당사자들 간에 신속절차에 따르기로 합의하는 경우에 적용된다.
② 중재인은 1명만 선임되고 심문도 1회를 원칙으로 한다.
③ 일반중재절차와는 달리 당사자들이 판정에 동의를 해야 구속력을 갖는다.
④ 일반절차보다 신속하고 비용이 적게 든다.

173 대한상사중재원에 대한 설명으로 잘못된 것은?

① 우리나라 유일의 상설 상사중재기관이다.
② 대한상사중재원은 국제상사분쟁만 중재를 하는 기관이다.
③ 대한상사중재원에서 내려진 중재판정은 외국에서도 집행이 가능하다.
④ 대한상사중재원은 중재 이외에도 알선업무를 하고 있다.

174 ICC의 중재재판소에 관한 설명으로 올바른 것은?

① 중재재판소의 결정은 만장일치의 찬성에 의하여 성립된다.
② 조정신청은 신청인이 중재재판소에 직접 신청하여야 한다.
③ 중재재판소는 중재판정부가 아니고 중재절차만을 관리하는 것이 주된 임무이다.
④ 중재재판소는 정부차원의 분쟁해결기구이다.

175 준거법에 관한 설명으로서 올바르지 않은 것은?

① 준거법이란 어떤 법률행위에도 적용되는 법률을 말한다.
② 준거법은 당사자의 자치의사에 의해 지정한 법률이 우선적으로 적용된다.
③ 중재계약의 준거법은 계약의 준거법과 항상 일치한다.
④ ICC중재재판소의 표준중재조항은 특정국의 법률을 준거법으로 지정하고 있지 않다.

176 UNCITRAL 중재규칙에 관한 설명으로 올바른 것은?

① 중재규칙의 보편성을 강조하였다.
② 임시기관중재에 이용될 수 있도록 제정되었다.
③ 경제성을 제고시켰다.
④ 신속성을 제고시켰다.

177 뉴욕협약에 의한 외국중재판정의 승인 및 집행의 거절사유로서 적합하지 못한 것은?

① 중재합의 자체가 무효인 경우
② 국내의 공서양속에 위배되는 경우
③ 중재인의 선정이나 중재절차가 중재계약과 일치하지 않은 경우
④ 중재판정의 내용이 국내법과 일치하지 않는 경우

178 중재인의 성격에 관한 설명 중에서 잘못된 것은?

① 중재인의 직무는 준사법적 성질을 갖고 있다.
② 중재인의 기능은 대개 관례와 절차를 결정하고 적용한다.
③ 중재인은 자신에게 회부된 모든 사항에 대하여 최종적인 재판관격이 된다.
④ 중재인은 법률적 접근이나 엄격한 증거법칙에 따라 판정을 내려야 한다.

179 중재인의 선정에 관한 설명으로 잘못된 것은?

① 중재인은 중재기관에서 일방적으로 지정한다.
② 중재계약으로 중재인을 선정하는 방법은 당사자에 의한 선정과 제3자에 위임하여 선정하는 방법이 있다.
③ 당사자가 직접 중재인을 선정할 경우에는 중재인의 공정성 확보에 다소 어려움이 있다.
④ 중재계약 속에는 중재인을 미리 기명할 수 있다.

180 중재인의 결격사유에 해당되지 않는 것은?

① 금치산자 또는 한정치산자
② 현직 공무원
③ 금고 이상의 형을 받고 그 집행유예의 기간 중에 있는 자
④ 법률적 판단훈련이나 경력이 없는 민간인

181 중재판정문에 기재하여야 할 사항이 아닌 것은?

① 준거법 ② 중재인명
③ 판정이유의 요지 ④ 대리인명

182 **법원의 확정판결과 중재판정을 설명한 것으로 올바른 것은?**

① 법원의 확정판결과 중재판정 모두 취소가 불가능하다.
② 법원의 확정판결은 취소가 가능하고 중재판정은 취소가 불가능하다.
③ 법원의 확정판결은 취소가 불가능하고 중재판정은 취소가 가능하다.
④ 법원의 확정판결과 중재판정 모두 취소가 가능하다.

183 **우리나라에서 집행허가를 받을 수 있는 외국판정의 요건이 아닌 것은?**

① 외국판정이 사법상의 과정을 준수한 것
② 공서양속을 해치지 않을 것
③ 해당국 내에서 판정취소의 소송이 계류되어 있지 않을 것
④ 3인 이상의 중재인에 의해 이루어진 중재일 것

001~141 PART2 국제운송

001 **선체가 수면 이상으로 떠오른 선복의 높이를 표시하는 것은?**

① 건현 ② 경흘수선
③ 현실흘수 ④ 만재흘수

002 **정기선동맹헌장(Code of Conduct for Liner Conference)에 관한 설명으로 적합하지 않은 것은?**

① 선진해운 13개국 그룹이 주도하여 마련한 조약이다.
② 개발도상국이 자국의 무역 및 해운육성을 위해 정기선동맹의 불합리한 운영을 개선하기 위하여 작성 · 조약화한 것이다.
③ 화물적취비율은 무역당사국과 제3국 간에 40 : 40 : 20의 비율을 규정하고 있다.
④ 정기선동맹의 지나친 비밀주의 및 폐쇄주의, 독점적 운영방식으로 인한 폐단을 개선하고자 한 것이다.

003 **해상운송방식 중 정기선운송에 대한 설명으로 틀린 것은?**

① 선박을 정해진 일정에 따라 지정된 항로를 통하여 규칙적으로 운항하는 것을 의미한다.
② 일정한 기간별로 배선함에 따라 적기에 수출입상품을 운송하는 기능을 지닌다.

③ 해운동맹과 같은 카르텔 조직이 없는 자유로운 경쟁시장을 형성하고 있다.

④ 운송하는 화물의 종류로는 통상 재래정기화물과 컨테이너화물로 구분할 수 있다.

004 화물선의 최대 적재능력을 표시하는 기준은?

① 배수톤수 ② 총톤수

③ 순톤수 ④ 재화중량톤수

005 화물선의 톤수는 선박 자체의 중량이나 용적으로 표시하는데 다음 중 용적톤수가 아닌 것은?

① 총톤수 ② 배수톤수

③ 순톤수 ④ 재화용적톤수

006 화물의 톤수에 대한 설명으로 옳지 않은 것은?

① Short Ton은 Net Ton이라고도 부르며 2000lbs에 해당한다.

② W/T는 Weight Ton으로서 중량톤수를 의미한다.

③ M/T는 Measurement Ton으로서 용적톤수를 뜻한다.

④ R/T는 Revenue Ton으로 산출된 화물의 용적과 중량 중 낮은 것을 기준으로 운임을 적용하는 톤수이다.

007 무선박운항업자(NVOCC)에 대한 설명으로 틀린 것은?

① NVOCC는 Non-Vessel Oecan Carrier Company의 약자로서 선박회사와는 경쟁관계에 있다.

② NVOCC의 출현 배경은 컨테이너에 의한 해륙일관수송에 있다.

③ NVOCC는 혼재에 의해 소량 화물 화주에게도 규모의 경제효과를 제공할 수 있게 된다.

④ NVOCC는 미국에서 발달된 포워더의 특수한 형태라 할 수 있다.

008 선하증권에서 특정인을 수하인으로 표시한 선하증권은?

① order B/L

② straight B/L

③ short form B/L

④ through B/L

009 다음 Ro-Ro(Roll-on/Roll-off)선박에 대한 설명으로 가장 올바른 것은?

① 컨테이너 대신 규격화된 전용선박을 운송단위로 사용하여 부선에 화물을 적재한 상태로 본선에 적입 운송하는 특수선박이다.

② 한 척의 선박에 복수의 화물을 적재할 수 있는 선박이다.

③ 화물을 적재한 자동차와 운전기사를 싣고 운송하는 자동차 운송선이 해당된다.

④ 컨테이너를 gantry crane 등을 통하여 하역하고 화물창구를 통하여 상하로 올리고 내리게 하는 방식의 선박이다.

010 다음 보기에서 설명하는 것으로 옳은 것은?

| 보기 |

보세장치장을 이르는 말로, 빈 컨테이너 혹은 풀 컨테이너를 넘겨주고 넘겨받아 보관할 수 있는 넓은 장소를 말한다.

① Container Yard(CY)
② CFS
③ apron
④ marshalling yard

011 내륙컨테이너기지(ICD)에 대한 설명으로 틀린 것은?

① 본선작업과 마샬링 기능을 수행한다.
② 철도운송을 주 목적으로 하여 컨테이너 화물의 일시적인 장치, 창고보관, 재수출, 일시상륙 등의 기능을 담당하는 장소이다.
③ 육지에 있는 부두로서 항만과 국내의 수출 · 수입지를 연계시키는 시스템으로 운송, 하역, 보관, 통관의 기능도 수행한다.
④ 운송의 거점으로서 대량운송의 실현, 공차율의 감소, 운송회전율의 증가 등을 통한 운송의 합리화를 추구하고 있다.

012 다음 보기에서 설명하는 것은?

| 보기 |

선박회사나 그 대리점이 선박할 화물을 화주로부터 인수하거나 양하된 화물을 화주에게 인도하기 위하여 지정한 장소를 말한다. 이는 최소한 1개의 컨테이너를 완전히 채울 수 없는 소량의 화물(LCL cargo)을 다수의 화주로부터 인수하여 보관 · 분류하고 컨테이너에 적재하도록 선박회사가 정한 특정의 화물인수장소를 말하며, 이러한 소량 화물을 인수, 인도하고 보관하거나 컨테이너에 적입 또는 끄집어내는 작업을 하는 장소를 이른다.

① ICD ② CFS
③ CY ④ ICC

013 ICD(내륙컨테이너기지)에 대한 설명으로 틀린 것은?

① Inland Container Depot의 약어로서 항만이나 공항이 아닌 대륙에 위치하고 있다.
② 내륙에 있는 부두로서 CY 기능이 확대 · 발전된 것이다.
③ 의왕 ICD에서는 컨테이너의 철도운송 서비스가 이루어지고 있다.
④ 컨테이너를 ICD에 입고시키면 화주는 선적선하증권을 발급받을 수 있다는 이점이 있다.

014 다음 보기는 무엇에 대한 설명인가?

| 보기 |

항만이나 공항이 아닌 내륙시설로서 공적 권한을 지니고 있으며, 고정설비를 갖추고 여러 내륙운송수단에 의해 미통과된 상태에서 이송된 다양한 화물의 일시적 저장과 취급에 대한 서비스를 제공하고, 세관통제하에서 수출 및 연계운송을 위하여 일시적인 장치, 창고보관, 재수출, 보세운송 등을 담당하는 기관 및 기업들이 있는 장소를 말한다.

① MY ② ICD
③ CY ④ 컨테이너 터미널

015 정기선과 비교한 부정기선의 특징이 아닌 것은?

① 벌크 화물에 적합
② 수요의 변화에 탄력적
③ 운항이 불규칙적임
④ 공시된 운임적용

016 해운동맹(shipping conference)에 관한 설명으로 잘못된 것은?

① 해운동맹은 두 회사 이상의 부정기선 운항업자가 특정 항로에서 상호 간에 기업적 독립성을 유지하면서 운임률 및 영업조건 등에 관하여 계약을 체결하는 해운카르텔이다.
② 해운동맹은 가입과 탈퇴가 용이한 개방동맹과 가입과 탈퇴가 용이하지 않은 폐쇄동맹이 있다.
③ 해운동맹은 조정기능에 따라 항로의 안정이 유지되고 출현경쟁이 억제되어 선사는 운항의 경제성을 제고시킬 수 있다.
④ 동맹의 독점성에 따른 초과 이윤획득으로 화주에게는 운임부담이 가중될 수 있다.

017 해상운송에 대한 설명으로 바르지 않은 것은?

① 해상운송이란 화물선을 운송수단으로 하여 원양항로와 연안항로를 따라 운항하는 운송시스템을 말한다.
② 선박만 있으면 상호 간의 국제협정을 맺지 않더라도 세계 모든 나라의 영해와 항구의 입 · 출항이 비교적 자유롭다.
③ 최근 해상운송의 추세로는 고속화, 대형화, 전용화, 컨테이너화, Worldwide 서비스화 등이 있다.
④ 정기선 해운분야에서는 유조선과 건화물선으로 특화되었다.

018 수출화물의 해상운송 선적절차에 대한 내용으로 옳은 것은?

① 선박스케줄을 확인할 때에 T/T(Transit Time)와 T/S(Trans Shipment) 여부 등을 확인해야 한다.
② door 작업은 sealing 작업 이후에 이루어진다.

③ 현재 경인지역에서 부산항이나 광양항으로 컨테이너 화물을 선적하기 위한 내륙운송방법에는 육상운송과 철도운송의 두 가지 방법이 존재한다.
④ 선사나 포워더는 화물 부킹을 받아들인 후 수출화주에게 S/R(Shipping Request)을 발행하여 준다.

019 선체에 고정되어 있는 모든 돌출물을 포함한 배의 맨 앞부분에서부터 맨 끝까지의 수평거리로서 접안 및 입거 등 조선상 필요한 거리를 무엇이라고 하는가?

① 전장(length over all)
② 등록장(registered length)
③ 전폭(extreme breadth)
④ 선심(vertical dimensions)

020 용선자가 선박 자체만을 용선하여 승무원을 배치하고, 선체보험료 · 항비 · 항해비 · 수리비 등의 비용 일체를 부담하는 형태의 용선을 무엇이라고 하는가?

① 항해용선　② 선복용선
③ 나용선　④ 일대용선

021 다음 중 편의치적을 선호하는 이유로 가장 거리가 먼 것은?

① 선진 해운국의 선주들이 고임금의 자국 선원을 승선시키지 않기 위해서
② 선박등록 시의 등록세 및 매년 징수되는 톤세 등 일체의 조세징수를 피하기 위해
③ 선박의 건조 또는 구입자금을 국제금융시장에서 모두 조달할 수 있기 때문에
④ 선박의 운항 및 안전기준 등의 규제가 자국에 비해서 적기 때문에

022 다음 중 용선계약의 특성과 거리가 먼 것은?

① 부정기선의 성격을 지닌다.
② 선복용선계약과 일대용선계약이 있다.
③ 일반적으로 원유, 석탄, 비료 등 대량화물이 선적된다.
④ 운임률은 일반적으로 공시요율에 준한다.

023 해상운송에서 정기선운임 중 화물의 종류 · 성질 · 형태별로 분류하여 적용하는 운임료는 무엇인가?

① 등급별운임　② 품목별운임
③ 특별운임　④ 경쟁운임

024 선하증권(Bill of Lading)에 대한 설명으로 틀린 것은?

① 증권에 명시된 화물수취증이다.
② 운송의 법적 계약서이다.
③ 운임계산서이다.
④ 화물에 대한 권리를 입증한다.

025 정기선운송과 부정기선운송을 비교한 것으로 틀린 것은?

① 정기선운송은 화주의 요구에 따라 서비스가 조정되고, 부정기선운송은 선주와 용선자 간의 협의에 의해 서비스가 결정된다.
② 정기선운송은 제한적으로 여객을 취급하지만, 부정기선운송은 여객을 취급하지 않는다.
③ 운송계약의 정기선운송은 선하증권으로 체결하고, 부정기선운송은 용선계약서로 체결한다.
④ 정기선운송은 주로 중개인이 화물집화를 담당하고, 부정기선운송은 영업부 직원이 화물집화를 담당한다.

026 항해용선계약에 관한 설명으로 틀린 것은?

① 용선료를 용선기간에 따라 결정하며 용선개시 전에 미리 선급해야 한다.
② 용선자는 선복을 이용하고 선주는 운송행위를 한다.
③ 용선자는 선주에게 운임을 지급하고 선주는 선박운항에 따른 제비용을 부담한다.
④ 선주와 용선자 간의 계약내용으로는 선내하역비 부담조건과 정박기간에 관한 사항이 중요시 된다.

027 해상운송계약은 해상에서 선박에 의한 물품의 운송을 인수하는 계약으로, 개품운송계약과 용선운송계약으로 구분된다. 다음 설명 중에서 개품운송계약과 관련하여 옳지 않은 것은?

① 선박회사가 다수의 화주로부터 위탁받은 화물을 운송한다.
② 원유, 철광석, 비료, 곡물 등의 대량화물을 운송한다.
③ 주로 정기선 화물을 이용한다.
④ 계약에 따라 선하증권, 화물수취증, 화물운송증 등을 발행한다.

028 fighting ship(동맹외대항선)이란?

① 운임동맹이 비동맹선과 경쟁에 활용하기 위하여 공동비용으로 마련해놓은 대항선으로, 경쟁선박과의 운임덤핑 등에 투입되는 선박이다.
② 운임의 절약을 위해 화주들이 공동으로 기금을 모아 운영하는 선박이다.
③ 화주협의회에서 동맹선사와 경쟁하기 위해 운영하는 선박이다.

④ 해운동맹에서 가맹선사끼리의 경쟁억제를 대내적으로 운영하는 경쟁억제 선박을 말한다.

029 다음 해상운임의 부대비용 중 detention charge에 대한 설명은?

① 북미 수출의 경우 도착항에서 하역 및 터미널 작업비용을 해상운임과는 별도로 징수하며 현재 20TEU 컨테이너당으로 부과하고 있다.
② 적하 또는 양하일수가 약정된 정박기간을 초과하는 경우 초과일수에 대하여 용선자가 선주에게 지불하는 것으로 1일 또는 1톤당으로 지불하는 금액이다.
③ 화주에게 허용된 시간을 초과하여 컨테이너를 방치하였을 경우 송하인이나 수하인이 선박회사에게 지불해야 할 비용이다.
④ 항해용선계약서에 규정된 시간 내에 선적이나 양하를 완료하지 못할 경우 선주에게 지불하는 비용이다.

030 해운동맹에서 비계약운임률의 적용을 받은 화주가 일정한 기간에 동맹선박만을 이용하여 왔음이 인정될 경우로서 화주로부터 받은 운임의 일정액을 환불해주는 제도는?

① single rate system
② fidelity rebate system
③ additional commission system
④ deferred rebate system

031 운임지급필로 볼 수 없는 용어는?

① freight paid
② freight prepaid
③ freight to be paid
④ freight to be paid by the shipper in advance

032 해운동맹에서 화주의 구속수단으로 일반화되어 채택되고 있는 운임제도가 아닌 것은?

① FAK rate system
② single rate system
③ dual rate system
④ fidelity commission system

033 운임이 지급된 것으로 간주되는 문구는?

① freight prepaid
② freight prepayable
③ freight to be prepaid
④ freight in advance

034 특정의 항에 기항하는 본선의 체선이 극심할 경우에 화주에게 예고하여 그 항구에의 화물에 대하여 부과하는 할증운임은?

① congestion surcharge
② port surcharge
③ optional charge
④ conference rate

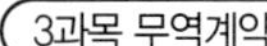

035 다음 중 화물의 종류나 화주에 관계없이 운송단위를 기준으로 일률적으로 부과하는 운임은?

① 무차별운임 ② 품목별운임
③ 통운임 ④ 특별운임

036 다음은 정기선운송과 부정기선운송에 대하여 비교한 것이다. 옳지 <u>않은</u> 것은?

① 정기선운송은 주로 고가의 이종화물을 취급하고, 부정기선운송은 대체로 저가의 동종화물을 취급한다.
② 정기선운송은 사적계약운송인이고, 부정기선은 공적일반운송인이다.
③ 정기선운송은 모든 화주에게 통일된 운송계약서인 선하증권을 발급하고, 부정기선운송은 운송계약을 체결하는 데 표준양식의 용선계약서를 사용한다.
④ 정기선 운임은 운임률표를 통해 공시되며, 부정기선의 운임은 수요와 공급에 의해 결정된다.

037 부정기선과 관련한 전반적인 설명으로 가장 옳은 것은?

① 해상운송의 주체가 화주에게 있듯이 부정기선의 운항주체는 화주 자신이 선박을 소유하며, 자기화물을 직접 운송하는 자가운송인에게만 있다.
② 부정기선의 용선계약은 기간용선, 항해용선, 나용선의 세 가지로 크게 나뉘는데 수출입화주가 주로 이용하게 되는 것은 항해용선계약이다.
③ 나용선계약이란 선박뿐만 아니라 선원, 항세, 수선비, 선체보험 등 항해에 필요한 일체의 인적 · 물적 요소를 선주가 부담하는 계약을 말한다.
④ 부정기선 운임의 종류는 선복운임, 장기운송계약운임, 부적운임, 할증운임 등이 있다.

038 부정기선운송과 관련한 용어에 대한 설명으로 <u>틀린</u> 것은?

① 조출료는 약정된 정박기간 이전에 하역을 완료하면 그 단축기간에 대해 선주가 용선자에게 지급하는 보수로 체선료의 1/2 수준이다.
② 체선료는 용선계약에서 약정된 정박기간을 초과하여 선적하거나 양륙한 시간에 대해 용선자가 선주에게 지급하기로 약정한 금액을 의미한다.
③ N/R(Notice of Readiness)은 화물양륙 시 화물을 인도받는 수하인이나 그 대리인 하역업자가 양륙화물과 적하목록을 대조하여 본선에 교부하는 화물인수증이다.
④ WWD(Weather Working Days)는 기상조건이 양호하여 하역작업이 가능한 날만을 정박기간에 산입하고, 악천후로 하역작업이 불가능한 작업일은 정박기간에 포함하지 않는 것을 의미한다.

039 다음 중 부정기선운송에 대하여 설명한 것으로 옳지 않은 것은?

① 선박회사 간 해운동맹을 조직하여 시장 안정화를 기한다.
② 일정한 항로나 화주를 한정하지 않고 화물이 있을 때마다 화주가 원하는 시기와 항로에 따라 화물을 운송하는 것이다.
③ 대부분은 원료, 철광석, 곡물, 석탄 같은 운임부담 능력이 상대적으로 적은 화물 운송에 이용된다.
④ 운송수요가 시간적, 지역적으로 불규칙하고 불안정하여 수시로 항로를 바꿔야 하므로 선박회사로 보아 전 세계가 영업의 활동무대가 된다.

040 다음 빈칸은 무엇에 대한 설명인가?

( )은/는 선박이 수중에 잠기는 선을 의미하기 때문에 수심이 얕은 운하 및 하천의 배선과 원양선의 적재량을 계산하는 기준이 된다. 이의 반대개념으로 건현(free board)이 있다.

① LOA ② beam
③ hull ④ draft

041 surcharge가 아닌 것은?

① optional charge
② trimming charge
③ heavy lift charge
④ lengthy and bulky charge

042 공화운임(dead freight)에 관한 설명으로 옳은 것은?

① 화물을 적재하지 않고도 계약대로 지급해야 하는 운임이다.
② 해운업자가 화주에게 되돌려 주는 운임이다.
③ 선박의 침몰로 인하여 선주가 화주로부터 받지 못하는 운임이다.
④ 용선계약을 취소하는 경우에 받지 못하는 운임이다.

043 TRS charge에 해당되는 것이 아닌 것은?

① 창고료
② 창고화재보험료
③ 지정역에서 창고입고 시까지의 제비용
④ 창고에서 화물을 끌어내어 본선까지 가는 비용

044 항해용선계약에 있어서 지정된 정박기간 내에 하역을 완료하지 못한 경우에 용선자가 선주에게 지급하는 벌과금은?

① dispatch money
② demurrage
③ stevedorage
④ stowage

045 고유의 용선운송계약에 해당하지 않는 것은?

① 정기용선운송계약
② 항해용선운송계약
③ 나용선계약
④ 선복용선운송계약

046 해상운송계약은 해상에서 선박에 의한 물품의 운송을 인수하는 계약으로, 개품운송계약과 용선운송계약으로 구분된다. 다음 중 용선운송계약의 성격과 거리가 먼 것은?

① 선사는 특정의 상대방과 특약에 의하여 선박을 빌려주어 운송을 인수한다.
② 잡화와 같은 비교적 적은 화물을 운송한다.
③ 주로 부정기선 화물을 이용한다.
④ 운임률은 수요 · 공급에 따른 시세를 따르고, 화주는 특정 화주이다.

047 정기용선(time charter)시에 용선주(charterer)의 부담에 속하지 않는 것은?

① 연료비 ② 선적비
③ 항구세 ④ 선원비

048 항해용선에 있어서 실제의 선적수량에는 관계없이 계약선복에 대하여 일괄해서 운임을 결정하는 용선계약은?

① trip charter
② whole charter
③ lump sum charter
④ partial charter

049 항해용선계약에서 사용되는 표준서식은?

① Baltime
② Produce Form
③ GENCON
④ 정기용선계약서

050 선적 시에 양륙항을 정하지 않고 출항 후 일정시일까지 화주가 양륙항을 선택하여 선박회사에 통지하는 조건으로 운송계약을 체결할 때의 화물은?

① open cargo
② closed cargo
③ optional cargo
④ conference cargo

051 해상운송에 관한 설명 중에서 옳은 것은?

① dry container는 냉동화물을 수송하기 위한 특수 컨테이너이다.
② 컨테이너화의 이상적인 형태는 CFS/

CFS 운송이다.
③ 정기선에 의한 개품운송의 경우에는 하역비 부담조건으로 berth terms를 원칙으로 한다.
④ 정기용선의 경우에 운항비는 선주가 부담한다.

052 항해용선계약(voyage charter of trip charter)에서 항만비용, 하역비 등을 선주의 부담으로 하는 하역비부담조건은?

① F.I. ② berth terms
③ F.I.O. ④ gross terms

053 하역비부담조건 중 berth terms(liner terms)와 반대되는 조건은?

① F.I.
② F.O.
③ F.I.O.
④ gross terms(gross charter)

054 도착항에서 화물을 양륙(unloading)하는 데 드는 비용은 화주가 부담하고, 선적항에서 선적하는 데 드는 비용은 선박회사에서 부담하는 조건은?

① F.O. ② F.I.
③ F.O.B. ④ F.I.O.

055 용선계약상의 정박기간에 대한 조건 중에서 화주에게 가장 유리한 조건은?

① C.Q.D.
② running laydays
③ weather working days SHEX
④ running laydays SHEX

056 정박기간과 관련하여 틀린 설명은?

① working days란 통상의 작업시간(예: 8시간 등)을 1일로 보는 작업일을 말하는데, 여기에서는 일반적으로 일요일, 공휴일은 제외된다.
② running days란 24시간을 1일로 보는 것으로 일요일, 축제일 등의 휴일과 악천후일도 모두 포함하여 계산된다.
③ working days에서 일기불량으로 하역할 수 없는 날을 제외한 것이 weather working days이다.
④ 일요일, 공휴일에 작업을 하였더라도 정박기일에는 계산하지 않을 경우에는 SHEX unless used라고 부기한다.

057 trimming free의 뜻은?

① 선내인부임
② 화물정리비용
③ 선창 내 적재비용
④ 갑판 위 적재비용

058 정기선에 의한 해상운송 절차의 순서가 바르게 나열된 것은?

① S/R → M/R → S/O → B/L → D/O
② S/R → S/O → M/R → B/L → D/O
③ S/R → S/O → B/L → M/R → D/O
④ S/R → S/O → M/R → D/O → B/L

059 용선료의 산정기준인 선박의 크기를 나타내는 단위는?

① N/T ② G/T
③ M/T ④ D/W

060 선박톤수 중에 톤세, 부과세의 부과기준이 되는 것은?

① 배수톤수 ② 적재중량톤수
③ 총톤수 ④ 경화중량톤수

061 선박의 톤수는 선박 자체의 중량이나 용적으로 표시한다. 다음 중 용적톤수에 대한 설명으로 <u>틀린</u> 것은?

① 총톤수는 용적을 나타내는 대표적인 톤수의 하나로 등록세의 과세 기준이 된다.
② 순톤수는 선박의 운항에 직접 이용되는 공제적량을 뺀 톤수를 말하며 항만시설 사용료의 산출기준이 된다.
③ 재화용적톤수의 1톤은 40ft3를 기준으로 한다.
④ 배수톤수는 주로 군함의 크기를 표시하는 기준으로 쓰이며, 선박의 용적을 나타내는 톤수이다.

062 선하증권의 특징에 대한 설명으로 <u>잘못된</u> 것은?

① 운송계약에 의해 선박회사가 운송화물을 수취, 선적하였다는 전제하에 선하증권을 발급하기 때문에 요인증권이라고 할 수 있다.
② 소지인이 선박회사에 화물의 인도를 청구할 수 있는 채권증권이다.
③ 선박의 명칭, 톤수, 선장의 성명, 화물의 종류는 법정 기재사항이다.
④ 운송인의 면책조항인 면책약관은 법정 기재사항이다.

063 다음 중 국제해사기구(IMO)에 대한 설명으로 가장 적합한 것은?

① 해상안전, 항해 효율성, 해상오염 방지 및 통제, 그리고 해상교통의 간소화를 위한 서류와 절차 등의 문제를 주요 업무로 설치된 유엔 전문기관이다.
② 1964년 유엔총회의 결의에 의거하여 국제무역과 경제발전을 촉진할 목적으로 설립된 유엔의 전문기구이다.
③ 국제민간선주들의 권익보호와 상호협조를 위하여 각국 선주협회들이 설립한 기구이다.
④ 해상법, 해사관행과 관습 및 해사실무의 통일에 기여할 목적으로 설립된 기구이다.

064 **선하증권의 기재사항 중 우리나라 상법상의 임의 기재사항은?**

① 선적항, 양륙항
② 본선항해번호, 환율
③ 선장명, 선박톤수
④ 운송품의 외관 상태, 운임

065 **선박회사에서 발행하는 선하증권의 작성 요령으로 틀린 것은?**

① consignee: 대개 신용장에 notify accountee라 기재되며 신용장 개설의뢰인 측, 수입업자 또는 수입업자가 지정하는 대리인이 기재된다.
② pre-carriage by: 환적하는 스케줄의 경우 선적항에서부터 환적항까지의 선명을 보통 기재한다.
③ final destination: 화물의 최종목적지를 표시하나 선하증권에 운임이 계상되어 있지 않는 경우에는 단지 참고사항에 불과하다.
④ No. of original B/L: B/L 원본의 발행통수를 기재한다. 통상 3통을 한 세트로 발행하는데 B/L 원본 한 장이라도 회수되면 나머지는 유가증권으로서의 효력을 상실한다.

066 **선하증권(B/L)에 대한 설명으로 옳지 않은 것은?**

① 선하증권은 그 증권상에 기재된 화물의 운송에 관하여 화주와 운송인 사이에 계약이 체결되었음을 증명하는 강력한 증거서류이다.
② 해당 증권의 수하인란에 특정인이 기재되는 기명식 선하증권은 배서에 의한 양도가 가능한 지시식 선하증권과 달리 유통성이 없다.
③ 선하증권은 운송인이 그 증권상에 기재된 화물을 수취하였음을 증명하는 서류이다. 또 그 증권상에 화물의 상태에 관한 별도의 기재사항이 없는 경우 그 운송화물은 외관상 상태가 양호한 것으로 간주된다.
④ 특정인의 명칭이 포함된 지시식 선하증권은 그 증권상에 수하인으로 명시된 사람의 이면배서가 있는 경우에 한해 양도의 정당성이 인정된다.

067 **선하증권과 보험증권을 결합하여 운송 중의 화물사고에 대해 선박회사가 손해를 보상해주는 선하증권은?**

① stale B/L　② dirty B/L
③ received B/L　④ red B/L

068 **M/R의 설명으로 적합한 것은?**

① 운송화물을 대표하는 유가증권
② 해상운송화물의 본선수령증
③ 화물의 선적을 지시한 서류
④ 화물의 인도를 표시한 지시서

069 S/O를 말하는 것은?

① 선적지시서
② 화물인도지시서
③ 출고지시서
④ 선복요청서

070 notify party를 의미하는 것은?

① arrival notice를 받을 사람
② shipping request를 탄 사람
③ fixture memo를 받을 사람
④ mate's receipt의 소지인

071 Mate's Receipt(M/R)의 비고(remarks)란에 고장문언이 기재된 경우에 clean B/L을 발급받기 위해서 제공하는 서류는?

① Letter of Indemnity
② Letter of Hypothecation
③ Letter of Indication
④ Letter of Guarantee

072 화물은 도착하였으나 선적서류가 도착하지 않은 경우에 화물을 인도받기 위하여 선박회사에 제공하는 서류는?

① Letter of Guarantee(L/G)
② Letter of Indemnity(L/I)
③ Delivery Order(D/O)
④ Cargo Boat Note

073 수입화물선취보증제도(L/G)와 관련이 없는 것은?

① 수출상 ② 수입상
③ 발행은행 ④ 선박회사

074 컨테이너운송에 관한 설명으로 틀린 것은?

① 미국에서 1950년에 군수품을 이용하기 위해 개발되었다.
② 미국의 내륙운송이나 해안운송에 최초로 이용되었다.
③ 일본선사인 N.Y.K.line과 Matson line이 공동으로 개발하였다.
④ Sealand사가 piggy back 방식으로 컨테이너를 처음 이용하였다.

075 컨테이너를 상업운송용으로 개발한 선박회사는?

① 1957년의 Sea Land Line
② 1958년의 Matson Line
③ 1962년의 American President Line
④ 1962년의 Happag Llyod Line

076 컨테이너운송에 있어서 LCL이 뜻하는 것은?

① 대륙횡단용 대형의 화물자동차를 뜻한다.
② 한 컨테이너가 되지 않는 적은 수량의 화물을 말한다.
③ 컨테이너 야드(container yard)를 말한다.
④ 부두노동자의 파업을 말한다.

077 CFS(container freight station)를 설명한 것으로 타당한 것은?

① 해상운송된 화물이 육상운송을 위하여 일시 장치되는 특수한 보세구역이다.
② 컨테이너에 의한 운송 시 LCL 화물을 다수의 화주로부터 인수 · 집적시켜 두었다가 컨테이너에 적재하는 장소이다.
③ 다수 화주의 화물이 하나의 컨테이너에 만재된 경우에 그러한 컨테이너만을 모아두는 특수한 보세구역이다.
④ 한 나라가 원자재나 반제품 또는 완제품을 보관하기 위하여 타국에 설치한 대단위 보세창고 또는 구역을 말한다.

078 Container Load Plan에 관한 설명으로 타당하지 않은 것은?

① CLP는 컨테이너 1개에 채워 넣는 화물의 명세표를 말한다.
② CLP는 화물반입계, CFS/CY 간 화물의 수도, 본선에 대한 화물명세의 통지에 쓰인다.
③ FCL Cargo의 경우에 CLP는 선적업자가 작성하는 것이 일반적이다.
④ LCL Cargo의 경우에 CLP는 송하인이 작성하게 된다.

079 Inland Container Depot(ICD)에 관한 설명으로 올바른 것은?

① ICD는 컨테이너화에 따른 항만의 시설 부족을 해결할 수 있다.
② ICD는 항만의 공간을 효율적으로 이용할 수 없다.
③ ICD는 LCL화물의 수송문제를 해결할 수 없다는 약점을 갖고 있다.
④ ICD의 위치는 항만에 가까울수록 효율적이다.

080 육류나 생선을 운송할 때 사용되는 컨테이너운송은?

① Open Top Container
② Flat Rack Container
③ Pen Container
④ Reefer Container

081 일반잡화용으로 제작된 표준컨테이너는?

① Reefer Container
② Open Top Container
③ Flat Rack Container
④ Dry Container

082 소맥 등의 양곡운반에 적합한 컨테이너는?

① Open Top Container
② Pen Container
③ Tank Container
④ Free Flowing Bulk Material Container

083 LCL 화물을 혼재하는 장소는?

① CY ② CFS
③ OCP ④ Pier

084 컨테이너 화물의 운송형태 중에서 컨테이너의 장점을 최대한도로 이용한 운송형태는?

① CY/CFS ② CFS/CY
③ CY/CY ④ CFS/CFS

085 컨테이너 화물의 운송형태 중의 하나인 CFS/CY 운송에 관한 설명으로 가장 거리가 먼 것은?

① 한 사람의 포워더가 바이어로부터 위탁받아 다수의 수출업자로부터 화물을 집화하여 컨테이너에 혼재한 후 운송하는 방식이다.
② 주로 buyer's consolidation이라고 부른다.
③ 선적항의 CFS에서 혼재하여 선적하고, 목적지의 CFS에서 컨테이너를 개봉하여 화물을 분류한 후 여러 수입업자에게 인도되는 형태이다.
④ 대형백화점이나 종합상사와 같은 수입업자가 수입지에 있는 한 사람의 포워더를 지정하여 운송업무를 전담시킬 때 주로 이용한다.

086 정박기간을 산정할 때 하역의 개시기간부터 종료 시까지 일요일과 공휴일에 무관하게 소요된 일수를 모두 정박기간에 산입하는 방법으로, 용선자에게 불리한 조건은?

① WWD
② CQD
③ running laydays
④ running laydays SHEX

087 본선 또는 육상에 설치되어 있는 갠트리 크레인 등에 의하여 컨테이너를 적 · 양하하는 방식의 선박을 무엇이라고 하는가?

① Ro-Ro선 ② 살물선
③ 다목적선 ④ Lo-Lo선

088 선박의 측면 또는 선미로부터 포크리프트 또는 트레일러에 의해 수평으로 싣고 내리는 하역방식은?

① Lo-Lo 방식
② Ro-Ro 방식
③ Fo-Fo 방식
④ semi-container 방식

089 **편의치적 제도와 유사한 제도로서 자국선의 해외치적을 방지할 목적으로 하며, 자국의 특정 자치령 또는 속령에 치적하여 편의치적 수준의 선원 고용, 세제 등의 혜택을 부여하는 제도는?**

① 웨이버 제도 ② 선급 제도
③ 제2치적 제도 ④ 제3자 물류

090 **마샬링 야드에 대한 설명으로 옳은 것은?**

① 컨테이너의 작업을 통제하는 장소
② 컨테이너의 검사 및 보수를 위한 장비가 설치된 장소
③ 화물터미널의 검사소
④ 컨테이너선에 선적하기 위하여 컨테이너를 대기시키는 장소

091 **컨테이너 터미널의 구성요소에 대한 설명으로 바르지 못한 것은?**

① MY(Marshalling Yard): 컨테이너선으로 선적되는 컨테이너를 정렬해두는 넓은 장소이다.
② CY(Container Yard): 컨테이너의 인수·인도 및 보관을 하는 장소이다.
③ 갠트리 크레인(gantry crane): CY에서 컨테이너를 양각 사이에 끼우고 운반 및 하역을 하는 대형 차량이다.
④ maintenance shop: 컨테이너 터미널에 있는 여러 가지 하역기기 및 컨테이너의 수리 및 정비를 담당하는 곳이다.

092 **다음 중 항만 컨테이너 터미널의 구비요건으로 가장 거리가 먼 것은?**

① 배후에는 컨테이너를 수용하기 위해서 CFS만 확보하면 된다.
② 컨테이너선의 안전항해, 접안, 계류 등이 가능하고, 하역용 갠트리 크레인을 장치하고 있어야 한다.
③ 육상운송수단에 신속·정확하게 연계할 수 있는 능력이 갖추어져야 한다.
④ 내륙운송의 연계수송시스템으로서, 도로망이나 철도인입선이 설치되어 있어야 한다.

093 **내륙컨테이너기지의 기능과 거리가 먼 것은?**

① 조립가공 ② 통관
③ 재고관리 ④ 장치보관

094 **조수간만의 차가 심한 항만에서 항구의 한쪽에 갑문을 설치하여 바닷물의 저장과 수심의 평균을 유지함으로써 선박의 정박과 작업을 용이하게 하는 시설은?**

① warehouse ② dock
③ transit Shed ④ capstan

095 컨테이너수송의 특징이 아닌 것은?

① 화물의 유니트화를 목적으로 한다.
② 환적이 용이하게 이루어질 수 있는 구조를 가지고 있다.
③ 이용 화물에 제한이 없다.
④ 내구성과 반복 사용에 적합한 강도를 가지고 있다.

096 컨테이너 터미널의 마샬링 야드에 대한 설명으로 옳은 것은?

① 항만에 있어서 본선 안벽의 바로 배후에 있는 부분으로, 컨테이너 하역장비가 설치된 곳이다.
② 컨테이너 터미널 전체를 통제하고 운영하는 중앙통제실을 말한다.
③ 선적해야 할 컨테이너를 하역 순서대로 정렬해두거나 양하된 컨테이너를 배치해 놓은 장소이다.
④ 컨테이너 터미널 내에 있는 여러 종류의 하역기기를 수리 · 점검하는 장소이다.

097 컨테이너 터미널에 관련된 설명으로 잘못된 것은?

① 터미널 운영방식 중 트랜스테이너 방식은 야드의 효율성은 높으나, 야드의 필요 면적이 가장 크고 가장 많은 자본투자를 필요로 하는 방식이다.
② 스트래들 캐리어 방식은 컨테이너를 양각 사이에 들어올려 주행하는 특수한 차량을 이용하는 방식이다.
③ 마샬링 야드는 컨테이너선에 선적하거나 양육하기 위하여 컨테이너를 정렬시켜놓은 공간을 말한다.
④ ICD는 내륙에서 컨테이너 집배, vanning, devanning, 통관 등의 절차를 이행하는 시설이다.

098 컨테이너선의 변형으로, 컨테이너 대신에 규격화된 전용 선박을 운송단위로 사용하며 부선에 화물을 적재한 상태로 본선에 적입 및 운송하는 선박은?

① 래시선　② 특수선
③ 전용선　④ 카페리

099 다음은 컨테이너 터미널을 구성하는 시설을 설명한 것이다. 무엇에 대한 설명인가?

> 안벽에 접한 야드 부분에 일정한 폭으로 나란히 뻗어 있는 공간으로서 컨테이너의 적재와 양륙작업을 위하여 임시로 하차하거나 크레인이 통과주행을 할 수 있도록 레일을 설치한 곳이다.

① 화물집하장　② 컨테이너 야드
③ CFS　④ 에이프런

100 선박의 맨 앞에서 맨 뒤까지의 수평거리를 무엇이라고 하는가?

① LOA　② load draft
③ load line mark　④ transit shed

101 **내륙컨테이너기지(ICD)에 대한 설명으로 거리가 먼 것은?**

① ICD는 원래 내륙통과기지를 뜻하는 Inland Clearance Depot의 의미로 쓰였다.
② 본선작업과 마샬링 기능을 수행한다.
③ 운송의 거점으로서 대량운송의 실현, 공차율의 감소, 운송회전율의 증가 등을 통한 운송의 합리화를 실현하고 있다.
④ 세관 통관하에 수출입 및 연계운송을 위하여 일시적인 장치, 창고보관, 재수출, 일시상륙 등의 기능을 담당하는 장소이다.

102 **내륙컨테이너기지(ICD)의 특성에 대한 설명으로 옳지 않은 것은?**

① 화물의 혼재, 컨테이너의 배치, 적재 및 해체 등은 필수적인 임무로 간주되고 있다.
② 전통적으로 항만에서 수행되는 기능 및 서비스의 대부분을 담당하고 있어 내륙항이라고도 하며, 그 결과 항만에서의 보관시설 부족문제를 해소한다.
③ ICD의 기능적 구조범위는 매우 넓어 세관, 선사, 철도회사, 트럭회사, 포워더, 은행, 보험회사, 컨테이너 수리소, 포장회사, 관련 정부기관 등이 위치한다.
④ 화물의 출발지와 최종 목적지가 다른 소량의 컨테이너 화물을 만재 컨테이너화 함으로써 소량 화주에게 운송비의 절감을 가져다 줄 수 있으나 대량화주에게는 경제적 의미가 없다.

103 **복합운송에 대한 설명으로 잘못된 것은?**

① 복합운송은 인건비와 설비투자비의 단계적 인상에도 불구하고, 하부구조와 운송수단의 이용을 용이하게 한다.
② 복합운송인이 화주에 대하여 전 운송구간을 포괄하는 유가증권인 복하운송서류를 발행하여야 한다.
③ 반드시 두 가지 이상 서로 다른 운송방식에 의하여 이행되어야 한다.
④ 복합운송에 있어서 위험부담의 분기점은 송하인의 물품을 도착지의 항만에 양하하는 시점이 된다.

104 **복합운송인의 책임제도 중 전 운송구간 단일책임체계에 대한 내용으로 옳은 것은?**

① 하청운송은 자기 운송구간에서 화주에게 책임을 진다.
② 복합운송인의 책임과 실제운송인의 책임은 서로 차이가 없다.
③ 운송수단별 강행법규에 따른 책임원칙이다.
④ 복합운송인은 화주에 대하여 전 운송구간에 대한 책임을 진다.

105 **다수의 운송인이 처음부터 공동으로 육 · 해 · 공 전 구간의 운송을 인수하는 복합운송계약의 형태는?**

① 부분운송 ② 동일운송
③ 순차운송 ④ 다중운송

106 다음 중 복합운송에 대한 설명으로 적합하지 않은 것은?

① 하나의 운송수단에서 다른 운송수단으로 신속하게 환적할 수 있는 새로운 운송기술이다.
② 어느 한 운송방식에 의한 계약의 이행을 위해 부수적으로 행해지는 집화와 인도에 의한 운송도 광의의 복합운송에 포함된다.
③ 1929년 바르샤바 조약에서부터 인정되고 있다.
④ 단순히 운송구간을 두 번 이상 반복하는 통운송과는 구별된다.

107 복합운송서류의 특징이 아닌 것은?

① 복합운송 전 구간에 대하여 단일 복합운송업자가 주체가 되어 발행하는 단일운송서류이다.
② 복합운송서류상 송하인은 복합운송인이며, 수하인은 상대국의 복합운송인이다.
③ 선하증권과 달리 운송인뿐만 아니라 운송주선인도 발행할 수 있다.
④ 복합운송서류는 복합운송인이 본선적재가 이루어지기 전에 송하인로부터 화물을 인수한 상태에서 발행된다.

108 혼재(consolidation)에 대한 설명 중 가장 거리가 먼 것은?

① 동시에 수송하는 화물량이 클수록 단위수송비가 감소하는 경제적 효과를 얻는다.
② 수하인 혼재운송은 단일의 송하주 화물을 다수의 수하인에게 운송해주는 형태이다.
③ 소량화물을 모아 하나의 수송단위를 만들어 수송한다.
④ 해상운송의 경우 CFS에서 주로 이루어진다.

109 프레이트 포워더에 대한 설명으로 적합하지 않은 것은?

① 화주의 요청에 따라 운송경로, 운송수단의 선택, 상대국의 운송규칙 등에 대하여 조언한다.
② 직접운송수단을 보유하여 고객의 다양한 요구에 부응한다.
③ 선하증권, 통관서류 등 수출입에 관련된 서류를 작성한다.
④ 화물의 집화 · 분배 · 혼재서비스를 제공한다.

110 국제복합운송의 주요경로에 대한 설명으로 틀린 것은?

① 시베리아 대륙횡단철도(TSR): 극동지역에서 유럽과 중동행의 화물을 러시아의 극동항으로 수송한 다음 시베리아철도로 시베리아를 횡단하여 러시아의 서부국경에서 유럽지역 또는 그 역으로 운송하는 시스템
② 미니 랜드 브리지(MLB): 극동~미국 서안항까지 해상운송한 다음 육상운송으로 대서양연안, 걸프지역까지 내륙운송

③ 아메리카 랜드 브리지(ALB): 극동의 주요 항구로부터 북미 서안의 주요 항구까지 해상운송하며, 대륙횡단철도를 이용하여 북미 동남부항까지 운송한 뒤 다시 해상운송으로 유럽지역 항구 또는 유럽 내륙까지 일관수송
④ 마이크로 랜드 브리지(Micro-Land Bridge): 밴쿠버 또는 시애틀까지 해상으로 운송하고 그곳에서 캐나다의 철도를 이용하여 몬트리올에서 대서양의 해상운송에 접속하여 유럽 각 항구로 수송하는 복합운송경로

111 Freight Forwarder에 대한 설명으로 틀린 것은?

① 포워더가 발행하는 서류 중 FIATA B/L은 유가증권이지만 FCR은 비유통성증권이다.
② 국내 프레이트 포워더가 되려면 3억 원 이상의 자본금과 1억 원 이상의 보증보험 또는 화물배상책임보험에 반드시 가입해야 등록이 가능하다.
③ 프레이트 포워더는 포장이 불충분하여 화물이 손상되었을 경우는 책임을 지지 않는다.
④ 미국 FMC(미연방해사위원회)에 등록된 ocean freight forwarder는 자기 명의의 B/L을 발행할 수 있다.

112 TSR(Trans-Siberian Railway)에 의한 복합운송서비스에 대한 설명 중 잘못된 것은?

① SLB(Siberian Land-Bridge)라고도 한다.
② 우리나라에서 컨테이너 화물을 극동 러시아의 Vostochny로 해상운송한 후 시베리아 횡단열차에 의해 러시아, 동구권 등으로 운송된다.
③ TSR 서비스는 최종목적지인 핀란드를 기준으로 할 때 운임은 해상운송에 비해 저렴하지만 운송시간이 더 걸린다는 문제가 있다.
④ 향후 TKR(Trans-Korea Railway) 서비스가 남북합작으로 완성될 경우 TSR과 이어져 더욱 운송의 신속화를 기할 수 있다.

113 복합운송에 관한 일반적인 설명 중 틀린 것은?

① 복합운송인은 전 운송구간의 단일책임체계를 갖고 있다.
② 복합운송인은 문전에서 문전까지의 서비스 대가로 일괄운임을 제시한다.
③ 복합운송은 두 가지 이상의 운송방식으로 이루어진다.
④ 운송인은 화주에 대해서 운송구간별로 각각의 유가증권을 발행한다.

114 복합운송의 경로인 랜드 브리지에 대한 설명으로 틀린 것은?

① ALB는 극동에서 미국을 통하여 남미로 수출되는 화물의 복합운송구간이다.
② SLB는 극동에서 유럽까지의 복합운송구간 중 시베리아 횡단철도를 이용하는 방법이다.
③ MLB는 극동에서 미국 대서양연안까지의 복합운송루트를 말한다.
④ OCP는 극동에서 미주 대륙으로 운송되는 화물에 공통운임이 부과되는 지역을 말하는 것으로 록키산맥 동쪽지역을 말한다.

115 한국에서 미국 태평양연안까지는 해상운송하고 여기서 미국 동부지방까지는 철도운송을 하는 해륙복합운송방식은?

① Siberian Land Bridge
② American Land Bridge
③ Mini Land Bridge
④ Micro Land Bridge

116 시베리아 랜드 브리지에 관한 설명으로서 올바른 것은?

① 미국 서해안을 경유하여 미국 동해안으로 연결되는 랜드 브리지이다.
② 구소련의 시베리아 횡단철도를 이용하며 TSR이라고도 한다.
③ 가장 최근에 개발된 운송경로이다.
④ SLB를 이용하여 운송하는 최종목적지는 미국 동해안지역이다.

117 SLB의 이용방법에 해당되지 않는 것은?

① sea–rail–sea
② sea–rail–air
③ sea–rail–rail
④ sea–rail–road

118 선적화물을 2개 이상의 서로 다른 운송수단을 이용하여 최종목적지까지 운송하는 것이 복합운송 또는 협동일관운송인데, Land–Bridge Service에 해당되지 않는 것은?

① U.S. Land–Bridge Service
② Mini–Land–Bridge Service
③ Siberian Land–Bridge Service
④ Overland Transportation

119 FIATA란 무슨 기구인가?

① 국제항공운송협회
② 국제민간항공기구
③ 국제운송주선업협회연맹
④ 정부간해사협력기구

120 MT조약상 복합운송인의 손해배상책임 한도액은?

① 포장 또는 기타 선적 단위당 920 SDR이다.
② 중량 1Kg당 2.75 SDR이다.

③ ① 및 ②로 계산한 총액 중 적은 금액이다.
④ ① 및 ②로 계산한 총액 중 많은 금액이다.

121 **MT조약상 화물이 훼손된 경우에 화주는 화물인도일로부터 며칠 내에 서면으로 복합운송인에게 통지하여야 하는가?**

① 6일 ② 7일
③ 14일 ④ 21일

122 **MT조약상 복합운송화물의 손해에 대한 제소기한은?**

① 1년 ② 2년
③ 3년 ④ 4년

123 **복합운송서류(증권)과 선하증권을 비교한 것으로 옳은 것은?**

① 복합운송서류는 운송구간을 해상구간에 국한하지만, 선하증권은 운송구간을 상관하지 않는다.
② 복합운송서류는 무사고 선하증권을 필요로 하지만, 선하증권은 'said by shipper's to contain'과 같은 조항이 첨부된 증권이 발급된다.
③ 복합운송서류는 운송인과 운송주선인 모두 발행할 수 있으나, 선하증권은 FIATA B/L을 제외하고는 운송주선인이 발생할 수 없다.
④ 대부분 복합운송서류는 선적선하증권형태이나 선하증권은 수취식이다.

124 **복합운송주선업자가 수행하는 일반적인 업무가 아닌 것은?**

① 운송계약의 체결 및 선복예약
② 운송서류의 작성 및 적재
③ 선박의 운항스케줄에 따른 배선
④ 통관업무

125 **복합운송에 대한 설명으로 적절하지 않은 것은?**

① 복합운송은 육상, 해상, 항공 운송수단 중 두 가지 이상의 운송수단 간 연계운송 형태이다.
② 피기백 운송은 철도와 화물자동차 간을 연계하는 복합운송형태이다.
③ Sea & Air 운송은 해상운송의 저렴성과 항공운송의 신속성을 이용하는 해공복합운송형태이다.
④ NVOCC형 복합운송인은 선박, 트럭, 항공기 등의 수송수단을 직접 보유하면서 화주와 복합운송계약을 체결하여 운송을 이행하는 복합운송업자이다.

126 항공운송료율의 기본구조가 아닌 것은?

① Minimum Charge
② Specific Commodity Rate
③ Class Rate
④ Conference Rate

127 다음 보기는 무엇에 대한 설명인가?

보기
스스로 또는 자신을 대리한 타인을 통해서 복합운송계약을 체결하고, 송하인이나 복합운송작업에 관여하는 운송인의 대리인으로서가 아닌 전체로서 행동하며 그 계약의 이행에 관한 채무를 부담하는 자

① TEU　② NVOCC
③ GCR　④ MTO

128 복합운송서비스와 관련된 설명으로 옳지 않은 것은?

① 국제복합운송은 이른바 'door to door'를 지향하는 것으로 복합운송업자는 화주에 대해 전 운송구간에 대해 일괄책임을 진다.
② 복합운송의 대표적인 형태는 sea & air 방식이며, 각종 랜드 브리지방식도 이의 일종이다.
③ 복합운송서류는 전 복합운송구간의 단일 책임을 강화하기 위하여 원칙적으로 선박을 보유한 복합운송업자만이 발행할 수 있다.
④ 복합운송이 되기 위해서는 둘 이상의 상이한 운송수단에 의해 복합운송인이 복합운송증권을 발행하여 물품을 인수한 시점부터 인도할 시점까지 전 운송구간에 일괄책임을 지고 운송을 하여야 한다.

129 항공화물의 단위화를 위한 용기(unit load device)가 아닌 것은?

① net　② pallet
③ container　④ igloo

130 바르샤바조약상 항공화물의 손해에 대한 제소기한은?

① 1년　② 2년
③ 3년　④ 5년

131 항공화물운송장(AWB)에 대한 설명으로 옳지 않은 것은?

① 화물수취증의 역할을 하며 유가증권에 해당한다.
② 항공운송계약의 성립을 입증하는 항공운송계약서의 성질을 가진다.
③ 원본 1(녹색)은 발행 항공사용이며 원본 2는 수하인용이다.
④ 원칙적으로 수하인은 기명식으로 기재되어야 한다.

132 항공사의 업무처리절차 중 RFID(Radio Frequency Identification)의 적용 가능성이 가장 적은 부분은?

① 운송업자로부터 화물접수
② ULD에 적재
③ 화물 분류작업
④ 적하목록 작성 및 적하목록 세관 수출신고

133 Air WayBill(항공화물운송장)에 대한 설명으로 <u>틀린</u> 것은?

① AWB는 송하인과 항공운송인 사이에서 항공운송 계약의 성립을 입증하는 증거서류이다.
② AWB는 원칙적으로 송하주가 작성하여 제출해야 하지만 항공사나 항공사의 권한을 위임받은 대리점에 의하여 발행되는 것이 일반적이다.
③ AWB는 화물과 함께 보내져 화물의 출발지, 경유지, 목적지를 통하여 각 지점에서 적절한 화물취급 및 운임정산 등의 작업이 원활히 수행되는 데 필요한 사항이 기재되어 있다.
④ 국제항공운송에 있어 발행되는 항공화물운송장은 ICAO(국제민간항공기구)에 의해 양식과 발행방식이 규정되어 있다.

134 항공화물대리점의 역할에 대한 설명으로 <u>틀린</u> 것은?

① 수출입 통관절차의 대행
② 항공화물터미널의 운영
③ 운송을 위한 준비
④ 수출입화물의 판매 및 유치

135 항공화물운송장에 대한 설명으로 <u>부적절한</u> 것은?

① IATA에서 양식과 발행방식을 세부적으로 규정하고 있다.
② 항공화물운송장은 선하증권과 마찬가지로 유가증권의 성질을 가지며 타인에게 유통될 수 있다.
③ 원본 3부와 여러 부의 부본으로 구성되어 있는데 원본은 운송인용, 수하인용, 송하인용이다.
④ 항공화물운송장의 발급은 운송인이 화물을 수령하였다는 것과 운송계약이 체결되었다는 문서상의 증빙이다.

136 다음 중 항공운송의 대상품목으로 <u>부적절한</u> 품목은?

① 납기가 임박한 화물, 계절 유행상품, 투기상품 등 긴급 수요 품목
② 장기간 운송 시 가치가 상실될 우려가 있는 품목
③ 부가가치 및 운임부담력이 낮고 중량대비 가격이 낮은 품목
④ 해상 또는 육상운송 등 다른 운송수단의 이용이 불가능한 품목

137 항공화물운송장과 선하증권을 비교한 것으로 가장 거리가 먼 것은?

① 항공화물운송장은 송하인이 작성하는 것이 원칙이나 선하증권은 통상 운송인이 작성한다.
② 항공화물운송장은 원본을 분실하여도 관계없으나 선하증권은 원본을 분실한 경우 수하인은 어떠한 경우에도 선하증권의 원본을 찾을 때까지 물건을 찾을 수 없다.
③ 항공화물운송장의 경우 원본이 수출자에게도 발행되고 consignee에게도 발행되며 또한 화물과 함께 consignee용 항공화물운송장이 비행기에 적재되나 선하증권 원본은 수출자에게만 발행된다.
④ 항공화물운송장은 화물의 수취를 증명하는 영수증에 불과하며 유통이 불가능하나 선하증권은 유가증권의 성격을 가지고 있어 유통이 가능하다.

138 항공화물운송에 대한 설명으로 옳지 않은 것은?

① 포워딩 업체들은 송하인, 수하인, 항공사를 대신하여 문서처리, 통관, 지상화물 취급, 화물통합 등의 기능을 수행한다.
② 쿠리어 서비스 업체는 항공사의 주요 고객이었으나 점차 경쟁관계가 성립되고 있다.
③ 글로벌 네트워크, 교섭력, 규모의 경제를 확보하지 못한 중간 규모의 포워딩 업체는 중량화물보다는 소화물시장에 참여해야 한다.
④ 물류비용의 중요성에 대한 화주기업의 인식이 증대되고 있다.

139 IATA의 주요 활동으로 틀린 것은?

① 항공화물운송장의 양식 통일
② 운임 및 운송조건 결정
③ 연대운임 청산
④ 사고처리 수속

140 CIM조약에 의한 철도운송인의 책임부담 원칙은?

① 화물의 손해에 대하여는 제한적인 책임만을 진다.
② 면책사유로 멸실이나 손상이 발생할 경우 송화인에게 거증책임이 있다.
③ 불가항력의 사태로 인한 멸실이나 손상에 책임을 진다.
④ 화물의 숨은 하자 또는 화주의 고의에 의한 손해는 운송인이 책임지지 않는다.

141 CMR조약의 적용범위가 아닌 것은?

① 송화인과 수화인의 소재지국가 모두가 조약에 가입된 경우에 적용된다.
② 우편물, 장려품, 이삿짐운송의 경우에 적용된다.
③ 송화인 또는 수화인의 국가 중 어느 한 국가가 조약에 가입된 경우에 적용된다.
④ 상품의 자동차운송의 경우에 적용된다.

001~105 PART3 해상보험

001 해상보험에 관한 설명 중 적합하지 않은 것은?

① A/R조건에서는 전쟁 · 파업 · 폭동 · 소요 등의 위험은 물론 포획 · 나포 등의 위험도 담보해주지 않는다.
② 단독해손담보조건 중 'without franchise'에 해당하는 것은 WAIOP이다.
③ WA 5%로 계약하고 화물의 4%가 손실을 입었을 경우에는 이를 보상해주지 않으나, 7%의 손실을 입었다면 5% 범위 내에서 보상해주게 된다.
④ FPA조건의 경우에 전손(total loss)은 물론이고 공동해손(general average)에 의한 희생과 비용까지도 보상한다.

002 해상보험에 대한 설명으로 적합하지 않은 것은?

① 해상보험은 항해에 부수되어 발생되는 육상 또는 항공위험까지도 확장담보할 수 있다.
② 해상보험료의 산출에는 대수의 법칙(the law of large number)이 적용된다.
③ 공식적으로 해상보험증권이 처음 사용된 것은 1779년의 Lloyd's S.G. Policy이다.
④ 해상보험에서의 담보위험은 천재지변에 의한 위험은 제외된다.

003 해상보험의 관련 당사자 중 보기가 설명하는 자는?

| 보기 |
보험업을 전문으로 하는 보험계약의 당사자로서 보험계약을 인수하고 보험료를 받고 담보위험으로 인해 사고가 발생하면 그 손해의 보상을 약속한 자

① 보험자 ② 보험계약자
③ 피보험자 ④ 보험중개인

004 해상보험에 대한 설명으로 옳지 않은 것은?

① 위부(abandonment)와 관련된 손해는 추정전손이다.
② 공동해손정산의 기준이 되는 국제규칙은 요크-안트워프 규칙이다.
③ 전손담보조건은 보험목적물이 전부 멸실 또는 손실되었을 경우의 손해에 한해서 담보책임을 지는 조건을 말한다.
④ 신협회적하약관상 담보조건 중 가장 제한적인 담보조건은 ICC(A)이다.

005 해상보험의 용어에 대한 설명으로 틀린 것은?

① 보험료(premium): 보험사고로 피보험자가 입은 재산상의 손해에 대해 보험자가 지급하는 보상금을 말한다.
② 보험증권(policy): 보험에 가입했다는 증거서류로서 계약의 성립과 그 내용을 기재하고 보험자가 기명날인하여 보험계약자에게 교부하는 증서를 말한다.

③ 보험자(insurer): 보험계약을 인수한 사로서 보험사고 발생 시 그 손해를 보상할 의무를 지는 자, 즉 보험회사를 말한다.
④ 보험가입금액(insurable value): 피보험이익의 평가액으로 보험자가 보험계약상 부담하는 손해배상책임의 최고한도액을 말한다.

006 해상보험계약의 성질이라고 할 수 없는 것은?

① 유상계약
② 쌍무계약
③ 편무계약
④ 최대선의계약

007 해상보험계약의 특성에 해당되는 것이 아닌 것은?

① 최대선의계약
② 부합계약
③ 사행계약
④ 유상계약

008 해상보험계약의 당사자 의무 중 보험자의 의무가 아닌 것은?

① 보험료 반환의무
② 손해보상의 의무
③ 손해발생 통지의무
④ 보험증권 교부의무

009 다음 보기가 설명하는 것은?

보기
피보험이익의 평가액으로 보험사고 발생 시 피보험자가 당할 수 있는 손해의 최고한도액이다. 즉, 보험자가 보상할 최대한의 손해액으로 보험자의 보상책임에 대한 한도액을 말한다.

① 피보험이익　② 보험가액
③ 보험금액　④ 보험료

010 해상보험계약의 주요원리와 가장 관계가 먼 것은?

① 피보험이익
② 소급보상불가의 원칙
③ 피보험자 고지의무
④ 근인주의 보상원리

011 해상보험계약의 특성으로 적당하지 않은 것은?

① 국제성이 강한 계약이다.
② 비례보상의 원칙이 가장 잘 적용되는 계약이다.
③ 최대선의의 계약으로서 영국 해상보험법 제17조에서 이를 명문화하고 있다.
④ 당사자가 계약상의 의무의 이행으로 부담하게 되는 보험료와 보험금의 쌍방 또는 적어도 일방의 유무 또는 대소가 우연한 사실에 의하여 좌우하게 되는 일종의 사행계약이다.

012 영국 해상보험법상 보험계약이 체결된 것으로 간주하는 때는 언제인가?

① 보험료를 납부한 때
② 보험증권이 발행된 때
③ 보험자가 승낙한 때
④ 피보험자가 청약한 때

013 해상보험계약의 성질로서 보기의 내용은 어느 것에 대한 내용인가?

| 보기 |

계약당사자 일방이 결정한 보험약관에 대하여 타방이 이것을 포괄적으로 승인함으로써 효력이 발생하는 계약이다. 보험계약은 원칙적으로 보험자와 계약자가 하나하나를 합의하여 규정하는 것이 원칙이나, 보험계약내용이 복잡하고 어렵기 때문에 보험자가 미리 보험약관을 작성해놓은 상태에서 보험계약자가 원할 때 이 약관에 서명만 함으로써 보험계약을 성립시키도록 정형화하고 있는 것

① 쌍무계약 ② 부합계약
③ 낙성계약 ④ 최대선의계약

014 다음 중 적하보험과 가장 관련이 적은 것은?

① 실손보상의 원칙
② 보험가액 불변의 원칙
③ 동종제한의 원칙
④ 인쇄문언 우선의 원칙

015 다음 중 적하보험에 대한 설명으로 타당하지 않은 것은?

① 실손보상의 원칙이 적용되는 계약이다.
② 해륙복합위험을 부담하는 계약이다.
③ 주로 법정보험가액을 이용하는 미평가보험을 채택하고 있다.
④ 다른 명시규정이 없는 한 손해보상의 원칙에 따라 손해액 전액을 보험가입금액을 한도로 지급한다.

016 적하보험에서 보상의 대상이 될 수 있는 손해는?

① 시장상실로 인한 손해
② 결과적 손해
③ 물적손해
④ 이자손해

017 적하보험의 특징에 해당되지 않는 것은?

① 손해보상계약
② 국제성
③ 요율규제의 엄격성
④ 해륙복합위험의 부담

018 해상보험에서 피보험이익이 갖추어야 할 요건이 아닌 것은?

① 현존성 ② 합법성
③ 경제성 ④ 확실성

019 해상보험에서 피보험이익의 대상이 아닌 것은?

① 희망이익 ② 선비
③ 청구권 ④ 운임

020 피보험이익에 관한 설명으로 올바른 것은?

① 피보험이익의 대상은 반드시 유체물이어야 한다.
② 피보험이익이 없는 보험계약은 피보험자가 특정 할증료를 부담하고 체결해야 한다.
③ 피보험이익은 반드시 금전으로 산정할 수 있어야 한다.
④ 피보험이익은 반드시 계약의 체결 시에 확정되어 있어야 한다.

021 피보험이익에 대한 설명으로 옳지 않은 것은?

① 보험계약의 목적이다.
② 피보험이익이 없어도 보험계약은 유효하다.
③ 보험의 목적과 피보험자와의 경제적 이해관계이다.
④ 피보험이익이 되기 위해서는 적법성, 경제성, 확정성을 갖추어야 한다.

022 해상보험의 목적이 될 수 없는 것은?

① 운임 ② 적화물
③ 선원 ④ 선박

023 보험의 성립요건으로 적합하지 못한 것은?

① 우연히 발생한 보험사고일 것
② 발생할 위험의 예측이 가능할 것
③ 대상위험은 다수의 동질적 위험일 것
④ 보험료를 대수의 법칙에 따라 산출할 것

024 근인주의(proximate cause)를 설명한 것으로 적합하지 못한 것은?

① 손해의 원인이 담보위험에 실질적으로 기초하여 발생한 경우에 최종적인 손해가 꼭 담보위험에 의한 것이 아니라도 보상해야 한다는 상당인과관계설을 뜻한다.
② 여러 원인이 복합적으로 동시에 작용하여 손해를 야기시킨 경우에 면책위험이 개입되어 있을 경우에 보험자는 책임이 없다.
③ 근인의 해석에 있어서 초기에는 시간적으로 가까운 원인만이 근인으로 해석되어졌다.
④ 오늘날은 점차 시간적으로 손해에 가장 가깝게 발생한 원인이 담보위험인 경우 보상하는 엄격한 입장을 취하는 경향이 있다.

025 손실전보의 원칙(principle of indemnity)에 관한 설명으로 적합하지 못한 것은?

① 피보험자가 손해가 발생하기 직전에 소유 또는 향유하였던 것과 동일한 금전상의 위치를 되찾도록 재정적인 보상이 되어야 한다는 원칙이다.

② 보험사고에 의한 실제 손해를 최소한도로 초과해서 보상되어야 한다는 원칙이다.

③ 보험목적물이 실제의 시가보다 낮게 정해진 일부보험(under insurance)에서는 비례보상의 원리가 적용된다는 원칙이다.

④ 미평가보험(unvalued policy)의 경우에는 계약 시에 합의된 보험가액이 실제가액을 초과할 경우라도 전손해가 보상된다는 원칙이다.

026 고지의무에 관한 설명으로 잘못된 것은?

① 보험자가 현실적으로 알고 있는 사실에 대하여는 고지할 필요가 없다.

② 고지의무는 담보(warranty)와 함께 보험자의 위험인수의 기초가 된다.

③ 보험자는 고지의무 위반 시에 보험계약을 취소할 수 있다.

④ 위험을 감소시키는 경향이 있는 사실도 고지는 해야 한다.

027 적하보험에서 손해발생 시 취해야 할 피보험자의 조치사항으로 가장 관련이 적은 것은?

① 손해통지의무

② 손해방지의무

③ 공동해손분담의무

④ 제3자에 대한 구상권의 확보의무

028 희망이익보험에 관한 설명으로 적합하지 못한 것은?

① 희망이익을 보험의 목적으로 한 것이다.

② 보통 적하에 포함해서 부보한다.

③ 예상수익에 부보하는 것이다.

④ 화재보험의 일종이라 할 수 있다.

029 보험가액과 보험금액 사이의 관계를 설명한 것으로 적당하지 않은 것은?

① 보험금액이 보험가액과 동일한 경우를 전부보험이라고 한다.

② 보험가액이 보험금액보다 적은 경우의 보험을 일부보험이라고 한다.

③ 동일한 피보험이익에 대하여 보험기간을 공통으로 하는 2개 이상의 보험계약을 체결하고 그 보험금액의 합계액이 보험가액을 초과하는 경우를 중복보험이라고 한다.

④ 동일한 피보험이익을 여러 명의 보험자에게 그 일부씩 보험에 가입함으로써 그 보험금액의 합계액이 보험가액을 초과하지 않는 경우의 보험을 공동보험이라 한다.

030 일부보험의 손해보상방법에 관한 설명으로 잘못된 것은?

① 비례보상의 경우에 손해보상액은 손해액 ×(보험가입금액/보험가액)의 공식에 따라 산출한다.
② 손해전보원칙에 따라 보상한도액은 실제로 입은 손해액을 넘지 못한다.
③ 우리나라는 실손보상방법을 택하고 있다.
④ MIA, 1906은 비례보상방법을 규정하고 있다.

031 매도인이 자기의 창고로부터 매수인의 창고까지 해상적하보험에 가입하고 매수인도 화물의 하역항으로부터 자기의 창고까지의 운송위험에 대한 육상운송보험에 가입한 경우에 성립하는 보험은?

① 초과보험 ② 중복보험
③ 일부보험 ④ 공동보험

032 보험자가 발행하는 것이 아닌 것은?

① Open Policy
② Cover Note
③ Insurance Certificate
④ Insurance Policy

033 담보(warranties)에 관한 내용으로 적절하지 않은 것은?

① 보험시고 발생 전에 담보위반이 교정되어 충족되었다면 피보험자는 보험자에게 항변 즉, 보험보상을 요구할 수 있다.
② 담보의 위반은 보험자가 그 권리를 포기할 수 있다.
③ 담보위반이 있으면 보험자는 담보위반일로부터 원칙적으로 보상책임을 면한다.
④ 담보는 위험의 발생에 관하여 중요하든 아니하든 정확하게 충족되어야 한다.

034 명시담보(express warranties)에 관한 설명으로 바르지 않은 것은?

① 증권상에 명시되어 있는 피보험자가 지켜야 할 약속이다.
② 묵시담보(implied warranties)가 명시담보에 반하지 않는 한 배제되지 않는다.
③ 명시담보에는 내항성담보와 적법담보 등이 있다.
④ 특정지역의 항해를 금지하거나 선박이나 적하가 중립이라고 증권에 기재되면, 이는 명시담보에 해당한다.

035 다음 중 명시담보에 속하지 않는 것은?

① 안전담보 ② 중립담보
③ 항해담보 ④ 내항담보

036 다음 중 인위적인 위험이 아닌 것은?

① 해적 ② 억류
③ 투하 ④ 충돌

037 담보(warranties)에 관한 설명으로 틀린 것은?

① 담보는 피보험자가 반드시 준수 · 이행해야 할 사항으로서 위반 시에는 위험에 대한 중요성 여부를 불문하고 담보위반이 있는 날로부터 보험자는 면책을 주장할 수 있다.
② 피보험자가 담보를 위반할 경우에는 담보위반 이전에 발생한 손해에 대해서도 보상을 받을 수 없게 된다.
③ 담보는 피보험자가 반드시 지켜야 할 약속으로서 그 중요성 여부와는 무관하다.
④ 후속법령으로 인하여 피보험자가 담보를 준수하는 것이 위법이 되는 경우에는 담보위반이 묵인된다.

038 해상보험에서의 자연적 위험에 해당하는 것은?

① 촉초(touch and go)
② 군함 및 외적
③ 포획 및 나포
④ 투하(jettison)

039 해상고유의 위험(perils of the sea)이 아닌 것은?

① 파선(shipwreck)
② 화재(fire)
③ 좌초(stranding)
④ 충돌(collision)

040 ICC(FPA)조건에서 해상고유의 위험(perils of the sea)에 속하지 않는 것은?

① 바다에서 우발적인 사고
② 바다에서 우발적인 재난
③ 침몰 · 좌초
④ 풍랑 등의 통상적인 작용

041 해상적하보험(cargo insurance)에서의 담보위험과 관련된 소위 해상주요사고(major casualties)가 아닌 것은?

① 화재(burning)
② 충돌(collision)
③ 난파(shipwreck)
④ 좌초(stranding)

042 절대(현실)전손에 관한 설명으로 적합한 것은?

① 선박이나 화물이 원양에서 얻은 멸실된 손해
② 선박이나 화물의 일부가 해난으로 입은 손해

③ 신박의 행방불명, 원상회복이 불가능한 손해
④ 위험을 면하기 위하여 고의적으로 처분한 손해

043 현실전손(actual total loss)이 아닌 것은?

① 물건 본래의 성질을 상실한 경우
② 보험의 목적물이 포획된 경우
③ 선박이 행방불명되고 상당한 기간이 경과해도 아무 소식이 없는 경우
④ 선박의 점유를 박탈당하고 그것을 회복할 가망이 없을 경우

044 공동해손비용에 해당하는 것이 아닌 것은?

① 피난항비용 ② 정산비용
③ 대위비용 ④ 자금조달비용

045 공동해손에 대한 설명으로 옳지 않은 것은?

① 공동해손으로 화주는 물적손해, 비용손해 또는 공동해손분담으로 손해를 입게 될 수 있다.
② 공동해손은 공동의 위험에 처하여 이로부터 벗어나기 위해 취한 의도적 행위 결과로 발생할 수도 있다.
③ 보험자는 면책위험으로 인해 발생하지 않는 한 공동해손으로 인한 손해에 대해 보상책임을 부담한다.
④ 공동해손으로 인한 물적손해 및 비용손해는 피보험자의 부담으로 귀속될 부분에 대해 보상하지 않는다.

046 공동해손이 성립되기 위한 조건이 아닌 것은?

① 합리적이고 고의적으로 행해져야 한다.
② 우발적이고 불가항력의 경우이어야 한다.
③ 위험이 현실적으로 절박해야 한다.
④ 위험은 해상사업의 전부를 위협하는 것이어야 한다.

047 공동해손이 발생했을 때 G.A. guarantee는 누가 발행하는가?

① 보험회사가 선박회사 앞으로
② 수입업자가 보험회사 앞으로
③ 수입업자가 선박회사 앞으로
④ 보험회사가 수입업자 앞으로

048 위부와 관련이 있는 해상손해는?

① Actual Total Loss
② Particular Average
③ Constructive Total Loss
④ General Average

049 공동해손의 기본원칙인 공동안전주의(doctrine of common safety)와 공동이익주의(doctrine of common benefit)에 관한 설명 중에서 틀린 것은?

① 영국은 공동안전주의를 택하고 있다.
② 미국은 공동이익주의를 택하고 있다.
③ YAR은 문자규정에서는 공동이익주의를, 숫자규정에서는 공동안전주의를 택하고 있다.
④ YAR은 결과적으로 공동안전주의와 공동이익주의의 절충주의를 택하고 있다.

050 공동해손정산의 기준과 원칙에서 통상적으로 기준으로 하는 것은?

① Marine Insurance Act
② Hague Rules
③ York-Antwerp Rules
④ Lloyd's Act

051 특별한 약관이 없어도 보험회사가 부담하는 일반적인 손해는?

① 화물 고유의 하자로 인한 손해
② 선박의 내항성 결여로 인한 손해
③ 면책률약관에 규정된 손해
④ 공동해손으로 인한 손해

052 해상보험조건 중에서 가장 저렴한 보험조건은?

① FPA ② WA
③ All Risks ④ TLO

053 FPA조건에서 보험자가 보상하지 않는 손해는?

① 공동해손 ② 손해방지비용
③ 특정분손 ④ 불특정분손

054 FPA조건에서 해상보험자가 보상하지 않는 손해는?

① 추정전손 ② 공동해손
③ 구조비 ④ 단독해손

055 FPA조건으로 적하보험을 가입하였다. 보상되지 않는 것은?

① 충돌로 인한 단독해손
② 선원의 취급 부주의에 의한 전손
③ 행방불명으로 인한 전손
④ 투하 및 강도 등으로 인한 전손

056 ICC(C)에서 담보하지 않는 위험은?

① 투하 ② 갑판유실
③ 화재 ④ 선박의 침몰

057 ICC(A) 약관 중 보기의 내용을 규정하고 있는 약관은?

| 보기 |

피보험손해가 계약체결 이전에 발행하였을지라도 피보험자가 그 손해의 발생사실을 알고 보험자가 몰랐을 경우를 제외하고는 피보험자는 이 보험의 담보기간 중에 생긴 피보험손해에 대해서 보상받을 권리가 있음

① transit clause
② insurable interest clause
③ increased value clause
④ not to be insured clause

058 ICC(A)조건으로 보험에 부보하였을 경우 보상받을 수 있는 위험은?

① 포장의 불완전 또는 부적합
② 보험목적물 고유의 하자 또는 성질
③ 선박 등의 불내항 또는 부적합
④ 지진, 화산폭발, 낙뢰

059 ICC(A), ICC(B), ICC(C)인 신협회적하약관에서 공통으로 담보되는 위험이 아닌 것은?

① 화재 · 폭발
② 육상운송용구의 전복 · 탈선
③ 조난항에서의 화물양륙
④ 지진 · 분화 · 낙뢰

060 분손담보(WA)조건에서 담보대상의 범주에 포함되지 않는 것은?

① 공동해손분담금
② 하역작업 중의 매포장당의 전손
③ 특정분손(specified particular average)
④ 발화(pilferage), 서열(署熱), 한유(sweat damage)로 인한 분손

061 단독해손담보(WA)조건과 직접적인 관계가 없는 것은?

① 위부에 붙여야 한다.
② franchise에 의하여 면책된다.
③ 분손담보조건이라고도 한다.
④ 보험료가 비싸고 많이 이용된다.

062 A/R조건하에서 보험자가 부담하는 위험은?

① 전쟁위험 및 항해의 지연위험
② 동맹파업, 소요 및 폭동
③ 보험목적물의 고유의 하자 및 성질
④ 도난 · 불착위험

063 신문용지를 수입하고자 할 때의 부보조건으로 적합한 보험조건은?

① All Risks
② WA 3% & TPND
③ WAIOP & RFWD
④ WAIOP & Leakage

064 어떠한 소손해가 발생하여도 보험자가 이를 담보하는 보험조건은?

① WAIOP
② franchise
③ excess franchise
④ WA 3%

065 도자기제품의 수출 시에 가장 적합한 보험조건은?

① FPA & TPND
② WA 3% & Leakage
③ WAIOP & RFWD
④ WAIOP & Breakage

066 동일화물에 대한 같은 기간 및 지역 간의 운송일 경우에 요율이 가장 높은 보험조건은?

① FPA ② WAIOP
③ A/R ④ WA

067 Institute Cargo Clause(A)에서 담보되지 않는 위험은?

① Craft Clause
② Bailee Clause
③ Capture & Seizure Clause
④ General Average Clause

068 신협회적하약관 중 포괄담보방식을 취하는 약관은?

① ICC(A) ② ICC(B)
③ ICC(C) ④ ICC(D)

069 A/R(All Risks) 또는 ICC(A) 약관에서 담보하지 않는 위험은?

① 충돌손해
② 화재, 폭발
③ 지연에 의한 손해
④ 제3자의 고의에 의한 파괴

070 다음 중 담보될 수 있는 위험은?

① 법규위반에 의한 위험
② 적하의 성질에 의한 위험
③ 전쟁의 위험
④ 선박의 불내항성

071 적하보험에 관한 설명으로 적절하지 않은 것은?

① 위험을 부담하는 방식으로 포괄책임주의와 열거책임주의가 있다.
② ICC(A)약관은 포괄책임주의를 채택하고 있다.
③ ICC(B)약관과 ICC(C)약관은 열거책임주의를 채택하고 있다.
④ 입증책임만을 고려한다면 ICC(A)약관보다 ICC(C)약관이 유리하다.

072 SR & CC에 속하지 않는 것은?

① 내란 ② 파업
③ 폭동 ④ 소요

073 화물을 갑판 위에 적재하게 됨에 따라 해난사고 시의 투하나 풍랑으로 인한 유실을 담보받기 위하여 통상의 보험 외에 추가로 가입하는 특수한 보험조건은?

① W/SR & CC ② TPND
③ J/WOB ④ RFWD

074 TPND에 속하지 않는 위험은?

① 도난(盜難) ② 불착손(不着損)
③ 발화(拔貨) ④ 소요(騷擾)

075 다음 보기가 설명하는 부가위험은?

보기
해상보험상의 부가위험의 하나로서 oil damage는 선박의 연료유, 기계유가 파이프에서 흘러 나와 화물이 오염되는 것을 말하고, 타 화물과의 접촉은 본선의 부적당한 적부가 원인이 되어 발생한다.

① TPND ② JWOB
③ COOC ④ ISE

076 해상보험의 준거법인 영국 해상보험법(MIA)상에는 보험약관에 별도의 규정이 있는 경우를 제외하고는 보험자는 면책된다. 이러한 MIA상의 면책위험에 해당하지 않는 것은?

① 지연에 근인한 손해
② 쥐 또는 벌레에 근인하는 모든 손해
③ 통상의 자연소모
④ 본선의 소유자, 관리자, 용선자 또는 운항자의 지불불능으로 생기는 화물의 손상

077 위부(abandonment)에 관한 설명 중에서 올바른 것은?

① 추정전손(constructive total loss)이 성립하는 경우에 피보험자가 보험의 목적에 대하여 가지고 있는 일체의 권리를 보험자에게 이전하고 전손금의 보상을 받는다.
② 현실전손(actual total loss)이 성립하는 경우에 보험자가 보험의 목적에 대하여 가지고 있는 일체의 권리를 피보험자에게 이전한다.
③ 추정전손이 성립하는 경우에 보험자가 보험의 목적에 대하여 가지고 있는 일체의 권리를 피보험자에게 이전한다.
④ 현실전손이 성립하는 경우에 피보험자가 보험의 목적에 대하여 가지고 있는 일체의 권리를 보험자에게 이전한다.

078 손해보상의 범위가 넓은 것부터 보험조건을 순서대로 나열한 것은?

① A/R > WA > FPA > TLO
② WA > TLO > A/R > FPA
③ A/R > TLO > WA > FPA
④ TLO > WA > A/R > FPA

079 영국 해상보험법(MIA)에서 보험자의 면책사유로 적절하지 않은 것은?

① 피보험자의 과실에 기하여 발생한 손해
② 통상적인 자연소모, 통상의 누손 및 파손
③ 정당한 사유 없이 항해가 상당한 속도로 수행되지 아니한 경우 부당한 지연이 생긴 이후의 손해
④ 선박이 보험증권상에 지정된 출항지와 도착지의 변동 없이 항로를 변경함으로써 예정항로를 이탈한 항해를 하다가 보험사고가 발생한 경우

080 영국 해상보험법(MIA)에 규정하고 있는 위부에 대한 내용으로 옳지 않은 것은?

① 위부가 승낙된 경우에는 이를 철회할 수 없다.
② 보험자는 위부의 통지를 면제할 수 있다.
③ 위부의 통지는 서면으로 하거나 구두로도 할 수 있다.
④ 위부의 승낙은 보험자가 명시적으로 하여야 한다.

081 보험료를 지급하는 자에 해당하는 자는?

① forwarder ② policy holder
③ underwriter ④ insurer

082 해상적하보험료율에 영향을 미칠 수 있는 요소가 아닌 것은?

① 항구시설 ② 선주
③ 적재선박의 종류 ④ 환적 여부

083 적하보험약관 중 운송약관에 관한 설명으로 틀린 것은?

① 보험증권상의 출발지에 있는 창고 등에서 화물이 수송을 위하여 떠날 때부터 보험은 개시한다.
② 보험증권상의 목적지에서 보관장소에 화물이 인도된 때 보험은 종료한다.
③ 보험증권상의 목적지 이전에서 할당이나 분배를 위한 창고 등에 인도되더라도 보험은 계속된다.
④ 항해선으로부터 양륙일로부터 60일이 경과하면 보험은 종료된다.

084 보험자의 책임 개시시점과 종기시점을 규정하고 있는 협회적하약관은?

① 구속약관 ② 운송약관
③ 항해변경약관 ④ 항해종료담보약관

085 해상적하보험에서 보험자책임의 시기는?

① 화물이 육안을 이탈한 때이다.
② 회물이 본선의 선상에 적재된 때이다.
③ 화물이 선적을 위하여 부선에 적재된 때이다.
④ 화물이 본선의 난간을 유효하게 통과한 때이다.

086 해상보험에서 피보험이익의 당사자가 아닌 자는?

① 보험목적물의 소유자
② 선장과 선원
③ 은행
④ 저당권자

087 적하보험의 special replacement clause에 관한 설명으로 틀린 것은?

① 보험의 목적이 기계류인 경우 첨부되는 특별약관이다.
② 수리가 불가능한 경우 원칙적으로 이 약관은 적용하지 않는다.
③ 수리를 위하여 부품을 수입하여야 하는 경우 관세는 원칙적으로 보상하나 부가가치세는 보상하지 않는다.
④ 보험의 목적이 손상되면 대체비용 또는 수리비에 만일 운임, 재조립비용을 필요로 하면 이들 비용을 가산한 금액을 보상한다.

088 적하보험의 특별약관 중 보기가 설명하는 것은?

보기
최종양하항에서 외항선으로부터 보험목적물의 하역완료 후 60일을 초과하여 계속 보관하는 경우 그 보관기간 중에 발생하는 손해를 보상

① special replacement clause
② hook & hole clause
③ inland storage extension clause
④ on-deck clause

089 적하보험의 운송약관에 의하여 본선으로부터 양하를 종료한 후부터 며칠이 경과한 때에 적하보험이 종료되는가?

① 10일 경과　　② 20일 경과
③ 30일 경과　　④ 60일 경과

090 적하보험약관 중 transit clause(운송약관)에서 위험이 개시되는 시점은?

① 화물이 출발지의 창고에서 반출된 때
② 화물이 운송을 위하여 운송용구에 적재된 때
③ 화물이 운송용구에 적재된 후 목적지를 향하여 출발한 때
④ 화물이 트럭 같은 운송용구의 난간을 유효하게 통과된 때

091 다음 보기가 설명하는 약관은?

| 보기 |

원목, 자동차, 생동물 기타 타화물에 위험을 주는 화물(화공품, 폭발물)은 갑판적 적재를 하는 것이 해상운송의 관례이고, 해상적하보험에서는 ICC(C) 혹은 FPA조건으로만 인수하여 갑판유실의 경우 담보되지 않는 사정을 감안하여 이와 같은 갑판적 운송화물의 갑판유실을 담보하기 위해 추가되는 약관

① Rain and/or Fresh Water Damage
② Jettison and Washing Over Board (JWOB)
③ Leakage/Shortage
④ Breakage

092 다음 보기가 설명하는 약관은?

| 보기 |

원산지손해에 대한 위험을 담보하지만, 외항선에 적재되기 이전에 홍수, 해일, 고조의 유입 또는 폭우로 인한 손해, 외항선에 적재될 때 명백한 손해로 추정되어지는 손해까지 확장담보되지 않는다.

① country damage clause
② special refrigerated cargo clause
③ special replacement clause
④ on-deck clause

093 영국 해상보험법(MIA)에서 보험자의 면책사유로 적절하지 않은 것은?

① 피보험자의 과실에 기하여 발생한 손해
② 통상적인 자연소모, 통상의 누손 및 파손
③ 정당한 사유 없이 항해가 상당한 속도로 수행되지 아니한 경우 부당한 지연이 생긴 이후의 손해
④ 선박이 보험증권상에 지정된 출항지와 도착지의 변동없이 항로를 변경함으로써 예정항로를 이탈한 항해를 하다가 보험사고가 발생한 경우

094 보험계약자와 피보험자가 서로 다른 무역조건은?

① FOB ② CFR
③ CIF ④ DES

095 franchise조항이 적용되지 않는 것은?

① 자동차 ② 밀가루
③ 원면 ④ 시멘트

096 해상보험계약의 성질로서 보기의 내용은 어느 것에 대한 내용인가?

| 보기 |

계약당사자 일방이 결정한 보험약관에 대하여 타방이 이것을 포괄적으로 승인함으로써 효력이 발생하는 계약이다. 보험계약은 원칙적으로 보험자와 계약자가 하나

> 하나를 합의하여 규정하는 것이 원칙이나, 보험계약내용이 복잡하고 어렵기 때문에 보험자가 미리 보험약관을 작성해놓은 상태에서 보험계약자가 원할 때 이 약관에 서명만 함으로써 보험계약을 성립시키도록 정형화하고 있는 것

① 쌍무계약　　② 부합계약
③ 낙성계약　　④ 최대선의계약

097 적하보험계약의 체결과 관련한 설명으로 틀린 것은?

① 일반적으로 FOB 또는 CFR 무역조건의 경우에는 수입업자가 적하보험계약자임과 동시에 피보험자가 된다.
② 일반적으로 CIF 무역조건의 경우에 수출업자는 보험계약자일 뿐 화물의 선적 이전은 물론 선적 이후에도 적하보험계약의 피보험자는 수입업자가 된다.
③ 적하보험계약에 있어서 보험금액의 설정은 일반적으로 상업송장 가액에 10%의 희망이익을 가산한 금액을 기준으로 한다.
④ L/C에 의한 대금결제방식을 취하는 경우, 적하보험증권은 다른 선적서류들과 함께 은행 nego 시 제출하여야 할 서류 중의 하나이므로 보험증권의 내용은 신용장 뿐만 아니라 다른 선적서류의 내용과도 일치해야 한다.

098 보험관련 용어의 설명으로 적절하지 않은 것은?

① 위부: 추성선손의 경우에 있어서 보험의 목적에 잔존하고 있는 피보험자의 일체의 이익을 보험의 목적에 관한 소유권 및 구제수단과 함께 피보험자가 보험자에게 양도하는 것을 말한다.
② 피보험이익: 보험의 목적물이 멸실 또는 손상됨으로써 경제적 손실을 입는 특정인과 그 보험의 목적물 사이에 존재하는 이해관계를 의미한다.
③ 초과보험: 보험가액이 보험가입금액보다 큰 보험을 말한다.
④ 대위: 보험자가 전손보험금을 지급한 경우, 피보험자가 보험의 목적물에 대하여 가지는 권리 및 제3자에 대하여 가지는 손해배상청구권을 피보험자를 대신하여 취득하는 것을 말한다.

099 우리나라 적하보험 실무상 보험료율 산정에 관한 설명으로 옳은 것은?

① A/R이나 ICC(A)조건에서 통상 보상하는 위험의 경우 품목의 특성에 따라 추가보험료를 부담하여야 하는 경우는 존재하지 않는다.
② 환적은 추가보험료의 대상이 아니다.
③ 외화표시 보험료의 원화환산은 청약일의 외환은행 제1차 고시 매매기준율에 의한 해당 원화로 한다.
④ 운송구간이 길수록 보험료율은 높으며, 선박보다 항공기에 의한 화물의 보험료율이 더 높다.

100 보험의 고지의무에 대한 설명으로 옳지 않은 것은?

① 고지의무는 보험계약 체결의 교섭 중이나 계약의 성립 전까지 이루어져야 한다.
② 고지는 보험계약자가 보험청약서를 통하여 하거나 상업송장 등 기타 서류로써도 할 수 있다.
③ 보험계약자가 중요한 사항을 고지하지 않으면 보험자는 보험계약의 취소권을 행사할 수 있다.
④ 보험자가 알고 있는 사항, 위험을 증가시키는 사항은 고지가 필요 없다.

101 적하보험자의 책임(보상)에 관한 설명으로 옳은 것을 모두 고르면?

ㄱ. 직접손해는 보상하나, 간접손해는 원칙적으로 보상하지 않는다.
ㄴ. 물적손해는 보상하나, 비용손해는 약관과 법률의 규정에 의하여 예외적으로 보상한다.
ㄷ. 보험보상은 보험금액을 한도로 보상함을 원칙으로 한다.
ㄹ. 전손보험금을 지급하더라도 순수구조료는 보험금액 한도 내에서 추가로 지급한다.

① ㄱ, ㄴ, ㄷ　② ㄱ, ㄴ, ㄹ
③ ㄱ, ㄷ, ㄹ　④ ㄴ, ㄷ, ㄹ

102 보험의 위부와 대위의 관계에 대한 설명으로 옳지 않은 것은?

① 대위는 해상보험에만 통용되며, 위부는 해상보험을 비롯한 모든 손해보험에 설정된다.
② 제3자에 대한 대위권은 전손, 분손에 관계없이 보험자가 보험금을 지급하면 자동승계하지만, 위부는 추정전손을 성립시키기 위한 요건이기 때문에 전손인 경우에만 해당된다.
③ 위부가 있는 경우의 대위는 회수금 전액이 보험자에게 귀속되지만, 위부가 없는 경우의 대위는 지급보험금 한도 내에서 회수금을 찾아간다.
④ 위부가 성립되면 보험목적물에 관련된 일체의 권리가 보험자에게 이전되기 때문에 대위권도 자동적으로 승계되지만, 보험자가 위부를 거절하고 분손보험금을 지급하면 대위권만 승계한다.

103 항공화물보험에 관한 설명으로 옳지 않은 것은?

① 항공운송 사고의 경우 화물의 손해는 전손이 대부분이다.
② 항공운송 중 화물에 대한 손해를 담보하기 위하여 런던보험업자협회의 협회항공화물약관이 자주 사용된다.
③ 협회항공화물약관은 해상운송의 ICC(B)와 차이가 없다.
④ 협회항공화물약관 상의 담보기간은 항공기 양하 후 30일간이다.

104 다음 중 적하보험증권에 대한 설명으로 옳지 않은 것은?

① 보험자만이 기명날인한다.
② 보험증권이 발행되어야 보험계약이 성립한다.
③ 보험계약의 성립과 그 내용을 증명하기 위한 증거증권이다.
④ 보험증권은 배서나 기타 관습적인 방법으로 양도할 수 있다.

105 제3자의 위험으로 정상적인 해상보험증권에서 부보되지 않는 위험에 대한 담보를 확보하기 위하여 선주 상호 간에 의해 설립된 것은?

① International Shipping Federation
② International Chamber of Shipping
③ TT Club
④ P&I Club

1급

국제무역사 1000제

4과목 | 무역영어

1급 국제무역사

4과목 무역영어

정답 및 해설 306p

001 다음 문장 중 올바른 것을 하나 고르시오.

① An invitation to offer is an expression of willingness to contract on certain items made with the intention that it shall become binding as it is accepted by the offeree.

② Unless accompanied by words indicating that highest or lowest tender will be accepted, an announcement inviting tenders is mere attempt to ascertain whether an acceptable offer can be obtained, i.e. it constitutes a free offer.

③ A mere inquiry will terminate the offer even if it is consistent with the idea that offeree is still keeping the original under consideration.

④ When the offeror expressly fixes a time within which an offer is to remain open, the offer may be considered to have lapsed owing to the passing of specified time.

002 다음 문장 중 잘못된 것을 하나 고르시오.

① Under an offer subject to market fluctuation, the prices can be shifted according to change of the market condition.

② You'd better offer your goods subject to being unsold(stock offer) or prior sale if they are so limited that you cannot afford to offer any more.

③ Stock offer is a kind of an invitation to treat.

④ In strict sense offer subject to seller's final confirmation is not an offer but an invitation to an offer.

003 다음 문장의 (　　) 안에 적합한 단어의 순서가 올바른 것은?

> Offer subject to seller's final confirmation is an offer which, even though the offeree accepts the offer, needs the offeror's (　　) on the acceptance for the (　　) of a contract.

① disclaimer – avoidance

② waiver – settlement

③ recognition – conclusion

④ confirmation – amendment

004 다음 문장 중 잘못된 것을 하나 고르시오.

① A statement made by or other conduct of the offeree indicating assent to the offer is an acceptance.

② A reply to an offer which purports to be an acceptance but contains limitations or other modifications is a rejection of the offer and constitutes a counter offer.

③ A counter offer cannot constitute an acceptance of an offer; it amounts to a rejection of the offer, and so operates to bring it to an end.

④ Any acceptance containing addition, limitation or other modifications shall be considered as an acceptance of the offer received, coupled with a new invitation to an offer.

005 수입자가 요구하는 일반적인 품질조건에서, 다음 (　　)에 들어갈 것은?

> The quality must come (　　) the samples. The weight and size should be (　　) the sample.

① as per – up to
② similar to – as for
③ up to – as per
④ against – not inconsistent with

006 다음 (　　)에 차례로 알맞은 것은?

> • This agreement shall be valid for a period of one year (　　) the 10th May.
> • Please note that the shipment has to be held up (　　) arrival of your L/C.

① running about – pending
② counting from – commencing from
③ commencing from – pending
④ running about – as of

007 다음 해석 중 틀린 것은?

① place an order = book an order : 주문하다
② trial order = initial order : 시험주문, 초기주문
③ substantial orders = bulk orders : 대량주문
④ backlog of orders : 주문지체, 수주잔고

008 다음 밑줄 친 부분을 대체할 수 없는 것은?

> We will <u>make a discount of 5%</u> off (on) the list price if you place an order over 300 units per style.

① give you a 5% discount
② give you an allowance of 5%
③ offer a discount of 5%
④ offer a tolerance of 5%

009 다음 문장과 관련된 계약서나 일반거래 협정서상의 조항은?

> Any claim by buyer must be made in writing (14) days of receipt of the goods at the destination stated on the face hereof, and no claim will be recognized if they are used.

① Escalation clause
② Engagement clause
③ Claim clause
④ infringement clause

010 (　　) 안에 옳은 것을 고르시오.

> (　　) is an offer open for a reasonable time in which the offeror binding the offeree to accept it within a specified period.

① Free offer
② Offer on Approval
③ Offer subject to Market Fluctuation
④ Firm offer

011 (　　) 안에 옳은 것을 고르시오.

> Goods sold on sample shall be guaranteed by (　　) to conform exactly to original sample.

① buyer
② seller
③ surveyor
④ government authority

012 (　　) 안에 옳은 것을 고르시오.

> If your (　　) are competitive and quality satisfactory, we shall be able to place bulk orders with you.

① goods
② terms and conditions
③ quotations
④ price lists

013 (　　) 안에 옳은 것을 고르시오.

> (　　) gives advantages to the buyer so that he could show the actual samples to the potential buyers before the goods reach them.

① Buyer's sample
② Duplicate sample
③ Shipment sample
④ Seller's sample

014 다음 문장 중 올바른 것을 하나 고르시오.

① In case you(exporter) are in a "Buyer market" situation, it would be better for you to grant D/P settlement.

② Under D/A Bill, the documents are handed over to the consignee from the bank upon his acceptance of the bill, whereas under D/P Bill the documents are not handed over to the buyer when he pays his bill.

③ When exporter is financially tight, CWO is appropriate to use.

④ In case a buyer is of good credit or you(exporter) have lots of funds, you should export goods on D/P basis rather than D/A basis.

015 다음 ( )에 알맞은 것은?

> Negotiation L/C enables the ( ) to obtain immediate funds from the bank authorised to negotiate by presenting to that bank the required documents ( ) sight or usance draft.

① applicant – with or without

② beneficiary – with

③ applicant – with

④ beneficiary – without

016 다음 ( )에 알맞은 것은?

> ( ) means the right to recover from a prior party to a bill of exchange which has been ( ) if such bill of exchange is ( ).

① Collection – accepted – duly protected

② Recourse – accepted – duly honoured

③ Recourse – negotiated – not honoured

④ Collection – negotiated – not honoured

017 다음 ( )에 들어갈 알맞은 것은?

> • A ( ) is a financial statement in favour of the payee drawn up by the person who owes the money.
> • A ( ) means that a written, dated, and signed two party instrument containing an unconditional promise by maker to pay a definite sum of money to a payee on demand or at a fixed time.

① draft – promissory note

② promissory note – draft

③ promissory note – promissory note

④ check – promissory note

018 다음 ( )에 알맞은 것은?

We would prefer the type of payment in which the customer normally pays for the goods before he receives them. We would prefer a ( ) arrangement.

① D/A ② usance draft
③ sight draft ④ open account

019 다음 ( )에 알맞은 것은?

( )'s object is to enable the seller to obtain the price, or an advantage against it, before the ( ).

① Negotiation L/C – shipment of the goods
② Red clause L/C – shipment of the goods
③ Revolving L/C – due date
④ Local L/C – maturity date

020 다음 ( )에 알맞은 것은?

( ) is in use to avoid customs duties.

① Over–value invoice
② Under–value invoice
③ Pro–forma invoice
④ Consular invoice

021 UCP 600을 기준으로 볼 때 다음 중 문장의 구성이 가장 옳지 않은 것은?

① An issuing bank is irrevocably bound to honour as of the time it issues the credit.
② Credit is not irrevocable if there is no indication to that effect.
③ An insurance document, such as an insurance policy, an insurance certificate or a declaration under an open cover, must appear to be issued and signed by an insurance company, an underwriter or their agents or their proxies.
④ Cover notes will not be accepted.

022 UCP 600을 기준으로 볼 때 다음 중 가장 옳지 않은 것은?

① A credit and any amendment may be advised to a beneficiary through an advising bank.
② Credit means any arrangement, however named or described, that is irrevocable and thereby constitutes a definite undertaking of the issuing bank to honour a complying presentation.
③ Negotiation means the purchase by the nominated bank of drafts (drawn on a bank other than the nominated bank) and/or documents under a

complying presentation, by advancing or agreeing to advance funds to the beneficiary on or before the banking day on which reimbursement is due to the nominated bank.

④ A credit must be issued available by a draft drawn on the applicant.

023 UCP 600을 기준으로 볼 때 다음 중 가장 옳지 않은 것은?

① An issuing bank should discourage any attempt by the applicant to exclude, as an integral part of the credit, copies of the underlying contract, proforma invoice and the like.

② A credit must state whether it is available by sight payment, deferred payment, acceptance or negotiation.

③ An authenticated teletransmission of a credit or amendment will be deemed to be the operative credit or amendment, and any subsequent mail confirmation shall be disregarded.

④ A credit must state an expiry date for presentation.

024 다음 (　　) 안에 알맞은 것은?

> The word 'about' or 'approximately' used in connection with the (　　) or the (　　) or the (　　) stated in the credit are to be construed as allowing a tolerance not to exceed 10% more or 10% less than the amount, the quantity or the unit price to which they refer.

① latest shipment date – quantity – expiry date

② amount of the credit – quantity – unit price

③ expiry date – quantity – unit price

④ amount of the credit – quantity – time limit for presentation

025 다음 (　　) 안에 알맞은 것은?

> A beneficiary can in no case avail himself of the contractual relationships existing between the banks or between (　　).

① the applicant and the issuing bank

② the insurance company and advising bank

③ the insurer and the insured

④ the beneficiary and advising bank

026 다음 (　　) 안에 알맞은 것은?

> A presentation consisting of more than one set of transport documents evidencing shipment commencing on (　　) and for (　　), provided they indicate (　　), will not be regarded as covering a partial shipment, even if they indicate different dates of shipment or different ports of loading, places of taking in charge or dispatch.

① the same carriage means – the same tour – the same destination
② the same means of conveyance – the same journey – the same destination
③ the same means of conveyance – the same voyage – the same shipment
④ the same carriage means – the same voyage – the same shipment

027 다음 (　　) 안에 알맞은 것은?

> A nominated bank acting on its nomination, a confirming bank, if any, and the issuing bank shall each have (　　) following the day of presentation to determine if a presentation is complying.

① a minimum of ten banking days
② a maximum of ten banking days
③ a minimum of five banking days
④ a maximum of five banking days

028 다음 (　　) 안에 알맞은 것은?

> (　　) means the purchase by the nominated bank of drafts (drawn on a bank other than the nominated bank) and/or documents under a complying presentation, by advancing or agreeing to advance funds to beneficiary on or before the banking day on which reimbursement is due to the nominated bank.

① Acceptance　② Letter of Credit
③ Payment　④ Negotiation

029 다음 중 아래의 밑줄 친 곳에 들어갈 가장 알맞은 것은?

> Under the ____________, freight charges are fixed not based upon freight per ton, but based upon fixed freight charges per voyage irrespective of whether the shipper uses the hired space to fulfill capacity or loads below capacity or does not load at all.

① Lump- Sum Charter
② Bareboat Charter
③ Time Charter
④ Voyage Charter

030 다음 (　　) 안에 알맞은 것은?

> • (　　) than the quantity of the goods is allowed, provided the credit does not state the quantity in terms of a stipulated number of packing units or individual items and the total amount of the drawings does not exceed the amount of the credit.
> • The words "about" or "approximately" used in connection with the amount of the credit or the quantity or the unit price stated in the credit are to be construed (　　) than the amount, the quantity or the unit price to which they refer.

① A tolerance not to exceed 10% more or 10% less – as allowing a tolerance not to exceed 10% more or 10% less
② A tolerance not to exceed 5% more or 5% less – as allowing a tolerance not to exceed 10% more or 10% less
③ A tolerance not to exceed 5% more or 5% less – as allowing a tolerance to exceed 10% more or 10% less
④ A tolerance not to exceed 10% more or 10% less – as allowing a tolerance to exceed 10% more or 10% less

031 Which of the following clauses of notations on a set of bills of lading presented under a Documentary Credit is acceptable as a clean transport document?

① "May spoil during voyage" covering a shipment of refrigerated seafood.
② "Packing is not sufficient for the sea journey" covering a shipment of foodstuffs.
③ "Paint surface slightly scratched" covering a shipment of motor vehicle.
④ "Traces of hooks" covering a shipment of textile.

032 다음 (　　) 안에 알맞은 것은?

> Transportation of truck trailers and containers on specially equipped railroad flatcar is called (　　).

① multimodal transportation
② birdy back
③ piggy back
④ fishy back

033 What is an arrangement between a person who rents use of a vessel and a ship owner to hire a vessel for a period of time or for a single voyage?

① Sales Contract
② Charter Party
③ Carriage Contract
④ Forwarding Contract

034 다음 설명에 알맞은 것은?

> Under this charter party usually found in the short sea trade, the ship owner is responsible for loading, stowing and discharging the cargo.

① Liner Terms
② Lump-Sum Charter
③ Net Terms
④ FIO Charter

035 다음 설명에 알맞은 것은?

> Penalty for exceeding the lay-days allowed for loading/unloading under the terms of ocean traffics or railroad.

① Dispatch Money
② Demurrage
③ Deferred Rebate
④ Drawback

036 다음 설명에 알맞은 것은?

> Where, after the commencement of the risk, the destination of the ship is voluntarily changed from the destination contemplated by the policy, there is said to be (   ).

① a change of voyage
② sailing for different destination
③ alteration of port of destination
④ deviation

037 다음 영어문장은 무엇을 설명하는 것인지 보기에서 고르시오.

| 보기 |

> What clause a carrier will bear on the top of the goods description of transport documents in the case of containerized goods? The carrier may not be in a position to verify that the goods are of the type, amount, and/or weight specified by the shipper.

① Shipper's Load & Count
② Stuffed in a container
③ Unknown Containerized Goods
④ Received in apparent good order and condition

038 다음 영어문장은 무엇을 설명하는 것인지 보기에서 고르시오.

| 보기 |

> Bill of lading which bears no superimposed clause or notation that expressly declares a defective condition of the goods and/or the packaging.

① Claused Bill of Lading
② Foul Bill of Lading
③ Forwarder's Bill of Lading
④ Clean Bill of Lading

039 다음 영어문장은 무엇을 설명하는 것인지 보기에서 고르시오.

| 보기 |

Chartering term whereby the charterer of a vessel under voyage charter agrees to pay the costs of loading/discharging the cargo.

① Liner Terms
② Free In and Out
③ Free In
④ Free Out

040 다음 (   ) 안에 알맞은 것은?

Under the (   ) charter, the owner of the vessel relinquishes the full control and operation of the vessel to the charterer, who is required to maintain man, provision, fuel, and insure.

① voyage ② tramp
③ bareboat ④ time

041 Bill of Lading을 바르게 설명한 것을 고르시오.

① A document which evidences a contract of carriage by air and taking over or lading of the goods by the carrier.
② A document which evidences a contract of carriage by sea and taking over or loading of the goods by the carrier.
③ A document which evidences a contract of railroad by rail and taking over or loading of the goods by the carrier.
④ A document which evidences a contract of carriage by sea and taking over or unloading of the goods by the carrier.

042 Tramper를 바르게 설명한 것을 고르시오.

① Vessel that does not operate along definite route on fixed schedule, but call at any port where cargo is available.
② Vessel that operates along definite route on fixed schedule, but does not call at any port where cargo is available.
③ Airplane that does not operate along definite route on fixed schedule, but call at any port where cargo is available.
④ Airplane that operates along definite route on fixed schedule, but does not call at any port where cargo is available.

043 다음 (　　) 안에 알맞은 것은?

> Where the shipper intends not to transfer the title of the merchandise to anyone except to the consignee, (　　) is issued in the name of particular consignee.

① Third party B/L
② Order B/L
③ Straight B/L
④ Through B/L

044 다음 중 Demurrage와 상관없는 내용을 고르시오.

① Amount of money paid to the ship owner by the charterer, shipper or receiver, as the case may be, for failing to complete loading and/or discharging within the time allowed in the voyage charter party.
② The money paid to the ship owner if the charterer delays the sailing of the vessel.
③ Money paid to the ship owner in compensation for delay of a vessel beyond the period allowed in a charter party when loading or discharging.
④ The money paid to the charterer if the charterer saves time of loading.

045 다음 설명과 관련이 없는 것을 고르시오.

> Full set of clean on board ocean B/L made out to order of Samsung Company.

① Order B/L　② Clean B/L
③ Straight B/L　④ Shipped B/L

046 다음 (　　) 안에 알맞은 것은?

> (　　) means any person, in a contract of carriage; undertake to perform or to procure the performance of transport, by rail, road, air, sea, inland waterway or by a combination of such modes.

① Shipper　② Carrier
③ Carriage　④ Consignor

047 아래에서 설명하고 있는 것은?

> The money paid to the charterer in case loading/unloading has been completed within scheduled lay days.

① del credere commission
② demurrage
③ loading charges
④ dispatch money

048 Incoterms 2020의 규칙 중 다음 설명에 알맞은 규칙이 아닌 것은?

> This rule is to be used only for sea or inland waterway transport.

① FAS ② CIF
③ FOB ④ DAT

049 다음은 Incoterms 2020의 규칙 내 조항의 순서이다. 틀린 것을 고르시오.

① A1/B1 General obligation
② A4/B4 Carriage
③ A6/B6 Delivery / transport document
④ A9/B9 Transter of risk

050 Incoterms 2020 규칙에서 다음 문장의 (   ) 안에 들어갈 적합한 것을 고르시오.

> (   ) means that the seller delivers when the goods, once unloaded from the arriving means of transport, are placed at the disposal of the buyer at a named place of destination or to the agreed point within that place.

① DAP ② CPT
③ DAT ④ FCA

051 (   ) 안에 들어갈 적합한 것을 고르시오.

> Ex Works means that the seller delivers when it places the goods at the disposal of the buyer at the seller's premises or at another named place. The seller (   ).

① does need to load the goods on any collecting vehicle, or does it need to clear the goods for export, where such clearance is applicable.
② does not need to load the goods on any collecting vehicle, nor does it need to clear the goods for export, where such clearance is applicable.
③ does not need to load the goods on any collecting vehicle. But seller does it need to clear the goods for export, where such clearance is applicable.
④ does need to load the goods on any collecting vehicle. But the seller does not it need to clear the goods for export, where such clearance is applicable.

052 아래에서 설명하고 있는 것은?

In accordance with this rule, the overseas buyer or his agent must collect the contract goods at the place where the seller's works, factory, warehouse or store are situated.

① FAS　② FCA
③ FOB　④ EXW

053 다음 ( ) 안에 알맞은 것은?

The CIP rule is in every respect wholly identical to the ( ) rule except with respect to the seller's added obligation to procure and pay for insurance.

① CPT　② CFR
③ CIF　④ FCA

054 Incoterms 2020에서 다음 문장의 ( ) 안에 들어갈 적합한 것을 고르시오.

In the sale of commodities, as opposed to the sale of manufactured goods, cargo is frequently sold several times during transit "down a string". When this happens, a seller in the middle of the string does not "ship" the goods because these have already been shipped by the first seller in the string. The seller in the middle of the string therefore performs its obligations towards its buyer not by shipping the goods, but by ( ) goods that have been shipped.

① procuring　② securing
③ obtaining　④ acquiring

055 다음 ( ) 안에 알맞은 것은?

( ) means that the seller delivers the goods to the carrier or another person nominated by the buyer at the seller's premises or another named place.

① Carrier　② Delivery
③ Ex Works　④ Free Carrier

056 다음 밑줄 친 곳에 들어갈 수 있는 Incoterms 2020의 규칙은?

The place named next to the chosen Incoterms® rule is even move important : in all Incoterms® rules except the ( ), the named place indicates where the goods are "delivered", i.e. where risk transfer from seller to buyer.

① FAS　② FOB
③ EXW　④ CIF

057 아래에서 설명하고 있는 것은?

This rule means that the seller delivers when the goods are placed at the disposal of the buyer on the arriving means of transport ready for unloading at the named place of destination. The seller bears all risks involved in bringing the goods to the named place.

① DAT ② DAP
③ CPT ④ DDP

058 아래에서 설명하는 것은?

This is a condition precedent to a claim for constructive total loss.

① Subrogation ② Abandonment
③ Salvage ④ Sue and labor

059 아래에서 설명하고 있는 것은?

A document issued by the insurer or his agent which pertains to and makes reference to an open cargo/master cargo policy maintained by the assured to insure all shipments during the period of the insurance.

① Insurance Policy
② Insurance Cover Note
③ Insurance Certificate
④ Open Policy

060 다음 (   ) 안에 알맞은 것은?

ICC(B) clause covers the following loss or damage to the subject-matter insured except (   ).

① fire or explosion
② general average sacrifice
③ jettison or washing overboard
④ ordinary wear and tear of the subject-matter insured

061 다음 A와 B에 적합한 내용이 순서대로 나열된 것을 고르시오.

(A) has effect only where is a constructive total loss, whereas (B) applies to all cases where loss is paid, whether the loss is total or partial.

A B
① Subrogation – abandonment
② Abandonment – subrogation
③ General average – particular average
④ Particular average – general average

062 다음 영문은 무엇에 관한 설명인지 고르시오.

> In Documentary Credit operations, banks will not accept a transport document which shows that the goods are loaded or will be loaded on deck due many to an extra risk of:

① COOC　　② TPND
③ JWOB　　④ SRCC

063 다음 (　　) 안에 알맞은 것으로 짝지어진 것은?

> It is a fundamental principle of insurance law that the (　　) must have an insurance interest in the (　　) insured at the time of the loss.

① insurer – subject
② broker – subject
③ underwriter – subject–matter
④ assured – subject–matter

064 밑줄 친 부분의 해석으로 틀린 것은?

> ① According to your instructions, we ② made insurance contract with First Fire & marine Insurance Co., Ltd. at 0.352 percent for US$10,000, ③ W.A. including ④ T.P.N.D. on 40 sets of Color T.V. shipped by s/s Golden Gate on the last Friday from Busan to Osaka, Japan.

① 귀사의 지시에 따라서
② 해상보험계약을 체결했다
③ 분손담보조건
④ 도난 · 강도 · 불착 약관

065 밑줄 친 부분의 영작이 부적절한 것을 고르시오.

> ① 공동해손은 선주와 화주가 일반적으로 선박과 적하의 공동복지와 안전을 위해 ② 어떤 재산 또는 선박의 일부분이 희생된 경우에 입은 ③ 일체의 손해 또는 발생된 비용에 대해 ④ 비례하여 분담할 책임이 있다는 것을 의미한다.

① General Loss
② any property or part of the ship has been sacrificed
③ any losses sustained or expenses incurred
④ liable to make a pro rata contribution

066 다음 (　　)에 알맞은 것은?

> A contract of marine insurance is deemed to be concluded when (　　) whether (　　).

① the policy is issued by underwriters – the proposal of the assured is accepted by the insurer or not

② the policy is issued – the cover note is issued or not

③ the proposal of the assured is accepted by insurer – the policy issued or not

④ the proposal of the assured is accepted by broker – the policy issued or not

067 다음 문장 중 그 내용이 옳은 것은?

① A general average adjuster is an expert in loss settlement in marine insurance, particularly with regard to general average.

② A general average loss means a loss which is not a total loss, and towards which there is no liability upon the other interests involved in the adventure to contribute.

③ Abandonment is applied to constructive total loss and actual total loss in general.

④ The general average statement shall be prepared by the average adjusters appointed by the court in the place of departure.

068 다음 (   ) 안에 차례로 들어갈 단어는?

A. (   ) means a temporary Government order to prevent the arrival or departure of ship, especially in times of war; also a temporary prohibition of trade by authority.
B. Expropriation means the taking possession by a (   ) of someone else's property or goods.
C. A slip is an abbreviated memorandum of the risk submitted by insurance brokers to (   ) for acceptance and signature for the proposed object to be insured.

① Embargo – insurer – insurer

② Detention – government – principal

③ Embargo – government – insurer

④ Detention – insurer – insurer

069 다음 (   ) 안에 차례로 들어갈 단어는?

All claims which cannot (   ) settle between Seller and Buyer shall be finally settle by (   ) in Seoul, Korea in accordance with the Commercial Arbitration Rules of the Korea Commercial Arbitration (   ). The award rendered by the (   ) shall be final and binding upon both parties.

① amicably – arbitration – committee – arbitrator

4과목 무역영어

② litigant – arbitration – Board – justice
③ amicably – arbitration – Board – arbitrator
④ litigant – arbitration – committee – justice

070 다음 ( ) 안에 들어갈 단어는?

( ) is the liability of the producer of a product which, owing to a defect, causes injury, damage or loss to the ultimate user.

① Product Liability
② Consumer Liability
③ Strict Liability
④ Uniform Liability

071 다음은 무엇에 대한 설명인지 보기에서 고르시오.

| 보기 |

An alternative method of dispute resolution, where a third party plays a facilitative role. The aim is to arrive at a mutually acceptable solution while preserving the business relationship.

① Litigation ② Jurisdiction
③ Conciliation ④ Arbitration

072 다음 영어 문장을 우리말로 옮길 때 가장 적합하게 해석된 것을 고르시오.

They have always paid their accounts on the net date, and deposit in their account at our bank is averaging medium six figures in US dollars.

① 동 회사는 항상 만기일에 결제를 해왔으며 당 은행에 그들의 예금은 평균 미화 5만~7만 달러입니다.
② 동 회사는 항상 제날짜에 결제를 해왔으며 당 은행에 그들의 예금은 평균 미화 40만~70만 달러입니다.
③ 동 회사는 항상 만기일에 결제를 해왔으며 당 은행에 그들의 예금은 평균 미화 30만~40만 달러입니다.
④ 동 회사는 항상 제날짜에 결제를 해왔으며 당 은행에 그들의 예금은 평균 미화 50~60만 달러입니다.

073 다음 문장을 읽고 그 내용이 맞게 해석된 것을 고르시오.

The assured must be interested in the subject-matter insured at the time of the loss though he need not be interested when the insurance is effected.

① 피보험자는 보험계약이 체결될 때 보험의 목적에 흥미를 가질 필요는 없지만, 보험이 유효하게 된 경우에는 반드시 보험의 목적에 이해관계를 가져야 한다.

② 피보험자는 보험계약이 체결될 때 피보험목적물에 이해관계를 가질 필요는 없지만, 손해발생시에는 반드시 보험의 목적에 이해관계를 가져야 한다.

③ 보험자는 보험계약이 유효하게 된 때 보험의 목적에 이해관계를 가질 필요는 없지만, 손해발생시에는 반드시 보험의 목적에 이해관계를 가져야 한다.

④ 피보험자는 보험계약이 영향을 미치게 될 때 피보험목적물에 흥미를 가질 필요는 없지만, 손해발생시에는 반드시 보험의 목적에 이해관계를 가져야 한다.

074 **다음 문장을 읽고 그 내용이 맞게 해석된 것을 고르시오.**

> In the case of any actual or apprehended loss or damage the carrier and the receiver shall give all reasonable facilities to each other for inspecting and tallying the goods.

① 현실적으로 또는 추정적 멸실이나 손상이 발생한 경우에는 운송인과 송하인은 화물의 검사와 검수를 위해서 모든 합리적인 시설을 상호 제공하여야 한다.

② 현실적으로 또는 추정적 멸실이나 손상이 발생한 경우에는 운송인과 수하인은 화물의 검사와 검역을 위해서 모든 합리적인 편의를 상호 제공하여야 한다.

③ 현실적으로 또는 추정적 멸실이나 손상이 발생한 경우에는 운송인과 수하인은 화물의 검사와 검역을 위해서 모든 합리적인 시설을 상호 제공하여야 한다.

④ 현실적으로 또는 추정적 멸실이나 손상이 발생한 경우에는 운송인과 수하인은 화물의 검사와 검수를 위해서 모든 합리적인 편의를 상호 제공하여야 한다.

075 **다음 문장을 읽고 그 내용이 맞게 해석된 것을 고르시오.**

> Much as we would like to meet your requirements, we are not in a position to fill your order for the present. Our factories in China are fully occupied with orders from the products which are the last word in this field.

① 당사가 귀사의 요구에 응하고 싶지만, 당분간 귀사의 주문품을 조달할 수 있는 입장이 아닙니다. 당사의 중국 공장들은 이 분야에서 최신 제품인 동 제품에 대한 주문으로 완전히 예약되었습니다.

② 당사가 귀사의 요구에 응했으나, 당분간 귀사의 주문품을 조달할 수 있는 입장이 아닙니다. 당사의 중국 공장들은 이 분야에 재고품인 동 제품에 대한 주문으로 완전히 예약되었습니다.

③ 당사가 귀사의 요구에 응했으므로, 현재 귀사의 주문품을 접수할 수 있는 입장이 아닙니다. 당사의 중국 공장들은 이 분야에서 최신 제품인 동 제품에 대한 주문을 완전히 받을 준비가 되어 있습니다.

④ 당사가 귀사의 요구에 응해도, 현재 귀사의 주문품을 접수할 수 있는 입장이 아닙니다. 당사의 중국 공장들은 이 분야에 재고품인 동 제품에 대한 주문을 완전히 받을 준비가 되었습니다.

076 다음 문장을 읽고 그 내용이 맞게 해석된 것을 고르시오.

> No period of grace may be granted to the seller by a court or arbitral tribunal when the buyer resorts to a remedy for breach of contract.

① 매수인이 계약위반에 대한 치료를 의뢰할 경우, 법원 또는 중재인은 매도인에게 은혜를 베풀 수 없습니다.
② 매수인이 계약위반에 대한 구제수단을 사용할 경우, 법원 또는 중재인은 매도인에게 은전을 베풀 수 없습니다.
③ 매수인이 계약위반에 대한 구제수단을 사용할 경우, 법원 또는 중재인은 매도인에게 유예기간을 부여할 수 없습니다.
④ 매도인이 계약위반에 대한 구제수단을 사용할 경우, 법원 또는 중재인은 매수인에게 유예기간을 부여할 수 없습니다.

077 다음에서 설명하는 것은 무엇인가?

> Where the export sale is not an isolated transaction but the overseas buyer is a regular customer of the exporter, the buyer will arrange in favor of the latter.

① a packing credit
② a revolving credit
③ a standby letter of credit
④ an unconfirmed credit

078 다음 (　　) 안에 들어갈 적합한 단어나 구를 고르시오.

> Transport documents which appear on their face to indicate that shipment has been made on the same means of conveyance and for the same journey, provided they indicate the same destination, will not be regarded as covering (　　), even if the transport documents indicate different dates of shipment and/or different ports of loading places of taking in charge on dispatch.

① partial shipment
② transhipment
③ ready shipment
④ near delivery

079 (　　) 안에 들어갈 알맞은 말로 짝지어진 것을 고르세요.

> A(n) (　　) transport document is one which bears no clause or notation which expressly declares a defective condition of the goods and/or the packaging. Banks (　　) transport documents bearing such clauses or notations unless the credit expressly stipulated the clauses or notations which may be accepted.

① on board – will accept
② on board – will not accept
③ clean – will accept
④ clean – will not accept

080 우리말을 영문으로 옮길 때 가장 적절한 것을 고르시오.

> 귀사의 온라인 제품 전시실을 훑어보고서 당사는 귀사의 솜씨가 유사한 유럽산 제품보다 더 우수함을 알았으며, 귀사의 면 타월을 매입할까 합니다.

① Upon scrutinizing you online product showroom, we learn that your workmanship is superior than similar products of European make, and we are on the market for your cotton towel.

② Upon browsing your online product showroom, we learn that your workmanship is superior to similar products of European made, and we are in the market for your cotton towel.

③ Upon scrutinizing your online product showroom, we learn that your workmanship is superior than similar products of European make, and we are on the market for your cotton towel.

④ Upon browsing your online product showroom, we learn that your workmanship is superior to similar products of European make, and we are in the market for your cotton towel.

081 우리말을 영문으로 옮길 때 가장 적절한 것을 고르시오.

> 본 환어음의 제1권을 일람 후 30일 출급으로(동일한 지급기한과 일자의 제2권이 지급되지 않은 경우) '일금 미화 2만 달러 오십 센트 정'을 한국외국환은행 또는 그 지시인에게 지급하여 주십시오.

① At 30 days after date of this first bill of exchange(second of the same tenor and date being unpaid) pay to Korea Exchange Bank or orderer the sum of SAY U.S. DOLLARS TWENTY THOUSAND CENTS FIFTY ONLY.

② At 30 days after sight of this first bill of exchange(second of the same tenure and date being unpaid) pay to Korea Exchange Bank or order the sum of SAY U.S. DOLLARS TWENTY THOUSAND CENTS FIFTY ONLY.

③ At 30 days after sight of this first bill of exchange(second of the same tenor and date being unpaid) pay to Korea Exchange Bank or order the sum of SAY U.S. DOLLARS TWENTY THOUSAND CENTS FIFTY ONLY.

④ At 30 days after sight of this first bill of exchange(second of the same tenure and date being unpaid) pay to Korea Exchange Bank or order the sum to SAY U.S. DOLLARS TWENTY THOUSAND CENTS FIFTY ONLY.

082 우리말을 영문으로 옮길 때 가장 적절한 것을 고르시오.

> 부주의한 포장 때문에 그들 중의 몇 개는 매우 인하된 가격으로 당사가 처분하지 않을 수 없을 정도로 손해를 입었습니다.

① Owing to negligent packing, several of them were damaged by such an extent as we were compelled to dispose them at greatly reduced prices.
② Owing to negligent packing, several of them were damaged by such an extent that we were compelled toward disposing them at greatly reduced prices.
③ Owing to negligent packing, several of them were damaged to such an extent that we were compelled to dispose of them at greatly reduced prices.
④ Owing to negligent packing, several of them were damaged to such an extent that we were compelled to be disposed of them at greatly reduced prices.

083 우리말을 영문으로 옮길 때 가장 적절한 것을 고르시오.

> 계약해제의 선언은 상대방에게 통지되었을 때에 한하여 유효합니다.

① A declaration of avoidance of the contract is effective only if made by notice to the other party.
② A declare of avoidance of the contract is effective only when the notification is reached to the other party.
③ A declaration of withdrawal of the contract is effective only if the notification is made to the other party.
④ A declaration of withdraw of the contract is effective only if made by notice to the other party.

084 우리말을 영문으로 옮길 때 가장 적절한 것을 고르시오.

> 상자들은 너무나 약하고 포장은 수출용으로 충분하지 않습니다. 파손이 결함이 있는 포장의 결과임을 보여주는 감정인의 보고서를 첨부합니다.

① The cases are too fragile and the packing is insufficient to export. Attached is a surveyor's report showed damage to be the result of faulting packing.
② The cases are too fragile and the packing is insufficient for export. Attached is a surveyor's report showing damage to be the result of faulty packing.
③ The cases are too fragile and the

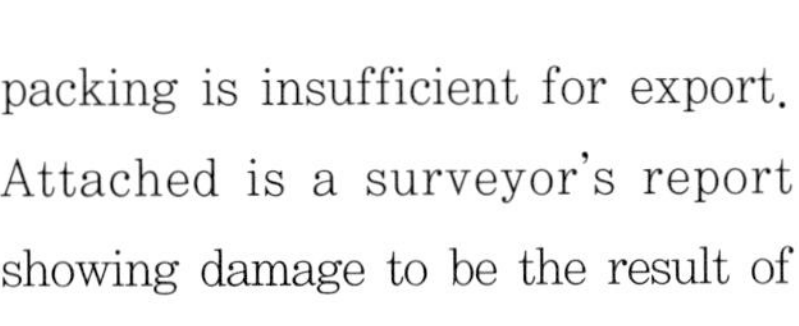

packing is insufficient for export. Attached is a surveyor's report showing damage to be the result of fault packing.

④ The cases are too fragile and the packing is not sufficient for export. Attached is a surveyor's report showed damages to be the result of faulted packing.

085 우리말을 영문으로 옮길 때 가장 적절한 것을 고르시오.

> 5천 그로스의 면 셔츠는 7월 11일 런던 항을 출항하는 Kaga Voy No. 06/222호 편으로 귀사에게 적송되어 8월 5일 싱가포르 항에 도착할 예정입니다.

① Five thousand gross of cotton shirts will be shipped to you by m/s Kaga Voy No. 06/222 from London on July 11 and due to arrive at Singaporean port on August 5.

② Five thousand grosses of cotton shirts will be shipped to you by m/s Kaga Voy No. 06/222 from London on July 11 and due to arrive in Singapore on August 5.

③ Five thousand gross of cotton shirts will be shipped to you by m/s Kaga Voy No. 06/222 from London on July 11 and due to arriving at Singapore on August 5.

④ Five thousand gross of cotton shirts will be shipped to you by m/s Kaga Voy No. 06/222 leave London on July 11 and due to arriving in Singapore on August 5.

086 우리말을 영문으로 옮길 때 가장 적절한 것을 고르시오.

> 본 조항의 목적상, 환적이란 신용장에 약정된 선적항에서 양륙항까지의 해상운송 도중에 한 선박에서 다른 선박으로의 양륙과 재적재하는 경우를 의미합니다.

① For the purpose of this Article, transhipment means dispatch and reloading from one vessel to another vessel during the course of ocean carriage from the port of reloading to the port of discharge stipulated in the Credit.

② For the purpose of this Article, transhipment means reloading and loading from one vessel to another vessel during the course of ocean carriage from the port of loading to the port of charge stipulated in the Credit.

③ For the purpose of this Article, transhipment means unloading and reloading from one vessel to another vessel during the course of ocean carriage from the port of loading to

4과목 무역영어

the port of discharge stipulated in the Credit.

④ For the purpose of this Article, transhipment means loading and reloading from one vessel to another vessel during the course of ocean carriage from the port of reloading to the port of charge stipulated in the Credit.

087 우리말을 영문으로 옮길 때 가장 적절한 것을 고르시오.

> 귀사에게 끼친 불편에 대하여 당사의 깊은 사과를 받아주시고, 당사는 장차 발생하는 그러한 사고에 모든 주의를 다할 것을 약속합니다.

① Please accept our profound inconvenience for the trouble you have been put into, and we assure you that we will take every precaution against such an incident arising in the future.

② Please accept our profound apologies for the inconvenience you have been put to, and we assure you that we will take every precaution against such an incident arising in the future.

③ Please accept our profound attention for the trouble you have been put to, and we assure you that we will take everything precaution against such an incident arising in the future.

④ Please accept our profound apologies for the trouble you have been put to, and we assure you that we will take the inconvenience precaution against such an incident will not arise in the future.

088 우리말을 영문으로 옮길 때 가장 적절한 것을 고르시오.

> 대금결제조건에 관하여, 당사는 일람출급 환어음이 발행되는 취소불능 확인신용장으로 거래하는 것이 관례입니다. 만일 이러한 조건으로 거래할 의사가 있으시면 보다 상세한 거래 자료를 보내드리겠습니다.

① As regards payment, we make it our custom to trade on an irrevocable letter of credit, under which we draw a draft at sight. If you would care to deal us on this basis, we should be pleased to give you further details of business.

② As regards the terms of payment, we make it our custom to trade at an irrevocable confirmed letter of credit, on which we draw a draft at sight. If you would care to deal with us on this basis, we should be pleased to give you further details of business.

③ As regards the terms of payment, we make it our custom to trade on an irrevocable confirmed letter of credit, at which we draw a draft at usance. If you would care to deal with us on this basis, we should be pleased to give you further details of business.

④ As regards the terms of payment, we make it our custom to trade on an irrevocable confirmed letter of credit, under which we draw a draft at sight. If you would care to deal with us on this basis, we should be pleased to give you further details of business.

089 다음 우리말을 영문으로 옮길 때 잘못된 것은?

> 이 계약으로부터 또는 이 계약과 관련하여 또는 이 계약의 불이행으로 말미암아 당사자 간에 발생하는 모든 분쟁, 논쟁 또는 의견 차이는, 대한민국 서울에서 대한상사중재원의 상사중재규칙 및 대한민국 법에 따라, 중재에 의하여 최종적으로 해결합니다. 중재인(들)에 의하여 내려지는 판정은 최종적인 것으로서 당사자 쌍방에 대하여 구속력을 가집니다.

① All disputes, controversies, or differences which may arise between the parties, out of or in relation to or in connection with contract, or for the breach thereof,

② shall be finally settled by arbitration in Seoul, Korea

③ in accordance with the Commercial Arbitration Rules of the Korean Commercial Arbitration Board and under the Laws of Korea.

④ The award of the arbitrator(s) by rendered shall be finally and binding upon concerned both parties.

090 다음 문장을 영작한 부분 중 틀린 것을 고르시오.

> 모든 선적품은 도난 발화 및 불착손 담보조건을 포함하여 협회 적하약관 (B)조건으로 송품장 금액에 15%를 가산하여 부보되어야 합니다. 보험증권은 유로화로 작성되고 보험금은 스웨덴 스톡홀름에서 지급해야 합니다.

① All shipments are to be covered on ICC(B) including SRCC

② for the invoice amount plus 15%

③ Insurance policy is to be made out in Euro currency

④ and claims payable at Stockholm, Sweden.

091 다음 문장을 영작한 부분 중 틀린 것을 고르시오.

> 그들의 자회사들은 종합무역상사의 기능을 수행하기 위해 전자제품의 유통에 종사하고 있습니다. 더 많은 정보에 대해서는 www.ahamart.com.sg에서 클릭하시고 Cherry Hong씨에게 이메일을 보내주십시오.

① Their subsides are engaged in distribution of electronic products
② to perform the function of a general trading company.
③ Please click on www.ahamart.com.sg and
④ email Mr. Cherry Hong for further information.

092 우리말을 영문으로 옮길 때 가장 적절한 것을 고르시오.

> 당사는 한국산 선풍기 5,000 세트의 매입을 고려 중이며, 이 수량에 대해 귀사의 가격표에서 최상의 할인을 견적해 주시면 감사하겠습니다.

① We consider buying 5,000 sets of electrical fans of Korean made, and shall be glad if you will quote the best discount off your price list for this quantity.
② We consider buying 5,000 sets of electrical fans of Korean make, and shall be glad if you will quote the best discount off your price list for this quantity.
③ We consider to buy 5,000 sets of electrical fans of Korean made, and shall be glad if you will quote the best discount off your price list for this quantity.
④ We consider to buy 5,000 sets of electrical fans of Korean make, and shall be glad if you will quote the best discount off your price list for this quantity.

093 다음 설명과 관련이 있는 것을 고르시오.

> A document required by certain foreign countries for usually tariff purposes, certifying the country in which specified goods have been manufactured, processed or produced in the exporting country.

① Commercial Invoice
② Bill of Exchange
③ Bill of Lading
④ Certificate of Origin

094 다음 설명과 관련이 있는 것을 고르시오.

> This type is issued usually by shipping companies when there is no direct service between two ports, but when the ship owner is prepared to tranship the cargo at an intermediate port at his expense.

① Claused Bill of Lading
② Negotiable Bill of Lading
③ Tanshipment Bill of Lading
④ Container Bill of Lading

095 다음 설명에 해당하는 용어나 지문 설명과 가장 관련이 깊은 것을 고르시오.

> Itemized list issued by exporter showing quantity, quality, description of goods, price, terms of sale, marks & number, weight, full name/address of purchaser, and dates.

① Bill of Exchange
② Packing List
③ Bill of Lading
④ Commercial Invoice

096 다음 용어를 영문으로 옮길 때 적절하지 않은 것을 고르시오.

① 전신환 – T/T
② 전자문서교환 – EDI
③ 주문자 상표부착 상품생산 –ODM
④ 평균중등품질 – FAQ

097 다음 용어를 영문으로 옮길 때 적절하지 않은 것을 고르시오.

① 서류상환급 – CAD
② 현금상환도 – COD
③ 착하통지서 – Notify Party
④ 화주 – Carrier

098 다음 용어를 영문으로 옮길 때 적절하지 않은 것을 고르시오.

① 부정기선 – Tramper
② 부지약관 – Unknown Clause
③ 운임선지급 – freight prepaid
④ 정박기간 – Anchorage

099 다음 (　　) 안에 들어갈 적합한 단어나 구로 구성된 것을 고르시오.

> (　　) means the person who actually performs or undertakes to perform the carriage, or part thereof, whether he is identical with the multimodal transport operator or not.

① Consignor　　② Carrier
③ Consignee　　④ Operator

100 다음 설명과 관련이 있는 것을 고르시오.

> It signifies that the owners of the ship and cargo are generally liable to make a pro rata contribution to any losses sustained or expenses incurred of the ship and cargo.

① Abandonment

② Particular Average

③ General Average

④ Total Loss

INTERNATIONAL TRADE SPECIALIST

1급

국제무역사 1000제 정답 및 해설

1과목 | 무역규범

2과목 | 무역결제

3과목 | 무역계약

4과목 | 무역영어

[1과목] 무역규범
PART1 대외무역법
정답 및 해설

01	①	02	③	03	③	04	③	05	②
06	③	07	④	08	②	09	③	10	③
11	④	12	③	13	②	14	④	15	①
16	④	17	③	18	③	19	④	20	②
21	③	22	②	23	③	24	④	25	③
26	①	27	②	28	④	29	③	30	④
31	②	32	①	33	③	34	①	35	①
36	③	37	④	38	③	39	①	40	④
41	④	42	③	43	④	44	④	45	①
46	④	47	②	48	④	49	①	50	②
51	④	52	③	53	④	54	④	55	①
56	④	57	②	58	①	59	①	60	①
61	④	62	①	63	③	64	④	65	①
66	②	67	③	68	③	69	④	70	②
71	②	72	①	73	③	74	①	75	②
76	④	77	①	78	①	79	④	80	②
81	②	82	②	83	①	84	③	85	④
86	④	87	②	88	①	89	①	90	①
91	③	92	④						

001 정답 ①

대외무역법의 규제내용은 구체적인 거래를 대상으로 하는 것이 아니라, 일반적인 사항에 관하여 다수의 당사자를 전제로 하여 무역거래업체와 관련된 일반적인 사항을 포괄적으로 규정하려는 것이므로 그 규정의 내용이 상당히 포괄적이다. 즉, 구체적으로 규제대상을 정하는 것이 아니다.

002 정답 ③

현행 대외무역법에서는 무역행위자를 무역거래자라는 명칭으로 과거의 무역업자, 무역대리업자를 통합하여 칭하고 있다. 즉, 무역거래자는 수출 또는 수입을 하는 자, 외국의 수입자 또는 수출자에게서 위임을 받은 자 및 수출과 수입을 위임하는 자 등 물품 등의 수출행위와 수입행위의 전부 또는 일부를 위임하거나 행하는 자를 말한다.

003 정답 ③

수출제일주의 원칙이다. 수출산업의 국제경쟁력을 높이기 위한 여건의 조성과 설비투자의 촉진, 외화가득률을 높이기 위한 품질향상과 국내에서 생산되는 외화획득용 원료 · 기재의 사용촉진 등에 대하여 산업통상자원부장관은 조치를 하거나 관계 행정기관의 장에게 필요한 조치를 하여 줄 것을 요청할 수 있다.

004 정답 ③

대외무역법은 대외무역법과 그 시행에 관하여 필요한 사항을 정하기 위한 대통령령인 시행령 그리고 대외무역법과 동법 시행령에 위임된 사항과 그 시행에 관하여 필요한 사항을 정함을 목적으로 산업통상자원부 고시로 되어 있는 대외무역관리규정이 기본골격을 이루고 있으며, 여기에 수출입과 관련되는 각종 고시, 수출입공고, 통합공고 등으로 구성된다(대외무역업 > 대외무역법 시행령 > 대외무역관리규정).

005 정답 ②

- 산업통상자원부장관은 헌법에 따라 체결 · 공포된 조약과 일반적으로 승인된 국제법규에 따른 의무의 이행, 생물자원의 보호 등을 위하여 필요하다고 인정하면 물품 등의 수출 또는 수입을 제한하거나 금지할 수 있다.
- 산업통상자원부장관이 헌법에 따라 체결 · 공포된 조약과 일반적으로 승인된 국제법규에 따른 의무의 이행, 생물자원의 보호 등을 위하여 지정하는 물품 등을 수출하거나 수입하려는 자는 산업통상자원부장관의 승인을 받아야 한다. 다만, 긴급히 처리하여야 하는 물품 등과 그 밖에 수출 또는 수입 절차를 간소화하기 위한 물품 등으로서 대통령령으로 정하는 기준에 해당하는 물품 등의 수출 또는 수입은 그러하지 아니하다.

006 정답 ③

대외무역법은 대외무역을 진흥하고 공정한 거래질서를 확립하여 국제수지의 균형과 통상의 확대를 도모함으로써 국민경제의 발전에 이바지함을 목적으로 한다. 그러므로 대외무역법은 대외무역을 위한 법, 공정한 거래질서를 확립하기 위한 법, 국제수지의 균형을 위한 법, 통상확대를 위한 법, 국민경제의 발전에 이바지하는 법이라고 할 수 있다.

007 정답 ④

④는 OECD의 설립목적이다.

008 정답 ②

GATT 기본원칙과 WTO 기본원칙 비교

구분	내용
GATT 기본원칙	• 최혜국대우의 원칙 • 수량제한 철폐의 원칙 • 상호주의 원칙 • 내국민대우의 원칙 • 관세율인하의 원칙
WTO 기본원칙	• 내국민대우의 원칙 • 투명성의 원칙 • 최혜국대우의 원칙 • 시장접근보장의 원칙 • 무역자유화의 원칙 • 개발도상국 우대의 원칙

009 정답 ③

대외무역을 진흥하고 공정한 거래질서를 확립하여 국제수지의 균형과 통상의 확대를 도모함으로써 국민경제의 발전에 이바지함을 목적으로 한다. 그러므로 대외무역법은 대외무역을 위한 법, 공정한 거래질서를 확립하기 위한 법, 국제수지의 균형을 위한 법, 통상확대를 위한 법, 국민경제의 발전에 이바지하는 법이라고 할 수 있다.

010 정답 ③

대외무역법상의 용역

구분	내용
어느 하나에 해당하는 업종의 사업을 영위하는 자가 제공하는 용역	• 경영상담업 • 법무 관련 서비스업 • 회계 및 세무 관련 서비스업 • 엔지니어링 서비스업 • 디자인 • 컴퓨터시스템 설계 및 자문업 • 문화산업진흥기본법에 따른 문화산업에 해당하는 업종 • 운수업과 관광진흥법에 따른 관광사업에 해당하는 업종 • 그 밖에 지식기반용역 등 수출유망산업으로서 산업통상자원부장관이 정하여 고시하는 사항
기타	국내의 법령 또는 대한민국이 당사자인 조약에 따라 보호되는 특허권 · 실용신안권 · 디자인권 · 상표권 · 저작권 · 저작인접권 · 프로그램저작권 · 반도체직접회로의 배치설계권의 양도, 전용실시권의 설정 또는 통상실시권의 허락

011 정답 ④

종합무역상사제도는 대외무역법 개정에 따라 공식적으로 폐지되었다. 전문무역상사제도는 종합무역상사제도가 폐지됨에 따라서 종합무역상사제도의 취지를 잇기 위하여 산업통상자원부가 한국무역협회로 이관하였다.

012 정답 ③

특별조치의 대상

- 우리나라 또는 우리나라의 무역의 상대국에 전쟁, 사변 또는 천재지변이 있을 경우
- 교역상대국이 조약과 일반적으로 승인된 국제법규에서 정한 우리나라의 권익을 인정하지 아니할 경우
- 교역상대국이 우리나라의 무역에 대하여 부당하거나 차별적인 부담 또는 제한을 가할 경우
- 헌법에 따라 체결 · 공포된 무역에 관한 조약과 일반적으로 승인된 국제법규에서 정한 국제평화와 안전유지 등의 의무를 이행하기 위하여 필요한 경우
- 국제평화와 안전유지를 위한 국제공조에 따른 교역요건의 급변으로 교역상대국과의 무역에 관한 중대한

차질이 생기거나 생길 우려가 있는 경우
- 인간의 생명 · 건강 및 안전, 동물과 식물의 생명 및 건강, 환경보전 또는 국내자원보호를 위하여 필요한 경우

013 정답 ②

무역진흥을 위해 필요한 지원을 받을 수 있는 자
- 무역의 진흥을 위한 자문 · 지도 · 대외홍보 · 전시 · 연수 · 상담 알선 등을 업으로 하는 자
- 무역전시장이나 무역연수원 등의 무역 관련 시설을 설치 · 운영하는 자
- 과학적인 무역업무 처리기반을 구축 · 운영하는 자

014 정답 ④

무역의 진흥을 위한 조치
- 수출산업의 국제경쟁력을 높이기 위한 여건의 조성과 설비투자의 촉진
- 외화가득률을 높이기 위한 품질향상과 국내에서 생산되는 외화획득용 원료 · 기재의 사용 촉진
- 통상협력증진을 위한 수출 · 수입에 대한 조정
- 지역별 무역균형을 달성하기 위한 수출 · 수입의 연계
- 민간의 통상활동 및 산업협력의 지원
- 무역관련 시설에 대한 조세 등의 감면
- 과학적인 무역업무 처리기반을 효율적으로 구축 · 운영하기 위한 여건의 조성
- 무역업계 등 유관기관의 과학적인 무역업무 처리기반 이용촉진
- 국내 기업의 해외진출 지원
- 해외에 진출한 국내기업의 고충사항의 조사와 그 해결을 위한 지원
- 그 밖에 수출 · 수입을 지속적으로 증대하기 위하여 필요하다고 인정하는 조치

015 정답 ①

①의 대외산업협력 추진방안과 무역관련상 추진방안은 대외무역법령상 무역의 진흥을 위한 조치에 해당되지 않는다.

016 정답 ④

무역진흥의 지원대상이 되는 무역관련시설
- **무역전시장** : 실내 전시 연면적이 2천 제곱미터 이상인 무역견본품을 전시할 수 있는 시설과 50명 이상을 수용할 수 있는 회의실을 갖출 것
- **무역연수원** : 무역전문인력을 양성할 수 있는 시설로서 연면적이 2천 제곱미터 이상이고 최대 수용 인원이 500명 이상일 것
- **컨벤션센터** : 회의용 시설로서 연면적이 4천 제곱미터 이상이고 최대 수용 인원이 2천 명 이상일 것

017 정답 ③

물품의 국경 간 이동은 유 · 무상을 불문하고 수출입에 해당하게 된다. 그러나 외국에서 외국으로 이동하는 경우에는 유상일 경우에만 수출입에 해당된다. ③의 경우는 외국에서 외국으로 이동하는 경우로써 무상으로 증여하였으므로 수출입에 해당하지 않는다.

018 정답 ③

수출실적이라 함은 산업통상자원부장관이 정하여 고시하는 기준에 해당하는 수출통관액, 입금액, 가득액과 수출에 제공되는 외화획득용 원료 · 기재의 국내공급액을 말한다.

019 정답 ④

① 통합공고상의 수출입 요건확인의 내용과 수출입공고 등의 제한내용이 모두 충족되어야만 수출 또는 수입할 수 있다.
② 수입물품 중 원산지 표시가 면제되는 경우는 견본품(진열 판매용이 아닌 것에 한함) 및 수입된 물품의 하자보수용 물품인 경우에 면제대상에 해당된다.
③ 외국인도수출의 수출실적 인정금액은 외국환은행의 입금액이다.

020 정답 ②

②의 경우는 외화획득의 범위에 속한다.

021 정답 ③

외국에서 개최되는 박람회, 전람회, 견본 시, 영화제 등에 출품하기 위하여 무상으로 반출하는 물품 등의 수출로서 현지에서 매각된 것은 외국환은행의 입금액이다.

022 정답 ②

① 일반 유상거래 수출의 경우 금액은 수출통관액(FOB 가격) 기준으로 인정되고, 실적 인정시점은 수출신고수리일 기준이다.
③ 국내공급 중에서 내국신용장 및 구매확인서에 의한 공급은 외국환은행의 결제액 또는 확인액을 기준으로 인정되고 외국환은행을 통한 결제 시에는 그 결제일이 수출실적 인정시점이 된다.
④ 외국인에게 외화를 영수하고 외화획득용 시설기재를 외국인과 임대차계약을 맺은 국내업체에 인도 시에는 외국환은행의 입금액이 수출실적 인정금액이 되고 그 입금일이 수출실적 인정시점이 된다.

023 정답 ③

내국신용장, 구매확인서 및 수출물품 포장용 골판지 상자의 공급에 대한 수출실적 인정금액은 외국환은행의 결제액 또는 확인액으로 한다.

024 정답 ④

용역에 대한 수출입 사실확인서 발급은 한국무역협회장, 한국선주협회장(해운업의 경우), 한국관광협회중앙회장 및 업종별 관광협회장(관광사업의 경우)에게 신청하여야 한다. 전자적 형태의 무체물에 대한 수출입 사실확인서 발급은 한국무역협회장 또는 한국소프트웨어산업협회장에게 신청하여야 한다.

025 정답 ③

③은 수입을 말하며, 수출은 유상으로 외국에서 외국으로 물품을 인도하는 것으로써 산업통상자원부장관이 정하여 고시하는 기준에 해당하는 것이다.

026 정답 ①

전자적 형태의 무체물의 수출입 사실의 확인을 받으려는 자는 수출입확인신청서에 거래 사실을 증명할 수 있는 서류를 첨부하여 한국무역협회장 또는 한국소프트웨어산업협회장에게 신청하여야 한다.

027 정답 ②

외국에서 개최되는 박람회, 전람회, 견본 시, 영화제 등에 출품하기 위하여 무상으로 반출하는 물품 등의 수출로서 현지에서 매각된 것은 외국환은행의 입금액이다.

028 정답 ④

수입의 정의 중 유상으로 거래되는 수입의 경우에는 수입실적 인정시점은 수입신고 수리일로 한다. 다만 외국인수수입과 용역 또는 전자적 형태의 무체물의 수입의 경우에는 지급일로 한다.

029 정답 ③

수입실적의 인정금액은 수입통관액(CIF 가격)으로 한다. 다만 외국인수수입과 용역 또는 전자적 형태의 무체물의 수입의 경우에는 외국환은행의 지급액으로 한다.

030 정답 ④

수출은 유상이어야 하므로 무상인 증여는 해당되지 않는다.

031 정답 ②

내국신용장은 외국환은행이 물품대금에 대한 지급보증을 하지만, 구매확인서는 외국환은행의 지급보증 없이 당사자 간에 대금결제가 된다.

032 정답 ①

- **사용대차** : 당사자일방이 상대방에게 무상으로 사용 · 수익하게 하기 위하여 목적물을 인도할 것을 약정하고 상대방은 이를 사용 · 수익한 후 그 물건을 반환할 것을 약정함으로써 그 효력이 생긴다.

• **승여** : 당사자일방이 무상으로 재산을 상대방에 수여하는 의사를 표시하고 상대방이 이를 승낙함으로써 그 효력이 생긴다.

033 정답 ③

① 유상거래 수출 – 수출신고수리일
② 중계무역 – 입국일
④ 외화획득용 원료 등의 국내공급 – 입금일

034 정답 ①

수출입공고상 수출 또는 수입제한품목의 경우 관련 법령에 명시된 대로 요건을 구비하여 승인 즉, 수출승인 또는 수입승인을 받아야 한다. 통합공고상 요건확인 품목은 관련 법령에 명시된 대로 요건을 구비하여 수출입통관 시 세관장의 확인만을 받으면 무역거래를 진행할 수 있다.

035 정답 ①

수출입의 제한대상
- 헌법에 따라 체결 · 공포된 조약이나 일반적으로 승인된 국제법규에 따른 의무를 이행하기 위하여 산업통상자원부장관이 지정 · 고시하는 물품 등
- 생물자원을 보호하기 위하여 산업통상자원부장관이 지정 · 고시하는 물품 등
- 교역상대국과의 경제협력을 증진하기 위하여 산업통상자원부장관이 지정 · 고시하는 물품 등
- 방위산업용 원료 · 기재 · 항공기 및 그 부분품 그 밖에 원활한 물자수급과 과학기술의 발전 및 통상, 산업정책상 필요하다고 인정하여 산업통상자원부장관이 해당 품목을 관장하는 관계 행정기관의 장과 협의를 거쳐 지정 · 고시한 물품 등

036 정답 ③

하나의 수출입에 대하여 둘 이상의 승인을 받아야 하는 경우 각각의 승인은 상호독립적으로 받아야 한다. 이 경우 두 번째 이후의 승인기관의 장은 수출입승인서상의 여백에 승인사항을 표시하여야 한다.

037 정답 ④

40여 개의 개별법에 의해 통합공고에 고시된 품목이 수출입승인 면제대상에 해당할 경우 별도의 요건을 충족하지 않고 수출입할 수 있다.

038 정답 ③

수출입승인사항의 변경승인 대상은 물품 등의 수량 · 가격, 수출 또는 수입의 당사자에 관한 사항 등이다.

039 정답 ①

산업통상자원부장관이 헌법에 의하여 체결 · 공포된 조약과 일반적으로 승인된 국제법규에 의한 의무의 이행, 생물자원의 보호 등을 위하여 지정하는 물품의 수출 또는 수입승인의 유효기간은 1년으로 한다.

040 정답 ④

①, ②, ③은 수출에 따른 용역제공이다.

041 정답 ④

산업통상자원부장관은 물가 안정 또는 수급 조정, 물품 등의 인도조건, 그 밖에 거래의 특성에 따라 필요하다고 인정하면 유효기간을 달리 정할 수 있다.

042 정답 ③

대외무역관리규정에서 수출승인 면제대상은 세관장이 타당하다고 인정하는 물품으로, 다만 유상으로 반출하는 경우로 광고용 물품은 미화 1만 달러 상당액(신고가격 기준) 이하의 물품이 가능하다.

043 정답 ④

"부호 · 문자 · 음성 · 음향 · 이미지 · 영상 등을 디지털방식으로 제작하거나 처리한 자료 또는 정보 등으로서 산업통상자원부장관이 정하여 고시하는 것"이란 다음의 자료 또는 정보 등을 말한다.

- 영상물(영화, 게임, 애니메이션, 만화, 캐릭터 포함)
- 음향 · 음성물
- 전자서적
- 데이터베이스

044 정답 ④

④는 임금 대지급을 위한 무환수출로서 산업통상자원부장관의 특정거래형태의 인정을 받아야 외국환거래법상 수출대금회수 의무가 면제된다. ①은 임대수출, ②는 위탁판매수출, ③은 위탁가공수출에 해당된다.

045 정답 ①

수출입승인의 요건

- 수출 · 수입하려는 자가 승인을 얻을 수 있는 자격이 있는 자일 것
- 수출 · 수입하려는 물품 등이 수출입공고 및 이 규정에 따른 승인요건을 충족한 물품 등일 것
- 수출 · 수입하는 물품 등의 품목분류번호(HS)의 적용이 적정할 것

046 정답 ④

중계무역에 대한 설명으로 중계무역에 의한 수출 · 수입금액을 각각 수출입실적으로 인정할 경우 실적이 과다하게 계상되어 불합리하기 때문에 중계무역에 의한 수출의 경우는 수출금액(FOB 금액)에서 수입금액(CIF 금액)을 공제한 가득액만을 수출금액으로 인정한다.

047 정답 ②

②는 내국신용장의 용도를 설명한 것이다.

048 정답 ④

중계무역의 경우에는 중간상인이 매매차익을 목적으로 계약의 당사자가 된다. 또한 중계무역자는 무역거래의 주체이기 때문에 분쟁발생 시 직접적인 분쟁의 당사자가 된다.

049 정답 ①

연계무역의 종류

- **물물교환** : 물물교환은 환거래가 발생하지 않고 상품과 직접 교환하는 방식의 단순한 거래형태로서 수출에 대한 대가로 수출시장으로부터 동가치의 상품을 수입하는 방식의 수출입을 말한다.
- **구상무역** : 환거래가 발생하고 대응 수입의무를 제3국에 전가할 수 있는 점 등을 제외하고는 물물교환형태와 동일하다.
- **대응구매** : 대응수입계약조건에 따라 수출액의 일정 비율에 상당하는 상품을 대응수입해야 한다는 점에서 구상무역과 비슷하나, 수출과 수입이 별도의 계약서나 신용장에 의해 이행된다는 점이 다르다.
- **제품환매** : 플랜트, 장비, 기술 등의 수출에 대응하여 그 설비나 기술로 생산되는 제품을 판매의 대가로 수입하는 형태이다.

050 정답 ②

위탁가공무역은 가공임을 지급하는 조건으로 외국에서 가공할 원료의 전부 또는 일부를 거래 상대방에게 수출하거나 외국에서 조달하여 이를 가공한 후 가공물품 등을 수입하거나 외국으로 인도하는 수출입을 말한다.

051 정답 ④

국내에서 외국으로 물품을 수출하고 그 대금을 외국에서 국내로 회수하거나 또는 외국에서 국내로 물품을 수입하고 그 대금을 외국으로 지급하는 등의 전통적인 거래방법을 일반형태의 수출입거래라고 한다. 이러한 일반적 거래형태 이외의 기타 다양한 거래형태를 특정거래형태의 수출입이라고 하며 대외무역관리규정에서 별도로 지정하고 있는 위탁판매수출, 수탁판매수입, 위탁가공무역, 수탁가공무역, 임대수출, 임차수입, 연계무역, 중계무역, 외국인수수입, 외국인도수출, 무환수출입의 11가지 형태가 있다.

052 정답 ③

③은 동시개설신용장에 대한 설명이다. 토마스신용장은 수출입 쌍방이 동시에 동액의 신용장을 발행하는 것이 아니라 한쪽은 신용장을 발행하고 상대방은 일정 기간 후에 동액의 신용장을 발행하겠다는 보증서를 발행해야만 내도된 신용장이 유효하도록 하는 조건의 신용장을 말한다.

053 정답 ④

수출 · 수입 승인조건은 변경할 수 있다.

054 정답 ④

④는 연계무역에 대한 내용이다. 중계무역은 수출할 것을 목적으로 물품 등을 수입하여 보세구역 및 보세구역 외 장치의 허가를 받은 장소 또는 자유무역지역 이외 국내에 반입하지 않고 수출하는 수출입을 말한다.

055 정답 ①

무역거래자는 관세법에 의한 수출입신고 시 무역업고유번호를 수출입자 상호명과 함께 기재하여야 한다.

056 정답 ④

무역업고유번호를 부여받고자 하는 자는 우편, 팩시밀리, 전자우편, 전자문서교환체제 등의 방법으로 한국무역협회장에게 신청하여야 한다. 한국무역협회장은 무역고유번호신청서류의 접수 즉시 고유번호를 부여하여야 한다.

057 정답 ②

구매확인서 발급신청에는 수출신용장, 수출계약서, 외화매입증명서, 내국신용장, 구매확인서 등 외화획득용 원료 · 기재임을 입증하는 서류가 필요하다.

058 정답 ①

외국환은행의 장은 외화획득용 원료 또는 물품 등의 제조 · 가공 · 유통 과정이 여러 단계인 경우에는 각 단계별로 순차로 발급할 수 있다.

059 정답 ①

구매확인서는 내국신용장의 발급 규정에 맞추어 물품 공급이 이미 이루어진 경우라도 부가가치세 신고기간 내 즉, 분기 종료 익월 20일까지는 사후발급이 가능하다.

060 정답 ①

산업통상자원부장관이 정하는 거래(외화획득거래)
- 외국인으로부터 외화를 받고 국내의 보세지역에 물품 등을 공급하는 경우
- 외국인으로부터 외화를 받고 공장건설에 필요한 물품 등을 국내에서 공급하는 경우
- 외국인으로부터 외화를 받고 외화획득용 시설 · 기재를 외국인과 임대차계약을 맺은 국내업체에 인도하는 경우
- 정부 · 지방자치단체 또는 정부투자기관이 외국으로부터 받은 차관 자금에 의한 국제경쟁입찰에 의하여 국내에서 유상으로 물품 등을 공급하는 경우(대금결제 통화의 종류를 불문한다)
- 외화를 받고 외항선박(항공기)에 선(기)용품을 공급하거나 급유하는 경우
- 절충교역거래의 보완거래로서 외국으로부터 외화를 받고 국내에서 제조된 물품 등을 국가기관에 공급하는 경우

061 정답 ④

④는 내국신용장에 대한 설명이다.

062 정답 ①

①의 설명은 구매확인서에 대한 내용이다. 내국신용장은 개설은행의 지급확약과 사전에만 발급신청이 가능하다.

063 정답 ③

외화획득 이행의무자는 외화획득용 원료의 수입신고수리일, 용역 또는 전자적 형태의 무체물의 공급일, 수입된 외화획득용 원료 또는 해당 원료로 제조된 물품 등의 구매일 또는 양수일로부터 다음의 기간이 경과한 날까지 외화획득의 이행을 하여야 한다.
- 외화획득행위의 경우 : 2년
- 국내공급(양도 포함)인 경우 : 1년
- 외화획득용 물품의 선적기일이 2년 이상인 경우 : 그 기일까지의 기간
- 수출이 완료된 기계류의 하자 및 유지보수용 원료 등인 경우 : 10년

064 정답 ④

외화획득용 원료란 외화획득에 제공되는 물품과 용역 및 전자적 형태의 무체물을 생산하는 데 필요한 원자재, 부자재, 부품 및 구성품을 말한다.

- 수출실적으로 인정되는 수출물품 등을 생산하는 데 소요되는 원료(포장재 포함)
- 외화가득률이 30% 이상인 군납용 물품 등을 생산하는 데 소요되는 원료
- 해외에서의 건설 및 용역사업용 원료
- 외화획득의 범위 중 국내에서 물품 등을 매도하는 것으로서 산업통상자원부장관이 정하여 고시하는 기준에 해당하는 외화획득용 물품 등을 생산하는 데 소요되는 원료
- 위의 규정에 의한 원료로 생산되어 외화획득이 완료된 물품 등의 하자 및 유지보수용 원료

065 정답 ①

①의 내용은 변경승인사유가 아니라 승인면제사유에 해당한다.

066 정답 ②

외화획득용 원료란 외화획득에 제공되는 물품과 용역 및 전자적 형태의 무체물을 생산하는 데 필요한 원자재, 부자재, 부품 및 구성품을 말한다.

067 정답 ③

외화획득용 제품의 범위
- 주식회사 한국관광용품센터가 수입하는 식자재 및 부대용품
- 항만운송사업법에 따라 수입물품공급업의 등록을 하고 세관장에 등록한 자가 수입하는 선용품
- 군납업자가 수입하는 군납용 물품

068 정답 ③

외화획득 이행기간의 연장사유
- 생산에 장기간이 소요되는 경우
- 제품생산을 위탁한 경우 그 공장의 도산 등으로 인하여 제품생산이 지연되는 경우
- 외화획득 이행의무자의 책임 있는 사유가 없음에도 신용장 또는 수출계약이 취소된 경우
- 외화획득이 완료된 물품의 하자보수용 원료 등으로 장기간 보관이 불가피한 경우
- 그 밖에 부득이한 사유로 외화획득 이행기간 내에 외화획득 이행이 불가능하다고 인정되는 경우

069 정답 ④

기준 소요량이 고시된 품목이라 하더라도 수출계약서 등의 관련 서류에 소요원료의 품명 · 규격 및 수량 등이 표시된 경우에는 이에 따라 자율소요량계산서를 작성할 수 있다.

070 정답 ②

수입증명서를 발급받은 자가 당해 전략물자를 국내로 수입하지 않고 외국으로 환적 · 전송 또는 재수출(무상 포함)하고자 하는 경우에는 수출허가를 받아야 한다.

071 정답 ②

전략물자를 제조하거나 수입하는 자는 전략물자별로 처음 한 번만 그 전략물자의 명칭, 규격, 통제번호 등 산업통상자원부장관이 정하여 고시하는 사항을 관계 행정기관의 장에게 신고하여야 한다.

072 정답 ①

물품 등의 제조자나 무역거래자는 그 물품 등이 전략물자에 해당하는지에 대한 판정을 산업통상자원부장관 또는 관계행정기관의 장에게 신청할 수 있다.

073 정답 ③

자율관리기업 선정요건
- 전년도 수출실적이 미화 50만 달러 상당액 이상인 업체, 수출 유공으로 포상(훈 · 포장 및 대통령표창)을 받은 업체 또는 중견수출기업
- 과거 2년간 미화 5천 달러 상당액 이상 외화획득 미이행으로 보고된 사실이 없는 업체

074 정답 ①

전략물자란 국제평화 및 안전유지를 위하여 수출허가 등 제한이 필요하다고 인정되는 것으로 주로 핵무기, 생화학무기, 미사일, 재래식무기와 관련된 품목을 말한다.

- **제1종 전략물자** : 다자간 전략물자 수출통제체제에서 수출통제 대상으로 지정한 물품 등
- **제2종 전략물자** : 대량파괴무기 및 그 운반수단인 미사일 제조 · 개발 · 사용 및 보관 등의 용도로 사용될 가능성이 높은 물품 등

075 정답 ②

전략물자의 종류
- **제1종 전략물자** : 다자간 전략물자 수출통제체제에서 수출통제 대상으로 지정한 물품 등
- **제2종 전략물자** : 대량파괴무기 및 그 운반수단인 미사일 제조 · 개발 · 사용 및 보관 등의 용도로 사용될 가능성이 높은 물품 등

076 정답 ④

승인기관의 장은 플랜트 수출승인 또는 변경승인 신청이 있는 경우 접수일로부터 5일 이내에 이를 처리하여야 한다. 다만, 다른 기관과의 협의가 필요한 경우 그 협의기간은 처리기간에 산입하지 않는다.

077 정답 ①

플랜트 수출을 하려는 자는 그에 관한 제도개선, 시장조사, 정보교류, 수주 지원, 수주질서 유지, 전문인력의 양성, 금융지원, 우수기업의 육성 및 협동화사업을 추진할 수 있다. 이 경우 산업통상자원부장관은 플랜트 수출 관련 기관 또는 단체를 지정하여 이들 사업을 촉진시키기 위한 활동을 수행하게 할 수 있다.

078 정답 ①

산업통상자원부장관은 일괄수주방식에 의한 수출에 대하여 승인 또는 변경승인하려는 때에는 미리 고용노동부장관과 국토교통부장관의 동의를 받아야 한다.

079 정답 ④

일괄수주방식의 수출이란 산업설비 · 기술용역 및 시공을 포괄적으로 행하는 수출을 말한다.

080 정답 ②

플랜트 수출 승인기관
- **일괄수주방식에 의한 수출인 경우** : 산업통상자원부장관
- **연불금융지원거래인 경우** : 한국수출입은행장
- **그 밖의 경우** : 한국기계산업진흥회의 장

081 정답 ②

수입물품의 원산지 표시방법은 한글, 한자 또는 영문으로 "원산지 : 국명" 또는 "국명산(産)", "Made in 국명", 또는 "Product of 국명", "Made by 물품제조자의 회사명 · 주소 · 국명"을 표시한다. 그러므로 회사명을 명기하는 경우에도 반드시 주소, 국명이 함께 기재되어야 한다.

082 정답 ②

다른 법령에 의한 표시사항이 라벨, 스티커, 꼬리표의 방법으로 부착되는 경우에는 그 표시사항에 원산지 항목을 추가하여 기재하여야 한다.

083 정답 ①

원산지 판정은 산업통상자원부장관에게 요청하여야 한다.

084 정답 ③

원산지 표시에서 어떤 경우라도 국명이 생략되는 경우는 없다. 즉, ②와 같은 방식으로 표시할 수 없는 경우에는 국명만이라도 표시하여야 한다.

085 정답 ④

수입물품 원산지증명서의 제출 면제대상
- 과세가격이 15만 원 이하인 물품
- 우편물
- 개인에게 무상 송부된 탁송품 · 별송품 또는 여행자 휴대품
- 재수출조건부 면제대상물품 등 일시 수입물품
- 보세운송 · 환적 등에 의하여 우리나라를 단순히 경유하는 통과화물
- 물품의 종류, 성질, 형상 또는 그 상표, 생산국명, 제조자 등에 의하여 원산지가 인정되는 물품
- 그 밖에 관세청장이 산업통상자원부장관과 협의하여 타당하다고 인정하는 물품

086 정답 ④

단순한 가공활동을 수행하는 국가에는 원산지를 부여하지 않는다. 다만, 제조 · 가공 결과 HS 6단위가 변경되는 경우라도 통풍, 건조 또는 단순가열, 냉동 · 냉장 등 대외무역관리규정 제85조(수입물품 원산지 판정기준) 제8항 제5호의 어느 하나에 해당되는 가공과 이들이 결합되는 가공은 단순한 가공활동의 범위에 포함된다.

087 정답 ②

원산지 표시 면제대상 수입물품 중 견본품의 경우 진열 · 판매용이 아닌 것에 한한다.

088 정답 ①

해당 물품에 원산지를 표시하지 않고 해당 물품의 최소포장 · 용기 등에 수입물품의 원산지를 표시할 수 있다. 수입물품 자체가 아닌 포장 · 용기 등에 원산지를 표시하는 경우
- 해당 물품에 원산지를 표시하는 것이 불가능한 경우(예 밀가루)
- 원산지 표시로 인하여 해당 물품이 크게 훼손되는 경우(예 당구공, 콘택트렌즈, 직접회로 등)
- 원산지 표시로 인하여 해당 물품의 가치가 실질적으로 저하되는 경우
- 원산지 표시비용이 해당 물품의 수입을 막을 정도로 과도한 경우(예 물품 값보다 원산지 표시비용이 더 많이 드는 경우 등)
- 상거래 관행상 최종 구매자에게 포장 · 용기에 봉인되어 판매되는 물품 또는 봉인되지는 않았으나 포장 · 용기를 뜯지 않고 판매되는 물품(예 비누, 칫솔, VIDEO TAPE 등)
- 실질적 변형을 일으키는 제조공정에 투입되는 부품 및 원재료를 수입한 후 실수요자에게 직접 공급하는 경우
- 물품의 외관상 원산지의 오인 가능성이 적은 경우(예 두리안, 오렌지, 바나나와 같은 과일 · 채소 등)
- 관세청장이 산업통상자원부장관과 협의하여 타당하다고 인정하는 물품

089 정답 ①

수입물품의 원산지는 제조단계에서 인쇄(printing), 등사(stenciling), 낙인(branding), 주조(molding), 식각(etching), 박음질(stitching) 또는 이와 유사한 방식으로 원산지를 표시하는 것을 원칙으로 한다. 다만, 물품의 특성상 위와 같은 방식으로 표시하는 것이 부적합하거나 물품을 훼손할 우려가 있는 경우에는 날인(stamping), 라벨(label), 스티커(sticker), 꼬리표(tag)를 사용하여 표시할 수 있다.

090 정답 ①

수입량 제한조치를 위한 조사는 무역위원회가 담당하고 있다.

091 정답 ③

산업통상자원부장관은 분쟁을 신속하고 공정하게 처리하는 것이 필요하다고 인정하거나 무역분쟁 당사자의 신청을 받으면 분쟁을 조정하거나 분쟁의 해결을 위한 중재계약의 체결을 권고할 수 있다.

092 정답 ④

원산지 표시 대상물품이 수입된 후에 최종 구매자가 구매하기 이전에 다른 물품과 결합되어 판매되는 물품인 경우에는 제조 · 가공업자(수입자가 제조업자인 경우를 포함한다)는 수입된 해당 물품의 원산지가 분명하게 나타나도록 "(해당 물품명)의 원산지 : 국명"의 형태로 원산지를 표시하여야 한다(예를 들어 중국산 복제그림과 한국산 액자를 결합하여 판매되는 물품의 원산지 표시방법은 "그림의 원산지 : 중국").

[1과목] 무역규범 PART2 관세법 정답 및 해설

01	④	02	④	03	②	04	④	05	③
06	②	07	④	08	①	09	④	10	③
11	④	12	④	13	③	14	④	15	③
16	②	17	②	18	②	19	③	20	③
21	①	22	④	23	①	24	③	25	①
26	③	27	①	28	①	29	③	30	④
31	②	32	②	33	②	34	③	35	②
36	②	37	③	38	①	39	②	40	②
41	②	42	①	43	①	44	①	45	③
46	②	47	③	48	③	49	③	50	④
51	②	52	④	53	③	54	②	55	④
56	①	57	④	58	③	59	②	60	④

001 정답 ④

관세징수권의 소멸시효가 완성된 때에는 당해 물품에 대한 내국세, 가산세, 가산금 및 체납처분비 등에 대하여도 그 효력이 미치게 되므로 내국세인 부가가치세도 자동으로 소멸시효가 완성되게 된다.

002 정답 ④

세관장은 매각대금을 그 매각비용, 관세 및 제세의 순으로 충당하고 잔금이 있는 때에는 이를 화주에게 교부한다.

003 정답 ②

관세를 감면받고자 하는 자는 당해 물품의 수입신고수리 전에 관세감면신청서를 세관장에게 제출하여야 한다. 따라서 수입신고수리 후에 관세감면을 받기 위해 보정신청 또는 수정신고는 허용되지 않는다.

004 정답 ④

① 유 · 무상에 상관없이 수입신고는 하여야 한다.
② 관세가 면제되지 않는다.
③ 식품이라고 하더라도 자가사용 목적으로 소량인 경우는 식약청 식품검사 없이 세관 수입통관이 가능하나, 수량과다로 판매용으로 인정되는 경우는 식약청 식품검사 후 수입통관 하여야 한다.

관세가 면제되는 경우

- 우리나라의 거주자에게 수여된 훈장 · 기장 또는 이에 준하는 표창장 및 상패
- 기록문서 기타의 서류
- 상용견품 또는 광고용품으로서 과세가격이 미화 250달러 이하인 물품으로서 견품으로 사용될 것으로 인정되는 물품
- 우리나라 거주자가 수취하는 소액물품으로서 물품가격이 미화 150달러 이하의 물품으로서 자가사용 물품으로 인정되는 것

005 정답 ③

이의신청인, 심사청구인 또는 심판청구인은 변호사 또는 관세사를 대리인으로 선임할 수 있다.

006 정답 ②

① · ④ 수입물품에 발생하는 모든 비용은 수입화주가 부담하는 것이 원칙이다.
③ 견품은 사용이 완료된 경우 보세구역에 재반입하여야 하며 제세금은 전체물품 수입 신고 시 납부한다.

007 정답 ④

① 외국무역선(기)의 국적은 어느 나라도 상관없이 외국을 왕래하는 모든 선(기)를 말한다.

② 외국무역선(기)이 국내 공항만을 운항하는 경우 내항선(기)으로 자격변경 승인을 받아야 한다.
③ 국경출입차량을 국내운행차량으로 전환하거나 국내운행차량을 국경출입차량으로 전환하려는 경우에는 통역관장 또는 도로차량의 운전자는 세관장의 승인을 받아야 한다.

008 정답 ①

환적되는 외국물품 중 원산지가 우리나라로 허위 표시된 경우 유치하고 원산지 표시 시정을 요구한다. 이를 이행하지 않는 경우 매각할 수 있다.

원산지 확인 기준
- 당해 물품의 전부를 생산 · 가공 · 제조한 나라
- 당해 물품이 2개국 이상에 걸쳐 생산 · 가공 또는 제조된 경우에는 그 물품의 본질적 특성을 부여하기에 충분한 정도의 실질적인 생산 · 가공 · 제조 과정이 최종적으로 수행된 나라

009 정답 ④

HS 코드를 분류함에 있어 둘 이상 호에 분류되는 경우에는 HS 통칙에 따라 분류한다.

010 정답 ③

보석, 진주, 별갑, 산호, 호박 및 상아와 이를 사용한 제품에 대하여도 간이세율이 적용될 수 있다.

011 정답 ④

수입물품에 대하여 세관장이 부과 · 징수하는 부가가치세, 지방소비세, 담배소비세, 지방교육세, 개별소비세, 주세, 교육세, 교통 · 에너지 · 환경세 및 농어촌특별세(내국세 등의 가산세 및 강제징수비를 포함)의 부과 · 징수 · 환급 등에 관하여 국세기본법, 국세징수법, 부가가치세법, 지방세법, 개별소비세법, 주세법, 교육세법, 교통 · 에너지 · 환경세법 및 농어촌특별세법의 규정과 이 법의 규정이 상충되는 때에는 이 법의 규정을 우선하여 적용한다.

012 정답 ④

납세의무자가 학술연구용품 감면 대상기관이어야 하므로 이러한 기관에 납품하기 위하여 수입하는 수입자는 해당되지 않는다.

013 정답 ③

과세물건은 수입신고 시점에 확정되므로 수입신고를 하기 전에 변질 또는 손상된 부분에 대하여는 원칙적으로 과세되지 않는다.

014 정답 ④

보세구역에서 도난 또는 분실된 물품의 경우 도난 또는 분실된 때의 성질과 수량에 의하여 보세구역이 운영인 등이 그 납세의무를 이행하여야 한다.

수출입의 의제
다음의 어느 하나에 해당하는 외국물품은 관세법에 따라 적법하게 수입된 것으로 보고 관세 등을 따로 징수하지 아니한다.
- 체신관서가 수취인에게 교부하는 우편물
- 관세법에 의하여 매각된 물품
- 관세법에 의해 몰수된 물품
- 관세법에 의해 통고처분으로 납부된 물품
- 법령에 의하여 국고에 귀속된 물품
- 몰수에 갈음하여 추징된 물품

015 정답 ③

세관장은 매각대금을 그 매각비용, 관세 및 제세의 순으로 충당하고 잔금이 있는 때에는 이를 화주에게 교부한다.

016 정답 ②

감면율을 잘못 적용하여 부족세액이 발생한 경우 납세의무자가 보정신청 · 수정신고 등을 통하여 세액을 정정하거나 세관장이 정정하여 부족한 세액을 납부하면 된다.

017 정답 ②

우리나라에서 수출(보세가공수출 포함)된 물품으로서 해외에서 제조 · 가공 · 수리 또는 사용되지 아니하고 수출신고수리일부터 2년 내에 다시 수입되는 물품에 대하여는 관세를 부

과하지 않는다.

018 정답 ②

수출신고가 수리된 시점부터 당해 물품은 관세법상 외국물품으로 간주된다. 그러나 그 물품을 선적 등을 위해 개항, 보세구역 등으로 국내에서 이동하더라도 외국에서 도착한 물품과는 달리 보세운송은 생략된다.

019 정답 ③

보세구역 중 공항에서 여행자 휴대품 등을 검사하는 곳으로 세관장이 지정하는 구역은 세관검사장이다.

020 정답 ③

품목분류사전심사를 받은 물품에 적용할 품목분류를 관세청장이 직권으로 변경할 수 있는 사유

- 신청인의 허위자료 제출 등으로 품목분류에 중대한 착오가 생긴 경우
- 협약에 따른 관세협력이사회의 권고 또는 결정 및 법원의 확정판결이 있는 경우
- 동일 또는 유사한 물품에 대하여 서로 다른 품목분류가 있는 경우

021 정답 ①

편익관세는 세계무역기구에 가입하지 않은 국가 중 통상정책상 수입촉진이 필요하다고 인정되는 국가로부터 수입되는 물품에 대해 이미 체결된 외국과의 조약에 의한 편익의 한도 안에서 낮은 세율의 적용을 허용하는 것이다. 이러한 편익관세는 교역상대국과의 협정에 의해 적용 여부가 결정되는 것이 아니고, 대통령령으로 정부가 일괄적으로 대상국가와 물품, 적용세율, 적용방법 등을 정한다.

022 정답 ④

상표권자가 통관 보류를 요청할 때는 당해 물품 과세가격의 100분의 120에 상당하는 금액을 담보로 제공하여야 한다. 반면 수출입신고자가 통관 보류된 물품의 통관을 요청하고자 할 때는 상표권자가 제공한 담보금액의 100분의 25를 가산한 금액을 담보로 제공하여야 한다.

023 정답 ①

수입신고서 각 호 사항 외에 당해 물품의 관세율표상의 품목분류와 세율, 품목분류마다 납부하여야 할 세액 및 그 합계액, 관세의 감면액과 그 법적근거, 구매자와 판매자가 특수관계에 해당하는지 여부와 그 내용, 기타 과세가격 결정에 참고가 되는 사항을 기재하여 제출하는 것으로 한다.

024 정답 ③

① 이의신청은 처분이 있는 것을 안 날로부터 90일 이내에 하여야 한다.

② 관세법 기타 법률 · 조약에 의한 위법 · 부당한 처분 및 부작위로 인해 권익을 침해당한 경우 이의신청, 심사청구, 심판청구를 할 수 있다. 하지만 다음의 경우에는 불복신청 대상에서 제외된다.

- 관세법의 규정에 의한 통고처분
- 감사원법의 규정에 의하여 심사청구를 한 처분이나 그 심사청구에 대한 처분
- 관세법이나 그밖의 관세에 관한 법률에 따른 과태료 부과처분

④ 관세청장에게 처분의 취소를 구하거나 필요한 처분을 청구하는 절차는 심사청구라고 한다.

025 정답 ①

관세의 분할납부

- 천재지변 등의 사유발생 시(1년을 초과하지 아니하는 기간을 정하여 분할납부)
  - 전쟁 · 화재 등 재해나 도난으로 인하여 재산에 심한 손실을 입은 경우
  - 사업에 현저한 손실을 입은 경우
  - 사업이 중대한 위기에 처한 경우
  - 기타 세관장이 인정하는 경우
- 특정물품의 수입 시(5년을 초과하지 않는 기간을 정하여 분할납부)
  - 시설기계류, 기초설비품, 건설용 재료 및 그 구

조물과 공사용 장비로서 기획재정부장관이 고시하는 물품(다만, 기획재정부령으로 정하는 업종에 소요되는 물품 제외)
- 정부나 지방자치 단체가 수입하는 물품으로서 기획재정부령으로 정하는 물품
- 학교 또는 직업훈련원에서 수입하는 물품 및 비영리법인이 공익사업을 위하여 수입하는 물품으로서 기획재정부령이 정하는 물품
- 의료기관 등 기획재정부령이 정하는 사회복지기관 및 시설에서 수입하는 물품 중 기획재정부장관이 고시하는 물품
- 기획재정부령이 정하는 기업부설연구소 · 산업기술연구조합 및 비영리법인인 연구기관 기타 이와 유사한 연구기관에서 수입하는 기술개발연구용품 및 실험실습용품 중 기획재정부장관이 고시하는 물품
- 기획재정부령이 정하는 중소제조업체가 직접 사용하기 위하여 수입하는 물품(다만 기획재정부령이 정하는 기준에 적합한 물품이어야 한다.)
- 기획재정부령이 정하는 기업부설 직업훈련원에서 직업훈련에 직접 사용하기 위하여 수입하는 교육용품 및 실험실습용품 중 국내제작이 곤란한 물품으로서 기획재정부장관이 고시하는 물품

026 정답 ③

관세는 수입신고 당시의 법령에 의하여 부과한다.

027 정답 ①

수입항이란 외국무역선(기)으로부터 양륙이 이루어지는 항구(공항)를 말하며, 수입항까지 또는 수입항 도착이라 함은 당해 수입물품이 수입항에 도착하여 본선하역준비가 완료된 시점과 장소를 말한다.

028 정답 ①

장치기간이 경과하게 되면 가산세를 부과하게 되고, 장기간 보관으로 체화가 될 경우 세관장은 공매절차를 진행할 수 있으며 공매에 화주의 동의는 요하지 않는다. 공매를 하였으나 매각되지 않을 경우 해당 물품은 국고에 귀속될 수 있으며 이때 별도의 대가는 지불되지 않는다.

029 정답 ③

밀수출입죄를 범한 경우 그 물품을 몰수한다. 만일 그 물품의 전부 또는 일부를 몰수할 수 없는 경우에는 그 몰수할 수 없는 물품의 범칙 당시의 국내 도매가격에 상당한 금액을 범인으로부터 추징한다.

030 정답 ④

① 세관장이 신고납부한 세액에 과부족이 있음을 알고 이를 시정하고자 할 때 하는 것이다.
② 신고납부한 세액에 부족이 있는 경우에 이를 추가 납부하기 위한 것이다.
③ 납세 신고한 세액을 납부하기 전에 당해 세액에 과부족이 있는 것을 안 때에 하는 것이다. 이 경우 아직 납세전이므로 과오납 환급과는 무관하다.

031 정답 ②

원칙적인 과세물건 확정시기는 수입신고를 하는 때이지만, 보세공장에서 반입되는 원료과세 대상 물품의 과세물건 확정시기는 사용신고를 하는 때가 된다.

032 정답 ②

관세법상 명시적인 보호규정을 두고 있는 지식재산권은 상표권, 저작권, 저작인접권, 품종보호권, 지리적표시권, 특허권, 디자인권이다.

033 정답 ②

일반특혜관세(GSP)는 특정 개발도상국을 원산지로 하는 물품 중 특정 물품에 대하여 기본세율보다 낮은 세율을 적용하는 제도이다.

034 정답 ③

수출용 보세공장이란 제조 · 가공된 물품을 외국으로 반송하는 보세공장을 말하는데, 보세공장제도의 주된 정책적 목표는 수출용 보세공장을 활용한 수출촉진에 있다.

035 정답 ②

원산지의 결정기준에는 완전생산기준과 실질적 변형기준의 두 가지가 있다. 실질적 변형기준에는 세번변경기준, 부가가치기준, 가공공정기준 등이 포함된다. 제조 · 가공 공정 중에 발생한 부스러기에 대해서는 정상적인 상품이 아니기 때문에 완전생산기준을 적용하여 당해 부스러기가 발생된 국가를 원산지로 본다.

036 정답 ②

국경을 출입하는 차량은 관세통로를 경유하여야 하며, 통관역 또는 통관장에 반드시 정차하여 국경출입절차를 이행하여야 한다.

037 정답 ③

재수출감면세의 경우 감세율은 그 사용기간(재수출기간)에 따라 100분의 30 ~ 100분의 85를 적용하도록 하고 있어 완전면세는 인정되지 않는다.

038 정답 ①

과세가격 결정방법
- **제1방법** : 실제로 지급하였거나 지급할 가격을 기초로 한 과세가격의 결정방법
- **제2방법** : 동종 · 동질물품의 거래가격을 기초로 한 과세가격의 결정방법
- **제3방법** : 유사물품의 거래가격을 기초로 한 과세가격의 결정방법
- **제4방법** : 국내 판매가격을 기초로 한 과세가격의 결정방법
- **제5방법** : 산정가격을 기초로 한 과세가격의 결정방법
- **제6방법** : 합리적 기준에 의한 과세가격의 결정방법

039 정답 ②

수정신고서는 수입통관이 완료된 다음 3개월의 보정기간이 경과된 후에 정정을 하고자 할 때 제출되는 서류로 가장 나중에 제출되는 서류이다.

040 정답 ②

상품의 원산지를 변경하는 작업은 불법이므로 할 수 없는 사항이다.

041 정답 ②

입항 전 수입신고는 당해 물품을 적재한 선박 또는 항공기가 그 물품을 적재한 항구 또는 공항에서 출항하여 우리나라에 입항하기 5일 전(항공기의 경우 1일 전)부터 할 수 있다.

042 정답 ①

가산세가 부과되는 경우
- 수입신고기간이 경과한 후 수입신고한 경우
- 재수출면세 받은 물품을 재수출 기간 내에 재수출하지 아니한 때
- 신고납부한 관세액이 납부하여야 할 관세액에 미달하는 경우
- 과세대상인 이사화물을 자진신고하지 아니하여 과세하는 경우
- 수입신고 전 물품 반출 후 10일 이내 수입신고를 하지 아니하는 경우

043 정답 ①

지정장치장은 통관하고자 하는 물품의 일시장치를 위한 장소이며, 흔히 세관구내창고라고 불리는 것으로 세관장이 여러 사정을 감안하여 지정함으로써 설치된다.

044 정답 ①

납세의무자

납세의무자는 원칙적으로 수입화주이다. 만일 화주가 불분명한 때에는 다음의 자이다.
- **수입을 위탁받아 수입업체가 대행수입한 물품인 때** : 그 물품의 수입을 위탁한 자
- **수입을 위탁받아 수입업체가 대행수입한 물품이 아닌 때** : 송품장 또는 선하증권이나 항공화물운송장에 기재된 수하인
- **수입물품을 수입신고 전에 양도한 때** : 그 양수인

045 정답 ③

HS 6단위는 세계관세기구의 HS 협약에 따라 국제적으로 유효한 분류단위이다.

046 정답 ②

과오납금에 관한 권리는 제3자에게 양도가 가능하다. 권리를 양도하고자 하는 자는 양도인과 양수인의 인적사항과 과오납 사유, 과오납금액 등이 기재된 양도서에 인감증명을 첨부하여 세관장에게 제출하여야 한다.

047 정답 ③

- **관세법상 환급청구권의 소멸시효** : 납세자의 과오납금 기타 관세의 환급청구권은 이를 행사할 수 있는 날로부터 5년간 행사하지 아니하면 소멸시효가 완성된다.
- **수출용원재료에 대한 관세 등 환급에 관한 특례법상 환급 신청기간** : 세관장은 물품이 수출 등에 제공된 때에는 대통령령이 정하는 날(수출신고수리일 등)부터 소급하여 2년 이내에 수입된 당해 물품의 수출용원재료에 대한 관세 등을 환급한다.

048 정답 ③

환급대상

1. 관세법에 따라 수출신고가 수리된 수출
2. 무상으로 수출하는 것에 대하여는 기획재정부령이 정하는 수출
   - 외국에서 개최되는 박람회 · 전시회 · 견본시장 · 영화제 등에 출품하기 위하여 무상으로 반출하는 물품의 수출(다만, 외국에서 외화를 받고 판매된 경우에 한한다)
   - 해외에서 투자 · 건설 · 용역 · 산업설비수출 기타 이에 준하는 사업에 종사하고 있는 우리나라의 국민(법인을 포함한다)에게 무상으로 송부하기 위하여 반출하는 기계 · 시설자재 및 근로자용 생활필수품 기타 그 사업과 관련하여 사용하는 물품으로서 주무부장관이 지정한 기관의 장이 확인한 물품의 수출
   - 수출된 물품이 계약조건과 서로 달라서 반품된 물품에 대체하기 위한 물품의 수출
   - 해외구매자와의 수출계약을 위하여 무상으로 송부하는 견본용 물품의 수출
   - 외국으로부터 가공임 또는 수리비를 받고 국내에서 가공 또는 수리를 할 목적으로 수입된 원재료로 가공하거나 수리한 물품의 수출 또는 당해 원재료 중 가공하거나 수리하는 데 사용되지 아니한 물품의 반환을 위한 수출
   - 외국에서 위탁가공할 목적으로 반출하는 물품의 수출
   - 위탁판매를 위하여 무상으로 반출하는 물품의 수출(외국에서 외화를 받고 판매된 경우에 한한다)

049 정답 ③

- **수입세액분할증명서** : 외국으로부터 수입한 원재료를 제조 · 가공하지 않고 수입한 원상태로 수출용원재료로 국내에 공급하는 경우의 납부세액 증명서류이다.
- **기초원재료납세증명서** : 수입된 원재료로 생산된 물품을 다음 단계의 중간원재료 생산업체 또는 수출물품 생산업체에 공급하는 경우 당해 수출용원재료를 수입할 때의 납부세액 증명서류이다.

050 정답 ④

간이정액환급제도는 중소기업의 수출을 지원하고 환급절차를 간소화하는 효과가 있는데 간이정액환급액으로 고시되는 금액이 대체로 낮으므로 국산원재료보다 수입원재료의 사용률이 높은 경우 실제 납부한 세액이 크므로 개별환급에 의한 환급이 더 유리하다.

051 정답 ②

보세창고, 보세공장, 보세판매장, 종합보세구역 등에 수출용원재료를 반입한 경우에는 수출용원재료에 대한 관세 등 환급에 관한 특례법의 규정에 따라 관세 등을 환급받을 수 있다.

052 정답 ④

물품인도증명서는 수출사실을 확인하는 데 필요한 서류인 반면에 나머지 서류는 모두 납부세액확인용 서류이다.

053 정답 ③

① 중소기업은 환급에 있어 개별환급과 간이정액환급 중 하나를 선택해서 적용할 수 있다.

② 간이정액환급율표는 관세청장이 고시한다.
④ 모든 수출물품이 간이정액환급율표에 게기되는 것은 아니다.

054 정답 ②

관세법상의 유상수출이라고 하더라도 국내에서 사용 또는 소비하다가 수출하는 중고물품의 경우에는 환급대상이 되지 않는다.

055 정답 ④

납세의무자는 과오납금에 관한 권리를 제3자에게 양도할 수 있다.

056 정답 ①

가산세는 의무불이행에 대한 제재의 수단으로 금전적 부담을 지우는 것이므로 가산세가 부과된 물품을 수출하더라도 당해 가산세는 환급될 수 없다.

057 정답 ④

④는 수출용원재료가 아니라 시설기재이므로 환급대상 원재료가 아니다.

환급대상 원재료
- 수출물품을 생산한 경우에는 생산 시의 물리적 · 화학적 변화과정에서 당해 수출물품에 물리적으로 결합되거나 화학적 반응 등으로 수출물품을 형성하는 데 소요되는 원재료
- 수입한 상태 그대로 수출한 경우에는 수출물품

058 정답 ③

소요량은 환급신청자가 스스로 계산하여 관세 등의 환급금 산출에 사용한다. 이때 소요량은 수출물품을 생산하는 과정에서 소요되는 원재료의 양으로서 생산과정에서 정상적으로 발생된 손모량을 포함한다.

059 정답 ②

원산지 요건을 충족하는 물품이라도 협정 대상국에서 국내로 직접 운송되지 않는 경우 원산지 물품으로 인정하지 않는다.

060 정답 ④

①은 5년, ②는 2년, ③은 5년 동안 보관한다.

[2과목] 무역결제

PART1 대금결제

정답 및 해설

01	③	02	②	03	④	04	②	05	④
06	③	07	④	08	②	09	④	10	①
11	①	12	③	13	①	14	④	15	④
16	①	17	①	18	②	19	③	20	①
21	③	22	④	23	③	24	④	25	①
26	③	27	②	28	④	29	④	30	③
31	②	32	③	33	④	34	①	35	②
36	③	37	③	38	②	39	②	40	④
41	④	42	③	43	③	44	③	45	④
46	③	47	③	48	③	49	④	50	②
51	②	52	④	53	④	54	①	55	③
56	③	57	①	58	④	59	②	60	④
61	③	62	②	63	①	64	④	65	①
66	④	67	④	68	③	69	①	70	②
71	③	72	③	73	③	74	①	75	③
76	②	77	①	78	①	79	③	80	④
81	④	82	③	83	④	84	④	85	④
86	②	87	③	88	③	89	④	90	②
91	④	92	④	93	②	94	④	95	③
96	①	97	③	98	①	99	③	100	①
101	③	102	④	103	②	104	②	105	②
106	④	107	④	108	④	109	④	110	④
111	④	112	③	113	①	114	①	115	④
116	③	117	④	118	③	119	④	120	②
121	②	122	②	123	②	124	②	125	④
126	②	127	④	128	②	129	②	130	②
131	①	132	④	133	①	134	②	135	③
136	②	137	④	138	①	139	②	140	④
141	④	142	③	143	①	144	②	145	①
146	④	147	①	148	③	149	④	150	④
151	①	152	①	153	③	154	④	155	①
156	③	157	④	158	①	159	④	160	③
161	②	162	④	163	④	164	①	165	①
166	④	167	④	168	①	169	③		

001 정답 ③

신용장은 신용장개설의뢰인(발행신청인)의 요청에 따라 개설한다.

002 정답 ②

T/R제도는 D/R조건의 경우에 수입상이 이용하는 것이다.

003 정답 ④

신용장은 서류상의 거래이고 서류상에 하자가 있으면 은행은 지급을 거절할 수 있다.

004 정답 ②

발행신청인이 약정상품을 인수한 후에는 수익자가 매매계약을 위반하였다는 것을 이유로 지급을 거절할 수 없으며, 사기의 사실이 객관적으로 입증될 경우에 한하여 법원의 명령을 받은 후 대금지급을 거절할 수 있다. 따라서 사기의 적용원칙을 엄격하게 적용하면 매매계약의 위반을 이유로 지급을 거절할 수 없게 되어 독립·추상성의 원칙은 이행될 수 있으나 발행신청인의 이익을 보호할 수 없게 된다. 결과적으로 독립·추상성을 엄격하게 적용하면 사기를 조장하는 결과를 얻게 되고 사기를 억제하고자 하면 독립·추상성을 해치게 되는 결과를 초래하므로 서로 표리관계에 있다고 할 수 있다.

005 정답 ④

신용장의 효력발생시기는 수익자가 신용장을 수령한 때부터이다.

006 정답 ③

도달주의원칙에 의거하여 효력발생시기는 수익자에게 전달된 때부터이다.

007 정답 ④

신용장과 관련된 서류거래와 상품 및 서비스거래와는 무관하다.

008 정답 ②

신용장통일규칙은 ICC(International Chamber of Commerce)에서 1933년에 처음 제정되었으며, 그후 여러 차례의 개정을 거쳐 지금까지 한국을 비롯한 전세계에서 널리 이용되고 있다.

009 정답 ④

매입은행이 조건불일치서류를 처리하는 방법으로는 수익자가 보증서를 은행에 제시하는 방법, 발행은행에 문의 후 처리하는 방법, 발행은행에 추심 후 처리하는 방법, 발행신청인에 문의 후 처리하는 방법이 있다.

010 정답 ①

조건불일치서류는 발행신청인이 불일치를 추가로 인정하는 경우에만 수리될 수 있다.

011 정답 ①

만약 은행이 매매계약에 개입하게 되면 은행이 화물을 직접 조사하여 위반 여부를 판단하여야 하는데, 이 경우에 시간과 비용이 많이 든다. 따라서 은행은 수익자가 제시하는 서류점검에 있어 문면상의 형식, 즉 서류에 명시된 내용만을 조사한다.

012 정답 ③

은행이 서류점검 시에는 상당한 주의를 기울여야 하지만 서류의 법적성질 등 실질조사는 하지 못한다.

013 정답 ①

지정은행을 지정하는 것은 발행은행이다.

014 정답 ④

신용장결제를 하기 위해 예치되는 경우에는 그 금액을 전부 돌려받을 수 있다.

015 정답 ④

추인의 법적 성질은 금반언의 원칙이 적용되기 때문에 이를 번복할 수 없다.

016 정답 ①

확인이라는 것은 발행은행의 신용을 믿지 못하기 때문에 발행은행의 지점은 확인은행으로서 적절치 못하다.

017 정답 ①

통지은행은 수익자가 있는 나라의 수입지 발행은행의 본 · 지점이나 환거래 취결은행이 되는 것이 일반적인데, 통지은행이 신용장에 대하여 어떤 책임을 지거나 약정을 하는 것은 아니다.

018 정답 ②

연장신용장(extended L/C)은 운송서류의 인도와 동시에 신용장금액이 갱생되는 점에 있어서는 revolving L/C와 유사하고, 또 선적 전에 수출대금이 지급되는 점에 있어서는 red clause L/C와 유사하다.

019 정답 ③

revolving L/C란 일정한 기간 동안 일정한 금액의 범위 내에서 신용장금액이 자동적으로 갱생되도록 되어 있는 신용장을 말한다.

020 정답 ①

전대신용장은 수출전대를 허용하는 문언이 일반적으로 적색으로 되어 있기 때문에 red clause credit이라고 하는데, 수입상의 입장에서 전대신용장이라 하고 수출상의 입장에서는 선수금신용장이라고 한다. 그리고 수출상은 전대 받은 대금으로 수출상품을 제조 또는 구매하여 포장한다는 뜻에서 packing credit이라고도 한다.

021 정답 ③

여행자신용장은 발행신청인과 수익자가 동일하다.

022 정답 ④

연지급약정서는 지급위탁증권이 아니라 지급확약서이다.

023 정답 ③

수량에 관한 금지조항이 없는 경우는 수량의 과부족을 허용할 수 있다.

024 정답 ④

매입수수료는 수익자가 매입의뢰 시에 부담하는 수수료이다.

025 정답 ①

신용장의 유효기일 등의 조건변경과 선적일자는 관계가 없다.

026 정답 ③

수입상이 지불하여야 할 신용장 원화금액은 US$10,000 × 720원 = 7,200,000원,
10일간의 환가료는 7,200,000원 × 10% × 10/360 = 20,000원
4일간의 환가료는 7,200,000원 × 10% × 4/360 = 8,000원
따라서 수입상이 지불하여야 할 금액은 7,200,000원 + 20,000원 + 8,000원 = 7,228,000원이다.

027 정답 ②

선하증권(B/L : bill of lading)은 본선의 선장 앞으로 발행되는 것이 아니라 선박회사가 송하인에게 발급하는 것이다.

028 정답 ④

선하증권은 법적으로 요식증권, 요인증권, 문언증권, 인도증권, 제시증권, 상환증권, 처분증권, 지시증권의 성질을 갖고 있다.

029 정답 ④

면책약관의 법적 기재는 보험증권상에 포함되어야 한다.

030 정답 ③

clean B/L(무고장 선하증권)이란 화물의 외관에 이상이 없는 선하증권을 의미한다.

031 정답 ②

일반적으로 full set이란 전통(全統)을 말하며 3통을 뜻한다.

032 정답 ③

매수인의 명의를 밝히지 않는 무기명식 선하증권을 의미한다.

033 정답 ④

부두수령증(D/R, dock receipt)은 터미널 운영업자(operator)가 발급한다.

034 정답 ①

Letter of Indemnity(L/I)란 사고화물보상장을 말하는데, 이는 본선수령증의 비고란에 기재된 사고(파손)내용을 말소시키고 무사고 선하증권을 발급받도록 하는 것이다.

035 정답 ②

수리가능한 선하증권의 조건

- 운송인 명의와 함께 운송인, 선상 또는 대리인에 의한 서명
- 신용장상에 기재된 적재항에서 지명선박에 본선선적된 사실
- 신용장상에 기재된 적재항과 양륙항간의 운송된 사실
- 단일이나 복수의 원본 선하증권상에 명시된 통수의 원본 전체의 제시
- 운송조건이 포함되어 있거나 별도의 자료를 참조하도록 한 명시
- 용선계약에 따른다는 어떠한 명시도 포함되어 있지 아니한 것 등

036 정답 ③

B/L상에 수익자가 배서하는 경우는 수익자가 수하인으로 표시된 경우를 말한다.

037 정답 ③

백지식 배서란 양수인의 주소·성명이 전혀 기재되지 않은 배서를 말한다.

038 정답 ②

기명식 선하증권(straight B/L)은 기명인 외에는 권리를 행사할 수 없다.

039 정답 ②

착하통지처(Notify Party)는 운송물이 목적지에 도착하였을 때 화물인도를 촉진할 목적으로 화물도착통지서(arrival notice)를 발송하기 위하여 기입한다. 기명식 선하증권(Straight B/L)의 경우에는 선하증권의 수하인란에 수하인명이 기재되므로 별문제가 없지만 지시식 선하증권(Order B/L)의 경우에는 선하증권의 수하인 란에 성명 또는 상호가 기재되지 않기 때문에 통지처가 부기된다.

040 정답 ④

환어음(bill of exchange)은 상업서류가 아니다.

041 정답 ④

선하증권은 선박회사에서 발급하는 것이다.

042 정답 ③

환어음이란 국제거래상의 채권자가 채무자에게 그 채권금액을 지명인 또는 지시인에게 일정한 시일 및 장소에서 지급할 것을 무조건 위탁하는 요식의 유가증권이다.

043 정답 ③

환어음에는 필수적으로 기재하여야 할 사항, 즉 환어음의 표시, 무조건의 지급위탁문언, 지급인의 표시, 지급기일의 표시, 수취인의 표시, 만기일의 표시, 발행일 및 발행지의 표시, 발행인의 기명날인(서명)이 기재되어야 어음으로서의 효력이 있다.

044 정답 ③

어음의 효력에 있어 발행행위는 발행지의 법률, 인수 및 지급행위는 지급지의 법률에 따른다.

045 정답 ④

한국의 어음법에서는 소지인식을 인정하고 있지 않다.

046 정답 ③

지급인도(D/P : Documents against Payment)조건이란 환어음의 지급인(수입상)이 수출상이 발행한 일람출급 환어음(at sight bill)대금을 결제하여야만 관계 운송서류가 인도되는 조건을 말하고, 인수인도(D/A : Documents against Acceptance)조건이란 수입상이 발행한 일람 후 정기, 즉 기한부어음(usance bill)을 일람 지급함이 없이 인수만 함으로써 관계운송서류가 인도되는 조건을 말한다. 따라서 D/P조건 거래의 경우에 대금결제는 일람출급(at sight)이다.

047 정답 ③

D/P 또는 D/A의 표시가 없는 어음은 원칙적으로 D/P로 본다.

048 정답 ③

usance 어음은 기한부어음을 의미한다.

049 정답 ④

D/P조건이란 화환어음의 지급인(수입상)이 수출상이 발행한 일람출급환어음 대금을 결제하여야만 관계운송서류가 인도되는 지급인도(D/P : Documents against Payment)조건을 말한다.

050 정답 ②

D/A조건이란 수출상이 발행한 기한부어음을 일람 지급함이 없이 인수만 함으로써 관계운송서류가 인도되는 인수인도(Documents against Acceptance)조건을 말한다.

051 정답 ②

운송서류의 대도(貸渡 : T/R : Trust Receipt)란 일람출급어음(D/P)조건인 경우에 수입상인 발행신청인이 발행은행에 대하여 선하증권 등의 운송서류, 나아가 그 운송서류가 표상하고 있는 수입화물을 대도하여 줄 것을 신청하고, 발행은행은 자기의 소유하에 있는 수입화물을 수입상에게 대도하여 그 화물을 적기에 처분하게 함으로써 그 판매대금을 가지고 약정기일에 수입대금을 결제할 수 있도록 하는 제도이다.

052 정답 ④

사전송금방식(cash in advance)의 내용이다.

053 정답 ④

사후송금방식은 수출상이 대금을 받기 전에 수입상에게 상품과 선적서류를 발송하고 수입상은 수령한 후에 물품대금을 수출상에게 송금하여 결제하는 방식이다. 상대적으로 수출상에게 불리한 결제방식으로 CAD, COD, O/A 등이 있다. ④의 cash in advance는 사전송금방식이다.

054 정답 ①

통지은행은 신용장결제방식에서 필요한 은행이며, 추심결제방식의 관계당사자로는 추심의뢰인, 추심의뢰은행, 제시은행, 추심은행이 있다.

055 정답 ③

송금결제방식은 국제규칙이 적용되지 않고 또한 환어음을 사용하지도 않는다.

056 정답 ③

CWO(Cash With Order : 주문지급)는 주문을 하는 동시에 수입상이 수입대금을 미리 지불함으로써 수출자의 물품제조를 도모하는 방식으로, 이 방법은 수출업자의 신용이 확실하거나 견품과 같이 소량을 주문할 때에만 사용한다.

057 정답 ①

CAD(서류상환결제방식)는 사후송금결제방식으로 대금결제는 수입지의 은행을 통하여 수출업자에게 송금되고 선적서류는 은행을 경유하지 않고 직접 수출업자가 수입업자에게 송부한다. 주로 샘플 거래와 같은 소액거래, 본 · 지사 간 거래, 신용을 믿을 수 있는 거래선 사이에 사용되는 결제방식이다.

058 정답 ④

서류 및 대금결제는 수출 · 수입자 간의 개인적 책임하에 직접 처리한다. 대금결제는 수입자의 은행을 통하여 수출업자에게 송금되고 서류는 은행을 경유하지 않고 직접 수출업자가 수입업자에게 송부한다.

059 정답 ②

인수인도방식(D/A)거래는 지급인도방식(D/P)거래와 대금을 추심하는 경로는 같으나 수출상이 일람 후 정기 또는 확정일 출급 환어음을 발행하고 수입상 거래은행인 추심은행은 수입상에게 제시하여 그 제시된 어음을 일람지급 받지 않고 인수만 받음으로써 서류를 인도한 후 만기일에 대금을 지급받는나는 점은 나른 거래방식이다.

060 정답 ④

은행은 단지 접수된 서류가 추심지시서에 열거된 것과 외관상 일치하는가를 결정하게 되며, 또 누락되거나 열거된 것과 다른 서류에 대하여 지체 없이 전신으로 이것이 가능하지 않은 경우에는 다른 신속한 수단으로 추심지시서를 송부한 당사자에게 통지해야 하는 정도의 의무가 있을 뿐이다.

061 정답 ③

① 약속어음에 대한 설명이다. 환어음은 국제거래상의 채권자인 어음의 발행인이 채무자인 지급인에게 일정한 금액을 수취인 또는 그 지시인 또는 소지인에게 일정한 기일 내에 일정한 장소에서 무조건적으로 지급할 것을 위탁하는 요식유가증권이며 유통증권이다.

② 환어음은 송금방식거래에서는 거의 사용되지 않고 주로 추심방식 및 신용장방식의 거래에서 사용된다.

④ 상품의 명세서, 계산서, 물품대금을 청구하는 수단으로 발행하는 서류는 상업송장이다.

062 정답 ②

신용장통일규칙에 의하면 동일한 그리고 하나의 조건변경 통지서에 포함된 조건변경을 부분적으로 승낙하는 것은 허용되지 않으므로 결과적으로 부분승낙은 아무런 효력을 갖지 못한다.

063 정답 ①

- CAD : 선적서류상환인도조건이며 선적서류와 상환으로 대금을 결제하는 방식으로 D/P의 유럽방식이라고도 한다.
- COD : 대금교환인도조건으로서 물품을 수입자에게 인도하면서 대금을 수취하는 결제방법이다.

064 정답 ④

COD와 CAD는 환어음을 발행하지 않고 수입자가 수출자에게 직접 송금하는 방식으로 결제가 이루어지는 것으로서 이는 신용장개설 및 환결제에 어려움이 있는 나라에 수출하는 경우 이용된다.

065 정답 ①

COD(Cash On Delivery)란 L/C나 D/A, D/P의 개재 없이 수출자가 물품을 수입자에게 인도하면서 수출대금을 수취하는 방식을 말한다. 일반적으로 COD는 항공운송에서 사용되며, 실제로 운송인이 수입업자에게 물품대금을 받고 물품을 인도하는 방식이다. 즉, 수입업자입장에서는 수입화물을 인도받으면서 운송인에게 수입대금을 지불하는 결제방식을 가리킨다.

066 정답 ④

추심결제방식에서는 대금결제절차와 경로를 임의로 변경할 수 없고 반드시 추심의뢰은행과 추심은행을 거쳐야 한다.

067 정답 ④

SWIFT(Society for Worldwide Interbank Financial Telecommunication)는 국제은행 간 자금결제 통신망을 의미하는 데 이의 장점으로는 안정성, 신속성, 저렴한 비용, 업무의 표준화 등이 있다.

068 정답 ③

통지은행이 입증하기 위한 책임까지 부담하는 것은 아니므로 상당한 주의를 하였음에도 불구하고 발견하지 못한 경우에는 면책이 된다.

069 정답 ①

선적기일은 최종일의 공휴일 여부와 관계없이 해당일자 이내에 선적이 이루어져야 한다. 반면에 신용장의 유효기일, 서류제시기간의 최종일이 은행 공휴일인 경우에는 해당일 이후의 최초 영업일로 연장되며, 또한 만기일이 공휴일인 경우의 지급은 해당 만기일 이후 최초 영업일에 이루어진다.

070 정답 ②

D/A(인수인도방식)거래는 신용장이 없는 기한부 방식의 추심결제방식인데 수출상이 선적한 후 선적서류를 첨부한 기한부 환어음에 수입상을 지급인으로 기재하여 발행하고, 자신의 거래은행에 추심을 의뢰한다. 수입상은 추심은행을 통하여 대금결제를 하여야 한다.

071 정답 ③

신용장방식에서 환어음 지급인은 신용장 개설은행이 된다.

072 정답 ③

은행은 신용장에서 요구하지 않은 서류를 심사할 필요가 없다.

073 정답 ③

선적해야 하는 최종일이 공휴일이라 할지라도 해당일자 이내에 선적이 이루어져야 한다.

074 정답 ①

원본 전 통을 요구하는 경우 송하인(shipper)용 1부를 제시하면 수리할 수 있다.

075 정답 ③

통지은행은 교체할 수 없다.

076 정답 ②

추심방식에서 네고(negotiation)를 하지 않으면 원칙적으로 수출상이 환어음의 수취인이 된다.

077 정답 ①

조건변경서에 확인을 추가한 경우에 확인은행은 임의로 취소하지 못하며, 조건변경을 확인 통지한 때부터 효력이 발생한다.

078 정답 ①

신용장과 기본계약 간 별개의 거래는 신용장거래의 독립성이 원칙이다.

079 정답 ③

매입신용장은 수출지의 매입은행이 개설은행의 무예치환거래은행인 경우에도 사용된다. 또한 어느 은행이나 매입할 수 있는 것이 원칙이며, 예외적으로 통지은행만이 매입할 수 있는 경우도 있다.

080 정답 ④

지급신용장은 지정신용장을 말한다.

081 정답 ④

상환신용장이란 신용장의 통화가 수출, 수입 양국의 화폐가 아닌 제3국의 통화이거나, 수출지에 개설은행의 예치환 거래은행이 없을 경우 매입은행은 개설은행이 지정하는 특정은행에 어음을 제시하여 대금결제를 받게 되는 경우에 이용되는 신용장이다. 개설은행은 수출상이 제출한 서류의 검토 책임을 상환은행에 부과해서는 안 된다. 만일 검토 책임을 부과하게 되면 상환은행은 상환업무수행을 거절하게 된다.

082 정답 ③

③의 내용은 신용장의 기본원리인 추상성과 관련된 설명이다.

083 정답 ④

④는 신용장의 특성인 추상성의 원칙에 부합하는 것으로 장점에 해당한다.

084 정답 ④

통지은행은 교체될 수 없다.

085 정답 ④

수입자는 수입화물선취보증제도를 통하여 통관지연에 따른 창고료와 화재보험료 부담을 줄일 수 있고, 수입물품을 적기에 판매함으로써 물품수입의 목적을 달성할 수 있는 장점이 있다.

086 정답 ②

확인은행은 개설은행과는 별도로 확약하였기 때문에 비록 개설은행이 지급불능에 빠졌을 경우가 아니더라도 확인은행은 어음의 지급이나 인수 또는 매입대금의 지급의무를 이행하여야 한다.

087 정답 ③

신용장에서 특사배달료가 지급 또는 선지급되도록 요구되었다 하더라도 은행은 특사배달인 또는 급송배달인이 발행한 운송서류에 특사배달료를 수하인 이외의 자가 지급한 것으로 표시된 운송서류는 수리하여야 한다.

088 정답 ③

인수신용장 또는 연지급신용장의 경우 일치하는 제시에 대응하는 대금의 상환은 만기에 이루어져야 한다.

089 정답 ④

어음의 지급인이 인수 또는 지급불능이 되었을 경우 발행인에게 상환청구를 할 수 있는 조건이 with recourse이고, 상환청구할 수 없는 것이 without recourse이다. 그러나 우리나라의 어음수표법에서는 상환불능을 인정하지 않으므로 설사 어음상에 without recourse가 기재되어 있다고 하더라도 이는 효력이 없다.

090 정답 ②

②의 내용은 신용장의 독립성과 관련된 사항이다.

091 정답 ④

신용장거래에서는 환어음상에 개설은행을 지급인으로 표시한다.

092 정답 ④

D/P는 추심결제방식의 하나로 지급인도조건이다.

093 정답 ②

법률적으로 채권의 양도가 발생하는 기능을 담당하는 서류는 환어음이다. 따라서 환어음이 발생하지 않는 지급신용장(payment L/C)과 연지급신용장(deferred payment L/C)의 경우에는 채권양도의 의미가 없다.

094 정답 ④

할부신용장에서 어느 부분의 선적이 이루어지지 않은 경우 해당 부분을 포함한 이후의 부분에 대하여 신용장이 무효가 된다.

095 정답 ③

신용장이 수량을 포장단위 또는 개별단위의 특정 숫자로 기재하지 않고 청구금액의 총액이 신용장의 금액을 초과하지 않는 경우에는 물품의 수량에서 5%를 초과하지 않는 범위 내에서 많거나 적은 편차는 허용되며, 물품의 수량과 단가가 신용장에 기재된 경우 물품의 수량이 전량 선적되고 단가가 감액되지 않은 때 분할선적이 허용되지 않더라도 신용장 금액의 5% 이내의 편차는 허용된다.

096 정답 ①

확인은행은 확인의사를 이행한 후에는 철회하거나 취소할 수 없다.

097 정답 ③

Air Waybill(항공운송장)은 화물을 비행기로 운송하는 경우 항공회사에서 화물을 인수하는 시점에서 발급하는 운송서류로 단순한 탁송증거로서의 역할만 하게 된다.

098 정답 ①

지급신용장에서는 지정된 지급은행이 개설은행의 계좌에서 직접 출금하여 수출업자에게 지급하기 때문에 제3의 결제은행인 상환은행이 개입하지 않는다.

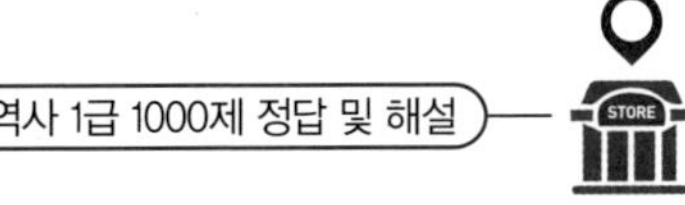

099 정답 ③

수입화물 선취보증서(L/G)가 발급된 경우에는 개설은행의 클레임 제기권리가 박탈된다.

100 정답 ①

보증신용장도 화환신용장과 마찬가지로 적용가능한 범위 내에서 신용장통일규칙을 준용하고 있다.

101 정답 ③

신용장에서 명시하고 있지 않아도 환어음, 확인서, 증명서는 서명이 요구되며, 운송서류 및 보험서류 역시 서명되어야 한다.

102 정답 ④

factoring거래에서는 신용조사의 전문가인 factor들이 가장 신용 있는 buyer를 추천할 뿐만 아니라 buyer가 도산할 경우 수입 factor가 보증인이 되므로 안전하게 거래할 수 있다.

103 정답 ②

exchange commission(환가료)은 매입은행이 매입 시 원화의 지급시점과 외환입금시점 사이의 기간 차에 해당하는 이자를 수출상에게 징수하게 되는 것으로 이자보전조로 징수하게 되는 수수료이다.

104 정답 ②

원산지증명서의 발행자를 명시하지 않은 경우에는 누구라도 원산지증명서를 발행할 수 있다.

105 정답 ②

신용장에 분할선적에 관한 명시규정이 없으면 분할선적이 가능한 것으로 간주하고, 이런 경우 분할선적에 의하여 어음의 분할발행도 허용된다.

106 정답 ④

은행은 서류가 신용장조건과 일치하여 지급 · 인수, 매입을 이행한 경우 실제 물품이 계약과 상이하다고 하더라도 개설의뢰인에 대하여 하등의 책임을 지지 않으며, 개설의뢰인은 대금지급을 거절할 수 없다.

107 정답 ④

COD방식은 수출자보다 수입자에게 유리한 방식이다.

108 정답 ④

사실 여부에 기초하여 심사하는 것이 아니라 서류만을 기초하여 심사해야 한다.

109 정답 ④

추심결제방식에서는 은행이 지급책임을 지지 않고 단순히 수입업자가 지급한 물품대금을 수출업자에게 전달해 주는 역할만을 수행하므로 수입업자가 물품대금을 지급하지 않아도 은행에서 대신 지급할 책임은 없다.

110 정답 ④

unknown clause B/L은 컨테이너 또는 팔레트 등의 단위화된 화물을 송하인이 봉인하였기 때문에 운송회사는 그 내용물에 대해 전적으로 송하인의 진술에 의존할 수밖에 없는 것으로, 신용장에서 명문으로 수리거절표시를 하지 않는 한 은행은 수리하여야 한다.

111 정답 ④

확인은행은 개설은행의 지급불능사유와 상관없이 독립적인 채무를 부담한다.

112 정답 ③

수입화물선취보증서는 흔히 L/G(Letter of Guarantee)라고 약칭하여 부르고 있지만 L/G는 보증서라는 일반용어로 모든 종류의 보증서를 총칭하는 용어이다. 수입화물선취보증서는 원본 선하증권 없이 화물을 선취하는 데 따른 책임을 보승하는 보승서이므로, 수많은 L/G 중의 하나에 불과하다. 그러므로 수입업자는 선하증권 원본 없이 화물을 인수할 수 있다. 즉, 선적서류 원본 도착 이전에 수입업자가 먼저 도착된 수입물품을 인도받게 되는 것이므로 ③은 거리가 멀다.

113 정답 ①

② **stale B/L** : 선적이 완료되면 수출자는 상품대금을 회수하기 위해 선적일자 후 21일 이내에 매입은행에 선하증권을 제시하여야 하는데, 이 기간 내에 제시하지 않은 선하증권
③ **short form B/L** : B/L 뒷면에 선박회사의 약관이 생략되어 앞면에 필요사항만 기재한 경우
④ **surrender B/L** : 기존의 선하증권과는 달리 선하증권 원본이 없어도 수하인이 양륙항에서 화물을 인수할 수 있는 선하증권

114 정답 ①

환적은 신용장에서 허용한다는 명시적인 문구가 없으면 금지되는 것으로 해석하지만, 동일한 단일의 해상선하증권이 전체 해상운송구간을 커버하는 경우에는 신용장에서 환적을 금지하지 않는다면 환적이 허용된다. 신용장에서 환적을 금지하더라도 은행이 선하증권을 수리하는 경우는 모든 선하증권이 아니라 일정한 조건 아래에서의 경우이다.

115 정답 ④

④의 경우 원본이라는 표시와 함께 서명이 되어 있어야 한다.

116 정답 ③

제시은행은 지급거절 및 인수거절을 통지한 후 60일 이내에 이러한 지시를 받지 못한 경우 서류는 제시은행 측에 더 이상의 책임 없이 추심지시서를 송부한 은행으로 반송할 수 있다.

117 정답 ④

④와 같이 고친 부분들을 한꺼번에 인증하는 문언을 기재하고 한 번만 인증하더라도 서류를 하자로 보지 않는다.

118 정답 ③

③에서와 같이 '운임이 선지급될 수 있음' 또는 '운임이 선지급되어야 함' 등의 문구나 유사한 취지의 문구가 운송서류에 표시된 경우, 이런 문구는 운임을 지급한 증거로 수리되지 않는다.

119 정답 ④

은행이 신용장을 매입할 때 매입한 외국환 환율 등락에 따른 위험을 보전하기 위해 일정 비율의 매매수수료를 차감한 전신환 매입률을 적용한다.

120 정답 ②

카본 서명은 한 통을 수기로 서명하여 밑에 베껴져 나오는 방법을 의미하는데, 이러한 카본 서명은 실서명 방법으로 인정받지 못한다.

121 정답 ②

신용장거래의 모든 은행은 자신이 선택한 타 은행이 그 지시를 이행하지 아니하였더라도 이에 대하여 아무런 책임을 지지 아니한다.

122 정답 ②

서류제시기간은 유효기일을 초과하는 경우가 있을 수 있으나 유효기일 이내에 서류를 제시해야만 수리가 가능하다.

123 정답 ②

②는 은행의 의무사항에 해당하므로 면책사항이 아니다.

124 정답 ②

환어음의 기한은 반드시 신용장조건과 일치하여야 한다.

125 정답 ④

수입상이 적하보험을 가입하여야 하는 FOB, CFR 등의 가격조건인 경우 신용장 개설은행은 통상 개설의뢰인에게 보험서류를 요구한다. 여기서 CIF는 수출상 보험가입조건이다.

126 정답 ②

URR(은행 간 대금상환에 관한 통일규칙)

- 상환수권이란 상환청구자에게 대금상환을 하도록, 혹은 개설은행의 요청이 있는 경우에는 상환은행을 지급인으로 발행된 기한부 어음을 인수 및 지급하도록 개설은행이 상환은행에게 발행하는 신용장과는 독립된 지시 또는 수권을 말한다.
- 개설은행은 상환수권에서 신용장의 제조건과 일치한다는 증명서를 요구해서는 안 된다.
- 개설은행에 대한 상환수권 선통지 또는 계좌 차기 선통지에 관한 지시사항은 신용장에 반드시 표시되어야 한다.
- 상환수권서의 발송 지연은 개설은행의 귀책사유에 해당하므로 이에 따른 매입은행의 이자손실 등은 개설은행이 부담하여야 한다.

127 정답 ④

환어음, 운송서류 및 보험서류는 신용장에서 요구하지 않더라도 일자가 표시되어야 한다.

128 정답 ②

②의 경우 부본을 제출하여도 무방하지만 부본 대신에 원본을 제시하여도 무방하다.

129 정답 ②

지급 · 인수 또는 매입은행(청구은행)은 결코 상환은행에 대하여 서류가 신용장조건에 일치한다는 증명을 제공해야 할 의무를 갖지 아니한다.

130 정답 ②

신용장통일규칙은 민간단체의 성격을 가진 국제상업회의소(ICC)가 정한 것으로 계약당사자가 계약서에 당해 규범을 준수한다는 서약을 한 경우에 한하여 법적 구속력을 가진다.

131 정답 ①

이미 개설된 신용장을 참고로 하여 새로운 신용장이 개설되는 경우 유사신용장이라고 하며, 반복개설신용장이라고도 한다.

132 정답 ④

개설은행이 대금지급 거절을 통지하면 불일치 서류 소유권은 수익자가 갖는다. 개설의뢰인이 지급거절 통보 이후에 대금을 지급할 조건으로 서류를 인도하여 줄 것을 개설은행에 요구하는 경우, 개설은행은 매입은행을 통하여 수익자에게 동의 여부를 조회한 후 동의하면 개설의뢰인에게 서류를 인도하여야 한다.

133 정답 ①

모든 운송서류는 신용장에 규정된 유효기일뿐만 아니라 선적일로부터 지정된 제시기한 내에 반드시 제시하여야 한다.

134 정답 ②

양도와 관련한 은행비용과 수수료, 대가 또는 지출금을 포함한 양도은행의 경비는 다른 합의가 없는 한 원칙적으로 제1수익자가 부담한다.

135 정답 ③

신용장의 금액, 신용장상의 기재된 단가, 유효기일, 제시기간 또는 최종선적일 및 주어진 선적기간 등은 일부 또는 전부 감액되거나 단축될 수 있다.

136 정답 ②

포피팅(forfaiting)이란 수출거래에서 발생되는 환어음이나 채무증서인 약속어음 등의 청구권이 자유롭게 유통가능한 증서를 이전의 어음소시인에게 상환소구권을 청구함이 없이(without recourse) 어음의 만기일까지에 해당하는 이자를 할인하는 방식이다. 이는 포피팅을 취급하는 전문 금융회사가 매입하는 무역관련 금융기법으로 외상기간은 1년 이상 10년 미만의 장기간인 것이 특징이다.

137 정답 ④

short cable은 신용장 개설이 아니고 개설사실을 전신으로 수익자에게 신속하게 통보하여 선적준비를 신속하게 할 목적이 있을 때 주로 사용된다.

138 정답 ①

포피팅(forfaiting)이란 수출거래에서 발생되는 환어음이나 채무증서인 약속어음 등의 청구권이 자유롭게 유통가능한 증서를 이전의 어음소지인에게 상환소구권을 청구함이 없이(without recourse) 어음의 만기일까지에 해당하는 이자를 할인하는 방식이다.

139 정답 ②

factoring 거래는 수출상과 수입상 모두를 만족시킬 수 있는 거래방식이라고 할 수 있다. 즉, 수출상은 일반적으로 L/C거래나 현금거래를 원하나, 수입상은 L/C거래를 기피하고 외상거래를 원한다. 이와 같이 상반된 양자의 거래조건을 모두 만족시킬 수 있는 거래방식이라고 할 수 있다.

140 정답 ④

수입상의 입장에서는 물품을 먼저 수령한 후 일정 기간 내에 수입대금을 결제하기 때문에 자금 부담이 경감되고 수입결제자금 부족 시 금융수혜가 가능하다는 장점이 있다.

141 정답 ④

은행이 신용장 또는 조건변경을 통지하도록 요청받았으나 신용장, 조건변경 또는 통지의 외견상 진정성에 대한 요건을 충족하지 못한다고 판단한 경우, 지체 없이 그 지시를 송부한 것으로 되어 있는 은행에 그 사실을 통지하여야 한다.

142 정답 ③

신용장에서 별도로 허용하지 않는 한 보험서류상에 보험업자 또는 그 대리인의 자격이 없는 중개인 등이 발행하고 서명한 것으로 표시된 경우는 신용장거래에 있어 정당한 보험서류로 볼 수 없으며 은행은 이러한 보험서류를 수리거절해야 한다.

143 정답 ①

수입화물대도(trust of receipt)는 수입업자가 수입대금결제를 하지 않은 상태에서 개설은행이 수입화물을 인도하여 줌으로써 수입업자로 하여금 적기에 화물을 처분하여 약정기일에 수입대금을 결제할 수 있도록 편의를 제공하는 것이다.

144 정답 ②

신용장은 독립성의 원칙에 따라서 기본계약에 기재된 사항을 신용장에 원용할 수 없도록 하였다. 그러므로 기본계약에 어긋난다는 이유로 개설은행은 매입은행 또는 수출상에게 지급을 거절할 수 없다.

145 정답 ①

신용장의 양도는 전액양도이든 분할양도이든 양도지정은행에서 양도되어야 한다. 양도은행이 지정되지 않았을 경우에는 신용장 개설은행으로부터 지정받은 후 양도가 취급되어야 한다.

146 정답 ④

신용장이 요구하지 않아도 환어음, 운송서류 및 보험서류는 일자를 기재하여야 한다. 증명서나 선언서가 별도로 발행되는 경우 일자를 기재하는 것이 원칙이나, 일자가 반드시 있어야 하는지의 여부는 그 내용에 따라 달라진다.

147 정답 ①

서류상에 표시된 물품의 선적인(shipper) 또는 송하인(consignor)이 신용장의 수익자일 필요는 없다.

148 정답 ③

개설은행은 양도은행이 될 수 있다.

149 정답 ④

개설의뢰인은 조건변경과 관련하여 당사자가 아니므로 동의 권한이 없다. 즉 신용장은 확인은행과 수익자의 동의가 없이는 조건변경되거나 취소될 수 없다.

150 정답 ④

특정항구가 아니라 신용장에 기재된 선적항으로부터 하역항까지 선적을 표시하게 된다.

151 정답 ①

신용장이 1인 이상의 제2수익자에게 양도된 경우, 1인 또는 그 이상의 제2수익자가 조건변경을 거절하여도 신용장조건변경과 관련한 다른 제2수익자의 수락이 무효화되는 것은 아니며 신용장은 이들에 대하여 조건변경된다.

152 정답 ①

원본서류와 사본서류의 구분

구분	내용
원본서류	• 서류 발행자의 서명이 있는 서류(서명방법은 자필 서명뿐만 아니라 다양한 서명 방법이 인정되며, 복사서류라도 발행자의 서명이 있으면 원본서류로 인정된다.)
사본서류	• 사본서류에 원본이라는 표시가 있는 서류 • 팩스기계로 송부된 서류 • 발행자 서명이 없는 보통용지의 복사서류 • 어떤 서류의 실제 사본 또는 원본이 한 통만 발행된 서류의 원본이 아닌 서류

153 정답 ③

이미 서명된 서류를 복사하여 서명까지 복사된 것으로 보이는 서류의 경우는 원본이 아니므로 수리될 수 없다.

154 정답 ④

복사기로 작성한 서류도 작성자가 자필서명을 하면 원본이 된다. 서명인이 대표이사가 아니라고 할지라도 수익자 회사명이 표시되어 있으면 그 회사를 대표하는 권한을 가진 자의 서명으로 간주된다.

155 정답 ①

신용장개설은행은 신용장에 대한 조건을 변경한 경우 그 시점으로부터 변경내용에 대하여 취소 불가능하게 구속된다.

156 정답 ③

③의 경우에 있어서 물품에 대한 총가액 중 더 큰 금액을 기준으로 산출되어야 한다.

157 정답 ④

신용장은 제2수익자의 요청에 의해서 다른 제3의 수익자에게 재양도될 수 없다. 다만 양수인이 원 수익자(제1수익자)에게 양도 환원하는 경우, 양도취소로 간주하여 원 수익자가 제3자에게 양도할 수 있다.

158 정답 ①

개설은행은 양도은행이 될 수 있다. 그 이유는 지정한 양도은행이 양도를 거절했을 때 개설은행에서 양도할 수 있도록 하기 위해서이다.

159 정답 ④

수입대금의 결제 전에 물품의 품질 등을 확인할 수 있어 신용장방식의 약점을 제거할 수 있다는 장점이 있다.

160 정답 ③

③의 경우는 수입상의 이점에 해당된다.

161 정답 ②

① **예정표시 선하증권** : 운송서류상의 선박, 선적항, 양륙항에 'intended' 표시가 있으면 수리 거절된다. 다만 본선적재를 마치고 난 후 선적완료 표시를 추가하면 수리된다.
③ **제3자 발급 선하증권** : 선하증권상의 송하인이 L/C의 수익자가 아닌 제3자가 표시되는 B/L은 신용장에서 명문으로 수리거절 표시를 하지 않는 한 은행은 이를 수리한다.
④ **부지약관 부착부 선하증권** : 컨테이너 또는 팔레트 등의 단위화된 화물은 송하인이 봉인하였으므로 운송회사는 그 내용물에 대하여는 전적으로 송하인의 진술에 의존할 수밖에 없다. 부지약관인 'shipper's load count', 'said by shipper to contain' 등의 문언을 선하증권상에 기재하여 아무런 책임을 지지 않겠다는 것을 표시하는 B/L은 신용장에서 명문으로 수리거절 표시를 하지 않는 한 은행은 이를 수리한다.

162 정답 ④

일치하는 적격제시란 신용장의 조건 및 적용가능한 범위 내에서의 이 규칙의 규정, 그리고 국제표준은행관행에 따른 제시를 의미한다.

163 정답 ④

신용장은 이용되는 방법에 따라 매입, 지급, 연지급, 인수신용장의 네 가지로 분류할 수 있다.

164 정답 ①

결제(honour)는 매입(negotiation)을 제외한 나머지 세 가지 지급(payment), 연지급(deferred payment), 인수(acceptance) 신용장에 대한 지급을 포함하는 개념이다.

165 정답 ①

UCP에서 정하는 서류효력에 대한 면책사항
- 서류자체의 형식, 충분성, 정확성
- 진정성, 위조 여부, 법적효력
- 서류 문면상의 일반적 조건 또는 특수조건
- 물품의 명세, 가치, 실존 여부에 대한 면책
- 서류의 작성자, 발행자의 대한 면책

166 정답 ④

신용장에서 요구하는 상업송장이 수리되기 위한 요건
- 수익자에 의하여 발행한 것으로 나타날 것
- 개설신청인 앞으로 발행될 것
- 신용장과 동일한 통화로 작성될 것
- 서명될 필요가 없을 것

167 정답 ④

서류의 발행인을 기술하기 위해 사용되는 "first class", "well known", "qualified", "independent", "official", "competent" 또는 "local" 등과 같은 용어는 수익자 이외의 모든 서류발행인이 서류를 발행하는 것을 허용한다.

168 정답 ①

상업송장이란 수출자가 수입자 앞으로 작성해 보내는 선적화물의 계산서 및 내용증명서, 유가증권은 아니지만 수출자의 송하명세서, 상품출하 안내서, 가격계산서 및 대금청구서, 수입통관 시의 과세자료, 선적화물의 계산서 및 내용증명서이다.

169 정답 ③

한 세트 이상의 선하증권에 표시된 선적일자가 다른 경우에는 운송서류의 선적일자 중 가장 늦은 선적일자가 선적일자로 간주된다.

[2과목] 무역결제

PART2 외환실무

정답 및 해설

01	①	02	③	03	②	04	②	05	③
06	①	07	①	08	③	09	③	10	①
11	①	12	④	13	④	14	③	15	①
16	③	17	③	18	②	19	①	20	②
21	①	22	②	23	③	24	③	25	③
26	②	27	②	28	④	29	④	30	①
31	②	32	④	33	④	34	①	35	③
36	④	37	④	38	②	39	①	40	①
41	④	42	④	43	②	44	①	45	②
46	①	47	②	48	②	49	①	50	④
51	①	52	②	53	②	54	④	55	③
56	④	57	②	58	②	59	③	60	④
61	④	62	④	63	③	64	②	65	②
66	①	67	①	68	③	69	③	70	③
71	①	72	②	73	④	74	③	75	④
76	③	77	①	78	①	79	④	80	③
81	①	82	②	83	②	84	②	85	③
86	①	87	④	88	③	89	④	90	③
91	③	92	④	93	②	94	④	95	③
96	④	97	①	98	③	99	③	100	④
101	②	102	③	103	④	104	②	105	①
106	④	107	③	108	③	109	④	110	③
111	③	112	①	113	④	114	④	115	④
116	④	117	①	118	①	119	①	120	①
121	③	122	④						

001 정답 ①

경상수지는 상품(재화)수지, 서비스수지, 소득수지, 경상이전수지 등으로 나뉜다.

002 정답 ③

① 외환거래는 실수요목적, 헤징목적, 투기목적으로 거래가 가능하며 현실적으로 정확한 구별이 어렵다.
② 외환거래는 외환 중개인을 통하거나 당사자 간에 직접 거래 모두 가능하며 각국 거래소(장내)시장에서나 장외시장 모두 거래 가능하다.
④ 외환거래는 세계 어디에서나 24시간 거래할 수 있다.

003 정답 ②

선물환율은 이자율 평형이론에 의해서 결정되므로 양국 간의 이자율 차이에 의해 결정되며, 환율 전망치는 포함되지 않는다.

004 정답 ②

환율이 700원에서 720원으로 상승한 것은 원화의 가치가 하락하였다는 것으로, 이때에는 수출이 증가하고 수입이 감소한다.

005 정답 ③

환율인상(평가절하)은 수출가격이 하락하여 수출이 증대되고 수입이 감소하여 국제수지의 개선효과가 있으나, 한편으로는 원자재 값과 같은 수입가격이 상승하므로 국내물가가 상승하는 현상이 나타난다.

006 정답 ①

평가절상(환율인하)이 이루어지면 수입가격은 하락하고, 수출가격은 상승하므로 수출이 감소하고 수입이 증가하여 국제수지는 악화된다. 한편 수입의 증가는 국내물가를 하락시키고, 환율의 평가절상은 외채상환부담을 경감시키는 효과가 있다.

007 정답 ①

환매수는 이미 매도를 한 사람이 자신이 매도한 만큼 매수를 하여 대등한 수량을 소멸시키는 행위로 주로 파생시장에서 쓰이는 용어이다.

008 정답 ③

구매력 평가설에 따르면 환율은 국내물가를 외국물가로 나눈 값이므로 양국의 물가수준에 의하여 결정된다.

009 정답 ③

① **마샬-러너 조건** : 환율의 평가절하에 따라 국제수지가 개선되기 위해서는 양국의 수입수요탄력성의 합(외국상품에 대한 국내의 수입수요탄력성 + 국내 상품에 대한 외국의 수입수요탄력성)이 1보다 커야 한다는 이론
② **오버슈팅** : 환율에서의 오버슈팅은 정부의 정책으로 통화가 팽창되면 자국의 통화가치가 균형수준 이하로 하락했다가 차츰 통화가치가 상승하여 균형수준에 이르게 되는 현상을 말함
④ **랜덤워크 가설** : 주가의 변동은 과거 · 현재 · 미래의 주가와는 상관없이 독립적이며, 미래의 가격변동을 예상함에 있어 과거의 가격은 아무런 의미가 없다는 가설

010 정답 ①

원화의 지속적인 평가절상이 예상되면 기업들이 수출대금으로 받는 달러의 경우 환율이 평가절상되어 국내통화로 받는 금액이 줄어들게 되므로 수출은 가능하면 앞당기려고 할 것이며, 반대로 수입은 늦추려고 할 것이다.

011 정답 ①

② **option** : 특정대상물을 만기일에 정한 가격으로 살 수 있는 권리와 팔 수 있는 권리를 일정한 대가를 주고 매매하는 거래를 말한다.
③ **correspondent agreement** : 국내은행이 외국소재 은행과 외국환에 관한 계약을 하는 것을 말하며, 상대방 은행을 환거래은행이라고 한다.
④ **duration** : 수익률 변화가 채권가격에 미치는 영향을 단순히 채권만기(Maturity)의 개념으로서는 파악이 되지 않아 개발된 개념으로, 금리 1단위 변화폭에 따른 채권가격의 변화폭을 측정하는 지표이다.

012 정답 ④

환율절하율 = 자국물가상승률 − 외국물가상승률에 의해서 15% − 5% = 10% 즉, 10%의 환율이 절하된 것인데 문제에서 미 달러당 원화로 표시한다고 하였으므로 10%가 상승했다고 볼 수 있다.

013 정답 ④

변동환율제도에서 환율을 상승시키는 가장 중요한 요인은 외환의 수요가 공급을 초과하는 경우이다. ④의 경우에서는 우리나라 기업이 해외공장을 매각하면 외화의 공급이 증가하여 환율이 하락하게 된다.

014 정답 ③

A국이 통화공급을 증가시키면 A국의 물가수준이 상승하므로 A국의 통화는 환율인상 즉, 평가절하된다.

015 정답 ①

달러화의 현물환과 선물환의 경우 10전 단위로 거래되고, 스왑과 옵션은 1전 단위까지 거래된다.

016 정답 ③

국내이자율이 상승하면 국내이자율이 국제이자율보다 커지므로 외국자본이 국내로 유입되어 외화의 공급이 증가한다. 이렇게 외화의 공급이 증가하면 자국통화가 상대적으로 귀해지므로 그 가치가 상승하여 환율이 하락(평가절상)하게 된다.
① 국내물가가 상승하면 구매력 평가설에 의해 자국통화가 평가절하(환율인상)된다.
② 국민소득이 증가하면 수입을 증가시켜 외환의 수요를 증가시키므로 외화가 상대적으로 귀해져 가치가 상승하므로 자국통화는 평가절하(환율인상)된다.
④ 해외경기가 불황이면 수출이 감소하여 외화의 공급이 감소하므로 자국통화는 평가절하(환율인상)된다.

017 정답 ③

변동환율제는 환율이 외환시장에서의 외환의 수요 · 공급에 의해 결정되는 제도이다.

018 정답 ②

외국에서 대규모 자금이 유입되면 정부는 환율의 불안정을 해결하기 위하여 외환을 매입한다. 이때 외환을 매입하는 과정에서 통화량이 증가하므로 이에 따른 통화증가량을 상쇄시키기 위해 정부는 국채를 매출하여 통화량을 감소시킨다. 이를 불태화정책(Sterilization Policy)이라고 한다.

019 정답 ①

변동환율제도의 가장 큰 장점은 국제수지 불균형이 발생하면 정부의 개입 없이도 자동적으로 환율이 조정되어 국제수지가 균형을 이룬다는 것이다.

020 정답 ②

국민소득이 증가할 경우 수입이 증가하므로 국제수지가 악화되고 외화에 대한 수요를 증가시켜 원화의 가치를 떨어뜨리게 된다. 즉 환율이 인상된다.

021 정답 ①

변동환율제도하에서는 확대재정정책보다 확대금융정책(통화량 증가)이 더 효과적이다.

022 정답 ②

구매력 평가설에 따르면 환율은 양국의 물가수준에 의하여 결정된다.

023 정답 ③

환위험의 종류
- **환산환위험** : 해외 자회사나 지사의 재무제표를 모회사의 통화로 환산할 때 발생하는 환위험
- **거래환위험** : 수출입거래 또는 자본거래 시 계약시점과 회계기장이전 시점 및 대금의 수취, 결제시점의 환율차이로 발생하는 환위험
- **영업환위험** : 예상하지 못한 환율의 변동결과로 매출액, 판매량, 판매가격 등 영업에 실질적으로 영향을 주는 기업의 가치 또는 현금흐름의 변동 가능성으로 인해 발생하는 환위험

024 정답 ③

미국의 금리인하는 상대적으로 우리나라의 투자요인이 되어 달러 공급이 증가하므로 달러가치가 하락하게 된다. 즉, 원화가치가 상승하게 된다.

025 정답 ③

① **스프레드(spread)** : 동일한 옵션이 만기나 행사가격에 따라 다른 가격으로 거래될 때의 가격차이
② **프리미엄(premium)** : 주식 가격이 액면가액 또는 계약금액 이상으로 지출되는 할증금
④ **아비트리지(arbitrage)** : 동일 상품이 시장에 따라 서로 가격이 다른 경우 가격이 저렴한 시장에서 상품을 매입하여 가격이 비싼 시장에 그 상품을 매도해 차익을 얻으려는 방법

026 정답 ②

모든 환율은 기준통화를 중심으로 은행의 관점에서 매입/매도를 결정한다. 이 거래는 은행의 입장으로는 고객에게 달러화 현찰을 매도하는 거래이다. 따라서 달러 현찰 매도율이 적용된다.

027 정답 ②

① 거래상대방과 직접 거래할 수도 있고 중개인을 통해서 거래할 수도 있다.
③ 외국환거래는 국경을 넘는 거래로서 중앙집중결제기구가 없다.
④ 외환시장도 장외시장과 장내시장이 있다.

028 정답 ④

환리스크란 장래에 예상치 못한 환율변동으로 인하여 기업이 보유하고 있는 외화표시 순자산 또는 순가치가 변동되어 발생될 수 있는 환차손 및 환차익의 발생가능성이다.

029 정답 ④

양국 간 명목이자율의 차이가 선도환율의 할증률(혹은 할인율)과 같게 된다.

030 정답 ①

기준환율이 결정되는 국가와 다른 제3국 통화 간의 환율을 교차환율이라고 한다.

031 정답 ②

forward exchange rate는 선물환율을 말한다. 선물환율과 현물환율의 차이는 swap rate, swap point, swap margin, forward margin, forward differential 등의 용어를 사용한다.

032 정답 ④

④는 환위험 관리와 직접적인 관계가 없다.

033 정답 ④

금리평가이론에 의한 계산
3개월(1분기) 선물환율이 1,005원, 현재의 환율이 1,000원이므로 차이는 5원이 된다. 1년의 경우 차이는 5원 × 4 = 20원이 되므로 1,000원에 대해 2%가 된다. 따라서 우리나라 금리가 미국 금리보다 2%가 높아야 하므로 우리나라 원화의 금리는 연 5%이다.

034 정답 ①

베이시스 위험은 현물가격과 선물가격의 차이 변동분으로 선물헤지 시 제거되지 않는 위험을 말한다. 현물과 선물의 상관계수가 1인 경우 베이시스 위험은 없다.

035 정답 ③

양국 간 금리차이에 의해서 선물환율은 현물환율보다 높기도 하고 낮아지기도 한다.

036 정답 ④

실질금리 차이가 아니라 명목금리의 차이와 선물환 할증 또는 할인율이 동일하다는 것이다.

037 정답 ④

통화스왑은 금리스왑과는 달리 원금의 교환도 이루어진다.

038 정답 ②

통화선물이나 선물환계약으로 헤지가 불가능한 장기 환위험을 헤지하기 위하여 스왑을 이용할 수 있다.

039 정답 ①

원화가 평가절상된다는 것은 달러 환율이 하락한다는 것이므로 수출로 인한 가격 경쟁력이 낮아지게 되어 수출이 감소하게 된다.

040 정답 ①

선물환거래나 통화선물거래 모두 환위험 헤지목적이나 투기적 목적에 따라 거래되는 것이다.

041 정답 ④

증거금은 개시증거금, 유지증거금, 추가증거금 등이 있다. 유지증거금은 거래 중 반드시 유지해야 하는 증거금으로 유지증거금 이하로 수준이 내려가면 증거금을 추가로 납입해야만 거래가 유지된다.

042 정답 ④

선물거래의 매입자, 매도자 그리고 옵션거래의 매도자는 일일정산을 한다. 그러나 옵션매입자는 옵션프리미엄을 이미 지급하였으므로 매입에 따른 위탁증거금은 필요하지 않다.

043 정답 ②

구매력 평가설은 자본교환에 제약이 없어서 두 나라의 실질이자율이 동일한 상황이라고 가정하고 있다.

044 정답 ①

역외선물환거래(NDF)는 계약환율(선물환율)과 만기현물환율의 차액만을 정산하는 차액결제방식을 따른다.

045 정답 ②

① 변동성이 클수록 콜옵션과 풋옵션의 가격은 커진다. 다만 둘의 시간가치가 증가하는 것일 뿐 내재가치의 변화는 없다.
③ 콜옵션의 가격은 하락한다.
④ 콜옵션가격은 상승하며, 풋옵션가격은 하락한다.

046 정답 ①

통화선물거래는 선물환거래의 당사자 간 사적 거래형태를 다자간 공적 거래형태로 규격화시킨 것이므로, 만기와 거래단위 등이 표준화되어 있으며 계약 불이행에 대한 위험을 제거하기 위하여 증거금제도를 두고 있다.

047 정답 ②

외환시장의 참여자는 개인과 기업, 외국환은행 등 금융기관과 각국 정부에 이르기까지 아주 다양하다. 기업과 개인은 외환매매거래소를 통해 환차익을 원하고 있으며, 외국환은행은 방대한 조직망과 정보를 활용하여 외환포지션의 불균형을 조정하여 환리스크를 커버하게 되는데, 외국환을 전문적으로 매매하는 외환딜링을 통하여 환리스크를 피하고 기회수익을 얻고자 한다. 이에 종사하는 자들을 외환딜러라 한다. 은행 간 외환거래를 중개하는 자는 외환브로커이다. 그리고 자국의 통화정책을 원활히 하기 위하여 정부가 환율에 개입하기도 한다. 우리나라는 중앙은행이 은행들 간에 직접 개입하는 직접 딜링 방법을 이용하고 있다. 선물회사는 선물거래의 중개인 역할을 하지 은행 간 외환시장에는 직접적으로 참여하지 않는다.

048 정답 ②

국내은행의 대고객 환율은 하루 중에도 시시각각 변동하게 되는데 은행별로 다르며, 대고객 전신환 매매율에 적용되는 거래마진 또한 각 은행별로 자율적으로 결정된다.

049 정답 ①

우리나라 환율제도
- 1945년~1964년 : 고정환율제도
- 1964년~1980년 : 단일변동환율제도
- 1980년~1990년 : 복수통화 Basket제도
- 1990년~1997년 : 시장평균환율제도
- 1997년 이후 : 자유변동환율제도

050 정답 ④

내국수입 usance(유전스)는 국내에 있는 신용장 개설은행이 수입업자에게 제공하는 금융을 말한다.

051 정답 ①

외환포지션(exchange position)
- 외화자산 > 외화부채 : long position(매입포지션) 또는 overbought position(매입초과 포지션)
- 외화자산 < 외화부채 : short position(매도포지션) 또는 oversold position(매도초과 포지션)
- 외화자산 = 외화부채 : square position(균형포지션)

052 정답 ②

거래소에서 거래하는 수많은 고객이 있는 선물거래는 거래를 원활하게 하기 위해 다양한 요구사항을 표준화하여 거래규모 및 만기가 일정하게 정해져 있다. 그러나 선물환거래는 은행과 고객 간의 1:1 거래이므로 다양한 요구에 맞춘 맞춤형 방식의 거래가 가능하다.

053 정답 ②

우리나라에서 원화 1원 = 일본 엔화 0.1엔으로 환율을 표시하는 것은 외화표시방법으로서 이를 간접표시방법이라고 한다.

054 정답 ④

중앙은행의 외환시장 개입은 환율에 즉각적인 영향을 주는 단기적 요인에 해당된다.

055 정답 ③

전신환 매입률은 고객이 전신환으로 달러를 매입할 때의 환율을 말하는 데, 전신환은 현찰로 매입하거나 매도할 때보다 은행의 외화자금 부담이 없기 때문에 외환매매 마진이 적다.

056 정답 ④

매입률 또는 매도율은 은행의 입장에서 기준통화의 매입률, 매도율을 말한다.

057 정답 ②

구매력 평가설에 의하면 인플레이션이 시화되어 자국통화의 구매력이 저하되는 경우 이는 장기적으로 그 통화의 평가절하 요인이 된다.

058 정답 ②

②의 외자도입은 자본수지에 해당한다.

> **국제수지의 분류**
> - **경상수지** : 상품수지, 서비스수지, 소득수지, 경상이전수지
> - **자본수지** : 투자수지, 기타 자본수지

059 정답 ③

가격변동의 제한이 없는 것은 선도계약으로, 선물계약에는 가격변동의 제한이 있다.

060 정답 ④

외환시장이 안정적이면 변동성을 줄어들기 때문에 은행들은 스프레드를 좁힐 수 있다.

061 정답 ④

전신환 매매율은 환어음의 결제를 전신으로 행하는 경우 적용되는 환율로서, 환어음의 송달이 1일 이내에 완료됨에 따라 환어음 우송기간에 따른 금리요인이 개재되지 않은 순수한 의미의 환율을 말한다. 그러므로 USD를 매입할 경우 전신환 매도율로 매입하는 것이 유리하다.

062 정답 ④

ask price는 시장조정자가 매도하는 가격 즉, 자산을 매도하면서 제시하는 매도가격을 말한다.

063 정답 ③

역환은 상품대금을 결제하는 방법 중 채무자(매수인)로부터의 송금에 의하지 않고 채권자(매도인)가 추심하는 경우에 사용되는 환으로 대표적인 환 결제방법이다.

064 정답 ②

- margin call : 선물거래에서의 계약기간 중에 선물가격의 변화에 따라 추가적으로 증거금을 납부하도록 요구하는 것을 말한다.
- call : 금융시장의 일시적인 자금부족 해소를 위해 금융기관이나 증권회사 상호 간에 거래되는 하루나 이틀 정도의 단기성 자금을 말한다. 빌리는 입장(수요자)에서 보아 콜머니(call money)라고 부르며, 빌려주는 입장(공급자)에서 보아 콜 론(call loan)이라고 부른다.

065 정답 ②

외화자금의 흐름을 의도적으로 앞당기는 기법을 리딩(Leading)이라고 하고, 이와 반대로 외화자금의 흐름을 의도적으로 지연시키는 기법을 래깅(lagging)이라고 한다.

066 정답 ①

환위험 관리수단

대내적 환위험 관리수단	• 리딩과 래깅(leading and lagging) • 매칭(matching)

	• 네팅(netting)
대외적 환위험 관리수단	• 환변동보험, 선물환, 통화스왑, 통화옵션 등

067 정답 ①

② **matching** : 자금의 유입과 유출 즉, 외화자금의 흐름을 통화별 및 시기별로 일치시킴으로써 이들 간의 불일치로부터 발생하는 환위험을 막는 환리스크 관리기법을 말한다.
③ **coupling and decoupling** : 한 국가 경제가 다른 국가나 세계 경제와 비슷한 흐름을 보이는 동조화 현상을 커플링(coupling)이라고 하며, 반대로 다른 국가나 세계 경제흐름과는 달리 독자적인 경제 흐름을 보이는 비동조화현상을 디커플링(decoupling)이라고 한다.
④ **netting** : 본 · 지점 간 또는 상호 간 거래에서 발생하는 외화자산과 부채를 개별적으로 결제하지 않고 그 차액만을 결제하는 방식으로 상계라고 한다.

068 정답 ③

네팅(netting)은 본 · 지점 간 또는 상호 간 거래에서 발생하는 외화자산과 부채를 개별적으로 결제하지 않고 그 차액만을 결제하는 방식으로 상계라고 한다.

069 정답 ③

매칭(matching)은 자금의 유입과 유출 즉, 외화자금의 흐름을 통화별 및 시기별로 일치시킴으로써 이들 간의 불일치로부터 발생하는 환위험을 막는 환리스크 관리기법을 말한다.

070 정답 ③

선물환거래가 통화 간 금리차이를 선물환율에 반영하는 거래라면, 통화스왑은 서로 다른 금리를 주고받고 만기교환환율은 현재 환율과 동일하게 한다는 점이 근본적으로 다르다.

071 정답 ①

• **자연적 매칭** : 통화별로 자금의 수입과 지출을 일치시키는 방법
• **평행적 매칭** : 동일 통화 대신에 환율변동추세가 유사한 여타 통화의 현금수지와 일치시키는 방법

072 정답 ②

이 기업의 경우 외화자산이 60만$, 외화부채가 80만$이므로 20만$ Short Position 상태이다.

073 정답 ④

④의 경우 선물환 외화매입 계약이 아니라 선물환 외화매도 계약을 체결해야 한다.

074 정답 ③

현물환거래의 표준결제일은 거래실행일 2영업일 이후이므로 2024년 6월 14일이 된다. 그러므로 선물환거래의 표준결제일은 표준현물환결제일 기준으로 1개월 후 이므로 2024년 7월 14일이 1개월물 선물환거래 표준결제일이 된다.

075 정답 ④

① 유동성이 크면 스프레드는 작아진다.
② 거래규모가 크면 스프레드는 작아진다.
③ 선물환이 현물환보다 스프레드가 크다

스프레드가 커지는 경우
• 위험이 클수록 스프레드가 커진다.
• 통화의 유동성이 작을수록 스프레드가 커진다.
• 현물환보다는 선물환거래에서 스프레드가 커진다.
• 선물환의 경우 만기가 길수록 스프레드가 커진다.
• 환율의 변동폭이 클수록 스프레드가 커진다.
• 거래단위의 규모가 작을수록 스프레드가 커진다.

076 정답 ③

동일한 통화라고 하더라도 스프레드는 시기에 따라 다르게 나타날 수 있으며, 하루 중에도 변화가 있을 수 있다.

077 정답 ①

$$선물환율(F) = \frac{1+국내금리}{1+해외금리} \times 현물환율(S)$$
$$= \frac{1+0.04}{1+0.05} \times 1{,}000$$
$$≒ 990$$

078 정답 ①

이자율 평가이론에 의하면 양국 간 이자율 차이에 의하여 선물환율이 결정되므로,

$5\% - 7\% = -2\%$

$1{,}000 \times (-2\%) = 1{,}000 \times \left(-\frac{2}{100}\right) = -20$

$\therefore 1{,}000 - 20 = 980$원

079 정답 ④

- **overbought position(long position, bull position)**
  : 외국환의 매입액이 매도액을 초과하거나 외화표시자산이 외화표시부채를 초과하는 경우로 자신이 받을 외화금액이 지급할 금액보다 많은 상태를 의미하며, 원화의 지급이 원화의 수입을 초과하게 된다. 매입초과된 외국환의 가치가 앞으로 상승할 것으로 예상되는 경우에는 원화로 환산한 금액이 더 많아지기 때문에 환차익이 발생되어 유리하다.
- **oversold position(short position, bear position)**
  : 외국환의 매도액이 매입액을 초과하거나 외화표시부채가 외화표시자산을 초과하는 경우로 지급할 외화금액이 받을 외화금액보다 많은 상태를 의미하며, 원화의 수입이 원화의 지급을 초과하게 된다. 매도초과된 당해 외국환의 가치가 앞으로 하락할 것으로 예상되는 경우에 유리한 포지션이다.

080 정답 ③

옵션은 콜옵션과 풋옵션으로 구분되며 또한 매입 포지션과 매도 포지션으로 구분되는 데, 매도한 사람이 의무를 가지게 된다.

081 정답 ①

① **통화스왑** : 두 거래당사자가 일정한 시점에서 약정된 환율에 따라 서로 통화를 교환하는 거래
② **통화선물** : 본질적으로 선물환거래와 같다고 볼 수 있지만 선물환 포지션을 보유함으로써 환위험을 헤지하고 환차익을 얻기 위해 매입자나 매도자가 일정통화를 미래의 일정 시점에서 약정한 가격으로 매입 또는 매도하기로 하는 계약
③ **통화옵션** : 계약기간 동안 또는 만기일에 특정 외국통화를 미리 정한 환율에 매입하거나 매도할 수 있는 권리
④ **팩토링** : 기업이 거래처에 물품 또는 용역을 제공함으로써 발생하는 상거래 매출채권 등을 금융기관이 기업으로부터 매입하여 기업에게 자금을 빌려주는 제도

082 정답 ②

계약기간 동안 또는 만기일에 특정 외국통화를 미리 정한 환율에 매입하거나 매도할 수 있는 권리는 통화옵션이다. 통화옵션은 환율변동이 불확실한 외환시장에서 외환거래에 수반되는 환위험을 방어하거나 또는 차익거래를 통하여 추가이익을 실현할 수 있는 매매에 대한 선택권리가 부여되는 외환거래이다.

083 정답 ②

구분	상태	콜옵션	풋옵션
내가격(ITM) 옵션	옵션소유자가 이득이 나는 상태	기초자산가격 > 행사가격	기초자산가격 < 행사가격
등가격(ATM) 옵션	기초자산의 가격과 행사가격이 일치하는 상태	기초자산가격 = 행사가격	기초자산가격 = 행사가격
외가격(OTM) 옵션	옵션소유자가 이득이 나지 않는 상태	기초자산가격 < 행사가격	기초자산가격 > 행사가격

084 정답 ②

팩토링은 기업이 거래처에 물품 또는 용역을 제공함으로써 발생하는 상거래 매출채권 등을 금융기관이 기업으로부터 매입하여 기업에게 자금을 빌려주는 제도이다. 수출업자가 수출대전 입금 전에 팩터(factor)로부터 단기금융을 이용함으로써 조기에 수출대전을 이용하고 환위험을 회피할 수 있는 이점이 있다.

085 정답 ③

ALM(Asset and Liability Management) 즉, 자산부채종합관리는 은행의 자산과 부채를 종합적으로 관리하는 데 특히, 탄력적 이자율 변동에 대응해 적당한 수준의 이익목표 아래 자산과 부채 비율에 관한 정책을 도모하고 은행의 전체 수익의 변동을 예측하여 자금의 조달과 운용계획을 결정하기 위한 기법이다. 또한 금융기관뿐만 아니라 일반기업에서도 환율변동에 따라 보유자산 및 부채의 포지션을 조정함으로써 환리스크에 대비 효율적으로 관리 · 활용하고 있다.

086 정답 ①

환리스크 관리기법

- **대외적 관리기법** : 선물환시장 헤징, 단기금융시장 헤징, 통화스왑, 통화선물, 통화옵션, 할인, 팩토링, 환율변동보험 등
- **대내적 관리기법** : 매칭, 리딩과 래깅, 네팅, 가격정책, 자산부채종합관리, 포트폴리오 선택이론 등

087 정답 ④

옵션은 유리하면 행사하고 불리하면 행사하지 않는 권리가 존재하며, 옵션매입자는 매도자에게 옵션가격을 지급한다. 최대손실은 옵션가격이며, 최대이익은 무한대로 비대칭적인 손익구조를 가진다.

088 정답 ③

등가격 옵션과 외가격 옵션에서는 내재가치가 0이며, 시간가치만 존재한다.

089 정답 ④

옵션의 가격결정요인에는 기초자산가격, 행사가격, 변동성, 잔존기간, 무위험이자율이 있다.

090 정답 ③

시간가치는 현재가치와 내재가치의 차이로, 시간가치는 내가격에서 최소이며 등가격에서 최대이다.

091 정답 ③

선도거래와 선물거래의 비교

구분	선도거래	선물거래
거래장소	제한 없음	조직화된 거래소
가격결정	당사자 간의 합의	공개호가방식
표준화된 계약조건	없음	대상품의 품질과 수량, 인수도시점, 인수도조건, 거래가격의 변동폭, 선물계약의 거래시간 등의 표준화
청산소	없음	있음
증거금과 일일정산	없음	있음
반대매매	없음	있음

092 정답 ④

마진콜의 경우 유지증거금 수준까지가 아니라 개시증거금 수준까지 증거금을 납부하여야 한다.

093 정답 ②

선물환거래와 통화선물거래의 비교

구분	선물환거래	통화산물거래
거래장소	장외(OTC)	거래소
거래방법	전화, 텔렉스	지정장소에서 공개호가방식
거래상대	지정된 상대	불특정 다수
증거금	없음	모든 거래자에 대하여 증거금 납부의 의무 있음
인도일	개별적 필요에 맞춤	표준화되어 있음

094 정답 ④

만기가 1년 이하의 자금이 거래되는 단기금융시장(또는 화폐시장)과는 달리 장기금융시장(또는 자본시장)은 만기 1년 이상의 장기채권이나 만기가 없는 주식이 거래되는 시장을 말한다. 주식이 거래되는 주식시장과 국채 · 회사채 · 금융채 등이 거래되는 채권시장으로 나누어진다.

095 정답 ③

스프레드란 매도환율과 매입환율의 차이로 고객입장에서는 거래비용, 달러입장에서는 위험프리미엄이라고 할 수 있다. ③의 경우 스프레드는 거래규모가 커질수록 커지는 것이 아니라 작아진다.

096 정답 ④

환율표시법

- **직접표시법**(direct quotation) : 자국통화표시법, 외국통화 1단위에 대한 자국통화의 가격을 표시
- **간접표시법**(indirect quotation) : 외국통화표시법, 자국통화 1단위에 대한 외국통화의 가격을 표시
- **유럽식 표시법**(european terms) : 국제외환시장에서 사용, 미 달러 1단위에 대한 기타 통화의 가격을 표시
- **미국식 표시법**(american terms) : 영국 · 호주 · 뉴질랜드 · 통화선물시장에서 사용, 기타 통화 1단위에 대한 미 달러의 가격 표시

097 정답 ①

외환포지션

외환포지션은 크게 오픈 포지션과 스퀘어 포지션으로 구분할 수 있으며, 오픈 포지션은 다시 long position과 short position으로 나눌 수 있다.

- **매입초과 포지션**(overbought position, long position) : 외화자산 > 외화부채, 환율상승 시 환차익이 발생한다.
- **매도초과 포지션**(oversold position, short position) : 외화자산 < 외화부채, 환율상승 시 환차손이 발생한다.
- **스퀘어 포지션**(square position) : 외화자산 = 외화부채, 균형 포지션이다.

098 정답 ③

outright forward는 선물환 매입 또는 매도 어느 한 쪽의 독립된 계약을 말한다.

099 정답 ③

차익거래 기회가 존재하지 않는 선도환율(선물환율)은 이자율 평형이론을 만족해야 한다.

$$F = 1{,}230 \times \frac{1+0.05}{1+0.02} \fallingdotseq 1{,}266$$

100 정답 ④

선물환과 통화선물의 비교

구분	선물환 (선도거래, 장외거래)	통화선물 (장내거래)
계약크기	개별적 필요에 맞춤	표준화
인도일	개별적 필요에 맞춤	표준화
거래방법	은행 또는 브로커들과의 전화접촉으로 확정	거래소에서 다수의 거래자들 간에 공개입찰식으로 체결
참가자들	은행, 브로커, 다국적 기업(일반투자자들의 참여는 환영하지 않음)	은행, 브로커, 다국적 기업(일정한 요건을 갖춘 일반투자자 환영)
수수료	달러의 매입가격과 매도가격 간의 스프레드에 포함되어 고객들에 의해 쉽게 영향을 받지 않음	공시된 소정의 브로커수수료
담보예치	담보예치는 없으나 거래자 간 합의에 의해 납부	공시된 소액의 증거금 요구
결제기능	관련은행과 브로커들에 의해 개별적으로 이루어짐	거래소 결제기관에 의해 일일정산
거래장소	세계의 통신망을 통함	지정된 거래소
경제적 타당성	헤지기회를 제공함으로써 교역 촉진	선물환과 동일
시장의 이용	외환거래액이 매우 큰 고개들을 주된 대상으로 함	헤지를 필요로 하거나 투기를 원하는 누구에게나 개방

규제	자율적임	상물선물거래로 대부분 상쇄 5% 미만이 인도됨
가격변동	일일변동 제한 없음	거래소에서 정한 일일변동폭

101 정답 ②

전자는 투기거래이고, 후자는 차익거래이다.

102 정답 ③

역외선물환(NDF)
- 일반적인 선물환거래와는 달리 계약당시의 현물환율과 만기시점의 현물환율의 차이만큼을 특정통화로 정산하는 계약을 말한다.
- 홍콩, 싱가포르 등의 역외시장에서 차액결제 선물환거래가 활발하게 거래된다.
- 단순히 차액만을 결제하므로 결제위험이 적다.
- 통화당국의 외환규제를 우회할 수 있다.
- 차액결제통화를 미 달러 등 국제통화로 하면 후진국 통화의 선물환거래가 가능하다.
- 차액결제는 대부분 달러로 이루어진다.

103 정답 ④

콜매수자는 달러를 지불하고 달러를 수취한다.

104 정답 ②

통화옵션 가격결정요인은 현물환율, 옵션의 행사가격, 자국통화이자율, 외국통화이자율, 옵션만기, 변동성(표준편차)이다.

105 정답 ①

헤지전략의 단계는 위험회피의 필요성을 먼저 검토한 후 헤지수단을 결정하여 이를 이용한 헤지비율을 확정하는 순서에 따른다. 사후적으로 헤지의 효과를 분석하고 분석결과에 기초하여 피드백과정을 따른다.

106 정답 ④

베이시스 하락 예상 시 선물매도＋현물매입 전략을 사용한다.

정상시장에서의 베이시스 투기거래
- **베이시스 확대 예상** : 선물매입＋현물매도
- **베이시스 축소 예상** : 선물매도＋현물매입

107 정답 ③

외환시장의 특징
- 전 세계에서 24시간 연속적으로 개장되어 있는 시장
- 거래소시장에서 거래되는 통화선물, 통화옵션시장을 제외한 대부분의 외환거래는 장외시장거래
- 은행 간 거래시장, 딜러 호가시장

108 정답 ③

매입포지션(long position)은 가격상승 시 이익, 가격하락 시 손해를 보며, 매도포지션(short position)은 매입포지션의 반대이다. 스퀘어 포지션(square position)은 환차손익이 발생하지 않는다.

109 정답 ④

외환시장 환율변동요인
- 해당 국내 이자율의 증가 → 수요증가 → 해당통화의 강세
- 통화량의 증가 → 인플레이션 유발 → 통화 약세
- 경상수지 적자 → 해당통화의 약세
- 경제성장률이 낮아지면(불황 시) → 해당통화의 약세
- 원화자금 경색 → 원화금리 상승 → 원화수요증가 → 달러시세 하락
- 거주자의 NDF 달러 매도 → 헤지를 위한 현물매수 → 달러강세
- 주식활황 → 외화자금 유입 → 달러약세, 원화강세

110 정답 ③

베이시스 리스크와 헤지손익

구분	매입헤지 (선물매입 +현물매도)	매도헤지 (선물매도 +현물매입)
음(−)의 베이시스 (선물가격>현물가격)	헤지손실	헤지이익
양(+)의 베이시스 (선물가격<현물가격)	헤지이익	헤지손실

111 정답 ③

미국금리가 인상되게 되면 현재의 내외금리 역전현상이 심화되어 금리차가 더욱 확대되므로 선물환율의 디스카운트 폭이 확대되며, 따라서 수출기업의 선물환 매도가격은 더 불리해지게 된다.

112 정답 ①

- **선물환율 > 현물환율** : 비교통화금리 > 기준통화금리로 선물 프리미엄 상태이다.
- **선물환율 < 현물환율** : 비교통화금리 < 기준통화금리로 선물 디스카운트 상태이다.

113 정답 ④

주가지수선물은 만기가 1년 이내의 선물계약으로 장기이자율이 미치는 영향이 가장 적다고 볼 수 있다.

114 정답 ④

스왑거래는 부외거래로 간주된다.

115 정답 ④

기업이익의 이연효과와는 전혀 관계가 없다.

116 정답 ④

한 국가의 통화가치는 경쟁관계에 있는 상대방 국가에 영향을 주게 되어 동일한 방향으로 움직이게 되는 것이 일반적인 현상이다.

117 정답 ①

이 금융기관은 고정금리 영수 – 변동금리 지급의 스왑거래를 한다고 보이므로 변동금리의 상승이 문제가 된다. 변동금리의 상승위험을 헤지하기 위해서는 유로달러선물에 대한 매도포지션이 가장 효과적이다.

118 정답 ①

선물시장을 통하여 비체계적 위험을 줄이는 효과를 거둘 수 있을 뿐만 아니라 체계적 위험도 감소시킬 수 있다.

119 정답 ①

베이시스 위험은 현물가격과 선물가격의 차이 변동분으로 선물 헤지 시 제거되지 않는 위험을 말한다. 현물과 선물의 상관계수가 1인 경우 베이시스 위험은 없다.

120 정답 ①

스프레드는 매입가격과 매도가격의 차이를 말하는데 외환딜러가 이 차액을 외환거래 수수료로 받게 된다.

121 정답 ③

고정금리 통화스왑의 가장 큰 결점은 시장유동성이 거의 없다는 점이다.

122 정답 ④

미래 이자율 예측이 가능한 경우 선도가격과 선물가격이 동일함을 이론적으로 증명할 수 있다.

[3과목] 무역계약

PART1 무역계약 정답 및 해설

01	③	02	④	03	③	04	②	05	②
06	③	07	④	08	①	09	④	10	④
11	①	12	③	13	③	14	②	15	③
16	④	17	②	18	①	19	④	20	①
21	①	22	②	23	③	24	②	25	③
26	①	27	①	28	③	29	②	30	①
31	①	32	④	33	③	34	①	35	④
36	②	37	②	38	④	39	④	40	②
41	③	42	④	43	②	44	①	45	②
46	①	47	④	48	②	49	②	50	④
51	②	52	③	53	②	54	①	55	②
56	③	57	③	58	①	59	①	60	①
61	④	62	④	63	③	64	③	65	①
66	②	67	②	68	③	69	④	70	②
71	①	72	④	73	④	74	①	75	①
76	④	77	④	78	④	79	④	80	②
81	④	82	①	83	③	84	③	85	③
86	③	87	④	88	③	89	④	90	④
91	②	92	①	93	①	94	②	95	③
96	②	97	③	98	①	99	④	100	③
101	③	102	④	103	③	104	③	105	④
106	①	107	④	108	④	109	④	110	④
111	④	112	①	113	④	114	①	115	①
116	②	117	②	118	③	119	④	120	②
121	①	122	③	123	④	124	②	125	④
126	②	127	①	128	②	129	②	130	③
131	④	132	①	133	④	134	④	135	③
136	②	137	②	138	④	139	③	140	②
141	②	142	①	143	④	144	②	145	①
146	①	147	③	148	②	149	②	150	④
151	②	152	④	153	③	154	②	155	③
156	③	157	④	158	②	159	④	160	④
161	③	162	④	163	②	164	④	165	④
166	④	167	④	168	①	169	④	170	②
171	④	172	③	173	②	174	③	175	③
176	①	177	④	178	④	179	①	180	④
181	①	182	③	183	④				

001 정답 ③

어떠한 경우에도 불확정된 계약은 무효이다.

002 정답 ④

카운터 오퍼도 청약이 될 수 있으며, 우편이나 전보에 의한 승낙의 의사표시는 영미법, 일본법, 한국법에서는 발신주의를 채택하고 있으나 독일법에서는 도달주의를 채택하고 있다.

003 정답 ③

무역계약은 당사자 간에 합의만 하면 어떠한 내용이나 서식을 이용해도 상관없다.

004 정답 ②

무역계약은 계약의 성립면에서 낙성계약, 의무의 부담면에서 쌍무계약, 의무의 이행면에서 유상계약이라고 한다.

005 정답 ②

① 청약은 계약체결의 확정적 의사표시면 충분하다. 또한 명칭은 중요하지 않기 때문에 그 내용이 구체적인 경우에는 pro-forma invoice 또는 purchase order로도 계약이 성립될 수 있는 것이다.

③ 승낙은 어디까지나 무조건이어야 한다. 청약의 내용을 변경한 것으로는 승낙이 되지 않는다.

④ 교차청약이란 양 당사자가 동시에 동일한 내용의 청약을 하는 것을 말하는데 우리나라와 일본의 경우는 인정한다. 하지만 영미 판례나 국제물품매매계약에 관한 UN협약(CISG)에서는 인정하지 않고 있다.

006 정답 ③

독점판매계약으로 동일지역 내 여타의 수입상은 해당 상품을 취급할 수 없다. exclusive contract은 독점계약 또는 독점판매계약이라고 하는데, 이는 또한 재고는 항상 갖고 있지 않아도 되지만 저렴한 가격으로 오퍼해야 한다.

007 정답 ④

① non-waiver clause(비포기조항)는 계약당사자가 상대방에 대하여 일시적으로 어느 계약조건 내지 채무의 이행을 청구하지 않았다 해도 이를 이유로 그 후의 동일 또는 유사조건의 이행청구권을 박탈할 수 없다는 조항이다.
② severability clause(가분성조항)는 계약 중의 일부 조항이 어떠한 이유로 무효화되더라도 그 계약의 전체가 무효로 되지 않는다는 조항이다.
③ hardship clause(계약유지조항)는 장기계약에 있어서 정치적, 사회적, 경제적 사정이 당사자들이 예상하지 못했고 예상할 수 없을 정도로 근본적으로 변하여 당사자 의무에 대한 당초의 균형이 근본적으로 변한 경우에 계약의 수정을 규정하는 조항을 말한다.

008 정답 ①

② default clause는 매매계약에 있어서 당사자의 계약불이행에 대비하여 삽입된 조항이다.
③ entire agreement clause는 매매계약에 있어 당해 계약에 포함되어 있는 합의내용이 당사자 간의 합의의 전부이고, 계약체결 이전단계에서의 합의나 약속 또는 주고받은 일체의 각종 문서의 내용은 효력을 갖지 못한다는 취지를 규정하고 있는 조항이다.
④ non-waiver clause는 계약당사자가 상대방에 대하여 일시적으로 어느 계약조건 내지 채무의 이행을 청구하지 않았다 해도 이를 이유로 그 후의 동일 또는 유사조건의 이행청구권을 박탈할 수 없다는 조항이다.

009 정답 ④

① hardship clause는 장기계약에 있어서 정치적, 사회적, 경제적 사정이 당사자들이 예상하지 못했고 예상할 수 없을 정도로 근본적으로 변하여 당사자 의무에 대한 당초의 균형이 근본적으로 변한 경우에 계약의 수정을 규정하는 조항을 말한다.
② escalation clause는 신축조항이다.
③ infringement clause는 권리침해조항으로 매도인이 사용한 상표나 디자인 등으로 인해 문제발생 시 매수인을 전적으로 보호해야 한다는 취지의 내용이 기재된다.

010 정답 ④

① warranty clause(품질보증조항)는 물품의 품질보증 또는 하자담보에 대한 내용이 포함되는데 품질의 보증내용, 하자담보에 대한 위반 시 구제조치 등을 규정하고 있는 조항이다.
② consideration article clause(약인조항)는 어떤 계약상의 채무의 대가로서 어느 일방이 상대방에 대하여 제공하기로 하는 급부나 행위 내지 조치를 말한다.
③ entire agreement clause(완전합의조항)는 거래교섭 중에 주고받는 문서 · 구두의 표시 등을 무효로 하고 계약내용의 안정을 목적으로 하는 조항을 뜻한다.

011 정답 ①

② infringement clause(권리침해조항, 산업재산권조항)는 매수인이 제공한 규격에 따라 매도인이 물품을 생산하여 매수인에게 인도한 경우에는 그 생산으로 인하여 제3자의 산업재산권 내지 지적재산권을 침해하게 된 경우에는 그로 인한 모든 책임을 매수인이 부담하며, 매도인에게는 아무런 피해를 주어서는 안 된다는 조항이다.
③ non-waiver clause(비포기조항)는 계약당사자가 상대방에 대하여 일시적으로 어느 계약조건 내지 채무의 이행을 청구하지 않았다 해도 이를 이유로 그 후의 동일 또는 유사조건의 이행청구권을 박탈할 수 없다는 조항이다.
④ non-disclosure clause(비밀유지조항)는 무역거래나 기술제휴의 과정에서 알게 된 비밀정보는 철저히 보호되어야 하며, 따라서 상대방의 비밀정보는 누설하거나 도용해서는 안 된다는 조항이다.

012 정답 ③

① product liability clause(제조물책임조항)는 소비자나 기타 제3자의 신체 또는 재산에 손상을 입혔을 때 누가 보상할 것인가를 규정한 조항이다.
② liquidated damages clause(손해배상액의 예정조항)

는 거래의 성질상 계약위반사실과 손해액을 입증하기가 힘들 것으로 예견될 때 청구할 수 있는 손해배상액을 미리 계약서에 약정하는 조항이다.

④ default clause(채무불이행조항)는 매매계약에 있어서 당사자의 계약불이행에 대비하여 삽입된 조항으로 매수인이 지급의무를 이행하지 않는 경우 제3자에게 매각하고 그에 따른 손해배상을 청구하고 매도인의 인도불이행 시 그 계약의 특정한 이행을 청구할 수 있도록 규정하고 있는 조항이다.

013 정답 ③

수령지체는 채무자가 이미 대금을 송금하였으나 그 수령이 늦어지는 경우를 말한다.

014 정답 ②

frustration이란 계약의 파기를 의미한다.

015 정답 ③

offer(청약)란 그에 응하는 승낙과 결합하여 계약을 성립시키려는 일방적인 의사표시이다.

016 정답 ④

offer subject to prior sale이란 구매희망자의 승낙이 내도되었을 경우에 해당 물품이 판매되지 않고 재고가 있어야만 계약이 성립된다는 것을 조건으로 하는 오퍼이다.

017 정답 ②

offer on sale or return은 위탁 판매의 경우에 사용되는 것으로, 이는 현품을 팔다가 남으면 반품할 것을 조건으로 하는 오퍼이다.

018 정답 ①

FCA, FAS, FOB조건은 F그룹(운임불지급조건)에 속하는 것으로 수입상이 운임을 부담하는 후불 또는 추심불(freight collect)이다.

019 정답 ④

CFR조건은 CIF, CPT, CIP 조건과 함께 C그룹(운임지급조건)에 속하는 해상운임 선불(freight prepaid)조건이다.

020 정답 ①

CFR, CIF조건 다음에는 반드시 목적항(양륙항)이 기재된다.

021 정답 ①

표시통화가 매도인 국가의 통화일 경우에는 매수인이 환위험을 부담하게 되고, 매수인 국가의 통화일 경우에는 매도인이 환위험을 부담하게 된다.

022 정답 ②

CIF조건에서는 수출상이 해상보험에 부보하되 피보험자는 수입상이 된다.

023 정답 ③

선적한 화물이 도착했을 때 매수인이 화물의 품질상태를 표시하기 위하여 도착화물 전부 중에서 추출한 것을 착화 견본(outturn sample)이라 하는데, 이는 클레임제기를 위한 증거물 등으로 사용하기 위하여 추출되는 것으로서 일반적으로 말하는 계약성립을 위한 견본이 아니다. 반면에 매도인이 제공한 원견본에 대하여 매수인이 이에 수정을 가하거나 희망조건을 추가하고 또는 자기의 희망을 실증하기 위하여 별개의 견본을 반대로 매수인측에 제시하는 경우를 대응견본(counter sample)이라 한다.

024 정답 ②

명세서매매는 의약품의 거래 시에도 활용되고 잡화류의 경우에는 견본매매의 방법에 의하여 품질이 결정된다.

025 정답 ③

품질결정방법

상표매매 (sale by brand or trade mark)	생산자의 상표가 세계시장에 널리 알려진 경우 견본이나 품질에 관한 설명이 없이 이러한 상표에 의하여 이루어지는 거래
표준품매매 (sale by standard)	농산물과 같이 수확이 예상되는 물품과 목재 등과 같이 정확한 견본의 제공이 곤란한 물품에 대하여 그 표준품을 정하여 거래를 하고 실제 인도된 물품과 표준품의 차이가 있을 경우에는 계약조건 또는 관습에 따라 물품대금을 증감할 수 있는 거래방법(FAQ, USQ, GMQ)
명세서매매 (sale by specification)	기계류 · 선박 · 의료기구 기타 고가의 물품거래에는 견본을 사용할 수 없으므로 재료 · 구조 · 능률 등에 관하여 상세히 설명한 명세서에 의하여 이루어지는 매매
규격(등급)매매 (sale by type or grade)	국제적으로 거래상품이 통일된 규격을 가지고 있는 경우 규격에 의하여 상품의 품질을 결정하거나 수출국의 공적 규정에 의하여 상품의 규격이 정해진 물품의 거래에 이용되는 매매

026 정답 ①

평균중등품질(F.A.Q.)조건이란 곡물이나 과실 등의 농산물에 사용되는 품질조건으로 인도상품의 표준품질은 그 인도(선적)의 시기 및 장소에 있어서 그 계절 출하품의 평균중등이어야 하는 조건이다.

027 정답 ①

G.M.Q.란 정확히 견본 또는 표준품의 이용이 곤란한 목재나 냉동어류 등의 매매에 사용되는 품질조건으로서 인도하는 물품의 품질이 당해 거래상 적격성이 있어야 하는 조건이다.

028 정답 ③

인도상품의 품질이 선적 시의 품질에 의하여 결정되는 선적품질조건을 곡물 등의 거래에서는 T.Q.(tale quale, telquel)로 표시하는 경우도 있다. 또한, T.Q.와 유사한 것으로 S.D.(sea damaged)가 있는데, 이는 운송 도중의 모든 품진위헌을 매수인이 부담하는 것이다. 다만, 해수(sea water)에 의한 손해를 입은 경우에만 운송 중의 위험을 매도인이 부담한다.

029 정답 ②

양륙(도착)품질조건을 rye terms(R.T.)라고도 하는데, 이는 원래 rye거래에서 처음 사용된 것에서 유래된 것으로서 농산물의 거래 시에만 사용될 수 있다.

030 정답 ①

과부족을 용인하는 경우에 과부족대금의 정산은 Contract price(계약가격)에 의하는 것이 원칙이지만 선적일 가격 또는 도착일 가격에 의하는 경우도 있다.

031 정답 ①

총중량(gross weight)은 포장한 그대로의 중량을 말하며, 순중량(net weight)은 총중량에서 포장재료의 중량(tare)을 감한 것이고, 정미순중량조건(Net, net weight)은 농산물의 경우 포장재료의 중량은 물론이고 허용되는 잡물까지 제외시키는 중량조건이다. 그리고 법적순중량조건(legal net weight)은 총중량에서 수입국이 법으로 정한 포장재료의 무게를 감한 것이다.

032 정답 ④

square foot은 목재에 사용되는 단위로서 '1 square foot × 1 inch'이다.

033 정답 ③

중량톤의 경우 영국계의 long ton(English ton)은 2,240 lbs, 미국계의 short ton(American ton)은 2,000 lbs, 프랑스계의 metric ton(French ton, kilo ton)은 1,000kg, 즉 2,204.616 lbs.이다.

034 정답 ①

L/C에서는 M/L 5% 등과 같이 과부족용인조항만을 사용해야 하며, 이 경우 기재된 퍼센트만큼의 과부족이 허용된다.

035 정답 ④

용적은 선박회사가 화물의 운임 등을 계산할 때 사용하는 단위로서 1 용적톤은 40 cft(cubic feet)이다.

036 정답 ②

신용장결제방식의 거래의 경우 아무런 기재가 없어도 수량의 5% 과부족이 허용된다고 규정하고 있으나 이는 단지살화물(bulk cargo)의 경우에 국한된다.

037 정답 ②

gross란 단위는 개수를 표시하는데, gross란 144개(12×12), small gross란 120개(12×10), great gross란 1,728개(12×12×12)를 말한다.

038 정답 ④

선적기간과 관련하여 'as soon as possible', 'prompt', 'immediately' 등의 표현은 주관적으로 해석될 소지가 있기 때문에 무시된다고 규정하고 있으므로 사용하지 않아야 한다.

039 정답 ④

신용장 이외의 계약서방식일 경우에는 'about'과 같은 개산수량조건의 적용이 불가하며, 과부족허용조건으로 일정의 편차를 정해서 약정해야 한다.

040 정답 ②

GMQ조건은 주로 도착지품질인도조건으로 약정하게 된다. GMQ조건은 원목을 포함한 목재류, 냉동수산물, 광석류 등의 거래에 적용되는 조건이다. 이들 물품은 내부부패나 기타의 잠재하자가 외관상으로는 확인하기가 곤란하다. 따라서 수입지에서 인도한 현물에서 내부의 하자가 발견되어 판매가 불가능한 부분에 대하여는 매수인이 매도인에게 배상을 요구할 수 있는 판매적격품질조건이다.

041 정답 ③

GMQ조건은 원목을 포함한 목재류, 냉동수산물, 광석류 등의 거래에 적용되는 조건으로, 판매적격품질조건이다.

042 정답 ④

선박이나 대형기계류, 의료기구, 기타 고가의 물품처럼 견본제공이 불가능한 경우에는 설계도면과 같은 규격서나 설명서에 의하여 거래목적물의 명세와 품질을 약정하는 규격서매매방식을 사용한다.

043 정답 ②

① 민법에서는 승낙의 효력발생시기로 우편의 경우 발신주의를, 기타 통신수단의 경우 도달주의를 채택하고 있으므로 승낙의 철회는 현실적으로 불가능하다.
③ 청약에 대한 거절 시 청약의 효력이 소멸되므로 거절 후 행한 승낙으로 계약이 성립될 수 없다.
④ 'We offer you subject to prior sale' 또는 'We offer you subject to being unsold'와 같은 문장은 재고처분시 활용되는데 승낙 시 재고가 남아 있을 것이라는 보장이 없으므로 승낙 시 계약이 성립될 것으로 기대하는 것은 합리적이지 못하다.

044 정답 ①

TQ(Tale Quale)는 선적품질조건이다. 그리고 FAQ, USQ, GMQ는 품질조건과 관련한 표준품매매에서 사용되는 용어이다.

045 정답 ②

품질에 대한 책임조건

- RT(Rye Terms) : 양륙품질조건에 의한 곡물의 매매에 있어서 seller가 도착 시의 품질을 보증하는 것을 말한다. 이 조건은 원래 rye(호밀)거래에 사용되었다고 해서 RT라고 한다. 이 조건에 의할 경우 인도상품의 도착 시 품질상태에 대해서 seller가 보증하기

때문에 buyer에게는 가장 유리한 조건이며, 반대로 seller에게는 매우 불리한 조건이다. 본 조건은 약정상품이 손상되었을 때에 buyer가 그 거래를 거절할 수 있다는 것을 의미하는 것이 아니고, 다만 인도된 곡물이 장기간 해상운송 도중 그 품질이 표준품에 미달했을 때에 buyer가 그 손해에 대하여 seller에게 클레임(가격인하)을 제기할 권리를 유보하는 것이다.

- TQ(Tale Quale) : 일종의 선적품질조건이며, seller가 계약에 적합한 품질을 선적한 이상 품질은 도착 시 및 장소에 있어서 현 상태로 인도되며 해상운송 도중에 야기되는 손해에 대해서는 buyer에게 책임을 지게 하는 조건으로서 RT조건과는 정반대되는 조건이다. 따라서 seller에게는 유리하나, buyer에게는 불리한 조건이라고 말할 수 있다.
- SD(Sea Damaged) : 약정상품이 수송되는 동안의 품질위험에 관한 것으로서 해수로 인한 손해에 대해서만 seller가 부담하는 것을 말한다. 그러므로 SD 조건은 TQ조건에 비해 seller에게 다소 불리하고 buyer에게는 다소 유리한 조건이다. 따라서 이러한 조건에 따라 무역계약을 체결할 때에는 'damaged by sea water, if any, to be seller's account'라는 문구를 계약서에 기재함이 보통이다.

046 정답 ①

Incoterms는 국제적인 통일법이나 조약과 같은 강제력을 갖지 못하는 국제규칙으로서 당사자 간의 합의에 따라 적용되는 임의규범이다. 그러므로 거래당사자가 Incoterms를 적용하려면 그 개정 연도와 함께 반드시 계약서에 그 준거문언을 명시해야 한다.

047 정답 ④

ton의 종류

- **1 Long Ton** : 2,240lbs = 1,016kg
- **1 Short Ton** : 2,000lbs = 907kg
- **1 Metric Ton** : 2,204lbs = 1,000kg

048 정답 ②

무역계약은 형식에 상관없이 당사자 간의 의사표시에 의하여 성립되는 불요식계약이다. 계약체결에 아무런 방식이 필요하지 않는 계약으로 구두, 서면 혹은 일부 구두나 일부 서면으로도 계약체결이 가능한 계약이다.

049 정답 ②

FOB 규칙은 Incoterms 2020에서 해상운송에만 사용하도록 규정하고 있다.

050 정답 ④

① 해상운송전용규칙으로 FAS, FOB, CFR, CIF가 있다.
② 선적항을 합의하는 규칙으로는 FAS, FOB 등이 있다.
③ 보험계약체결의무가 매도인에게 있는 경우는 CIF, CIP 등이 있다.

051 정답 ②

FOB 규칙은 해상 및 내수로운송에만 사용되어야 한다. Incoterms 2020에서는 모든 운송수단에 적합한 규칙(EXW, FCA, CPT, CIP, DPU, DAP, DDP)과 해상 및 내수로 운송에 적합한 규칙(FAS, FOB, CFR, CIF) 등 2개의 그룹으로 구분하였다.

052 정답 ③

매수인이 운송계약을 체결하는 규칙은 FCA, FAS, FOB이다. 그 밖에 매수인이 수출통관을 하는 규칙은 EXW이다.

053 정답 ②

물품이 인도된 이후에 발생하는 모든 위험과 모든 추가적인 비용을 매수인이 부담한다.

054 정답 ①

FAQ(평균중등품질조건)란 주로 곡물이나 과실 등 농산물 등에 사용되는 품질조건으로, 인도상품의 표준품질은 선적의 시기 및 장소에 있어서 계절 출하품의 평균중등품질로 하는 조건이다.

055 정답 ②

하자보완의 청구는 매도인의 계약위반에 대한 매수인의 구제수단이다. ①, ③, ④는 매도인과 매수인이 취할 수 있는 공통 수단이다.

056 정답 ③

청약의 유형

무확약청약 (offer without engagement)	청약에 제시된 가격이 미확정적이어서 시세변동에 따라 변경될 수 있다는 조건을 붙인 청약이다.
반품허용 조건부청약 (offer on sale or return)	위탁판매에서 주로 사용되는 조건부 청약으로서 일정한 기한 내에 팔고 남는 것은 반품하는 조건으로 주로 잡지, 종교서적, 잡화류의 위탁판매에서 이용된다.
승인 조건부청약 (offer on approval)	명세서로는 청약의 승낙이 어려운 경우 견본 확인 후 승낙하는 조건으로 주로 새로운 개발품이나 기계류와 같은 복잡한 상품에 사용된다.
재고잔류 조건부청약 (offer subject to being unsold)	재고장치나 대금의 조기 회수목적으로 다수의 거래처에 청약을 내면서 재고가 있을 경우에만 유효한 조건부청약이다.

057 정답 ③

Incoterms 2020은 물품의 인도 및 인도에 따르는 위험의 이전을 규정한다. 소유권에 대한 문제는 다루고 있지 않다.

058 정답 ①

② CIF(운임보험료포함인도) : 물품이 선적항에서 본선에 적재된 때에 매도인이 인도한다는 것을 의미한다.
③ DDP(관세지급인도) : 매도인이 물품의 수입통관을 이행하고 지정된 목적지에 도착하는 모든 운송수단으로부터 양하하지 아니한 상태로 매수인에게 인도한다는 것을 의미한다. 이는 수출통관의무뿐만 아니라 수입통관의무도 매도인에게 귀속된다.
④ CIP(운송비보험료지급인도) : 매도인이 스스로 지정한 운송인에게 물품을 인도하되 다만 지정된 목적지까지 물품을 운반하는 데 필요한 운송비를 추가로 지급하여야 한다는 규칙이다.

059 정답 ①

보험계약

구분	CIF	DAP
보험계약자	매도인	매수인
피보험자	매수인	매수인

060 정답 ①

② 분할선적을 허용하는 것으로 규정하고 있다.
③ 환적의 허용 여부에 관한 명시가 없으면 환적이 널리 인정된다는 명시적 규정을 설정하지 않고 있다.
④ 신용장 관계은행은 이를 무시한다고 규정하고 있다. 즉 '신속히', '가능한 한 빨리' 또는 이와 유사한 용어는 사용되어서는 안 된다.

061 정답 ④

① 재고잔류 조건부청약
② 견본승인청약
③ 반품허용 조건부청약

062 정답 ④

- FAS 규칙 : 매도인이 물품의 수출통관절차를 이행할 것을 요구하고 있다.
- DAP 규칙 : 매수인이 물품의 수입통관을 이행하고 수입 시의 모든 절차, 관세, 조세 및 기타 부과금을 지급할 것을 요구하고 있다.

063 정답 ③

CIF 규칙, CIP 규칙을 제외한다면 보험계약은 의무로서 체결하는 것이 아니고, 자신을 보호하기 위해 체결하는 것이다.

064 정답 ③

계약위반 시 구제방법은 국제물품매매계약에 관한 UN협약(CISG)에서 규정하고 있다. Incoterms 2020에서는 11가지의 정형거래규칙에 대한 매도인과 매수인의 의무를 규정하고 있으며, 무형재를 제외한 유형재로 매각되는 물품의 인도에 관련한 계약당사자들의 권리와 의무에 관련된 사안에 한하여 적용된다.

065 정답 ①

Freight Collect란 운임 후 지급으로서 운임을 매수인이 지급한다는 뜻이다. 무역정형거래규칙 중에서 운임이 포함되지 않는 규칙은 FCA 규칙이므로 FCA 규칙으로 계약된 것이라고 해석할 수 있을 것이다.

066 정답 ②

국제물품매매계약에 관한 UN협약(CISG)에서는 승낙의 효력발생시기를 통신수단에 관계없이 도달주의를 취한다.

067 정답 ②

counter mark는 주화인의 표시인 main mark의 보조표시이다.

068 정답 ③

Incoterms 2020에서는 거주자 통관주의에 따라 원칙적으로 수출통관은 수출업자가, 수입통관은 수입업자가 담당하도록 하고 있다. 그러나 EXW 규칙에서의 수출통관 의무부담자는 수입상이며, DDP 규칙에서의 수입통관 의무부담자는 수출상이다.

069 정답 ④

Incoterms 2020은 ICC rules for the use of domestic and international trade terms(국내 · 국제거래조건의 사용에 관한 ICC규칙)의 약어이다.

① 국제상업회의소(ICC)라는 민간기구에서 정한 임의규정이다.
② 강행규정이 아니므로 당사자가 Incoterms의 내용과 다른 특약을 정할 수 있다.
③ Incoterms에서는 정형거래규칙별로 매도인과 매수인의 의무에 대해서 규정하고 있다. Incoterms에서는 매매계약에 따른 소유권의 이전, 계약의 위반과 권리구제 또는 의무면제의 사유 등에 관하여는 전혀 다루지 않는다.

070 정답 ②

위험의 분기점이 본선 적재 규칙은 FOB, CFR, CIF이고, 본선의 적재가 현실적인 의미가 없는 경우나 당사자들이 본선적재를 분기점으로 인도할 의도가 없는 경우에 이용되는 대표적인 정형거래규칙은 FCA, CPT, CIP이다.

071 정답 ①

위험부담의 분기점이 물품이 지정된 선적항에서 본선에 적재할 때인 조건은 FOB, CFR, CIF 등이며, FCA는 수출국 내의 지정된 장소에서 수입자가 지정한 운송인에게 물품이 인도되는 때이다.

072 정답 ④

FCA 규칙이란 매도인이 지정한 장소에서 매수인이 지정한 운송인에게 수출통관된 물품을 인도하는 것을 말하는데 인도가 매도인의 시설에서 행해지는 경우에는 매도인이 적재에 대한 책임을 지고, 인도가 다른 장소에서 행해지는 경우 매도인은 양하에 대한 책임을 지지 않는다.

073 정답 ④

Incoterms 2020은 수출상의 보험부보의무는 규정하고 있지만, 수입상의 보험부보의무는 규정하고 있지 않다.

074 정답 ①

DDP(관세지급인도)란 매도인이 물품의 수입통관을 이행하고 지정된 목적지에 도착하는 모든 운송수단으로부터 양하하지 않은 상태로 매수인에게 인도하는 것으로 매도인은 수입품에 부과되는 관세뿐만 아니라 부가세를 비롯한 수입국에서 부과되는 모든 세금을 부담해야 한다.

075 정답 ①

보험계약체결은 매매계약서에 기재된 통화로 표시하여야

한다.

076 정답 ④

FOB, CFR, CIF 규칙의 위험분기점은 지정된 선적항에서 '본선에 적재한 때'이다.

077 정답 ④

DAP는 양륙품질규칙이지만, CIP는 선적품질규칙이므로 옳지 않다.

078 정답 ④

DDP(관세지급인도) 규칙에서 화물의 인도시점은 수입통관을 필하고 수입국 내의 지정목적지까지 약정품을 반입하여 인도하는 것으로써, DAP 규칙과 마찬가지로 목적지에 도착하는 운송수단으로부터 양하되지 아니한 상태로 인도할 때이다.

079 정답 ④

환어음은 채권자(수출업자)인 어음의 발행인이 채무자(수입업자)인 어음의 지급인에게 일정한 금액을 수취인 또는 소지인에게 일정한 기일 내에 일정한 장소에서 무조건적으로 지급할 것을 위탁하는 요식유가증권이며 유통증권이다.

080 정답 ②

① 청약이 성립하기 위해서는 청약자의 확인이 필요하다.

청약	청약에 대한 승낙으로 계약이 성립된다.
청약의 유인	피청약자가 승낙하여도 계약이 성립되지 않고 청약자의 확인으로 계약이 성립된다.

③ 교차청약에 대해서 국제적으로 통일된 법규는 없다. 우리나라와 일본의 경우는 교차청약을 인정하나, 영미의 판례는 어느 한 당사자의 승낙이 없으면 계약이 성립되지 않는다고 본다.

④ 승낙의 방법이 지정되어 있는 경우에는 지정된 통신수단을 이용하여 승낙하여야 하며, 지정통신수단이 없는 경우에는 합리적인 방법으로 승낙하면 된다.

081 정답 ④

기산일은 휴무일일지라도 날수 계산에는 산입된다. 다만 계산된 유효기간의 말일이 청약자의 영업소 휴무일에 해당되는 경우에는 유효기일이 다음 최초 영업일까지 자동 연장되도록 규정하고 있다.

082 정답 ①

①의 경우는 취소되는 것이 아니라 철회사항이다.

CISG에서 청약의 효력발생 및 취소 등

구분	내용
청약의 효력 발생	• 청약은 피청약자에게 도달한 때에 효력이 발생한다(도달주의). • 청약은 그것이 취소불능한 것이라도 그 철회가 청약의 도달 전 또는 그와 동시에 피청약자에게 도달하는 경우에는 이를 철회할 수 있다.
청약의 취소	• 계약이 체결되기까지는 청약을 취소할 수 있다. 다만 이 경우에 취소의 통지는 피청약자가 승낙을 발송하기 전에 피청약자에게 도달하여야 한다. • 청약이 취소될 수 없는 경우 – 청약이 승낙을 위한 지정된 기간을 명시하거나 또는 기타의 방법으로 그것이 철회 불능임을 표시하고 있는 경우 – 피청약자가 청약을 취소불능이라고 신뢰하는 것이 합리적이고 또 피청약자가 그 청약을 신뢰하여 행동한 경우

083 정답 ③

대체품인도 청구권은 계약을 해제할 수 있을 정도의 본질적인 위반에 대하여 행사할 수 있는 권한으로서 사소한 계약위반에 대해서는 적용되지 않는다.

084 정답 ③

승낙기간이 정해져 있는 계약의 청약에 대한 승낙은 동의의 의사표시가 청약자에 의하여 지정된 기간 내에 청약자에게 도달한 때에 그 효력이 발생한다(도달주의 원칙).

085 정답 ③

계약의 일방이 계약을 위반한 경우 상대방은 계약 해제권 행사와 더불어 손해의 배상을 청구할 수 있다.

086 정답 ③

승낙기간이 정해져 있는 계약의 청약은 승낙의 의사표시가 지정된 기간 내에 청약자에게 도달하지 않으면 그 효력을 상실한다.

087 정답 ④

국제물품매매계약에 관한 UN협약(CISG)에 의하면 매수인이 물품을 수령한 상태와 실질적으로 동등한 물품을 반환하는 것이 불가능한 경우에는 매수인은 계약의 해제를 선언하거나 또는 매도인에게 대체품의 인도를 요구하는 권리를 상실한다. 다만 아래의 경우에는 이를 적용하지 아니한다.

- 물품을 반환하거나 또는 매수인이 물품을 수령한 상태와 실질적으로 동등한 물품을 반환하는 것이 불가능한 사유가 매수인의 작위 또는 부작위에 기인하지 아니한 경우
- 검사의 결과로 물품의 전부 또는 일부가 이미 멸실되었거나 또는 변질된 경우
- 매수인이 불일치를 발견하였거나 또는 발견하였어야 하는 때 이전에 물품의 전부 또는 일부가 이미 매수인에 의하여 정상적인 영업과정에서 매각되었거나 또는 정상적인 사용과정에서 소비되었거나 또는 변형된 경우

088 정답 ③

국제물품매매계약에 관한 UN협약(CISG)은 계약유지 이념에 기초하여 계약의 자동해제를 인정하지 않고 최고 후 계약해지가 가능하도록 규정하고 있다. 다만 근본적(중대한) 계약위반의 경우에는 예외를 인정하고 있다.

089 정답 ④

물품매매에 적용되므로 주식 등의 유가증권의 거래에는 적용되지 않는다. 하지만 CIF 거래는 선하증권과 보험증권과 같은 유가증권이 개입되지만 유가증권 그 자체의 매매가 아니고 물품의 매매를 위해 유가증권이 활용되는 것일 뿐이므로 적용된다.

국제물품매매계약에 관한 UN협약(CISG)의 적용 제외
- 개인용, 가족용 또는 가사용으로 구입되는 물품의 매매
- 경매에 의한 매매
- 강제집행 또는 기타 법률상의 권한에 의한 매매
- 주식, 지분, 투자증권, 유통증권 또는 통화의 매매
- 선박, 부선, 수상익선 또는 항공기의 매매
- 전기의 매매 등

090 정답 ④

CISG(청약의 기준)
1인 이상의 특정한 자에게 통지된 계약체결의 제의는 그것이 충분히 확정적이고 또한 승낙이 있을 경우에 구속된다고 하는 청약자의 의사를 표시하고 있는 경우에는 청약이 된다. 어떠한 제의가 물품을 표시하고, 또한 그 수량과 대금을 명시적 또는 묵시적으로 지정하거나 또는 이를 결정할 규정을 두고 있는 경우 이 제의는 충분히 확정적인 것으로 한다.

091 정답 ②

피청약자가 승낙의 통지를 발송하기 전에 청약취소의 통지가 상대방에게 먼저 도달하는 경우에 한하여 청약은 취소할 수 있다. 그러나 유효기간이 명시된 경우 예외적으로 취소가 불가능하다.

092 정답 ①

국제물품매매계약에 관한 UN협약(CISG)의 적용요건

기본요건	• 물품매매계약일 것 • 매매당사자의 영업소가 서로 다른 나라의 영역에 있을 것
부속요건	• 그 나라들이 모두 체약국일 것 • 국제사법에 의한 준거법 적용 시 어느 한 체약국의 법을 선택했을 것

093 정답 ①

사적자치원칙에 의거하여 당사자 합의가 우선적이다. 그러므로 Incoterms 2020과 국제물품매매계약에 관한 UN협약(CISG)이 충돌하는 경우 Incoterms 2020이 우선적으로 적용된다.

094 정답 ②

양 당사자의 영업소의 소재지가 모두 체약국인 경우에는 양 당사자 간의 별도 합의가 없더라도 자동으로 협약의 적용을 받는다. 다만 양 당사자가 협약의 적용을 배제하기로 합의한 경우에는 당사자 간의 합의가 우선 적용되므로 이 협약의 적용이 배제된다.

095 정답 ③

국제물품매매계약에 관한 UN협약(CISG) 규정상 가격, 결제, 물품의 품질, 수량, 인도의 장소 및 시기, 상대방에 대한 일방 당사자의 책임의 범위 또는 분쟁의 해결에 관한 것 등의 변경은 청약의 조건을 실질적으로 변경하는 것으로 간주하고 있다.

096 정답 ②

당사자의 합의에 의해 국제물품매매계약에 관한 UN협약(CISG)을 적용하지 않기로 한 경우에는 당사자 자치의 원칙에 따라 이 협약은 적용되지 않는다.

097 정답 ③

국제물품매매계약에 관한 UN협약(CISG)은 모든 국제물품매매계약에 적용할 수 있는 무역계약의 기본 준거법이며, 정형거래조건별로 각기 다른 매도인과 매수인의 의무를 규정한 것은 Incoterms 2000이다.

098 정답 ①

계약해제는 소급효가 있으므로 당사자에게는 원상회복의무가 부과되고 원상회복이 불가능한 경우에는 계약해제를 할 수 없는 것을 원칙으로 한다.

099 정답 ④

국제물품매매계약에 관한 UN협약(CISG)과 Incoterms 2020의 규정이 상호 충돌하는 경우 Incoterms 2020의 규정이 우선한다.

100 정답 ③

매수인이 이행지체 후에 이행을 한 경우 매도인은 매수인의 이행사실을 알기 이전까지는 계약을 해제할 수 있지만, 이행사실을 알게 된 후에는 해제권이 상실된다.

101 정답 ③

경상의 원칙을 채택하고 있지만 예외적으로 사소한 변경사항이 포함된 승낙은 변경사항을 포함하여 계약을 성립시킨다고 규정하고 있다. 이 경우 청약자가 즉각 반대의사를 통지한 경우에는 그렇지 않다. 경상의 원칙이란 청약을 승낙할 때에는 그 청약의 모든 내용을 그대로 승낙해야 한다는 법칙 즉, 청약의 내용과 승낙의 내용은 완전일치가 되어야 한다는 법칙이다. 따라서 이 원칙에 위배되는 승낙은 계약을 성립시키지 못하는 것으로, 청약을 승낙하면서 어떤 조건을 부가하는 등 청약내용에 없던 사항을 추가하거나 일부만 승낙하는 등 제한하거나 또는 청약내용을 변경해서는 안 되며 그렇게 한 승낙으로는 계약을 성립시킬 수 없는 것이다.

102 정답 ④

물품을 인수한 당시와 실질적으로 동등한 상태로 반환할 수 없게 된 경우에는 계약 해제권 및 대체품인도 청구권을 행사할 수 없게 된다.

103 정답 ③

우리나라, 일본, 독일 등의 대륙법 국가에서는 확정청약의 경우 유효기간 내에 철회가 불가능하다고 보고 있으며, 영미법계에서는 청약이 날인증서(covenant)로 되어 있는 경우 또는 피청약자가 약인(consideration)을 제공한 경우에는 청약을 철회할 수 없다고 보고 있다.

104 정답 ③

구두에 의한 청약은 별도의 사정이 없는 한 즉시 승낙되어야 한다.

105 정답 ④

지연된 승낙의 경우에는 청약자가 유효하다는 취지를 지체 없이 피청약자에게 구두로 알리거나 그러한 통지를 발송하는 경우에는 승낙으로서의 효력을 가진다고 규정하고 있다.

106 정답 ①

조건부청약의 경우 피청약자가 승낙을 하더라도 청약자가 최종 확인을 해야만 계약이 성립된다.

107 정답 ④

지연된 승낙은 승낙으로써 효력이 발생하지 않지만, 청약자가 지체 없이 유효하다는 취지를 구두로 표시하거나 또는 통지를 발송하는 경우는 유효하다.

108 정답 ④

지연된 승낙은 청약자가 상대방에게 지체 없이 승낙으로서 효력을 가진다는 취지를 구두로 통고하거나 그러한 취지의 통지를 발송하는 경우에는 승낙으로서의 효력이 있으므로 계약이 성립된다.

109 정답 ④

국제물품매매계약에 관한 UN협약(CISG)에서의 계약위반 내용이 중대한 계약위반에 해당하는 경우에만 사용할 수 있는 구제수단으로는 대체품인도의 청구 또는 계약의 해제이다.

110 정답 ④

국제물품매매계약에 관한 UN협약(CISG)에 의하면 청약의'충분히 확정적'이라는 규정은 청약에 거래물품이 제시되어 있고, 명시적 또는 묵시적으로 수량과 가격이 확정되어 있거나 수량과 가격을 정하는 조항이 설정된 경우를 의미한다.

111 정답 ④

국제물품매매계약에 관한 UN협약(CISG)에서는 교차청약에 대하여는 규정이 없다.

112 정답 ①

DPU는 도착지 양하 인도 규칙으로 매도인은 물품을 도착운송수단으로부터 양하된 상태로 지정목적항이나 지정목적지에서 매수인의 처분하에 놓이는 때에 매도인이 인도한 것으로 되는 것을 말한다.

113 정답 ④

CPT(Carriage Paid To, 운송비지급인도) 규칙이라 함은 매도인이 합의된 장소에서 물품을 자신이 지정한 운송인이나 제3자에게 인도하고 매도인이 물품을 지정목적지까지 운송하는 데 필요한 계약을 체결하고 그 운송비용을 부담하여야 하는 것을 의미한다. CPT 규칙은 FCA 규칙에서와 같이 매도인이 물품의 수출통관을 이행하여야 하며, 이 규칙은 선택된 운송방식을 가리지 않고 사용될 수 있으며 둘 이상의 운송방식이 채택된 경우에도 사용될 수 있다. 또 이 규칙은 매도인이 목적지까지 운송계약을 체결하고 운송비를 지급한다는 점에서 기본적으로 CFR 규칙과 같지만, 물품을 선박이 아닌 운송인에게 인도한다는 점에서 이와 구분된다. CPT 규칙에서 매도인은 CFR 규칙에서와 같이 반드시 운송서류를 제공하여야 하는 것이 아니라, 해당되는 운송방식에서 관습적인 경우에 한하여 통상적인 운송 서류를 제공하면 된다는 점이 특징이다.

114 정답 ①

DPU(도착지 양하 인도) 규칙은 물품이 도착운송수단으로부터 양하된 상태로 지정목적항이나 지정목적지에서 매수인의 처분하에 놓이는 때에 매도인이 인도한 것으로 되는 것을 말한다. DPU 규칙은 Incoterms 2020 규칙 중에서 유일하게 매도인이 물품을 양하해서 인도해야 하는 규칙이다.

115 정답 ①

표준품 매매란 농산물과 같이 수확이 예상되는 물품과 목재와 같이 정확한 견본의 제공이 곤란한 물품에 대하여 그 표준품을 정하여 거래를 하고, 실제 인도된 물품과 표준품의 차이가 있을 경우에는 계약조건 또는 관습에 따라 물품대금을 증감할 수 있는 거래로 다음과 같은 조건이 있다.

- **평균중등품질조건(FAQ)** : 곡물이나 과실 등의 농산물에 사용되는 품질조건으로 인도의 시기 및 장소에 있어서 그 계절 출하품의 평균중등품질로 하는 조건이다.
- **보통품질조건(USQ)** : 공인검사기관 또는 공인표준기준에 의하여 보통품질을 사전에 표준품의 품질로 결정하는 조건

이다. 인삼이나 오징어 등에 적용되며, 해당 수출조합이나 정부가 지정한 공공기관에서 품질을 판정하여 구분하고, 원면거래에서도 공인표준기준에 의하여 보통품질은 표준품의 품질로 결정하여 거래하기도 한다.

- **판매적격품질조건(GMQ)** : 정확한 견본 또는 표준품의 이용이 곤란한 경우에 사용되는 품질이 그 시장에서 판매적격해야 하는 조건으로 목재나 냉동어류 등에 주로 적용된다.

116 정답 ②

연속매매(String Sale)란 화물의 운송 중에 연속적으로 수차 전매되는 것을 말한다. 이러한 연속매매의 경우에, 그 연속거래의 중간에 있는 매도인은 물품을 선적하지 않는다. 물품은 이미 그 연속거래상의 최초의 매도인에 의하여 선적되었기 때문이다. 따라서 연속거래의 중간에 있는 매도인은 물품을 선적하는 대신에 그렇게 선적된 물품을 조달(procure)함으로써 매수인에 대한 의무를 이행한다. 이러한 이행은 물품의 권리를 화체한 선하증권 등의 양도로써 이행되므로 해상운송규칙인 FAS, FOB, CFR, CIF 규칙이 해당된다.

117 정답 ②

CISG에서의 구제방법

매도인의 계약위반에 대한 매수인의 구제방법	매수인의 계약위반에 대한 매도인의 구제방법
• 특정이행 청구권 • 대체물품인도 청구권 • 하자보완 청구권 • 추가기간 지정권 • 대금 감액권 • 계약 해제권 • 손해배상 청구권	• 이행 청구권 • 추가이행기간 설정권 • 계약 해제권 • 물품명세 확정권 • 손해배상 청구권

위의 구제방법 중 계약 해제권, 대체물품인도 청구권은 중대한 계약위반을 조건으로 한다.

118 정답 ③

계약위반에 대한 추가이행기간 설정과 함께 구제수단을 신청한 경우 당해 추가기간 내에는 다른 구제수단을 이용할 수 없다.

119 정답 ④

계약상 매수인이 물품의 형태 · 규격 또는 기타의 특징에 대하여 확정하기로 되어 있는 경우 매수인이 합의한 기일 또는 매도인으로부터 요구받은 후 상당한 기간 이내에 매수인이 그 물품명세를 지정하지 않은 때 매도인은 매도인이 보유하고 있는 다른 권리를 훼손당하지 않고 또한 매도인이 알고 있는 매수인이 요구하는 내용에 따라 스스로 물품명세를 지정할 수 있다.

120 정답 ②

보세창고인도조건거래(BWT : bonded warehouse transaction)란 수입지나 인근지역에서 판매가 예상되는 물품을 수입지의 보세창고에 미리 송부하여 놓고 있다가 필요 시에는 수입지의 보세창고에서 즉시 인도할 수 있는 제도이다.

121 정답 ①

BWT 조건은 수입자의 보세창고에 물품을 미리 입고하여 놓고 현지수입지 보세창고에서 외국바이어와 수출계약을 체결하는 거래이기 때문에 신용장을 접수한 후 수출승인을 받는 것이 아니다.

122 정답 ③

outer packing(외장)은 화물을 운송함에 있어 파손, 변질, 도난, 분실 등을 방지하기 위하여 적절한 재료나 용기로 화물을 보호하기 위하여 포장하는 것을 말한다. unitary packing(개장)이란 일반적으로 소매를 위하여 물품의 최소 단위로 하나하나 포장하는 것을 말하고, interior packing(내장)이란 개장된 물품을 운송 또는 취급하기 좋도록 적절한 재료로 싸거나 용기에 수용하는 것을 말한다.

123 정답 ④

이는 주화인(main mark)이라고 하며 보통 외장면에 삼각형, 타원형 등의 일정한 기호로 표시하고 그 안에 상호의 약자 등을 써넣는다.

124 정답 ②

마켓 클레임(market claim)이란 시장성향이 불안정할 때 시가하락 등으로 인한 손해를 보상하기 위하여 고의적 또는 의도적으로 제기하는 클레임을 말한다.

125 정답 ④

우리나라는 1958년 6월 10일자의 외국중재판정의 승인 및 집행에 관한 국제연합협약을 비준함으로써 1973년 5월 9일부터 가입당사국이 되었으므로 우리나라의 중재판정을 가지고도 동 협약의 가입당사국에 가서 강제로 집행을 할 수 있다.

126 정답 ②

클레임은 매수인과 매도인측에서 각각 제기하는 클레임이 있다.

127 정답 ①

무역클레임의 해결방법에는 당사자 간 해결방법과 제3자의 개입에 의한 해결방법이 있는데 화해는 당사자 간의 해결방법에 속한다.

128 정답 ②

화해란 제3자의 개입 없이 당사자 간에 해결하는 수단이다.

129 정답 ②

선적일 또는 기간을 정할 경우 'as soon as possible'이나 'promptly' 또는 'immediately' 등은 주관적 해석으로 분쟁이 생길 소지가 많으므로 사용하지 않는 것이 좋다.

130 정답 ③

force majeure는 불가항력조항으로 면책효과를 가지는 것이다.

131 정답 ④

④의 내용은 알선이 아니라 '조정'에 대한 설명이다.

132 정답 ①

분쟁당사자는 반드시 조정안을 수락할 필요는 없다.

133 정답 ④

①, ②, ③의 해결방법은 제3자 개입에 의한 것이고, 화해는 당사자 간의 해결방법이다.

134 정답 ④

클레임의 제기기간이 약정되었을 경우엔 그 약정에 우선하고 그렇지 못한 경우에는 물품을 수령한 후 3개월 내에 하자에 대한 클레임을 제기하면 된다.

135 정답 ③

운송 중의 위험은 무역클레임의 간접적인 원인에 해당된다.

136 정답 ②

클레임의 제기는 당사자의 약정이 우선이고 일반적으로 물품 수령 후 3개월 내에 제기하면 권한을 가질 수 있다.

137 정답 ②

클레임을 제기할 때의 우선 고려할 사항은 당사자가 누구인가를 고려해야 한다.

138 정답 ④

클레임 제기방법은 우선은 신속한 방법으로 알리고 나중에 확인하는 서신으로서 증빙서류를 보내야 한다.

139 정답 ③

운송서류가 사용된 경우에는 클레임의 제기권이 소멸된다.

140 정답 ②

분쟁의 해결방법으로서 가장 적절한 것은 화해 – 알선 – 조정 – 중재의 순이라고 할 수 있다.

141 정답 ②

① 중재합의가 있는 경우 직소금지의 효력이 있어서 바로 제소할 수는 없다. 다만 중재계약이 무효이거나 효력을 상실하였거나 이행이 불능일 때에 한하여 소를 제기할 수 있다.
③ 조정은 양 당사자가 공정한 제3자를 조정인으로 선정하고 이 조정인이 제시하는 구체적인 해결안을 수락함으로써 클레임을 해결하는 방법인데 강제성이 없다. 즉 쌍방은 물론 일방의 당사자라도 조정안을 수락하지 않을 때에는 조정은 성립될 수 없다.
④ 중재는 단심제이기 때문에 일단 결정된 중재판정은 변경될 수 없다.

142 정답 ①

② 일단 중재합의를 하면 중재판정의 내용에 불복하여 소송을 제기할 수 없다.
③ 중재합의는 앞으로 분쟁이 발생한 후에 그 분쟁을 중재에 의하여 해결하기로 합의하는 사후합의도 가능하다.
④ UN에서 제정한 뉴욕협약에 의거 대한상사중재원의 중재판정은 뉴욕협약에 가입한 국가의 대법원 확정판결과 동일한 효력을 가진다.

143 정답 ④

중재는 단심제이므로 신속히 종결되고 절차도 간략하다.

144 정답 ②

중재합의는 서면으로 하여야 한다고 규정되어 있다.

145 정답 ①

중재제도의 장단점

장점	단점
• 자유합의에 의한 부탁 • 평화로운 분위기에서 진행 • 비공개적인 절차 • 절차의 신속성(단심제도) • 저렴한 비용 • 심문절차의 비공개 • 외국중재판정의 승인 및 집행의 보장	• 법률문제(중재인의 법률적 지식의 한계) • 중재판정결과에 대한 객관성과 법적 안정성의 결여 • 상소제도의 결여 • 절충주의에 입각한 중재판정

146 정답 ①

한국 중재법에 의하면 중재인의 수는 당사자 간에 서로 합의가 없는 경우에는 3인으로 정한다.

147 정답 ③

뉴욕협약은 중재판정의 강제집행을 보장하고 있는 협약이다.

148 정답 ②

조정안에 대한 승복은 당사자의 선택사항이므로 강제성이 없다. 중재는 단심제이며, 중재합의가 있는 경우 직소금지의 효력이 있어 바로 제소할 수는 없다.

149 정답 ②

외국중재판정의 승인 및 집행에 관한 UN협약을 간단히 뉴욕협약이라고 한다.

150 정답 ④

상사중재는 임시기관중재가 아니라 제도적 중재절차가 적용된다.

151 정답 ②

중재는 자치적인 해결방식의 하나이다.

152 정답 ④

중재의 판정과 결과는 재판에서의 판결과는 달리 항상 외국인을 구속하며, 국제적으로 단심제에 의하므로 중재판정의 내용은 외국법원에 의해서도 간단한 집행 판결만으로 그대로 강제집행 된다.

153 정답 ③

중재는 거래의 비밀보장을 생명으로 하기 때문에 비공개로 진행된다.

154 정답 ②

조정의 경우 조정안에 대한 수락 여부는 당사자의 자유이다.

155 정답 ③

제도적 중재와 임시적 중재의 비용은 아무런 차이가 없다.

156 정답 ③

뉴욕협약의 가입국에 대하여 중재판정의 승인 및 집행이 가능하기 때문에 중재협약이 체결된 국가 간에 강제 집행이 가능하게 된다.

157 정답 ④

중재는 단심제이다.

158 정답 ②

중재판정의 내용에 불복하여 소를 제기할 수는 없다. 중재 절차상에서의 오류나 하자가 있는 경우 또는 중재법규를 위반한 경우에 한하여 법원에 중재판정 취소의 소를 제기하여 구제를 요청할 수 있는 것이다.

159 정답 ④

당사자 간의 클레임 해결방법으로는 청구권 포기, 화해, 타협이 있다. 제3자 개입에 의한 해결로는 알선, 조정, 중재, 소송의 방법이 있다.

160 정답 ④

알선은 권고의 성격이고 비형식적이지만 중재는 사법적으로 결정하는 것이고 형식적이다.

161 정답 ③

조정은 중재를 하기 전에 양쪽 당사자에게 해결안을 제시하는 것으로 반드시 수락할 의무는 없으며, 양 당사자가 수락하는 경우에 그 효력은 중재의 효력과 동일하다.

162 정답 ④

알선은 권고의 성격을 가지고 있고 법적 구속력은 없다.

163 정답 ②

조정안에 대해서는 반드시 수락되어야 되는 것은 아니다.

164 정답 ④

중재는 소송에 비하여 신속성과 절차의 간결성이 있다는 장점이 있다.

165 정답 ④

중재가 취급하는 것은 사법상의 문제이지만 전부 해당되는 것은 아니고 당사자가 처분할 수 있는 사법상의 법률관계에 한정되어 있다.

166 정답 ④

중재계약은 반드시 서면으로 이루어져야 한다.

167 정답 ④

자발적 중재계약이라 함은 분쟁의 발생 전과 발생 후를 구분하지 않고 당사자 간에 합의한 경우를 말한다.

168 정답 ①

중재비용은 중재판정의 결과에 따라 차별적으로 부담한다.

169 정답 ④

중재계약의 효력에 해당되는 것은 직소금지의 효력, 불가철회성, 중재절차진행권, 재산보존조치권, 중재판정의 종국성, 중재판정의 국제적 효력 등이다.

170 정답 ②

중재부탁의 기본적인 조건은 중재기관, 중재규칙 또는 준거법, 중재가 행해지는 장소 등이다.

171 정답 ④

절차운영에 대해서는 중재인에게 일임하였지만 강행법규에 위반되거나 합리성과 공평성을 유지하지 못하는 경우에는 규제를 가하고 있다.

172 정답 ③

중재판정은 당사자들의 판정동의와는 무관하게 구속력을 갖는다.

173 정답 ②

대한상사중재원은 국내와 국제상사분쟁 모두를 취급하는 기관이다.

174 정답 ③

ICC중재재판소는 다수결원칙이고 민간차원의 분쟁해결기구이다.

175 정답 ③

중재계약과 일반계약과의 준거법은 항상 일치하지 않는다.

176 정답 ①

UNCITRAL의 표준중재규칙은 1976년에 채택된 중재규칙으로서 국제상사중재제도의 통일작업으로 내용의 보편성을 강조하였다.

177 정답 ④

외국중재판정의 승인 및 집행의 요건은 유효한 중재계약, 적법한 중재절차에 의한 성립, 외국중재판정이 확정되어 있을 것, 내국의 공서양속에 반하지 아니할 것 등이다.

178 정답 ④

중재인은 경험에 의한 양심에 의거해 판정을 내려야 한다.

179 정답 ①

중재인은 우선 당사자의 합의에 의하여 결정할 수 있다.

180 정답 ④

①, ②, ③은 중재인의 결격사유에 해당된다. 중재인은 회사중역, 대학교수 등과 같이 법률적 훈련을 쌓지 않은 자도 될 수 있다.

181 정답 ①

중재판정문에 기재되어야 하는 것은 신청인, 대리인, 중재인, 신청인 주소, 주문, 판정이유의 요지 등이다.

182 정답 ③

법원의 확정판결은 취소가 불가능하고 중재판정은 취소가 가능하다.

183 정답 ④

외국중재판정의 효력을 얻기 위한 집행허가는 사법상의 과정을 준수하고, 판정취소의 소송이 계류되지 않은 것, 공서양속을 해치지 않을 것 등에 해당되어야 한다.

[3과목] 무역계약
PART2 국제운송
정답 및 해설

01	①	02	①	03	③	04	④	05	②
06	④	07	①	08	②	09	③	10	①
11	①	12	②	13	④	14	②	15	④
16	①	17	④	18	①	19	①	20	③
21	③	22	④	23	①	24	③	25	④
26	①	27	②	28	①	29	③	30	②
31	③	32	①	33	①	34	①	35	①
36	②	37	②	38	③	39	①	40	④
41	②	42	①	43	③	44	②	45	③
46	②	47	④	48	③	49	③	50	③
51	③	52	②	53	③	54	①	55	③
56	④	57	②	58	②	59	④	60	③
61	④	62	④	63	①	64	②	65	①
66	②	67	④	68	②	69	①	70	①
71	①	72	①	73	①	74	③	75	①
76	②	77	②	78	④	79	①	80	④
81	④	82	④	83	②	84	③	85	③
86	③	87	④	88	②	89	③	90	④
91	③	92	①	93	①	94	②	95	③
96	③	97	①	98	①	99	④	100	①
101	③	102	④	103	④	104	④	105	②
106	②	107	②	108	②	109	②	110	④
111	④	112	③	113	④	114	①	115	③
116	②	117	②	118	④	119	③	120	④
121	①	122	②	123	③	124	③	125	④
126	④	127	④	128	③	129	①	130	②
131	①	132	④	133	④	134	②	135	②
136	③	137	②	138	③	139	④	140	④
141	②								

001 정답 ①

흘수(draft)란 선박의 물속에 잠겨 있는 부분의 깊이를 말하고, 만재흘수란 더 이상 선체가 물속으로 잠겨서는 안 된다는 선이며, 건현(free board)이란 물에 잠기지 않는 부분, 즉 선체가 수면 이상으로 떠오른 선복의 높이를 말한다.

002 정답 ①

정기선동맹헌장은 선진국이 아니라 개발도상국에 의한 동맹조약이다. 그리고 13개국의 선진국이 주도한 것은 consultative shipping group이다.

003 정답 ③

정기선운송은 정해진 항로를 따라 반복 운항하며, 완제품 및 중간재 등 주로 가공화물의 운송에 주로 이용하게 되는 것으로 ③의 경우는 비정기운송에 대한 내용이다.

004 정답 ④

재화중량톤수는 선박이 적재할 수 있는 화물의 최대 중량을 가리키는 단위로 영업상 가장 중요시되는 톤수이다.

① **배수톤수** : 배가 정수 중에 떠서 평형을 유지할 때 배가 밀어낸 물의 중량을 배수중량이라고 하며, 이 배수중량을 톤으로 나타낸 값을 말한다.

② **총톤수** : 용적을 나타내는 톤수로서 선각으로 둘러싸여진 선체 총 용적으로부터 상갑판 상부에 있는 추진, 항해, 안전, 위생에 관계되는 공간을 뺀 용적을 말한다.

③ **순톤수** : 직접 영업행위에 사용되는 면적 즉, 화물과 여객의 수송에 제공되는 용적으로 총톤수에서 선원실, 기관실 등 선박운항에 이용되는 부분을 제외한 순 적량을 톤수로 환산한 수치이다.

005 정답 ②

선박톤수의 종류
- **용적톤수** : 총톤수, 순톤수, 재화용적톤수
- **중량톤수** : 배수톤수, 재화중량톤수

006 정답 ④

R/T는 Revenue Ton으로 산출된 화물의 용적과 중량 중 높은 운임 쪽을 기준으로 적용하는 톤수이다.

007 정답 ①

무선박운송인은 Non-Vessel Operating Common Carrier의 약자로 선박을 갖추지 않고 운송을 하는 업자와 업체를 말한다. 1963년 미국의 연방해사위원회가 처음으로 규정하였고, 1984년 미국 신해운법에서 기존의 포워더형 복합운송인을 법적으로 확립하였다. 직접 선박을 소유하고 있지는 않지만 화주에 대해 일반적인 운송인으로서 운송계약을 맺으며, 선박회사를 하도급인으로 하여 이용운송업을 한다.

008 정답 ②

straight B/L(기명식 선하증권)은 증권의 'consignee'란에 수입자의 성명 또는 상호가 확실히 명기되어 있는 증권으로, 발행인 배서금지의 문구를 기재하지 않으면 배서에 의해서 양도할 수 있다.

009 정답 ③

① LASH선
② 겸용선
④ Lo-Lo선

010 정답 ①

② **CFS** : 선박회사나 그 대리점이 선적할 화물을 화주로부터 인수하거나 양하된 화물을 화주에게 인도하기 위하여 지정한 장소
③ **apron** : 항만에 있어서 본선안벽의 바로 배후에 있는 야적장 또는 상옥과 본선 사이에서 본선 선측의 연안 하역에 사용되는 지역
④ **marshalling yard** : 선적해야 할 컨테이너를 하역 순서대로 정렬해두거나 컨테이너선에서 내리는 컨테이너를 위해 필요한 넓은 공간

011 정답 ①

본선 하역작업과 마샬링(marshalling) 기능은 항만에 있는 컨테이너 터미널에서만 가능하다.

012 정답 ②

CFS(Container Freight Station)는 컨테이너 1개를 채울 수 없는 소량화물의 인수, 인도, 보관 또는 LCL화물을 컨테이너 안에 적입하거나 끄집어내는 작업을 하는 장소를 말한다.

013 정답 ④

ICD에 화물을 입고시키면 선적선하증권이 아닌 수취선하증권을 발급받을 수 있다.

014 정답 ②

내륙컨테이너기지 즉, ICD는 원래 내륙통과기지를 뜻하는 Inland Clearance Depot의 의미로 쓰였으며, 운송의 거점으로서 대량운송의 실현, 공차율의 감소, 운송회전율의 증가 등을 통한 운송의 합리화를 실현하고 있다. ICD는 세관통관 하에 수출입 및 연계운송을 위하여 일시적인 장치, 창고보관, 재수출, 일시상륙 등의 기능을 담당하며, 운송, 하역, 보관, 포장, 통관의 기능을 수행한다.

015 정답 ④

부정기선의 운임은 선박의 수요와 공급의 원리에 의하여 결정된다.

정기선운송과 부정기선운송

구분	정기선운송	부정기선운송
의의	선박회사가 동일 항로에 정기선 즉, 정기적으로 선박을 운	선박이 화물을 찾아간다고 할 수 있음

3과목 무역계약 정답 및 해설

	항할 경우를 말함	
특징	• 사전에 작성 · 공포된 운항일정에 의해서 득정한 항로만을 왕복운항 • 불특정 다수 화주의 소량화물, 여객, 우편물 등의 수송을 주요 대상으로 함 • 고정된 항로, 운임 등에 의하여 평등한 서비스를 제공	• 고정된 운항일정과 항로가 없으므로 항로의 자유선택이 가능 • 대량의 화물 등의 수송을 주요 대상으로 함 • 당시의 수요와 공급에 의한 완전경쟁으로 운임을 결정하게 됨

016 정답 ①

해운동맹은 해운계의 과당경쟁을 피하기 위해 특정항로에 취항하고 있는 둘 이상의 정기선사들이 모여 상호독립성을 유지하면서 상호 간의 이익을 유지 · 증진하기 위하여 운임, 해상화물, 배선 기타 운송조건에 관하여 협정 또는 계약을 체결한 국제 카르텔로서 해운동맹, 운임동맹 또는 항로동맹이라 한다.

017 정답 ④

정기선화물은 소량의 이종화물로 이루어지며, 일반화물 또는 잡화로 구성된다.

018 정답 ①

② door 작업이 끝나야 sealing 작업이 이루어질 수 있다.
③ 내륙운송방법으로 육상운송, 철도운송 및 연안해상운송의 세 가지 방법이 존재한다.
④ 수출화주에게 booking note를 발급한다.

019 정답 ①

선박의 길이와 선폭

선박의 길이	• 전장(**length over all**) : 선체에 고정적으로 붙어있는 모든 돌출물을 포함한 배의 맨 앞부분에서부터 맨 끝까지의 수평거리로, 접안 및 입거 등 조선상 사용된다. • 수선간장(**length between perpendicular**) : 만재흘수선상의 선수 수선으로부터 타주의 중심을 지나는 선미수선까지의 수평거리를 말하다. • 등록장(**registered length**) : 상갑판 선수재 전면으로부터 선미재 후면까지의 수평거리를 말하며 선박원부에 등록되는 길이이다.
선폭	• 전폭(**extreme breath**) : 선체의 가장 넓은 부분에 있어서 외판의 외면에서 반대편 외판가지의 수평거리로 입거 시 이용된다. • 형폭(**molded breath**) : 선체의 가장 넓은 부분에서 측정한 프레임의 외면에서 외면까지의 수평거리로 선박법상 배의 폭에 이용된다. • 선심(**vertical dimensions**) : 선체 중앙에 있어 상갑판 빔의 상단에서 용골의 상단까지의 수직거리로 선박법상 배의 깊이에 이용되며 형심이라고도 한다.

020 정답 ③

부정기선의 운항형태

항해용선 계약	한 항구에서 다른 항구까지 한 번의 항해를 위해 체결하는 운송계약
선복용선 계약	항해용선계약의 변형으로, 전 선복을 대절하여 1항해 운임총액이 얼마라고 정한 계약
일대용선 계약	항해용선계약의 변형으로 하루 단위로 용선하는 용선계약
정기용선 계약	모든 장비를 갖추고 선원이 승선해 있는 선박을 일정 기간 동안 정하여 고용하는 계약
나용선 계약	선박만을 용선하여 인적 및 물적 요소 일체를 용선자가 부담하고 운항의 전부에 걸친 관리를 하는 계약

021 정답 ③

편의치적이란 선주가 속해있는 국가의 엄격한 요구조건과 의무를 피하기 위해 선주가 속해있는 국가가 아닌 파나마, 리베리아, 온두라스 등과 같은 조세 도피국의 국적을 취득한 다른

나라의 선박을 뜻한다.

편의치적을 선호하게 되는 이유

- 재무상태, 거래내역을 보고하지 않아도 되며 기항지의 제약을 받지 않는다.
- 고임의 자국 선원을 승선시키지 않아도 되는데 이것은 선진 해운국의 선주들이 치적하는 중요한 이유 중의 하나이다.
- 편의치적국은 등록 시의 등록세와 매년 징수하는 소액의 톤세 외에 선주의 소득에 대해 일체의 조세를 징수하지 않는다.
- 금융기관이 선박에 대한 유치권 행사를 용이하게 할 수 있어 선박의 건조 또는 구입자금을 국제금융시장에서 쉽게 조달할 수 있다.
- 편의치적국들은 선박의 운항 및 안전기준 등에 대해 규제하지 않기 때문에 이러한 부문에서 비용의 절감을 꾀할 수 있다.

022 정답 ④

항해용선은 본선 선복의 사용을 허용함을 계약하는 것으로, 화물의 실제 적재량을 기준으로 운임이 정해지는 일종의 운임선적계약이다. 변칙적인 형태로 선복용선계약과 일대용선계약이 있다. 용선계약의 운임은 수요과 공급에 의해 결정되며, 공시요율은 정기선운송의 운임과 관련이 있다.

023 정답 ①

정기선운임의 종류

품목별 운임	운임요율표에 유형별로 명시된 품목에 적용되는 운임
등급별 운임	운임요율표에 화물을 종류 · 성질 · 형태별로 분류하여 적용하는 운임
특별운임	운임요율표에 일반운임과는 별도로 특정목적을 위해 설정한 운임
최저운임	극소량화물에 대하여 운임이 일정액 이하로 산출될 때 톤수에 관계없이 징수되는 최소 운임
종가운임	운송 시 특별한 관리와 주의를 요하는 고가품에 대하여 송장가격에 일정률의 운임을 추가로 부과하는 운임
	화물운임을 해운동맹에서 결정한 운임
경쟁운임	요율표에 의하지 않고 운임동맹의 가맹선사가 임의로 결정할 수 있는 운임
박스운임	톤당 운임에 기초한 운임산정방법의 번거로움을 줄이기 위하여 화물의 종류나 용적에 관계없이 컨테이너당 정한 운임
무차별 운임	화물의 종류나 내용과는 관계없이 중량과 용적에 따라 동일하게 적용되는 운임
통운임	1개 이상의 운송기관에 의해 운송되는 화물에 대하여 일괄적으로 적용되는 운임
지역운임	선박회사가 단일운송업자로서 직접 서비스하는 지역 또는 동등 지역에 적용하는 운임
OCP운임	북미 태평양 연안에서 항공기, 철도, 트럭 등에 환적되는 내륙지행 화물에 적용되는 운임
기간/물량 운임	일정 기간 제공한 물량에 따라 차등제로 적용되는 운임
독자운임	운임동맹이나 선박회사가 동맹의 일반운임 대신 특별한 이유로 적용하는 운임

024 정답 ③

선하증권은 지정된 화물의 손상없이 명시된 목적지까지 올바르게 운송하기 위한 화주와 운송인 간의 법적 계약서이다.

025 정답 ④

정기선운송과 부정기선운송의 비교

구분	정기선운송	부정기선운송
운항형태	규칙성, 반복성	불규칙성
운송인	보통운송인, 공중운송인	계약운송인, 전용운송인
화물의 성격	이종화물	동종화물
화물의 가치	고가	저가
운송계약	선하증권	용선계약서
운임	동일 운임률 적용, 운임동맹	선박의 수요와 공급에 의해 결정
서비스	화주의 요구에 따라 조정	선주와 용선자 간의 협의에 의해 결정

조직	대형조직	소형조직
화물의 집하	영업부 직원	중개인
여객	제한적 취급	취급하지 않음

026 정답 ①

용선료는 선불로 하는 것이 일반적이나 당사자의 약정에 따라서 후불로도 할 수 있다.

027 정답 ②

개품운송과 용선운송의 비교

구분	개품운송	용선운송
형태	선박회사는 다수의 화주로부터 위탁받은 개개화물의 운송을 인수	선박회사는 특정의 상대방과 특약에 의하여 선박을 빌려주어 운송을 인수
여객	제한적 취급	취급하지 않음
선박	정기선	부정기선
화주	불특정 다수	특정 화주
화물 종류	잡화와 같은 비교적 적은 화물	대량화물(원유, 석탄, 비료, 곡물 등)
계약	선하증권	용선계약서
운임 조건	Berth Term	FI, FO, FIO
운임률	공시요율	수요 · 공급에 따른 시세

028 정답 ①

동맹외대항선이란 동맹국가들이 비동맹선과 경쟁하는 경우에 동맹선사들이 준비한 대항선을 말한다.

029 정답 ③

부대비용의 종류

부두사용료 (wharfage)	화물입출항료라고도 하며, 부두의 사용료로서 부두의 유지 · 개조를 위해 사용자로부터 징수하는 화물부두사용료
터미널 화물처리비 (THC : Terminal Handling Charge)	수출의 경우에는 화물이 컨테이너 터미널에 입고된 순간부터 본선의 선측까지, 수입의 경우에는 반대로 본선의 선측에서 CY의 게이트를 통과하지까지의 화물의 이동에 이르는 비용
CFS charge	컨테이너 하나의 분량이 되지 않는 소량화물을 운송하는 경우 선적지 및 도착지의 CFS에서 화물의 혼재(적입) 또는 분류작업을 하게 되는데 이때 발생하는 비용
서류발급비 (documentation fee)	선사가 선하증권과 화물인도지시서(D/O) 발급시 소요되는 비용을 보전하기 위한 비용
도착지 화물인도비용 (DDC : Destination Delivery Charge)	북미 수출의 경우 도착항에서 하역 및 터미널 작업비용을 해상운임과는 별도로 징수
지체료 (detention charge)	화주가 허용된 시간 이내에 반출해간 컨테이너를 지정된 선사의 CY로 반환하지 않을 경우 지불하는 비용
보관료 (storage charge)	CFS 또는 CY로부터 화물 또는 컨테이너를 무료기간 내에 반출해가지 않으면 보관료를 징수하며, 또한 무료기간 종료 후 일정 기간이 지나도 인수해가지 않으면 선사는 공매처리할 권리를 가지게 되고 창고료 및 부대비용 일체를 화주로부터 징수함

030 정답 ②

fidelity rebate system을 충실보상제도라 하고 deferred rebate system(운임연환급제도)이란 충실보상제도보다 강화된 것으로, 이는 화주가 일정한 기간(보통 6월) 동맹선에만 선적하고 계속하여 다음 일정 기간에도 동맹선에만 선적하였을 경우에 한해서 화주에게 앞의 기간의 운임의 일정액(보통 10%)을 환급해주는 제도이다.

031 정답 ③

freight to be paid는 지급예정을 뜻한다.

032 정답 ①

single rate system(단일운임제도)은 동맹의 기본운임을 품목별로 단일운임률을 적용하는 제도이고, dual rate system(2중 운임률제도)은 동맹의 운임률을 운임률이 낮은 계약운임률과 운임률이 약간 높은 비계약운임률(noncontract rate)로 2중(보통 10%)으로 설정하여 놓고 화주가 동맹선에 의해서만 운송할 것을 계약하면 운임률이 낮은 계약운임률을 적용하는 제도이다. 그리고 triple rate system(3중 운임률제도)은 동맹의 운임률이 계약운임(contract rate)과 비계약운임 이외에 또 하나의 운임률이 추가되어 있는 제도이다.

033 정답 ①

freight prepaid(운임지급필) 이외에는 모두 지급예정을 나타내는 용어이다.

034 정답 ①

congestion surcharge란 port congestion surcharge라고도 하는데, 이는 체화(체선)할증료를 말한다. 그리고 conference rate란 해운동맹의 운임률, optional charge란 양륙항선택료를 말한다.

035 정답 ①

정기선운임

무차별 운임	화물의 종류나 내용과는 관계없이 중량과 용적에 따라 동일하게 적용되는 운임
품목별 운임	운임요율표에 유형별로 명시된 품목에 적용되는 운임
통운임	1개 이상의 운송기관에 의해 운송되는 화물에 대하여 일괄적으로 적용되는 운임
특별운임	운임요율표에 일반운임과는 별도로 특정목적을 위해 설정한 운임
독자운임	운임동맹이나 선박회사가 동맹의 일반운임 대신 특별한 이유로 적용하는 운임

036 정답 ②

정기선운송은 공적일반운송인이고, 부정기선운송은 사적계약운송인이다.

037 정답 ②

① 운항주체는 선박을 보유하여 일반회사의 화물을 운송하는 일반운송인과 화주 자신이 선박을 소유하며 자기화물을 직접 운송하는 자가운송인이 있다.
③ 나용선계약은 선박자체만 임차하고 항해에 필요한 일체의 인적 · 물적 요소를 용선자가 부담하는 임대차계약이다.
④ 부정기선 운임의 종류에는 선복운임, 부적운임, 장기운송계약운임 등이 있으며 할증운임에는 정기선의 운임 중 하나이다.

038 정답 ③

N/R(Notice of Readiness)은 하역준비완료통지서이며, 화물양륙 시 화물을 인도받는 수하인이나 그 대리인 하역업자가 양륙화물과 적하목록을 대조하여 본선에 교부하는 화물인수증은 B/N(Boat Note)이라고 한다.

039 정답 ①

부정기선 선박회사 간에는 운송특성상 별도의 카르텔 조직을 갖추고 있지 않으며, 정기선 선박회사 간에는 해운동맹이라는 일종의 카르텔 조직을 갖추고 있다.

040 정답 ④

흘수(draft)는 배 현측의 물에 잠긴 높이를 말하며 어떤 선박이 화물을 만재했을 경우 선박 정중앙부의 수면이 닿은 위치에서 선박의 가장 밑바닥까지의 수직거리를 나타내는 것으로 만재흘수, 형흘수라고 부르기도 한다.

041 정답 ②

surcharge란 할증료 또는 부가운임을 말하는데, 이에는 heavy lift charge(중량할증료), lengthy and bulky charge(장척 및 용적할증료) 등이 있고, trimming charge란 할증료가 아닌 화물정리비용을 말한다.

042 정답 ①

공화운임을 공적화물운임이라고도 한다.

043 정답 ③

TRS란 Terminal Receiving System의 약자로서 창고료, 창고에서 본선까지의 비용, 지정된 창고까지 화물을 입고시키는 제비용을 말한다.

044 정답 ②

dispatch money란 조출료, demurrage란 체선료, stevedorage란 하역비, stowage란 적화비를 말한다.

045 정답 ③

나용선계약은 선복을 빌리는 것이 아니고 선박 자체를 빌리는 것이다.

046 정답 ②

잡화와 같은 비교적 적은 화물의 운송은 개품운송이다. 용선운송은 원유, 석탄, 비료, 곡물 등과 같은 대량화물 운송이다.

047 정답 ④

time charter에서 용선주는 연료비, 항구비, 선적비, 모든 수수료를 부담하여야 하고, 선주는 선원비, 보험료, 식료, 윤활유 등을 부담하여야 한다.

048 정답 ③

lump sum charter란 화물의 운송량과 관계없이 항해 또는 선복을 단위로 하여 운임을 결정짓는 용선계약을 말한다. 따라서 이는 항해운송계약과 동일하되 화물의 운임은 톤당 얼마로 정하지 않고 한 항해에 얼마로 포괄적으로 약정하는 것이 다르다.

049 정답 ③

용선계약 공인계약서 서식의 대표적인 것으로는 1922년에 발틱국제해사협의회의 전신인 발틱백해협의회가 제정하여 영국 해운회의소에서 채택한 GENCON(Uniform General Charter)이 있다.

050 정답 ③

optional cargo란 선적 시에 양륙항을 정하지 않고 출항 후 일정시일까지 화주가 양륙항을 선택하여 선박회사에 통지하는 조건의 화물을 말하는 데, 이에 대하여 부과하는 운임을 optional charge라 한다.

051 정답 ③

dry container는 일반화물을 수송하기 위한 것이고 컨테이너화의 이상적인 형태는 CY/CY이다. 그리고 정기용선의 경우에 운항비는 화주가 부담한다.

052 정답 ②

berth terms조건은 화주의 입장에서 볼 때 하역비의 부담이 가장 적다.

053 정답 ③

berth terms란 선적할 때의 비용과 하역할 때의 비용을 선박회사가 부담하는 조건이고 F.I.O.(free in and out)는 선적할 때의 비용과 하역할 때의 비용을 화주가 부담하는 조건이다.

054 정답 ①

- F.O. : free out의 약자로, 도착항에서 드는 비용은 화주가, 선적항에서 드는 비용은 선박회사가 부담하는 조건이다.

• F.I. : free in의 약자로, 선적항에서 드는 비용은 화주가, 양륙항에서 드는 비용은 선박회사가 부담하는 조건이다.

055 정답 ③

C.Q.D.(customary quick dispatch)란 관습적 조속하역으로서 항구의 관습적 하역방법 및 하역능력에 따라 조속히 하역할 것을 약정하는 것으로서, 이 경우에 일정한 기간은 정하지는 않으나 불가항력에 의한 하역불능일은 제외된다. 그리고 running laydays(경과일수)는 하역의 개시일로부터 종료 시까지의 경과일수로 정박기간을 정하는 것, weather working days(하역가능일 : W.W.D.)는 하역이 가능한 양호한 기후하의 작업일만을 정박기간으로 하는 조건을 말하고, SHEX(sundays and holidays excepted)라고 표기하면 하역작업을 해도 일요일과 공휴일은 정박기일에는 계산하지 않는다.

056 정답 ④

Sunday and Holidays Excepted : SHEX란 일요일과 공휴일은 실제로 작업을 하여도 정박기간에 계산하지 않는 것이고, SHEX unless used란 특약조항이 들어가면 일요일과 공휴일에도 하역작업을 실시하면 정박기간에 포함되는 조건이다.

057 정답 ②

trimming fee란 화물정리비용을 말한다.

058 정답 ②

S/R은 Shipping Request(선복요청서), S/O는 Shipping Order(선적지시서), M/R은 Mate's Receipt(본선수령증), B/L은 Bill of Lading(선하증권), D/O는 Delivery Order(인도지시서)의 약어이다.

059 정답 ④

N/T(net tonnage)는 순톤수, G/T(gross tonnage)는 총톤수, M/T(measurement tonnage)는 용적톤수, D/W(dead weight tonnage)는 중량톤수를 말한다.

060 정답 ③

총톤수란 선박의 수익능력을 나타내며, 관세 · 등록세 등 각종 수수료와 제세금부과의 기준이 된다. 그리고 적재중량톤수는 선박이 적재할 수 있는 화물의 최대중량, 선박의 매매, 용선료 등의 기준이 되고, 배수톤수는 선체의 수면하부분의 용적에 상당하는 물의 중량을 말한다.

061 정답 ④

중량톤수

배수톤수	• 선박의 중량은 선체의 수면 아래 부분의 용적에 상당하는 물의 중량과 같으며, 이 물의 중량을 배수량 또는 배수톤수라 한다. • 화물의 적재상태에 따라 배수량이 변하기 때문에 상선에서는 사용하지 않으며, 화물 적재의 용도가 없고 세금과도 무관한 군함의 크기를 나타내는 용도로 주로 사용된다.
재화중량톤수	• 선박이 적재할 수 있는 화물의 최대중량으로 선박의 매매, 용선료 등의 기준이 된다.

062 정답 ④

운송인의 면책약관은 선하증권의 임의 기재사항에 들어간다.

063 정답 ①

② 국제연합무역개발회의(UNCTAD)
③ 국제해운회의소(ICS)
④ 국제해법회(CMI)

064 정답 ②

선하증권의 기재사항

필수 기재사항	임의 기재사항
• 선박의 명칭, 국적 및 톤수 • 송하인이 서면으로 통	• 본선의 항해번호 • 통지처 • 선하증권 번호

지한 운송물의 종류, 중량 또는 용적, 포장의 종별, 개수와 기호 • 운송물의 외관 상태 • 용선자 또는 송하인의 성명 또는 상호 • 수하인 또는 통지수령인의 성명 또는 상호 • 선적항 • 양륙항 • 운임 • 발행지와 그 발행연월일 • 수통의 선하증권을 발행한 때에는 그 수	• 운임지불지 및 환율 • 비고 • 면책약관 등

065 정답 ①

수하인은 T/T 방식 또는 D/P, D/A 방식에서는 수입상의 상호 및 주소가 기재되는데 L/C 방식에서는 신용장상에 표시된 문구에 따라 'to order', 'to order of shipper', 'to order of L/C opening Bank' 등이 기재된다.

066 정답 ②

기명식 선하증권은 선하증권의 수하인란에 수하인인 수입업자의 이름이 기재된 선하증권이다. 무역화물에는 거의 이용되지 않고 이삿짐 또는 개인의 물품을 발송하는 경우에 많이 이용되는데, 유통되지 않으므로 송하인의 배서는 필요가 없다. 그러나 기명식 선하증권도 배서양도를 금지한다는 문구가 없는 한 배서에 의해서 양도될 수 있으므로 유통성이 없다는 말은 틀린 말이다.

067 정답 ④

red B/L(적색 선하증권)은 운송인이 직접 당해 화물에 대한 보험에 가입한 경우 발행되는 선하증권으로, 보험관련 필요약관을 적색글씨로 표시한다.

068 정답 ②

mate's receipt(M/R)는 선박의 일등항해사가 운송화물을 본선에 적재하였음을 증명하여 화주에게 발급하여 주는 것이다. 따라서 화주는 이를 선박회사에 제출하고 선하증권을 발급받는다.

069 정답 ①

shipping order(S/O)는 선박회사가 본선의 일등항해사에게 선적을 해도 좋다는 지시서이다.

070 정답 ①

일반적으로 notify party(화물의 통지선)란 화물이 수입항에 도착하였을 경우에 통지해야 할 상대방을 의미한다.

071 정답 ①

Letter of Indemnity(파손화물보상장)이란 본선수령증의 remarks란에 선적물품에 대한 이상사실이 표시가 되어 있는 경우에 foul B/L을 받게 되어 수출대금을 회수할 수 없게 되므로 이를 방지하기 위하여 선적물품에 어떤 이상이 있을 경우 화주가 책임을 지겠다고 선박회사에 제공하는 것이다. 따라서 이러한 경우 선박회사는 책임이 없으므로 clean B/L을 발급할 수 있다.

072 정답 ①

L/G(수입화물선취보증장)는 수입상품은 이미 도착하였으나 선하증권 등의 운송서류가 내도하지 않은 경우에 수입상과 발행은행인이 연대보증한 보증서를 선박회사에 선하증권의 원본 대신에 제출하고 수입화물을 인도받기 위하여 제출하는 보증서인데, 수입화물은 이미 도착하였으나 운송서류가 도착하지 않은 경우에 수입상, 발행은행, 선박회사의 불편을 동시에 해결해 줄 수 있는 제도로서 이 제도를 수입화물선취보증제도라고 한다.

073 정답 ①

L/G제도는 수입상, 발행은행 그리고 선박회사의 불편을 동시에 해결해주고 있다.

074 정답 ③

컨테이너는 Sea Land 회사가 처음 개발하였다.

075 정답 ①

컨테이너는 Sea Land사에 의해 상업용으로 시도되었다.

076 정답 ②

LCL이란 Less than Container Load Cargo를 말한다.

077 정답 ②

CFS란 LCL(less than container load cargo)을 선박회사나 그 대리점이 화물을 화주로부터 인수하거나 양화된 화물을 화주에게 인도하기 위하여 지정된 장소를 말한다.

078 정답 ④

LCL화물인 경우에는 CY operator가 CLP(container lead plan : 컨테이너내적치표)를 작성한다.

079 정답 ①

내륙컨테이너기지는 컨테이너화에 따른 항만의 시설부족을 해결할 수 있다.

080 정답 ④

Open Top Container란 기계류 · 판유리 등의 중량화물운반 때에 사용하는 것이고, Flat Rack Container란 기계류 · 목재 등의 중량화물운반 때에 사용하고, Pen Container는 동물을 운반하는 데 사용하는 컨테이너이다.

081 정답 ④

Dry Container는 일반잡화품을 운반하는 데 사용되는 컨테이너이다.

082 정답 ④

bulk container는 양곡 또는 석탄 같은 것을 운반하는데 적합한 것이다.

083 정답 ②

CFS는 container freight station의 약자이다.

084 정답 ③

CY/CY(door to door)운송은 컨테이너 운송의 장점을 최대한 이용한 운송형태이다.

085 정답 ③

③의 방법은 CFS/CFS(LCL/LCL) 방식이다.

086 정답 ③

running laydays는 계약하역기간을 1일당 하역보증톤 몇 톤, 정박기간 며칠 등으로 정하고 우천, 파업 및 불가항력의 조건을 예외로 하지 않은 채 일체의 날짜와 시간을 정박기간으로 계산하는 것을 말한다.

087 정답 ④

본선 또는 육상에 설치되어 있는 갠트리 크레인 등에 의하여 컨테이너를 적 · 양하는 방식의 선박은 Lo–Lo(Lift on – Lift off)선이다.

① Ro–Ro선 : 본선의 선수 · 선미를 통하여 트랙터나 포크리프트 등에 의해 적하나 양하가 이루어지도록 설계된 선박
② **살물선** : 곡물 · 광석 · 석탄 등을 포장하지 않고 그대로 선창에 싣고 수송하는 벌크 화물선
③ **다목적선** : 자화나 철물화물 등 여러 종류의 화물을 적재할 수 있도록 설계된 선박으로, 일반화물선과 벌크선의 기능을 함께 구비한 선박

088 정답 ②

- Lo–Lo(Lift on – Lift off) **방식** : 하역방식에 의한 컨테이너선 분류방식의 하나로 컨테이너를 갠트리 크레인 등을 통하여 하역하고 화물창고를 통하여 상하로 올리고 내린다.
- Ro–Ro(Roll on – Roll off) **방식** : 본선의 선수 · 선미를 통하여 트랙터나 포크리프트 등에 의해 적하나 양하가 이루어지도록 설계된 선박으로, 지게차에 실을 수 있는 화

물과 바퀴달린 화물의 수송에 적합하다.

089 정답 ③

제2치적 제도는 자국령이면서도 자국 선원노조의 영향을 받지 않는 일정 지역을 치적지로 삼으며, 기존의 등록지와 다른 곳에 등록을 하고 명목상의 본사를 두며, 자국기를 게양하면서 외국 선원의 고용이 허용되고 각종 세금이 경감된다. 또한 선박안전 등에 관한 사항은 자국적선과 동일하게 적용되며, 등록선박에 대한 관리체제가 잘 정비되어 있다.

090 정답 ④

마샬링 야드란 컨테이너선에 직접 선적하거나 양륙하기 위하여 컨테이너를 정렬시켜 놓은 넓은 공간이다.

091 정답 ③

갠트리 크레인(gantry crane)은 컨테이너 하역용으로 특별히 설계된 안벽용 및 교형크레인으로 에이프런에 설치되어 있는 레일을 따라 본선과 평행으로 주행하면서 컨테이너의 적재 · 하역작업을 하는 기기이다.

092 정답 ①

CFS(Container Freight Station)은 컨테이너 작업장을 말한다. 그러나 컨테이너 터미널이 제 역할을 하기 위해서는 단순히 컨테이너 작업장만을 구비해서는 안 되며 안벽, 에이프런, 마샬링 야드 등을 갖추어야 한다.

093 정답 ①

내륙컨테이너기지의 기능으로 통관, 장치보관, 집하기능, 마샬링 야드, 선사, 컨테이너 수리시설, 화물주선, 재고관리, 포장, 내륙운송 등이 있다.

094 정답 ②

dock란 육지를 인공적으로 파서 정박지를 만들고 부두설비를 갖춤으로써 계선, 정박, 하역을 할 수 있도록 축조한 항만시설로서 선거 혹은 박거라고 부른다. 주위가 부두 안벽으로 둘러싸여 항만을 형성하고 항상 일정한 수위의 해수를 남고 있는 습선거(wet dock)는 조수간만의 차가 심한 조항에서는 갑문 또는 수문을 인공적으로 축조하여 조수 출입에 상관없이 선박을 정박할 수 있도록 한다.

095 정답 ③

컨테이너의 규격 때문에 적입할 수 있는 화물이 제한된다.

096 정답 ③

마샬링 야드는 컨테이너선에 직접 선적되거나 컨테이너선에서 직접 양하되는 컨테이너를 정렬시켜두는 넓은 공간으로, 에이프런과 인접한 곳에 배치되어 있는 경우가 많다. 컨테이너선이 입항하기 전에 선적해야 할 컨테이너를 하역 순으로 정렬시켜두는 동시에, 컨테이너선으로부터 하륙되는 컨테이너에 필요한 공간을 준비해두어야 한다.

097 정답 ①

트랜스테이너 방식은 적은 면적의 컨테이너 야드를 가진 터미널에 적합하며, 일정 방향으로만 이용하기 때문에 전산화에 의한 완전 자동화가 가능하다.

098 정답 ①

래시선(LASH : Lighter Aboard Ship)은 화물을 실은 거룻배(barge)를 그대로 선적하는 특수구조의 화물선으로 거룻배 채로 싣는다는 점에서 유닛로드시스템이라고 할 수 있다. 거룻배는 임해의 주변지역이나 내륙수로의 오지까지 예인 항해할 수 있고, 컨테이너선처럼 전용부두가 필요하지 않으며, 안벽을 사용하지 않기 때문에 항구가 혼잡하더라도 적당한 수심에서 선적할 수 있다.

099 정답 ④

에이프런(apron)은 부두의 일부로서 수면에서부터 창고 또는 야적장까지 비어있는 공간을 말한다. 최근 안벽상의 하역장비들이 많이 사용되고 특히 컨테이너 화물처리가 도크 위에서 이루어지기 때문에 보다 많은 에이프런의 확보가 요구되고 있다.

100 정답 ①

LOA는 Length Over All의 약자로서, 선박의 맨 앞에서 맨 뒤까지의 수평거리를 말한다.

② 선박의 물속에 잠긴 부분을 수직으로 잰 길이로, 항만에의 입출항 및 접안가능성을 결정하는 주요 기준
③ 만재흘수선표로 해당 선박의 최대만재흘수선과 그것을 지정한 선급협회 등을 나타낸 표시
④ 재래부두 내 위치한 창고

101 정답 ③

내륙컨테이너기지는 항만에서 반드시 이루어져야 할 본선작업과 마샬링 기능을 제외한 장치보관, 집화분류 등과 같은 전통적인 항만기능을 수행한다.

102 정답 ④

물류합리화 측면에서 본 내륙컨테이너기지의 기능으로 운송거점으로서 대량운송의 실현, 공차율의 감소, 운송회전율의 감소 등을 통한 운송의 합리화와 운송비와 시간의 감소 및 신속한 통관 등이 있다.

103 정답 ④

복합운송에 있어서 위험부담의 분기점은 송하인의 물품을 내륙운송인에게 인도하는 시점이 된다.

104 정답 ④

화주 측에서 본 단일책임시스템은 한 사람의 복합운송인이 화물의 인수장소에서부터 인도장소까지의 전 운송구간을 단일책임원칙에 의하여 책임지는 방식이므로 알기 쉽고, 위험에 대한 판단도 쉽다. 그러나 복합운송인은 그가 인수한 운송의 전부 또는 일부를 실제운송인에게 하청시키는 것이 통례이다.

105 정답 ②

복합운송계약의 형태

구분	내용
하청 운송	한 사람의 운송인이 육 · 해 · 공의 다수의 운송구간에 걸쳐 전 구간의 운송을 인수하고 그 운송의 전부 또는 일부를 다른 운송인에게 하청 또는 도급을 준 경우이다.
동일(공동) 운송	다수의 운송인이 처음부터 공동으로 육 · 해 · 공 전 구간의 운송을 인수하는 형태로, 각 운송인은 현실적으로 각 구간에 운송을 담당하고 있지만 운송인 상호 간 내부적 결정에 불과하며, 실정법상 상행위에 의한 연대채무관계가 성립하기 때문에 운송인은 당연히 연대책임을 부담한다.
순차 운송	다수의 운송인이 통운송장과 함께 운송을 인수하는 경우로, 두 번째 이후의 운송인이 순차적으로 최초의 운송인과 송하인 사이의 운송계약에 개입하고 어느 운송인이나 전체 운송을 인수함으로 인정하는 운송형태이다.

106 정답 ②

어느 한 운송방식에 의한 계약의 이행을 위해 부수적으로 행해지는 집화와 인도에 의한 운송방식은 복합운송이 아니다.

107 정답 ②

복합운송증권상 송하인은 화주이며, 수하인은 상대국의 화물 수령자이다. 해상선하증권에서는 송하인은 복합운송인이며, 수하인은 상대국의 복합운송인이다.

108 정답 ②

수하인의 혼재운송은 하나의 복합운송업체가 다수의 송하인으로부터 화물을 혼재하여 한 사람의 수하주에게 운송해주는 형태로서 포워더는 수입자가 지불하는 혼재비용을 수입원으로 한다.

109 정답 ②

프레이트 포워더는 직접 운송수단을 보유하는 것이 아니라 화주의 대리인으로서 적절한 운송수단을 선택하여 운송에 따른 일체의 부대업무를 처리해주는 전통적인 운송주선기능과

복합운송체제하에서 독자적인 영업광고와 스스로 컨테이너 등의 운송설비를 갖추고 집화 · 분배 · 혼재업무를 행하는 운송의 주체자로서의 기능을 수행하고 있다.

110 정답 ④

④는 CLB(Canada-Land Bridge)에 대한 설명으로, 마이크로 랜드 브리지는 극동에서 북미 서안까지 화물을 해상으로 운송한 뒤 북미 내륙 도시에서는 철도나 트럭으로 복합운송하는 형태이다.

111 정답 ④

미국에는 프레이트 포워더와 NVOCC로 면허가 구분되어 있으며, NVOCC이면서 FMC에 등록된 자만이 B/L을 발행할 수가 있다.

112 정답 ③

TSR의 서비스 운임은 유럽 동일 목적지를 기준으로 할 때 해상운임보다 더 비싼 편이다.

113 정답 ④

복합운송인은 화주에 대하여 전 운송구간을 커버하는 유가증권으로 복합운송서류를 발행한다.

114 정답 ①

ALB는 극동의 주요 항구로부터 북미 서안의 주요 항구까지 해상운송하며, 내륙운송을 철도에 연결하여 북미 동남부항에서 다시 해상운송으로 유럽지역의 항구 또는 유럽내륙까지 일관수송을 한다.

115 정답 ③

Siberian Land Bridge는 극동 → 시베리아 → 유럽, American Land Bridge는 극동 → 무국 → 유럽, 또는 극동 → 미국내륙 → 캐나다, Mini Land Bridge는 극동 → 미국 태평안연안 → 미국 동연안, Micro Land Bridge는 극동 → 미국내륙 간을 운송하는 것이다.

116 정답 ②

시베리아 랜드 브리지는 극동 → 시베리아 → 유럽으로 운송되고 있다.

117 정답 ②

SLB는 바다 → 철도 → 바다(철도 · 육로)의 코스로 운행한다.

118 정답 ④

여기서 ①, ②, ③은 Land-Bridge Service의 하나이다.

119 정답 ③

FIATA란 International Federation of Freight Forwarder Association의 약어로 국제운송주선업협회연맹을 말한다.

120 정답 ④

복합운송인이 제16조에 따라서 화물의 멸실 · 손상에서 생긴 손해에 대해서 배상책임을 가질 때, 그의 배상책임은 멸실 또는 손상된 물품의 1포장당, 또는 다른 선적단위당 920 SDR 혹은 외장포함중량 1Kg당 2.75 SDR을 초과하지 않는 액을 한도로 하고, 이중 높은 것으로 한다(제18조 1항).

121 정답 ①

화물이 수하인에게 인도된 날의 다음 거래일까지 수하인이 복합운송인에게 서면으로 멸실 또는 손상의 일반적인 성질을 명기하여 통지를 하지 아니한 경우에는, 그러한 인도는 복합운송인이 화물을 복합운송서류에 기재된 대로 인도하였다는 추정적인 증거가 된다. 멸실 또는 손상이 외관상으로 확인되지 아니한 경우에는, 화물이 수하인에게 인도된 날로부터 연속하여 6일 이내에 서면으로 통지가 되지 아니한 때에 본조 제1항의 규정은 그대로 적용된다(제24조 1항, 2항).

122 정답 ②

법적절차 또는 중재절차가 2년의 기간 내에 개시되지 아니한 경우에는, 이 협약에 따른 국제복합운송에 관한 어떠한 소송도 무효가 된다. 그러나 배상청구의 성질과 주요사항을 명기한 서면에 의한 통지가 화물이 인도된 날로부터 또는 화물이 인도되지 아니한 때에는 화물이 인도되었어야 하는 날로부터 6개월 내에 이루어지지 아니한 경우에는, 소송은 이러한 기간의 만기에 무효가 된다(제25조 1항).

123 정답 ③

복합운송서류의 특징
- 복합운송서류는 복합적인 운송수단에 의해 화물의 운송이 이루어질 것을 증명하는 서류이며, 운송의 각 단계에 있어 각각의 운송주체인으로서 발행하는 단일의 운송서류이다.
- 복합운송서류는 복합운송증권을 발행하는 자이면 상관없이 발행할 수 있으며, 발행된 서류는 특정화물의 선적을 증명하는 서류가 아닌 운송을 위해 수리한 것을 증명하는 서류이다.
- 복합운송서류의 운송구간은 문전에서 문전까지의 서비스 제공을 의미한다.
- 복합운송서류는 복합운송인이 송하인으로부터 화물을 인수한 시점에서 발행된다.
- 복합운송서류의 책임구간은 그 운송구간과 같이 운송인이 송하인으로부터 화물을 인수한 지점부터 최종 도착지점까지이다.
- 복합운송서류상의 송하인은 화주이며, 수하인은 상대국의 화물수령자이다.

124 정답 ③

복합운송주선업자의 업무
- 운송계약의 체결 및 선복예약
- 운송서류의 작성 및 적재
- 통관업무
- 화물의 집화 및 혼재서비스
- 운송에 대한 전문적인 조언
- 포장 및 창고보관
- 보험의 수배
- 시장조사 등

125 정답 ④

미국의 NVOCC는 포워더형 복합운송인을 법제화시킨 개념으로, 선박, 기차, 항공기 등의 운송수단을 자신이 직접 보유하지 않은 채 다만 계약운송인으로서 실제 운송인처럼 운송주체자로서의 기능과 책임을 다하는 복합운송업자이다.

126 정답 ④

Conference Rate란 동맹운임률을 말한다.

127 정답 ④

MTO(Mulitimodal Transport Operator)는 복합운송인이다.

① TEU : 국제표준규격의 해륙일관수송용 컨테이너 중 20ft 컨테이너 규격을 의미함
② NVOCC : 무선박운송인으로 실제운송수단을 보유하지 않으면서 복합운송인의 역할을 수행하는 자
③ GCR : 항공운송의 일반화물요율로서 특정품목할인, 품목분류요율이 적용되지 않는 모든 화물에 적용되는 가장 기본적인 요율

128 정답 ③

복합운송서류의 발행인에 대한 특별한 제항은 없으며 운송주선업자도 복합운송증권을 발행할 수 있다.

129 정답 ①

net는 망으로 되어 있어 단위화를 위한 용기라고 할 수 없다.

130 정답 ②

항공화물의 손해에 대한 제소기한은 2년 이내로 정하고 있다.

131 정답 ①

항공화물운송장(AWB)은 송하인과 항공사 간에 운송계약의 체결을 증명하는 서류로써 육상운송 시의 운송장과 화물상환증, 해상운송 시의 선하증권에 해당하는 기본적인 운송서류이다. 운송계약은 화주 또는 그 대리인이 운송장에 서명하거

나 해당 항공사가 인정한 항공화물대리점이 서명하여 발행한 순간부터 수하인에게 화물이 인도되는 순간까지 유효하다. 항공화물운송장의 기본적인 성격은 선하증권과 같으나 선하증권이 유가증권적 성격을 가지고 유통되는 반면에 항공화물운송장은 화물의 수취를 증명하는 증명서에 불과하다는 점에서 차이가 있다.

132 정답 ④

RFID는 전자 Tag를 사물에 부착하여 사물의 주위 상황을 인지하고 기존 IT 시스템과 실시간으로 정보교환 · 처리할 수 있는 기술이다.

133 정답 ④

항공화물운송장은 국제항공운송협회(IATA)에 의해 그 양식과 발행방식이 규정되어 있다.

134 정답 ②

항공화물터미널은 항공사에 의해 운영되고 있다.

135 정답 ②

항공화물운송장은 유가증권이 아니며 타인에게 권리를 양도할 수 있는 유통성을 가지고 있지 않다.

136 정답 ③

항공화물의 대상품목

항공기화물의 대상	주요품목
긴급 수요 품목	• 납기가 임박한 화물 • 계절 유행상품 • 투기상품 등
장기운송 시 가치상실 품목	• 생선식료품, 생화, 동물, 방사선 물질 • 신문, 잡지, 필름, 원고, 긴급서류 등
부가가치가 높은 품목	전자기기, 정밀광학기기, 컴퓨터기기, 통신기기 등
여객에 수반하는 품목	상품샘플, 이삿짐, 애완동물, 자가용차 등
고가품목	모피, 미술품, 귀금속 등
다른 운송수단의 이용이 불가능한 품목	• 벽지 운송 • 항만 또는 해운파업 시 • 해상 또는 육상운송의 정지 시 등
물류관리나 마케팅 전략에 의한 것	• 과잉재고에 의한 가격하락 방지 • 경합상품보다 신속한 서비스체계 확립 • 자사상품의 시장경쟁력 강화 • 재고투자 절감을 위한 물류시스템의 합리화 등

137 정답 ②

선하증권은 선하증권 원본을 송하인에게만 발행하여 분실 시 운송인에게서 원본을 재발행받거나 도착지에서 수하인이 찾을 수 있도록 하려면 은행에 보증금을 예치하거나 은행으로부터 수입화물선취보증서를 받아 처리해야 한다.

138 정답 ③

소화물시장에 참여하기 위해서는 글로벌 네트워크가 필수적이다.

139 정답 ④

국제항공운송협회(IATA)는 다국 간 국제선 정기항공회사가 모여 설립한 순수 민간단체로서 항공운임에 관한 연구, 민간항공회사의 협력, 국제민간항공기구 및 기타 국제기구와의 협력을 설립목적으로 하고 있다. IATA에서 결정되는 운임과 서비스 조건, 운송절차, 대리점 관련 규정 등은 회원 항공사와 대리점에 대한 구속력을 인정받고 있다.

140 정답 ④

CIM에 의한 철도운송인의 책임한도액은 운송인의 고의적인 악행이나 심한 태만의 경우를 제외하고는 kg당 50gold 프랑을 한도로 손해보상책임을 지는 무과실책임주의에 근거하고 무과실에 대한 거증책임은 운송인에게 있다.

141 정답 ②

CMR조약은 상품에 대한 자동차운송인의 책임에 관한 국제조약으로 그 적용범위는 한 나라의 어느 지점으로부터 다른 나라의 어느 지점까지 육로로 운송되는 국제육로운송으로서, 이들 두 당사국 중 어느 한쪽이 조약에 가입한 경우에 적용된다.

01	③	02	④	03	①	04	④	05	①
06	③	07	③	08	③	09	②	10	②
11	②	12	③	13	②	14	④	15	③
16	③	17	③	18	①	19	③	20	③
21	②	22	③	23	②	24	④	25	②
26	④	27	③	28	④	29	②	30	③
31	②	32	②	33	①	34	③	35	④
36	④	37	②	38	①	39	②	40	④
41	③	42	①	43	④	44	③	45	④
46	②	47	①	48	③	49	③	50	③
51	④	52	④	53	④	54	④	55	②
56	②	57	②	58	④	59	④	60	④
61	①	62	④	63	③	64	①	65	④
66	③	67	③	68	①	69	③	70	③
71	④	72	①	73	③	74	④	75	③
76	④	77	①	78	①	79	①	80	④
81	②	82	②	83	③	84	②	85	②
86	③	87	③	88	③	89	④	90	③
91	②	92	①	93	①	94	③	95	①
96	②	97	②	98	③	99	②	100	④
101	①	102	①	103	③	104	②	105	④

001 정답 ③

WA 5%로 계약한 경우에 5% 미만의 손해는 면책되어 손해보상을 하지 않으나 손해 시, 즉 7%의 손해 시에는 7%

전액을 보상해 준다.

002 정답 ④

천재지변도 경우에 따라서는 담보된다.

003 정답 ①

해상보험 관련자

보험자	보험업을 전문으로 하는 보험계약의 당사자로서 보험계약을 인수하고 보험료를 받고 담보위험으로 인해 사고가 발생하면 그 손해의 보상을 약속한 자
보험 계약자	보험자와 함께 보험계약의 당사자로서 보험자와 보험계약을 체결하고 보험료를 지급하기로 약속한 자
피보험자	피보험이익을 갖는 자, 즉 피보험이익의 주체로서 보험사고가 발생으로 인해 피보험목적물이 손해를 입었을 때 보험금을 청구하여 보험자로부터 보험금을 지급받는 자
보험 대리점	특정 보험자와 계속적인 보험계약체결의 대리 또는 중개를 업으로 하는 독립된 상인으로, 이들은 특정 보험자로부터 위임받아 그를 위해서만 계속적인 보조를 수행하는 자
보험 중개인	불특정보험자를 위해 보험중개의 성립을 중개하는 것을 업으로 하는 자

004 정답 ④

신협회적하약관상 담보조건 중 ICC(A)는 all risk에 상당한다.

005 정답 ①

보험료는 보험자가 위험을 담보하는 대가로서 보험계약자로부터 받는 요금으로 보험의 종류, 보험의 목적 등에 따라 요율의 측정이 다르다.

006 정답 ③

해상보험계약은 유상계약, 쌍무계약, 최대선의 계약적인 성질을 가지고 있다.

007 정답 ③

사행계약은 일반보험계약의 특성에 해당된다.

008 정답 ③

해상보험계약 당사자의 의무

보험자의 의무	보험계약자 혹은 피보험자의 의무
• 보험증권 교부의 의무 • 손해보상의 의무 • 보험료반환의 의무	• 보험료 지급의무 • 위험의 통지의무 – 위험의 ㅇ변경 혹은 증가의 통지의무 – 손해발생의 통지의무 – 손해방지 혹은 손해 경감의 의무

009 정답 ②

보험가액과 보험금액

보험 가액	피보험이익의 평가액으로 보험사고 발생 시 피보험자가 당할 수 있는 손해의 최고한도액이다. 즉 보험자가 보상할 최대한의 손해액으로 보험자의 보상책임에 대한 한도액을 말한다.
보험 금액	전손사고가 발생하였을 때에 보험자가 피보험자에게 지급하여야 할 금액의 최고한도로 실제로 부보된 금액으로 보험증권에 나타난 금액을 말한다.

010 정답 ②

해상보험의 주요원리

• **피보험자의 고지의무** : 피보험자는 보험계약을 체결하

기 전 자기가 알고 있는 모든 주요한 상황을 보험자에게 알려야 할 의무가 있다.

- **담보** : 피보험자에 의해 반드시 지켜져야 할 약속으로서 어떤 특정한 일이 행하여지거나 또는 행하여지지 않을 것이라는 약속사항 또는 어떠한 조건이 충족될 것이라는 약속사항 또는 특정한 사실의 존재를 긍정하거나 부정하는 약속사항을 말한다.
- **근인주의** : 반드시 시간적으로 가장 가까운 원인을 뜻하는 것이 아니라 사고를 야기시킨 가장 지배적이고 직접적인 원인을 의미한다. 즉 근인주의는 손해가 담보위험의 간접효과가 아닌 직접효과일 때에만 보험자가 보상의 책임을 부담한다는 것이다.

011 정답 ②

해상보험의 기본원리로 손해보상의 원칙, 최대선의의 원칙, 근인주의가 있다.

012 정답 ③

영국 해상보험법에서의 해상보험계약은 피보험자의 청약이 보험자에 의하여 승낙되었을 때 체결된 것으로 간주한다고 규정하고 있다.

013 정답 ②

부합계약은 보험자가 미리 정해놓은 보험약관에 따라 보험계약자가 포괄적으로 승인하는 계약을 말한다.

014 정답 ④

보험가액과 보험금액

수기문언 우선의 원칙	동일 증권의 각 약관의 내용이 서로 다른 경우 수기문언을 가장 우선적으로 적용하여야 한다는 원칙
계약당사자의 의사존중과 판례의 적용	기본적으로 계약당사자의 의사를 발견하고 존중함이 해석의 기본원칙이고 더불어 판례에 따라 해석하여야 한다는 원칙
문서작성자 불이익의 원칙	보험약관의 내용이 불분명한 경우 보험자에게 불리하게, 보험계약자에게는 유리하게 해석하여야 한다는 원칙
POP 원칙	보험증권의 각 조항은 학문적 · 이론적 의미로 해석하는 것이 아니라 평이하고 통상적이며 대중적인 의미로 해석되어야 한다는 원칙
동종제한의 원칙	서로 비슷한 뜻을 가진 단어의 경우 앞의 단어와 유사한 뜻을 지니고 있는 동일한 종류로 해석하여야 한다는 원칙

015 정답 ③

해상보험은 보험계약 체결 시 당사자 간에 정한 보험가액을 전 보험기간 동안의 보험가액으로 하는 기평가보험이므로 다른 명시규정이 없는 한 손해보상의 원칙에 따라 손해액 전액을 보험가입금액을 한도로 지급한다. 적하보험은 보험계약을 체결할 때 보험계약의 당사자가 상업송장 등을 기초로 하여 보험가액을 정하는 기평가보험으로 이용되고 있다. 보험증권은 보험가액이 기평가되어 기재되어 있는 기평가보험증권과 보험가액을 기재하지 않고 추후에 보험가액이 확정하도록 하는 미평가보험증권이 있다.

016 정답 ③

해상보험에서 보상되는 손해는 보험목적물의 물적손해와 약관과 법률에 따라 인정된 일부의 비용손해가 보상된다. 시장상실로 인한 손해, 결과적 손해 및 이자손해는 보상되는 손해로 인정하고 규정이 없어 보상이 되지 않고 있다.

017 정답 ③

해상보험시장은 국내보험자 간의 경쟁은 물론 국제적인 경쟁시장에 해당된다. 즉, 우리나라의 해상보험요율이 높은 경우에는 무역조건을 변경하여 무역상대국에서 해상보험계약을 체결할 수도 있다. 이러한 해상보험의 국제경쟁력 때문에 대부분의 국가에서 자유요율제도로 운영하고 있다.

018 정답 ①

피보험이익의 성립요건으로는 적법성, 경제성, 확실성의 3가지가 있다.

019 정답 ③

피보험이익의 대상은 선박, 화물, 운임, 선비, 희망이익, 희망보수, 보험대차 채권 등이다.

020 정답 ③

피보험이익은 반드시 금전으로 산정되어야 한다.

021 정답 ②

피보험이익이 없는 보험계약은 무효이다.

022 정답 ③

해상보험의 목적이 될 수 있는 것은 운임, 적화물, 선박 등이다.

023 정답 ②

보험이 성립하기 위해서는 발생할 위험의 예측이 불가능해야 한다.

024 정답 ④

MIA(Marine Insurance Act) 규정 제55조에서는 피보험위험에 근인하여 발생하지 아니한 일체의 손해에 대해서는 책임을 지지 않는다.

025 정답 ②

손실전보의 원칙이란 보험금액을 한도로 하여 손해액의 전액을 보상하여야 한다는 것이다.

026 정답 ④

MIA 제18조 제3항의 고지를 요하는 사항으로는 위험을 감소시키는 일체의 사항, 보험자가 통지받을 권리를 포기한 일체의 사항 등이다.

027 정답 ③

해상손해가 발생하는 경우에 피보험자는 손해발생사실을 전화나 팩스 등으로 보험회사에 통지하고, 더 이상 손해가 확대되지 않도록 손해방지활동을 해야 하며, 제3자에 대한 손해배상청구권을 보전할 수 있도록 해야 한다.

028 정답 ④

희망이익(estimated profit or expected profit)이란 기대이익이라고도 하는데, 이는 약정물품이 수입지에 무사히 도착하여 이를 매각 또는 전매하였을 경우에 얻을 수 있다고 예상되는 이익으로, 희망이익은 화재보험에 가입하는 것이 아니고 통상 해상보험에서 취급한다.

029 정답 ②

일부보험이란 보험금액이 보험가액보다 적은 경우의 보험을 말한다.

030 정답 ③

우리나라에서는 원칙적으로 비례보상방법을 채택하고 있다.

031 정답 ②

초과보험(over insurance)은 보험금액이 보험가액을 초과하는 경우를, 일부보험(partial insurance)은 보험금액이 보험가액에 미달하는 경우를, 공동보험(co-insurance)은 하나의 위험이 복수의 보험자에 의해 각기 위험의 일부분씩 인수하는 경우를, 중복보험(double insurance)은 동일 피보험이익 및 동일위험에 대하여 동일한 피보험자를 주체로 하여 수개의 보험계약이 존재하고 또 각 계약의 보험금액 합계가 보험가액을 초과하는 경우를 각각 의미한다.

032 정답 ②

cover note란 보험계약의 성립을 증명하기 위해 보험계약자에게 보험브로커(insurance broker)가 보험증권이 작성될 때까지 보험조건이나 보험료율 등을 기재하여 발행한 것으로서 우리나라에서는 부보각서, 보험승낙서라고 한다.

033 정답 ①

담보가 위반되었을 경우에는 피보험자는 손해발생 전에 그 위반이 교정되어 담보가 충족되었다고 하는 항변을 제출할 수 없다고 MIA(영국해상보험법)에 규정되어 있다.

034 정답 ③

명시담보에는 안전담보와 중립담보가 있고 묵시담보에는 내항성담보와 적법담보가 있다.

035 정답 ④

명시담보와 묵시담보

명시담보	• 보험증권 내에 포함되어 있거나 증권에 의해 명시적으로 언급되는 내용의 담보이다. • 안전담보, 중립담보, 항해담보, 선비담보
묵시담보	• 담보의 내용이 보험증권상에 명시되어 있지 않으나 피보험자라면 당연히 지켜야 할 약속을 말한다. 즉, 법률에 의해서 보험계약의 전제가 되고 있는 담보이다. • 내항담보, 적법담보

036 정답 ④

충돌(collision)은 자연적인 해상위험에 속한다.

037 정답 ②

피보험자는 담보를 위반한 사항에 대해서만 보상을 받을 수가 없다.

038 정답 ①

포획, 나포, 투하, 군함 및 외적은 인위적인 위험에 속한다.

039 정답 ②

해상고유의 위험은 자연적인 위험과 인위적인 위험으로 구분되는데, 자연적인 위험은 해상고유의 위험과 화재로 재구분된다.

040 정답 ④

해상고유의 위험이란 바다에서의 우발적인 사고 또는 재난을 의미하며 풍랑의 통상적인 작용은 포함되지 않는다. 침몰, 좌초, 충돌, 악천후 등이 이에 포함되는 사고이며 FPA조건의 경우 해상고유의 위험을 근인하여 발생한 모든 전손과 FPA조건상 허용하고 있는 일부 단독해손을 보상하여 준다.

041 정답 ③

SSBC, 즉 sinking(침몰), stranding(좌초), burning(화재), collision(충돌)을 말한다.

042 정답 ①

절대손해(absolute total loss)이란 선박이나 화물이 파괴된 경우 또는 부보된 종류의 물건으로서 존재할 수 없을 정도로 심한 손상을 입을 경우의 손해를 말한다.

043 정답 ④

①, ②, ③은 해상보험법(Marine Insurance Act) 제57조에서 규정하고 있는 현실전손에 대한 정의이다.

044 정답 ③

공동해손비용으로는 피난항비용, 선박의 가수선, 자금조달비용, 정산비용 등이 있다.

045 정답 ④

적하보험의 경우 공동해손으로 물적손해를 입은 경우에 피보험자는 보험자로부터 그 손해액을 보상받고 보험자는 운송인을 통하여 다른 이해관계자로부터 분담금을 회수한다.

046 정답 ②

공동해손(general average)이란 선박, 적하 또는 운임의 제3자 또는 양자(공동위험단체의 구성원)가 공평하게 분담할 분손으로서 ① 공동의 위험에 처하여, ② 공동구제의 목적으로, ③ 선장의 고의로, ④ 선장이 합리적으로, ⑤ 이례적인 희생(예: 투하), 또는 ⑥ 비용(예: 예항료)을 생기게 하였을 경우에 그 희생 및 비용을 공동해손이라 한다.

047 정답 ①

General Average guarantee란 공동해손분담보증장인데, 이는 보험회사가 선박회사 앞으로 발행한다.

048 정답 ③

위부는 추정전손(constructive total loss)과 관련이 있다.

049 정답 ③

YAR(York–Antwerp Rules, 1950)은 문자규정에서는 공동안전주의, 숫자규정에서는 공동이익주의를 택하고 있다.

050 정답 ③

선하증권이나 용선계약서에서는 일반적으로 공동해손정산의 기준과 원칙을 YAR을 기준으로 하고 있다.

051 정답 ④

①, ②, ③은 보험자의 면책조항에 포함된다.

052 정답 ④

TLO by TLV(Total Loss Only by Total Loss of Vessel)조건은 전손인 경우에만 보상하는 조건으로서 보험료가 가장 저렴하다.

053 정답 ④

FPA(Free from Particular Average)조건에서 보험자의 보상범위는 전손, 공동해손, 구조비, 특별비용, 특정분손의 경우이다.

054 정답 ④

단독해손은 FPA조건이 아니라 WA(With Average)조건의 보상범위에 속한다.

055 정답 ②

FPA(단독해손부담보)조건에서는 해상고유의 위험, 화재, 투하 및 강도 등으로 인한 전손과 침몰, 좌초, 충돌, 화재, 폭발 등으로 인한 단독해손을 보상한다. 그러나 선원 등의 취급 부주의에 의한 전손은 A/R조건에서만 보상된다.

056 정답 ②

갑판유실은 ICC(A) 또는 ICC(B)조건에서 추가보상범위에 속한다.

057 정답 ②

insurable interest clause(피보험이익약관)은 피보험자는 손해발생 시에 피보험목적물에 관해 피보험이익을 가지고 있어야 한다.

① 보험계약의 효력의 시기와 종기를 규정한다.
③ 피보험화물에 대하여 피보험자가 별도의 증액보험을 부보한 경우 해당된다.
④ 손해를 보상받은 피보험자 대위에 의해 취득한 제3자에 대한 구상권의 보존을 목적으로 한 규정이다.

058 정답 ④

ICC(A)는 종래의 보험조건 중 전위험담보조건과 유사한 조건으로 명칭만 변경되었을 뿐 실질적인 내용상의 차이점은 별로 없다. ICC(A)에서 보험자는 다음에 열거된 면책위험을 제외하고는 모든 위험을 담보한다.

- 일반적인 면책위험
- 불감항 부적합 면책위험
- 전쟁 면책위험
- 동맹파업 면책위험

059 정답 ④

담보위험

담보위험	A	B	C
화재 · 폭발	○	○	○
선박 · 부선의 좌초 · 교사 · 침몰 · 전복	○	○	○
육상운송용구의 전복 · 탈선	○	○	○
선박 · 부선 · 운송용구의 타물과의 충돌 · 접촉	○	○	○
조난항에서의 화물양륙	○	○	○
지진 · 분화 · 낙뢰	○	○	×
공동해손희생	○	○	○
투화	○	○	○
갑판유실	○	○	×
해수 · 조수 · 하천수의 운송용구 · 컨테이너 · 지게자동차 · 보관장소에의 침수	○	○	×
적재 · 양륙 중의 수몰 · 낙하에 의한 포장당 전손	○	○	×
상기 이외의 보험의 목적에 발생한 멸실 · 손상의 일체위험(면책위험 제외)	○	○	×

060 정답 ④

발화, 서열, 한유로 인한 분손 등은 일반적인 담보대상의 범주가 아니고 A/R조건의 추가보상의 범주에 속한다.

061 정답 ①

WA조건은 위부와는 관계가 없다.

062 정답 ④

전위험담보조건 중 면책사항으로서는 피보험자의 고의적인 불법행위, 화물고유의 하자 및 성질, 전쟁 · 폭동 · 파업, 통상의 손해 등이다.

063 정답 ③

RFWD(Rain and/or Fresh Water Damage)는 우 · 담수 손해를 의미한다.

064 정답 ①

WAIOP란 With Average Irrespective of Percentage의 약자로서 소손해면책비율이 인정되지 않는 분손담보조건이다.

065 정답 ④

breakage는 파손을 leakage는 누손을 의미한다.

066 정답 ③

전위험담보조건이 담보위험의 커버범위가 가장 크므로 당연히 보험료가 가장 비싸다.

067 정답 ③

Craft Clause는 선박약관을, Bailee Clause는 수탁자약관을, General Average Clauses는 공동해손약관을, Capture & Seizure Clauses는 포획 · 나포약관을 각각 의미한다.

068 정답 ①

신협회적하약관은 ICC(A), ICC(B), ICC(C)의 세 종류가 있는데 ICC(A)는 포괄담보방식을 취하며, ICC(B)와 ICC(C)는 열거담보방식을 취하고 있다.

069 정답 ③

전위험담보조건(A/R : All Risks)으로서 특정한 면책위험을 제외하고는 전위험을 담보하는 조건이다. 면책위험으로는 화물의 고유의 성질이나 하자로 인한 손해와 항해의 지연으로 인한 손해 그리고 전쟁 및 동맹파업위험 등이 있다. 그러므로 전위험담보조건으로 부보한 경우라고 할지라도 전쟁 및 동맹파업위험을 담보하기 위해서는 전쟁위험 등의 담보조건을 추가로 부보하여야 한다. 그러나 화물의 고유의 성질이나 하자로 인한 손해나 항해의 지연으로 인한 손해는 어떠한 경우에 보상되지 아니한다.

070 정답 ③

전쟁의 위험은 전쟁약관에 의하여 담보될 수 있다. 담보가 되지 않는 위험은 법규위반으로 인한 위험, 적하물의 성질에 의한 위험, 선박의 불내항성, 작은 손해이다.

071 정답 ④

포괄책임주의와 열거책임주의

포괄 책임주의	• All Risks(A/R) 또는 ICC(A) • 손해발생 시 그 손해는 보험자가 포괄적으로 부담하는 위험 중에서 발생하였을 것이라는 추정이 인정되므로 피보험자는 그 손해가 보험기간 안에 작용한 위험으로 인해 발생하였다는 사실만 입증하면 충분하다.
열거 책임주의	• FPA, WA, ICC(B), ICC(C) • 피보험자가 보험목적물의 손상이나 멸실이 열거되어 있는 위험 중의 하나에 의하여 야기되었음과 그 위험이 보험기간 안에 발생하였다는 사실도 입증하여야 한다.

072 정답 ①

SR & CC는 Strike(파업), Riots(폭동) and Civil Commotions(소요)의 약자이다.

073 정답 ③

TPND(Theft, Pilferage and Non-Delivery)는 도난 · 발화 · 불착손, RFWD(Rain and/or Fresh Water Damage)는 빗물 및 담수에 의한 손해, J/WOB(Jettison/Washing Overland)는 투하 · 갑판유실, W/SR & CC(War/Strikes, Riots and Civil Commotions)는 전쟁 · 파업 · 폭동 · 소요에 의한 손해를 뜻한다.

074 정답 ④

TPND는 theft(도난), pilferage(발화) and/or Non-Delivery(불착손)의 약자이다.

075 정답 ③

COOC는 'Contact with Oil and/or Other Cargo'의 약자로 부가위험을 말한다.

① TPND는 'Theft, Pilferage, Non-Delivery'의 약자로 Theft는 은밀한 절도로 번역하여 포장꾸러미에서 몰래 훔치는 것을 말하고, Pilferage는 포장꾸러미의 내용물 일부가 빠져나가는 것을 말한다. 그리고 Non-Delivery는 불착으로 번역되어 포장꾸러미당 부족한 물량을 말한다.
② 'Jettison, Washing Overboard'의 약자로 투하 및 갑판유실위험을 말한다.
④ 부가위험이 아니라 내륙보관 확장담보조건으로서 확장담보조건이다.

076 정답 ④

영국 해상보험법(MIA)상의 면책위험

- 담보위험에 근인하여 발생되지 않은 손해
- 피보험자의 고의의 불법행위에 기인한 일체의 손해
- 지연이 피보험위험에 기인하여 발생한 경우라 하더라도, 지연에 근인한 손해
- 화물의 고유의 하자 또는 성질에 의한 손해
- 통상적인 자연소모, 통상의 누손 및 파손
- 쥐 또는 벌레에 근인하여 발생한 모든 손해
- 해상위험에 근인하여 일어나지 않는 선박기관의 손해

077 정답 ①

위부란 추정전손, 즉 보험의 목적물이 전부 멸실한 것이 확실하지만, 이를 입증곤란하거나 선박의 수선비가 수선 후 시가보다 비싸거나, 나포되어 선박이 행방불명과 같이 멸실된 것과 같이 동등하게 되는 경우에 피보험자가 부보물품에 대하여 소유하는 일체의 권리를 보험자에게 이전하고 보험금의 전부를 취득하는 제도를 말한다.

078 정답 ①

A/R(All Risks)은 전위험담보조건, WA(With Average)은 분손담보조건, FPA(Free from Particular Average)는 분손부담보조건, TLO(Total Loss Only)는 전손담보조건이라고 한다.

079 정답 ①

피보험자의 과실에 기하여 발생한 손해는 보험자의 면책사유에 해당되지 않는다.

080 정답 ④

위부의 통지는 서면으로 하거나 구두로도 할 수 있고, 일부는 서면으로 일부는 구두로 할 수 있다. 위부의 승낙은 보험자의 행위에 의해 명시적 또는 묵시적으로 할 수 있다. 위부의 통지 후 보험자의 단순한 침묵은 승낙이 아니다.

081 정답 ②

보험료란 보험계약체결 시에 보험자가 위험을 담보하는 대가로 보험계약자가 보험자에게 지급하는 대금이다.

082 정답 ②

해상적하보험료율과 선주와는 관계가 없는 사항이다.

083 정답 ③

운송약관은 보험계약의 효력의 시기와 종기를 규정한 것이다. 보험증권상의 목적지 이전에서 할당이나 분배를 위한 창고 등에 화물이 인도되면 적하보험은 종료하고 또 양륙일로부터 60일이 경과하면 보험은 종료하도록 약관에 규정하고 있다. 그런데 약관과 별도로 실무적으로 수입의 경우 60일을 30일로 축소하여 적용하고 있다.

084 정답 ②

transit clause(운송약관)은 보험계약의 효력의 시기와 종기를 규정한다.

085 정답 ②

해상적하보험에서 보험자는 화물이 본선상에 적재된 때부터, 즉 선적된 때부터 책임이 시작된다.

086 정답 ③

피보험이익(insurable interest)이란 보험목적물에 대해 특정의 경제주체가 갖는 이해관계를 말한다.

087 정답 ③

special replacement clause(기계류수선특별약관)는 기계의 일부에 손상이 있을 경우 그 대체비용 또는 수리비에 운임 및 조립에 드는 비용이 필요하면 이러한 비용을 포함하여 보상해주는 특별약관을 의미한다. 보험금액에 관세가 포함되어 있지 않은 경우에는 special replacement clause에 의하더라도 관세는 보상의 대상이 아니다.

088 정답 ③

① special replacement clause(기계류수선특별약관)은 기계의 일부에 손상이 발생한 경우 그 부분의 대체비용 또는 수리비에 만일 운임 및 재조립 비용을 요하면 이들 비용을 가산한 금액을 보상한다. 그러나 수리가 불가능한 경우는 원칙적으로 이 약관을 적용하지 않는다.
② hook & hole clause는 갈고리에 화물이 찍혀서 생기는 손해를 담보하는 것으로 섬유품, 잡화 등에 추가로 담보되는데 이용된다.
④ on-deck clause는 화물이 갑판에 적재된 경우 이 약관에 의거하여 보험개시 시점부터 투하 및 갑판유실손 포함조건 또는 갑판유실손포함 조건으로 변경된다.

089 정답 ④

적하보험의 효력이 종료되는 시점

다음 중 어느 하나가 먼저 발생하면 그 시점에 종료된다.

- 화물이 보험증권에 기재된 목적지에 위치한 화주의 창고 또는 기타의 최종창고 혹은 보관장소에 인도된 때
- 보험증권에 명시된 목적지 여부를 불문하고 통상의 운송과정이 아닌 보관을 하거나 할당 또는 분배를 위한 장소에 인도된 때

3과목 무역계약 정답 및 해설

- 본선(외항선)으로부터 양하를 종료한 후부터 60일이 경과한 때
- 최종양하항에서 본선으로부터 양하작업을 한 후 본 보험기간의 종료 이전에 화물이 본 보험에서 부보된 목적지 이외의 장소로 운송되는 경우에는 새로운 목적지로 운송이 개시될 때

090 정답 ③

적하보험의 위험의 시기는 화물이 운송개시를 위해 보험증권에 기재된 지역의 창고 또는 보관장소를 떠날 때에 적하보험계약의 담보효력이 개시되는 것으로 규정되어 있다.

091 정답 ②

① Rain and/or Fresh Water Damage 조건은 빗물 또는 담수에 의한 손해를 보상하는 조건이다.
③ Leakage/Shortage에서 누손이라 함은 액체 또는 기체화물이 용기에서 새어 나간 손해를 말하며, 부족손은 주로 중량의 감소 혹은 수량의 부족의 개념으로 사용되는바, 부족손이 개수로 표시될 수 없는 분상 또는 기체화물이나 액체화물에 사용되는 약관이다.
④ Breakage 조건은 유리, 도자기 제품 및 정밀기기 등 파손되기 쉬운 화물의 경우 협회적하보험 약관에서 열거된 담보위험 이외의 위험으로 인한 파손을 보상받기 위한 약관이다.

092 정답 ①

① 원산지손해약관
② 냉동기관특별약관
③ 기계류수선특별약관
④ 갑판적약관

093 정답 ①

피보험자의 과실에 기하여 발생한 손해는 보험자의 면책사유에 해당되지 않는다.

094 정답 ③

CIF조건은 매도인이 매수인을 위하여 보험을 부보하기 때문에 보험계약을 체결할 때 보험계약자와 피보험자가 서로 상이하다.

095 정답 ①

franchise란 소손해면책을 말한다.

096 정답 ②

부합계약은 보험자가 미리 정해놓은 정형적인 보험약관에 따라 보험계약자가 포괄적으로 승인하는 계약을 말한다.

097 정답 ②

CIF 무역조건 수출의 경우에 매수인에게 위험이 전가되는 시점인 선적 전까지는 수출업자가 피보험자가 되며, 선적 후부터는 수입업자가 피보험자가 된다.

098 정답 ③

초과보험은 보험가액이 보험가입금액보다 작은 경우를 말하고, 보험가액이 보험가입금액보다 큰 보험을 일부보험이라고 한다.

099 정답 ②

① A/R이나 ICC(A)조건에서 통상 보상하는 위험일지라도 품목의 특성에 따라 추가보험료를 부담하여야 하는 경우도 있다.
③ 외화표시 보험료의 원화환산은 청약일의 외환은행 제1차 고시 전신환매도율에 의한 해당 원화로 한다.
④ 동일 화물일 경우 선박보다 항공기에 의한 운송 시 보험료율은 더 낮은 편이다.

100 정답 ④

위험을 증가시키는 사항은 고지하여야 하는 사항이다.
고지가 필요 없는 사항으로는 위험을 감소시키는 사항, 보험자가 알고 있거나 알고 있는 것으로 추정되는 사항, 보험자가 고지를 받을 권리를 포기한 사항, 담보가 있어 고지할 필요가 없는 사항이다.

101 정답 ①

ㄹ. 보험보상은 보험금액을 한도로 보상하나, 손해방지비용은 전손보험금이 지급되더라도 추가하여 합리적인 비용을 보상한다.

102 정답 ①

대위는 해상보험을 비롯한 모든 손해보험에 설정되지만, 위부는 해상보험에서만 통용된다.

103 정답 ③

협회항공화물약관은 해상운송의 ICC(B)와 비슷하나 해상화물의 경우는 보험기간의 종료가 본선 양하 후 60일로 되어 있는 것에 비하여 항공화물의 경우는 항공기로부터 양하 후 30일로 되어 있는 것이 다르다.

104 정답 ②

보험계약은 보험계약자의 청약에 대해 보험자가 승낙하면 계약이 성립되고 보험증권의 발행이 계약성립의 요건이 아니다. 보험계약은 보험자만이 기명날인을 하게 되므로 양 당사자가 서명하게 되는 계약서도 아니다.

105 정답 ④

선주책임상호보험조합(P&I Club)은 일반적인 선체보험으로 대비할 수 없는 손해나 배상에 대한 책임을 선주끼리 조합을 결성하여 기금을 각출하여 담보하는 것을 목적으로 하는 상호보험조합을 말한다. 해상의 위험으로부터 선주를 보호하는 것으로는 선박보험이 있지만, 선박 보험은 선주가 소유하는 선체 및 기관의 손해를 담보하는 것에 지나지 않는다. 즉 그 밖에 선주가 당면하는 영업상의 위험은 선박 보험으로는 담보되지 않는다. 그러므로 이와 같은 사정에 대처하기 위해서 선주 상호 간에 위험을 보호하기 위하여 결성한 것이 선주책임상호보험조합이다.

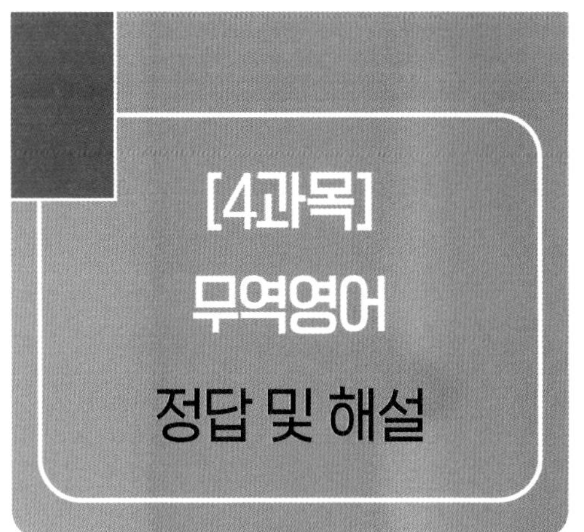

01	④	02	③	03	③	04	④	05	③
06	③	07	①	08	④	09	③	10	①
11	②	12	③	13	③	14	③	15	②
16	③	17	③	18	③	19	②	20	②
21	②	22	④	23	①	24	②	25	①
26	②	27	④	28	④	29	①	30	②
31	①	32	③	33	②	34	①	35	②
36	④	37	①	38	④	39	②	40	③
41	②	42	①	43	③	44	④	45	③
46	②	47	④	48	④	49	④	50	③
51	②	52	④	53	①	54	①	55	④
56	④	57	②	58	②	59	③	60	④
61	②	62	③	63	③	64	④	65	①
66	③	67	①	68	③	69	③	70	①
71	③	72	④	73	②	74	④	75	①
76	③	77	②	78	①	79	④	80	④
81	③	82	③	83	①	84	②	85	①
86	③	87	②	88	④	89	④	90	①
91	①	92	②	93	④	94	③	95	④
96	③	97	④	98	④	99	②	100	③

001 정답 ④

① An invitation to offer → Offer
② a free offer → an invitation to offer
③ will → will not

002 정답 ③

an invitation to treat → conditional offer

003 정답 ③

- disclaimer 포기, 부인
- waiver 기권, 포기
- settlement (클레임 등의) 해결, (계정 등의) 결제
- recognition 인지
- avoidance (계약의) 해지
- conclusion (계약의) 체결
- amendment (계약의) 조건변경

004 정답 ④

as an acceptance → as a rejection
new invitation → new offer

005 정답 ③

수입자의 입장에서는 물품의 품질이 샘플과 엄격 일치(be(=come) up to)해야 할 것을 요구하는 것이 보통이다. 기타 조건들(무게, 사이즈) 등은 유사 일치(be as per)하면 됨을 규정하여 융통성을 부여한다. 수출자 입장에서는 품질 조건에도 유사 일치(be as per) 조건을 요구하는 것이 클레임 예방에 도움이 될 것이다.

006 정답 ③

- commencing from ~부터 시작하는
- as of ~부터
- pending ~까지

007 정답 ①

place an order 주문하다 cf. book an order(주문을 인수하다)

008 정답 ④

Offer(Counter offer)나 Inquiry 등이 오가는 와중에서

대금할인 관련 문구는 대단히 자주 등장한다. make(give, offer, allow) a discount(allowance) of X% off(~에서 X%의 할인을 허용하다).
- on the list price 정가에서
- tolerance는 수량 과부족의 허용에 나오는 표현이다.

009 정답 ③

일반적으로 클레임의 제기방법, 시기 등을 규정해주는 것이 claim clause이다. Claim clause, arbitration clause, governing law, force majeure(contingency) clause는 모두 분쟁해결과 관련되어, 당사자 간의 개별계약에서 항시 적용되는 사항들을 약정해놓은 계약서상 이면약관인 General terms and conditions에 등장하는 조항들이라는 공통점이 있다. 그러나 claim clause가 클레임의 제기방법, 시기 등을 규정한 것인 반면, arbitration clause는 중재는 계약에 의해서만 가능하다는 원칙상 분쟁발생 시 중재에 의함을 합의한다는 것을 규정한 것이고, governing law는 클레임 해결에 있어서 준거가 되는 법을 어느 나라의 법으로 할 것인가, 즉 재판관할권을 규정한 것이며, force majeure clause는 양 계약의 당사자가 계약 불이행의 책임으로부터 면책될 수 있는 사유들을 열거해놓은 것이라는 차이가 있다.

010 정답 ①

청약자가 피청약자를 구속하면 자유청약이고, 피청약자가 청약자를 구속하면 확정청약이다.

011 정답 ②

견본판매의 경우 판매자가 품질을 보증해야 한다.
- conform to 일치하다

012 정답 ③

무역거래에서 quotations 즉, 견적은 어느 화물의 가격을 산정하는 것을 말한다. 화물의 가격은 견적서로서 상대방에게 제시한다. 그러나 단순한 가격표(price lists)와는 달리 제품에 대한 간단한 소개와 함께 현재 시장상황대비 자사제품 견적(state of current market price)을 제시하기 때문에 바이어는 대체적으로 수출자에게 quotation을 요청하며, 문제에서와 같이 대량주문결정의 판단도 quotation을 근거로 결정하게 된다. 무역거래에서 competitive는 대체적으로 가격이 경쟁력이 있다고 표현할 때 자주 쓰인다. 즉, prices are competitive. 문제에서 goods 는 goods are competitive 제품이 경쟁력이 있는데 제품의 무엇이 경쟁력이 있다고 언급이 되지 않아서 답으로 적합하지 않다.

013 정답 ③

상품의 도착 직전에 수령하는 것이 shipment sample(선적견본)이다.

014 정답 ③

① D/P → D/A : 수입자가 우위에 있는 buyer's market 상황이라면 수출자로서는 수입자에게 유리한 D/A 방식을 허용하는 것이 현명할 것이다.
② are not → are 또는 when → until
③ 수출자가 자금압박을 받는 상황이라면 주문수주와 동시에 현금을 선지급 받을 수 있는 CWO는 이용하기에 적절하다.
④ 수입자의 신용이 확실하고 수출자의 자금이 풍부하다면 굳이 D/P를 고집할 필요는 없다.

015 정답 ②

환어음이 없는 매입은 소구권 행사 등에 상당한 문제가 있으므로 바람직하지 못하다. 일람지급인 경우라도 환어음은 발행되어야 한다.

016 정답 ③

매입(negotiation)이란 일람출급(sight), 후지급(usance) 어음(draft)과 제반 서류(선적서류 등)를 실제 지급일에 앞서 이자(interest)와 수수료(commission)를 제하고 (discount) 사들이는(buy) 매매행위이다. 즉 매입은행은 선적서류를 담보로 돈을 빌려준 것과 마찬가지이다. 따라서 어음을 지급(protect, honor) 받지 못하는 경우는 당연히 이전 당사자(매입시킨 당사자)로부터 상환(recourse)을 청구할 수 있다.

017 정답 ③

채무자가 채권자에게 언제, 어디서, 얼마를 지급하겠다고 양 당사자 간에 약속한 증서가 약속어음이다.

018 정답 ③

물품 수취 이전에 대금회수가 일어나는 것은 선불조건(CWO, Packing L/C 등)과 동시불조건(sight draft, D/P, sight L/C 등)이다. 즉, 서류와 상환으로 대금이 회수되는 시점은 현물 수취시점 이전이 되어야 한다.

019 정답 ②

매입의 시점은 선적 후, 환어음기간 도래 전, 반면 Red clause credit에서는 선적 전에 대금수취가 가능하다.

020 정답 ②

고평가송장(Over-value invoice)은 외화도피에, 저평가송장(Under-value invoice)은 관세포탈에 사용된다.

021 정답 ②

① 개설은행은 신용장을 발급하는 시점부터 지급 이행할 취소불능의 의무를 부담한다(UCP 600 제7조 b항).
② 신용장은 취소불능의 표시가 없어도 취소불능이다(UCP 600 제3조).
• is not irrevocable if → is irrevocable even if
③ 보험증권, 포괄예정보험에 의한 보험증명서 또는 확인서와 같은 보험서류는 보험회사, 보험인수인 또는 대리인이나 수탁인에 의하여 발행되고 서명된 것으로 보여야 한다(UCP 600 제28조 a항).
④ 보험승인서는 수리되지 아니한다(UCP 600 제28조 c항).

022 정답 ④

① 신용장 및 모든 조건변경은 통지은행을 통하여 수익자에게 통지될 수 있다(UCP 600 제9조 a항).
② 신용장이라 함은 그 명칭이나 기술에 관계없이 취소불능이며, 일치하는 제시에 대하여 지급 이행하겠다는 개설은행의 확약을 구성하는 모든 약정을 말한다(UCP 600 제2조).
③ 매입이라 함은 지정은행에서 상환해야 할 은행영업일 또는 그 이전에 수익자에게 대금을 선지급하거나 또는 선지급하기로 약정함으로써, 일치하는 제시에 따른 환어음(지정은행이 아닌 은행을 지급인으로 하여 발행된) 및/또는 서류를 지정은행에서 구매하는 것을 말한다(UCP 600 제2조).
④ 개설의뢰인을 지급인으로 하여 발행된 환어음으로 사용될 수 있는 신용장은 발행되어서는 안 된다(UCP 600 제6조 c항).
• must be → must not be

023 정답 ①

① 개설은행은 근거계약의 사본, 견적송장 등을 신용장의 필수적인 부분으로 포함시키고자 하는 어떠한 시도도 저지해야 한다(UCP 600 제4조 b항)
• to exclude → to include
② 신용장은 일람지급, 연지급, 인수 또는 매입 중 어느 것에 의하여 사용될 수 있는 지를 명기하여야 한다(UCP 600 제6조 b항).
③ 신용장 또는 조건변경의 인증된 전송은 유효한 신용장 또는 조건변경의 전송으로 간주되며, 추후의 모든 우편확인서는 무시된다(UCP 600 제11조 a항).
④ 신용장에는 제시를 위한 유효기일이 명기되어야 한다(UCP 600 제6조 d항 i호).

024 정답 ②

신용장에 명기된 신용장 금액, 수량 또는 단가와 관련하여 사용된 '약' 또는 '대략'이라는 용어는 이에 언급된 금액, 수량 또는 단가의 10%를 초과하지 아니하는 과부족을 허용한다는 것으로 해석된다(UCP 600 제30조 a항).

025 정답 ①

수익자는 어떠한 경우에도 은행 상호 간 또는 개설의뢰인과 개설은행 간에 존재하는 계약관계를 이용할 수 없다(UCP 600).

026 정답 ②

UCP 600 제31조 b항의 내용으로 '동일한 운송수단에 의한 그리고 동일한 운송을 위하여 출발하는 선적을 증명하는 2조 이상의 운송서류를 구성하는 제시는, 이들 서류가 동일한 목적지를 명시하고 있는 한, 이들 서류가 상이한 선적일 또는 상이한 적재항, 수탁지 또는 발송지를 표시하고 있더라도, 분할선적으로 간주하지 않는다'라는 내용이다.

027 정답 ④

지정은행, 확인은행(있는 경우) 및 개설은행은 서류 제시일의 다음 날부터 최대 제5은행영업일 이내에 제시가 일치하는지 여부를 결정해야 한다(UCP 600 제14조 b항).

028 정답 ④

UCP 600 제2조 중에서 '지정은행에 상환해야 할 은행영업일 당일 또는 그 이전에 수익자에게 대금을 선지급하거나 또는 선지급하기로 약정함으로써, 일치하는 제시에 따른 환어음(지정은행이 아닌 은행을 지급인으로 하여 발행된) 및/또는 서류를 지정은행에서 구매하는 것을 말한다.'라는 매입(Negotiation)에 대한 정의이다.

029 정답 ①

선복용선계약(Lump-Sum Charter)하에서는 화주가 계약한 선복을 채우던지, 덜 채우던지 또는 적재하지 않던지 관계없이 한 번의 항해에 대한 운임을 적재 톤수에 의하지 아니하고 정해진 운임으로 계산한다.

030 정답 ②

UCP 600 제30조 b항과 a항의 내용으로, 신용장금액/수량/단가의 초과 및 부족허용(M/L Clause)에 관한 내용이다.

- 신용장에 명시된 포장단위 또는 개개의 품목의 개수로 수량을 표기하지 아니하고 어음발행의 총액이 신용장의 금액을 초과하지 않으면, 물품수량의 5% 이내의 과부족은 허용된다.
- 신용장에 명기된 신용장의 금액, 수량 또는 단가와 관련하여 사용된 '약' 또는 '대략'이라는 용어는 이에 언급된 금액, 수량 또는 단가의 10%를 초과하지 아니하는 과부족을 허용한다는 것으로 해석된다.

031 정답 ①

"다음 선하증권상에 기재된 문구 중 신용장하에서 무고장 운송서류로 수리되는 것은?" ①의 냉동수산물의 선적분에 "항해 중 상할 수 있음"의 표기는 무고장선하증권으로 수리된다.

032 정답 ③

① Multimodal Transportation : 복합운송 즉, 2가지 이상의 운송수단을 사용한 운송이다.
② Birdy Back : 도로운송과 항공운송을 활용한 트럭과 항공기의 복합운송방식이다.
③ Piggy Back : 철도와 트럭의 장점을 활용하여 화물을 적치한 트레일러나 컨테이너를 무개화차에 그대로 적재하여 운송하는 방식이다.
④ Fishy Back : 도로운송과 해상운송의 장점을 활용한 트럭과 선박의 복합운송방식으로 운송비의 절감, 운송시간 단축, 운송능률 증대의 장점이 있다.

033 정답 ②

Charter Party(용선계약)는 일정 기간 또는 한 번의 항해를 위해 선주와 용선자 간의 선복의 일부 또는 전부를 빌리는 계약이다.

034 정답 ①

Liner Terms는 Berth Terms라고도 부르며, 정기선(Liner)에 의한 운송의 경우 본선에의 적재비용 및 본선으로부터의 양화비용이 운임에 포함되어 이들 비용을 선주 측이 부담하는 조건이다.

035 정답 ②

항해용선계약의 경우 적재/하역 작업이 예정된 기간을 초과할 경우 화주가 선주에게 지불하는 위약금은 Demurrage(체선료)이다.

036 정답 ④

위험이 시작된 후 선박의 목적지가 의도적으로 변경되었을 때 이를 '이로(Deviation)'라 한다.

037 정답 ①

컨테이너 화물의 경우에 운송인은 화물의 내용에 대해 알 수 없으므로, 부지약관이 기재된다.

038 정답 ④

적화물이나 포장의 결함을 표시하는 어떤 첨가된 문언이 없는 선하증권은 무사고선하증권(Clean Bill of Lading)이다.

039 정답 ②

용선계약 시의 하역비 부담조건 중 용선주가 모든 비용을 부담하는 조건은 FIO(Free In and Out)이다.

040 정답 ③

- Bareboat Charter(**나용선계약**) : 일반적으로 용선계약을 체결하면 선주가 선박과 함께 선원도 제공하도록 되어 있으며, 항해용선계약(Voyage Charter)인 경우에는 선주가 수선비 및 보험료 등도 부담하도록 되어 있으나, 용선주가 일종의 대차방식에 의해 선원의 수배는 물론 운행에 관한 일체의 모든 감독 및 관리 권한까지도 행사하도록 하는 것이다.
- Tramp(**부정기선**) : 화주가 요구하는 시기와 항로에 따라 화물을 운송하는 선박으로, Tramper라고도 한다.
- Time Charter : 기간용선계약

041 정답 ②

선하증권의 해상운송계약의 증거이며 운송인이 적하물을 선적하고 인수했다는 증거를 나타내는 서류이다.

042 정답 ①

Tramper(부정기선)란 확정된 일정에 따라 정해진 노선을 운항하는 선박이 아니고, 화물이 있는 곳이면 어떤 항구라도 기항하는 선박을 말한다.

043 정답 ③

송하인이 적하물에 대한 권리를 수하인이 아닌 자에게 양도할 의도가 없는 경우 특정 수하인의 명의로 발행되는 선하증권은 기명식선하증권(Straight B/L)이다.

044 정답 ④

④의 용선자가 선적기간을 단축한 경우 용선자에게 주어지는 금액은 'Demurrage(체선료)'가 아니라 'Dispatch Money(조출료)'이다.

045 정답 ③

'made out to order of Samsung Company(삼성이 지시하는 자를 수하인으로 하여)'라는 기명지시식 선하증권 전통을 말하므로 Straight B/L(기명식선하증권)은 아니다.

046 정답 ②

운송인(Carrier)이란 운송계약에서 철도, 도로, 항공, 해상, 내륙수로 또는 복합된 운송경로에 의한 운송이나 운송의 주선을 확약하는 자를 말한다.

047 정답 ④

정해진 정박기간 이내에 선적이나 양륙이 완료된 경우 용선자에게 지급되는 금액은 조출료(Dispatch Money)이다. Del Credere Commission(지급보증수수료)은 지급보증계약을 맺은 대리점에게 지급하는 수수료이다.

048 정답 ④

Incoterms 2020에서는 모든 운송수단에 적합한 규칙(EXW, FCA, CPT, CIP, DAT, DAP, DDP)과 해상 및 내수로 운송에 적합한 규칙(FAS, FOB, CFR, CIF) 등 2개의 그룹으로 구분하였다.

049 정답 ④

Incoterms 2020 규칙 내 조항의 순서는 다음과 같다.
A1/B1 General obligations
A2/B2 Delivery / Taking Delivery
A3/B3 Transfer of risk
A4/B4 Carriage
A5/B5 Insurance
A6/B6 Delivery / transport document
A7/B7 Export / import clearance
A8/B8 Checking / packaging / marking

A9/B9 Allocation of costs
A10/B10 Notices

050 정답 ③

DAT(Delivered at Terminal : 도착터미널인도규칙)은 물품이 도착운송수단으로부터 양하된 상태로 지정목적항이나 지정목적지의 지정터미널에서 매수인의 처분하에 놓이는 때에 매도인이 인도한 것으로 되는 것을 말한다.

051 정답 ②

EXW(Ex Works : 공장인도규칙)는 매도인이 자신의 영업구내 또는 기타 지정장소에서 물품을 매수인의 처분하에 두는 때에 인도한 것으로 되는 것을 의미한다. 매도인은 물품을 수취용 차량에 적재하지 않아도 되고, 물품의 수출통관이 요구되더라도 이를 수행할 필요가 없다.

052 정답 ④

EXW(EX Works : 공장 인도규칙)에 따르면, 수입자나 그의 대리인이 계약 물품을 수출업자의 공장, 창고 또는 매장에서 인수한다.

053 정답 ①

CIP 규칙과 CPT 규칙은 매도인이 보험에 부보하는 것을 제외하고는 모든 면에서 동일하다.

054 정답 ①

제조물 매매에 대립되는 일차상품매매의 경우에, 흔히 화물은 운송 중에 연속적으로 수차 전매된다. 이러한 연속매매의 경우 그 연속거래의 중간에 있는 매도인은 물품을 선적하지 않는다. 물품은 이미 그 연속거래상의 최초 매도인에 의하여 선적되었기 때문이다. 따라서 연속거래의 중간에 있는 매도인은 물품을 선적하는 대신에 그렇게 선적된 물품을 "조달(procure)"함으로써 매수인에 대한 의무를 이행한다.

055 정답 ④

FCA(Free Carrier : 운송인인도규칙)는 매도인이 물품을 자신의 영업구내 또는 기타 지정장소에서 매수인이 지정한 운송인이나 제3자에게 인도하는 것을 의미한다.

056 정답 ①

C규칙을 제외한 모든 인코텀즈 규칙에서 인코텀즈 규칙 바로 뒤에 나오는 장소는 물품이 어디서 "인도" 되는지 즉, 위험이 어디서 매도인으로부터 매수인에게 이전하는지를 표시한다. C규칙에서 지정장소는 매도인이 그 운송을 마련하고 그 비용도 부담하여야 하는 물품운송의 목적이지만 인도장소나 인도항구는 아니다.

057 정답 ②

이 규칙은 물품이 지정목적지에서 도착운송수단에 실린 채 양하 준비된 상태로 매수인의 처분하에 놓이는 때에 매도인이 인도한 것으로 되는 것을 말한다. 매도인은 그러한 지정장소까지 물품을 운송하는 데 수반하는 모든 위험을 부담한다. 이것은 도착장소인도규칙(DAP : Delivered At Place)을 설명한 내용이다.

058 정답 ②

추정전손(Constructive Total Loss)에 대한 보험청구에 앞서 이루어져야 하는 조건은 위부(Abandonment)이다.

- 위부(Abandonment) : 해상보험에서 추정전손(Constructive Total Loss)이 발생한 경우 피보험자가 화물과 이에 부수되는 모든 권리를 보험회사에 이양하고 보험금액의 전액을 청구하는 해상보험제도이다.

059 정답 ③

보험계약기간 동안 모든 선적분에 대하여 보험계약자가 포괄계약을 체결하기로 함에 따라 보험자 또는 그의 대리인이 발급하는 서류는 보험증명서(Insurance Certificate)이다.

060 정답 ④

보기 중에서 ICC(B)로 보험목적물에 대한 손해 또는 손상의 경우 보상되지 않는 것은 보험목적물의 통상적인 누수 또는 통상적인 마모(ordinary wear and tear of the subject-matter insured)이다.

061 정답 ②

위부(Abandonment)는 추정전손(Constructive Total Loss)의 경우에만 해당하나 대위(Subrogation)의 경우는 전손(Total Loss)이나 부손(Partial Loss)을 불문하고 적용된다.

062 정답 ③

신용장 거래에서 물품이 갑판에 적재되어 있다거나 적재될 것이라는 문구가 있는 경우 은행이 수리하지 않는 것은 JWOB 위험에 노출되기 때문이다. JWOB는 jettison and washing overboard의 줄임으로 파도에 의한 유실 혹은 긴급할 때 바다에 투하되는 등의 유실을 말한다.

063 정답 ③

피보험자가 손실의 발생 시에 피보험목적물에 대한 피보험이익을 갖는 것은 보험법의 기본이다.

064 정답 ④

- TPND(Theft, Pilferage, Non-Delivery, 도난, 발화, 불착)
- FPA(Free from Particular Average, 분손부담보)
- WA(With Average, 분손담보)
- A/R(All Risk, 전위험담보)

065 정답 ①

공동해손의 영문표기는 General Average이다.

066 정답 ③

보험계약은 낙성계약(Consensual contract)이자 불요식계약(Informal contract)이다.

067 정답 ①

② A general average loss → A particular average loss

③ 위부(abandonment)는 추정전손을 인정받기 위한 피보험자의 행동이므로 추정전손에만 적용된다.

④ by the court → by the carrier, place of departure → place of delivery / 공동해손은 일반적으로 양륙지(인도지)에서 운송인(선주)의 책임하에 공동해손정산인에 의해 정산이 이루어지는 것이 보통이다.

068 정답 ③

- Embargo (정부의) 입, 출항 금지명령, 무역금지
- detention 억류
- capture 나포

069 정답 ③

매도인과 매수인 간에 우호적으로 해결할 수 없는 모든 클레임은 대한상사중재원의 중재규칙에 따라 서울에서 중재에 의해 해결하며, 판결은 매도인과 매수인 양자를 구속한다.

070 정답 ①

물품의 결함으로 인하여 최종소비자에게 끼치는 손해에 대하여 물품의 제조업자가 책임을 진다는 Product Liability(제조물 책임)에 관한 내용이다.

071 정답 ③

분쟁의 해결에 대한 대안으로 제3자가 개입하여 분쟁을 해결하는 역할을 하며, 양 당사자의 사업관계를 유지하고 원만한 합의에 의해 분쟁을 해결하도록 하는데 목적이 있다는 조정(Conciliation, Mediation)에 관한 설명이다.

072 정답 ④

- on the net date 정해진 날짜에, 제날짜에
- deposit 예금하다, 예금액
- medium six (digit) figures : 6자리 숫자 중 중간을 의미하므로 500,000~600,000을 나타낸다. 참고로 low는 1~2, moderate는 3~4, medium은 5~6, high는 7~9를 나타낸다.

073 정답 ②

- assured, insured 피보험자
- insurer 보험자
- subject-matter insured 피보험목적물
- when the insurance is effected 보험계약이 체결될 때

074 정답 ④

in the case of ~의 경우/ actual or apprehended loss or damage : 현실적인 또는 추정적인 멸실이나 손상/ receiver : 수하인(consignee)/ tally : 검수하다, 막대기에 눈금을 매기다

075 정답 ①

- much as we would like to meet your requirements as가 명사, 형용사, 부사 뒤에 사용되어 양보의 의미를 나타낸다.
- fill your order 귀사의 주문에 응하다
- be fully occupied with orders 주문으로 완전히 예약되다
- the last word 최신 유행 제품

076 정답 ③

- grace period (보험료, 채무 등의) 지급유예기간, (신청기한의) 유예기간
- arbitral tribunal 중재 재판소
- resort to ~에 호소하나
- remedy 구제수단, 개선책, 교정, 치료
- breach of contract 계약의 위반

077 정답 ②

수출판매가 한 번으로 끝나는 거래가 아니고 해외매수인이 그 수출업자의 단골 고객인 경우, 매수인은 후자를 수익자로 하여 회전신용장(a revolving credit)으로 거래한다.

078 정답 ①

선적이 동일한 운송수단 및 동일한 항로로 이루어지는 것으로 문면상 보이는 운송서류는 동일한 목적지를 명시하고 있는 한, 그 운송서류가 상이한 선적일 및/또는 적재항, 수탁지 또는 발송지를 명시하고 있어도 분할선적으로 간주하지 아니한다.

079 정답 ④

- bear 포함하다
- defective 결함이 있는
- stipulate 명기하다

무고장 운송서류는 물품 또는 그 포장에 하자 있는 상태를 명시적으로 표시하는 조항 또는 단서를 기재하고 있지 아니한 것을 말한다. 신용장이 수리될 수 있는 조항 또는 단서를 명시적으로 규정하지 않는 한, 은행은 그러한 조항이나 단서가 있는 운송서류를 수리하지 아니한다.

080 정답 ④

- scrutinize 면밀히 검토하다
- superior to ~보다 우수한
- European make 유럽산
- be in the market for ~을 사려고 하다
- be on the market (물건이) 시장에 나와 있다
- browse 둘러보다

081 정답 ③

- at 30 days after sight 일람 후 30일 출급
- this first bill of exchange 본 환어음 1권
- tenor 지급기한, 취지, 경향, 등본
- SAY 금
- ONLY 정

082 정답 ③

- negligent packing 부주의한 포장
- such~that 너무~하여~하다
- be compelled to ~하지 않을 수 없다
- at reduced prices 인하된 가격에

083 정답 ①

- avoidance of the contract 계약의 해제

• withdrawal 철회
②번은 the notification is reached의 수동태를 능동태로 바꾸어 the notification reaches로 바꾸어야 한다.

084 정답 ②

• fragile 깨지기 쉬운
• insufficient 불충분한
• faulty packing 결함 있는 포장

085 정답 ①

• five thousand gross of cotton shirts 5천 그로스의 면 셔츠(five box of books와 같이 five thousand gross of를 형용사구로 취급하여 단수형을 사용)
• by m/s Kaga Voy No. 06/222 선편에는 전치사 by 사용
• due to arrive at Singapore port 싱가포르 항에 도착예정인(due to는 이유를 나타내는 전치사구로 뒤에 명사가 오는 것이 원칙이나, 이 경우는 due가 형용사로 쓰여 뒤에 to 부정사의 부사적 용법을 수식을 받은 것으로 봄)

086 정답 ③

• unloading 양륙
• reloading 재적재
• discharge 양륙하다, 짐을 내리다

087 정답 ②

• profound 심오한, 깊은
• take precaution against an incident 사고에 대비해 주의를 기울이다

088 정답 ④

as regards~에 관하여

089 정답 ④

"The award (which is) rendered by the arbitrator(s) shall be final and binding upon both parties (who are) concerned."로 수정하면 보기 ④번은 맞는 표현이 된다.

090 정답 ①

• ICC(B) WA(With Average, 분손담보조건) 조건과 유사한 협회 적하약관(B)
• SRCC(Strike, Riots, Civil Commotion 파업, 폭동, 시민소요)
• TPND(Theft, Pilferage, Non-Delivery, 도난, 발화 및 불착손 담보조건) ①의 SRCC를 TPND로 수정해야 한다.

091 정답 ①

• subsidy 보조금, 장려금, 기부금, 보상금(자회사의 표현으로는 subsidiary, affiliate 등이 있음)
• be engaged in~에 종사하다
• general trading company 종합무역회사

092 정답 ②

(동)명사 목적어를 취하는 consider라는 타동사와 한국산(Korean make)이라는 표현에 초점을 맞춘 문제이다.

093 정답 ④

원산지증명서를 요구하는 수입국에서는 세관 당국이 원산지증명서를 확인한 후 관세혜택을 제공한다.

094 정답 ③

두 항구 간에 직항선이 없을 경우에 선사에서 자신의 비용으로 중계항에서 환적을 할 때 발행하는 서류는 환적선하증권(Transhipment Bill of Lading)이다.

095 정답 ④

수량, 품질, 상품내역, 가격, 판매조건, 화인, 중량, 구매자의 이름 및 주소 그리고 일자가 기재된 수출업자가 발행한 항목

별 목록은 상업송장(Commercial Invoice)이다.

096 정답 ③

- ODM(Original Development Manufacturing) : 주문자의 요구에 따라 제조업자가 주도적으로 연구개발 설계, 디자인하여 부가가치를 높여 제품을 생산하는 방식
- OEM(Original Equipment Manufacturing) : 주문자 상표부착 생산방식
- FAQ(Fair Average Quality) : 평균중등품질조건, 곡물이나 과일 등에 사용하는 품질조건

097 정답 ④

- CAD(Cash Against Document) : 서류상환급
- COD(Cash On Delivery) : 현물인도와 동시에 결제하는 방식
- Notify Party(착하통지서, 착하통지처, Accountee, 결제인) : 화물을 실은 본선이 목적항에 도착하면 선박회사에서 화물을 찾을 사람에게 도착사실을 통지하게 되는데, 이때 통지처로 지정된 사람을 말함
- Carrier 운송인(화주는 Consignor 또는 Shipper로 표기)

098 정답 ④

정박기간은 Laydays로 나타낸다. Anchorage는 정박시설이나 계류를 말한다.

099 정답 ②

이는 운송인에 대한 ICC의 정의를 출제한 것이다.

100 정답 ③

선주나 화주가 일정비율로 선박이나 적하가 입은 모든 손해 또는 피해의 비용을 분담하는 것을 나타내는 것은 공동해손의 내용이다. a pro rata contribution은 비례적 분담금을 뜻하고 Particular Average는 단돈해손을 뜻한다.

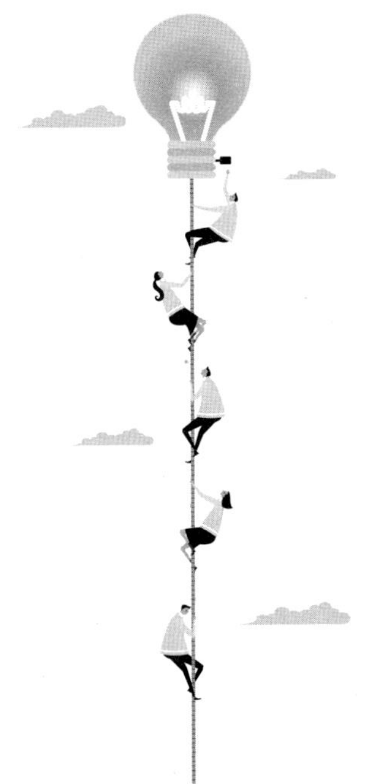

결코 남이 편견을 버리도록 설득하려 하지 마라.
사람이 설득으로 편견을 갖게 된 것이 아니듯이, 설득으로 버릴 수 없다.

Never try to reason the prejudice out of a man.
It was not reasoned into him, and cannot be reasoned out.

– 시드니 스미스

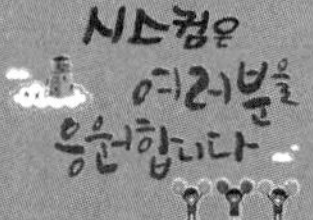